Contrato-quadro no Direito Privado Brasileiro

Contrato-quadro no Direito Privado Brasileiro

2023

Davi Guimarães Mendes

ALMEDINA

CONTRATO-QUADRO NO DIREITO PRIVADO BRASILEIRO
© ALMEDINA, 2023

AUTOR: Davi Guimarães Mendes

DIRETOR ALMEDINA BRASIL: Rodrigo Mentz
EDITORA JURÍDICA: Manuella Santos de Castro
EDITOR DE DESENVOLVIMENTO: Aurélio Cesar Nogueira
ASSISTENTES EDITORIAIS: Larissa Nogueira e Rafael Fulanetti
ESTAGIÁRIA DE PRODUÇÃO: Laura Roberti

DIAGRAMAÇÃO: Almedina
DESIGN DE CAPA: Roberta Bassanetto

ISBN: 978-65-5627-763-9
Fevereiro, 2023

Dados Internacionais de Catalogação na Publicação (CIP)
(Câmara Brasileira do Livro, SP, Brasil)

Mendes, Davi Guimarães
Contrato-quadro no direito privado brasileiro
Davi Guimarães Mendes. – São Paulo, SP : Almedina, 2023.

Bibliografia.
ISBN 978-65-5627-763-9

1. Boa-fé (Direito) 2. Contratos – Brasil
3. Direito privado – Brasil I. Título.

22-137154 CDU-347(81)

Índices para catálogo sistemático:

1. Brasil : Direito privado 347(81)

Eliete Marques da Silva – Bibliotecária – CRB-8/9380

Coleção IDiP
Coordenador Científico: Francisco Paulo De Crescenzo Marino

Este livro segue as regras do novo Acordo Ortográfico da Língua Portuguesa (1990).

EDITORA: Almedina Brasil
Rua José Maria Lisboa, 860, Conj. 131 e 132, Jardim Paulista | 01423-001 São Paulo | Brasil
www.almedina.com.br

À Faculdade de Direito do Largo do São Francisco, instituição que tão generosamente me permitiu fazer parte, ainda que insignificantemente, de sua história.

AGRADECIMENTOS

Não percorri sozinho o longo caminho de elaboração desta dissertação, e, aos que me acompanharam, presto os merecidos e sinceros agradecimentos. Sem a participação de vocês – cada um ao seu modo – este trabalho não seria possível.

Ao professor Cristiano de Sousa Zanetti, pelas várias contribuições prestadas para a minha formação intelectual e pessoal.

Na condição de orientador, agradeço ao mestre, de início, por haver confiado, sem que eu jamais tivesse sido seu aluno, em minha capacidade de conduzir esta pesquisa, bem como por, após esse voto de fidúcia, ter se mantido presente em todas as etapas que culminaram na redação atual do texto. O professor Zanetti indicou, pacientemente, fontes de pesquisa essenciais e caminhos para o desenvolvimento do trabalho, sugeriu alternativas de compreensão e possibilidades de melhoria, e criticou incansavelmente todos os aspectos que mereceriam reparos, sempre com a preocupação notável de, a um só tempo, não silenciar ao verificar qualquer tipo de imprecisão, mas ainda assim me conceder a liberdade de alcançar minhas próprias conclusões (e, certamente, assim cometer alguns equívocos). Todos os méritos que porventura sejam identificados nesta obra são, em primeiro lugar, devidos a quem a orientou, ao passo que as falhas que nela persistirem devem ser atribuídas à minha teimosia de não as corrigir.

Aos professores Eduardo César Vita Marchi, Bernardo Queiroz de Moraes, Dárcio Roberto Martins Rodrigues, Paula Forgioni, Dário Moura Vicente e Alcides Tomasetti Júnior, que gentilmente me transmitiram, ainda que brevemente, nas disciplinas da pós-graduação, grupos de estudo e eventos acadêmicos, erudição e conhecimento que auxiliaram a elaboração deste trabalho.

Aos professores Véra Maria Jacob de Fradera, Juliana Krueger Pela, Paulo Dóron Rehder de Araújo e José Fernando Simão, os quais me examinaram na qualificação e na defesa da dissertação. Os comentários foram essenciais para a correção de uma série de imperfeições do texto original.

A todos os bons e comprometidos professores que me acompanharam em todas as etapas de minha vida, especialmente ao professor João Luís Nogueira Matias, do qual tive a honra de ser monitor e me deu a certeza de que desejaria também seguir o magistério, e à professora Maria Vital da Rocha, que, além de orientadora nos tempos de graduação, sempre me incentivou a perseguir a carreira acadêmica e a buscar no Largo de São Francisco o Mestrado em Direito Civil.

Aos colegas de estudo da pós-graduação, por haverem participado de debates que me engrandeceram academicamente, com a especial menção ao amigo Yuri Camelo, conterrâneo que, ao demonstrar o seu esforço e talento, inspirou-me também a ser melhor.

A todos os meus sócios na Carlos Henrique Cruz Advocacia, bem como aos demais colaboradores que por lá passaram, por todas as lições obtidas desde meu ingresso no escritório, ainda como estagiário, em novembro de 2015, e, depois, na sociedade, em fevereiro de 2018, pela compreensão diante de minhas ausências, sem as quais este trabalho não seria possível.

Aos amigos que sempre estão presentes, nas horas boas e ruins. Sem a pretensão de citá-los todos, apenas menciono aqueles que estiveram mais presentes durante a elaboração deste trabalho: Bernardo Martins, Remo Martins, Gabriel Pires, João Luís Nogueira Matias Filho, Débora Ximenes, Gabriel Custódio e Lucas Macêdo. Agradeço, principalmente, ao amigo André Corrêa Reis, pelas discussões jurídicas, gramaticais e de natureza diversa, e por estar sempre disposto a ler excertos do trabalho.

Aos meus pais, pelo incondicional apoio e pela quase sobrenatural capacidade de saber quando deveriam – e, talvez ainda mais importante, quando não deveriam – perguntar como estava o andamento da pesquisa. Por tantas vezes adiarem seus sonhos para permitir que eu seguisse os meus, serei eternamente grato a vocês.

Por fim, àquela que acompanhou com maior proximidade todos os momentos de alegria e decepção, animação e cansaço, dúvida e certeza, confiança e desespero que permearam a elaboração deste trabalho. Lara, companheira que a vida me deu, agradeço-lhe por não haver deixado de acreditar em mim quando nem eu achava que era capaz de enfrentar todos os desafios da vida, por ter estado comigo em todos os momentos, mesmo quando eu não merecia a sua presença, e por aceitar sonhar comigo todos os dias um futuro partilhado entre nós dois. *Ubi tu Gaia, ibi ego Gaius.*

"Em questões de jurisprudência, não posso compreender que se desenvolvam paixões; não sei também que fruto se possa colher dos assaltos de uma primeira ideia, e arrebatamento do entusiasmo, em matéria de pura observação e raciocínio. As opiniões alheias devem ser respeitadas, mas a certeza não é o mesmo que a dúvida. Se me negares o brilho do sol, eu não direi que tendes uma opinião, direi que sois cegos."

(Augusto Teixeira de Freitas, 1857)

PREFÁCIO

Quando o autor escreveu-me para contar que seu trabalho havia sido laureado com o prêmio de excelência, concedido pelo Departamento de Direito Civil da Faculdade de Direito da USP, fiquei realmente muito feliz.

Não posso dizer que tenha sido surpreendido, entretanto.

Bem, na verdade, pelo menos não naquele dia.

A minha sensação foi bastante diversa anos atrás, quando o conheci.

Não sei ainda como me encontrou, mas alegro-me que o tenha feito.

Veio de Fortaleza, sem introdução, nem recomendação. Apareceu-me com um projeto de pesquisa que só vim a ler juntamente com todos os demais, como faço todos os anos.

Foi então que me veio a surpresa.

Primeiro, pela escolha do tema. O contrato-quadro é uma forma sofisticada de contratação que procura conciliar o que parece inconciliável: certeza com flexibilidade. Por meio dele, são estipuladas cláusulas importantes que, mais tarde, darão azo à realização de um sem-número de operações econômicas, por meio da celebração dos respectivos contratos de aplicação. Tema sofisticado, importante e ainda por estudar no direito brasileiro. Nada mal.

Depois, pela maturidade intelectual do autor. Como alguém tão jovem podia me apresentar um projeto tão maduro? Desde o início, o autor se esforçava para delimitar com precisão cada passo do trajeto que pensava percorrer, sem pretender pular nenhuma etapa que fosse relevante. Nem devagar, nem depressa. Para o autor, o importante era seguir o caminho correto.

Correspondeu-me, então, orientá-lo. Não sei, entretanto, se esse é o verbo apropriado para descrever o meu papel. No meu modo ver, mais do que indicar um norte, aparei arestas, fiz correções pontuais e propus umas tantas reflexões que só a experiência pode permitir. Talvez lhe tenha aberto algumas portas, como o autor me chegou a dizer. Se o fiz, agi bem, pois foi para isso mesmo que me deram as chaves.

Desse afortunado encontro emergiu a obra ora publicada pela prestigiosa editora Almedina.

Nela, o leitor poderá encontrar o conceito de contrato-quadro, com indicação das diferenças que permitem extremá-lo de figuras semelhantes; a análise de suas funções, inclusive nas principais relações jurídicas em que se faz presente; o estudo de seus elementos, em particular da indeterminação que o caracteriza; e, por fim, os efeitos que dele emergem, mesmo que não sejam celebrados os contratos de aplicação.

Trata-se mesmo de um trabalho excelente.

Uma primeira contribuição, de um jovem jurista que ainda tem muito a oferecer ao nosso direito.

São João da Boa Vista, Páscoa de 2022.

CRISTIANO ZANETTI
Professor da Faculdade de Direito da USP.

LISTA DE ABREVIATURAS E SIGLAS

CF/88	Constituição Federal de 1988
CC/02	Código Civil de 2002
CC/16	Código Civil de 1916
CPC/15	Código de Processo Civil de 2015
STJ	Superior Tribunal de Justiça
STF	Superior Tribunal Federal
BGB	*Bürgerliches Gesetzbuch* (Código de Direito Civil da Alemanha)
BGH	*Bundesgerichtshof* (Tribunal de Justiça Federal da Alemanha)

SUMÁRIO

INTRODUÇÃO

Dois agentes econômicos vislumbram ser vantajosa a inauguração de uma relação contratual. No entanto, dadas as peculiaridades de suas atividades comerciais, chegam a um impasse: de um lado, a viabilidade econômica da cadeia de negócios que pretendem estabelecer depende de sua manutenção a longo prazo, e, de outro, o dinamismo e a insegurança do setor em que atuam impedem a fixação de todos os elementos contratuais, pois certa margem de flexibilidade é necessária.

A busca, na prática comercial, por uma estrutura contratual que compatibilizasse tais interesses aparentemente opostos – a segurança, de um lado, que o vínculo contratual será duradouro, sem que se prejudique a flexibilidade de adaptá-lo ao longo do tempo –, explica o surgimento dos contratos-quadro.

O contrato, em acepção geral, trata-se de instrumento jurídico que reflete uma realidade econômico-social que lhe é exterior, figurando como importante mecanismo de alocação de recursos e gestão de riscos. Como tal, responde às exigências advindas das relações econômicas e dos processos de produção, e, nisto, reflete as necessidades sociais.

Sob essa perspectiva, o contrato-quadro foi desenvolvido para a resolução de problemas práticos surgidos no âmbito das relações econômicas, cuja complexidade crescente justificou a preocupação dos operadores do direito em desenvolver um instrumento contratual apto a resguardar tanto a segurança quanto a flexibilidade de vínculos comerciais duradouros.

As necessidades dos agentes econômicos, outrora particularizadas, generalizaram-se ao ponto de estruturas contratuais assemelhadas serem constantemente replicadas para a resolução de problemas semelhantes, o que é hoje patente pela adoção dos contratos-quadro em áreas diversas.

Ilustra-se a questão com as relações de distribuição. O fornecedor e o distribuidor desejam iniciar um encadeamento de acordos de longa duração, mas não podem fixar, desde o momento inicial, todos os elementos de sua relação contratual. Não podem, por exemplo, fixar de plano o preço que se manterá vigente por toda a duração de seu vínculo, pois este é suscetível de diversas modificações econômicas. Inobstante, também não lhes é interessante a conclusão, caso a caso, de novos contratos, pois isto exigiria a constante renegociação de todos os aspectos das avenças.

A fim de remediar essa situação, há a celebração de um contrato-quadro, pelo qual são estabelecidos elementos da relação contratual a respeito dos quais as partes já estão seguras para fixar prolongadamente, mas são deixados outros pontos em aberto – não é determinado, por exemplo, o preço dos bens que serão distribuídos, o qual é deixado para a negociação e definição das partes em cada oportunidade em que desejarem celebrar acordos de aquisição dos produtos.

Em nenhum caso – e não é diferente nos contratos-quadro – é efetivamente possível dissociar completamente o contrato, na medida em que constitui fenômeno jurídico, das necessidades econômico-sociais por ele instrumentalizadas, tendo em vista que ambas estão relacionadas e a compreensão de um aspecto depende da análise do outro.

Contudo, em arquiteturas contratuais surgidas da prática comercial como são os contratos-quadro, é nítido o surgimento, em primeiro momento, de um arranjo destinado a atender as necessidades econômicas, postergando-se a reflexão acerca dos contornos jurídicos das estruturas surgidas.

Ocorre que a conformação dos contratos-quadro às exigências econômico-sociais – isto é, a sua inequívoca adaptação aos imperativos de mercado – não é suficiente para superar as problemáticas jurídicas que os permeiam.

Por se tratar de figura cujo desenvolvimento é recente, não estão claros, ainda, quais são os seus reais contornos jurídicos, sendo imprecisa a sua delimitação conceitual.

Diante dessa indeterminação, são diversas as tentativas de reduzir os contratos-quadro a outras figuras jurídicas, a exemplo dos contratos de trato sucessivo, contratos preliminares, condições gerais dos contratos e subcontratação.

Não apenas, permanece sem o devido esclarecimento quais são as funções efetivamente desempenhadas pelos contratos-quadro em geral, e, mais especificamente, nas relações contratuais em que estão tipicamente inseridos.

Há quem aponte que a função precípua do contrato-quadro seria a de impor às partes a obrigação de contratar, evitar custos excessivos, ao tornar desnecessárias sucessivas negociações acerca das cláusulas essenciais dos contratos celebrados, integrar economicamente as partes, iniciar relações duradouras de cooperação, ou, ainda, gerir os riscos ocasionados pela impossibilidade de determinação imediata dos elementos essenciais da relação contratual.

A indeterminação, no contrato-quadro, de elementos essenciais da relação contratual, que se afigura um de seus índices típicos inafastáveis, bem como a frequente concessão a um dos contratantes do poder de fixar unilateralmente estes elementos, são outras problemáticas que impõem uma análise detida.

Estas consistem em imposições da vida comercial cuja validade já foi vigorosamente contestada, por exemplo, na França, sob um tratamento normativo que em muito se assemelha ao atualmente vigente no Brasil. Ademais, ainda que superada a questão da validade da estipulação de fixação unilateral dos elementos essenciais da relação contratual, necessário se faz o estudo daquilo que se entende por fixação abusiva de tais pontos.

Pairam dúvidas, igualmente, a respeito das obrigações assumidas pelos contratantes no contrato-quadro, bem como à exequibilidade deste contrato, em função da já mencionada indeterminação de alguns dos elementos essenciais das relações contratuais por ele inauguradas.

Enquanto alguns apontam ser possível a assunção tanto de obrigações de contratar quanto de obrigações de negociar de boa-fé os acordos que se seguem à celebração dos contratos-quadro, há quem defenda que da própria celebração do contrato-quadro decorreria alguma obrigação específica, sob pena de se frustrar a sua finalidade econômica e se descaracterizar a figura.

Independentemente da posição adotada, todavia, não há também o devido esclarecimento acerca das consequências da inexecução das obrigações em questão, tanto no que se refere à avaliação da possibilidade de sua execução específica quanto no que atine aos parâmetros de quantificação das indenizações decorrentes de seu descumprimento.

Todas as temáticas citadas são objeto deste trabalho nos capítulos que se seguem, os quais procuram identificar as respostas mais apropriadas para os questionamentos postos sob a ótica da ordem jurídica brasileira, e, em o fazendo, alcançar compreensão global acerca dos contratos-quadro, seja sob a sua perspectiva estrutural e conceitual, seja sob a sua perspectiva funcional, e ainda no tocante aos aspectos operativos que lhe são controvertidos.

Este estudo não desconsidera a experiência estrangeira a respeito dos contratos-quadro, e toma em especial consideração o desenvolvimento da matéria na França, Itália, Portugal e Alemanha, bem como recorre, nos pontos em que isso é oportuno, ao direito romano. Preocupa-se, entretanto, em não importar soluções incompatíveis com a disciplina jurídica do Brasil e a sua história de desenvolvimento.

No primeiro capítulo, é conduzida a delimitação conceitual do objeto de estudo do trabalho, indicando-se a quais acordos se faz referência ao utilizar o termo de "contrato-quadro", e, contrariamente, quais espécies jurídicas, embora aproximadas em certos aspectos, com ela não se confundem.

Em seguida, perquire-se, no segundo capítulo, quais as principais funções assumidas pelos contratos-quadro, especialmente nas relações contratuais em que estes são usualmente adotados. Verifica-se, neste ponto, quão abrangente sob o aspecto prático é esta figura, bem como a diversidade de propósitos para os quais é empregada.

Adentrando no âmbito operativo dos contratos-quadro, é investigado, no terceiro capítulo, em que medida a indeterminação de elementos essenciais da relação contratual e a outorga a uma das partes do poder formativo de fixá-los unilateralmente seriam compatíveis com a ordem jurídica brasileira.

Finalmente, no quarto capítulo são analisadas as obrigações das partes de negociar de boa-fé e de celebrar os contratos de aplicação, indagando-se se alguma destas é incompatível com os contratos-quadro, ou, por outro lado, é essencial à sua caracterização. Igualmente, examina-se a possibilidade de execução específica destas obrigações e de que modo se dá a tutela indenizatória em caso de seu incumprimento.

O método de pesquisa empregado para responder tais questionamentos foi qualitativo, mediante investigação indireta em fontes bibliográficas, notadamente obras doutrinárias e julgados.

Nos trechos em que foi necessária a citação e transcrição de obras redigidas em língua estrangeira, foi realizada pelo autor a tradução livre dos textos, aqui excluídos aqueles que obtiveram edições nacionais, cujos tradutores foram indicados. Nos casos em que houve tradução pelo autor, transcreveu-se igualmente a versão original.

Além disso, o trabalho de exegese das fontes romanas citadas foi realizado mediante consulta ao texto do *Corpus iuris civilis* na 15ª edição crítica de Theodor Mommsen e Paul Krüger[1].

A título de auxílio, recorreu-se às traduções de Ildefonso García del Corral, do Digesto para o espanhol[2], de Henry Hulot, do Digesto para o francês[3], e de Fred Blume do *Codex* para o inglês[4]. Fez-se uso, igualmente, das Institutas de Gaio na 3ª edição crítica de Wilhelm Studemund e Paul Krüger[5], e de seu texto vertido para o português por Alexandre Correia e Gaetano Sciascia[6]. Foram realizadas pelo autor as demais traduções do texto latino para o português.

[1] MOMMSEN, Theodor; KRÜGER, Paul. *Corpus iuris civilis*. 15. ed. Berlin: Weidmannos, 1928.

[2] GARCÍA DEL CORRAL, Ildefonso. *Cuerpo del derecho civil romano*. Barcelona: Molinas, 1892.

[3] HULOT, Henri. *Les cinquante livres du digeste ou des pandectes de l'empereur Justinien*. Metz : Imprimeurs-Libraires ; Paris : Depôt des Lois, 1803.

[4] BLUME, Fred. *Annotated Justinian Code*. Disponível em: <http://www.uwyo.edu/lawlib/blume-justinian/ajc-edition-2/>. Acesso em: 26 out. 2017.

[5] STUDEMUND, Wilhelm; KRÜGER, Paul. *Gai institutiones*. 3. ed. Berlin: Weidmannos, 1891.

[6] CORREIA, Alexandre; SCIASCIA, Gaetano. *Manual de direito romano*. 6. ed. São Paulo: Revista dos Tribunais, 1988, v. 2.

CAPÍTULO I
DELIMITAÇÃO CONCEITUAL DO CONTRATO-QUADRO

A consecução de qualquer estudo que se pretenda científico depende da prévia delimitação conceitual de seu objeto. É essencial saber daquilo que se ocupa e, em sentido contrário, aquilo que não é preocupação do trabalho, a fim de compreendê-lo inteiramente.

De nada adiantaria estudar os problemas que orbitam a temática dos contratos-quadro no direito privado brasileiro, propondo-lhes soluções, sem que se fosse capaz de indicar, previamente, a quais figuras jurídicas as reflexões ofertadas se mostram pertinentes.

Assim assevera Pontes de Miranda, ao ressaltar que incumbe ao jurista a tarefa de zelar pela precisão conceitual da linguagem técnica que é própria de sua ciência, evitando confusões terminológicas e as inevitáveis injustiças que as acompanham[7].

[7] PONTES DE MIRANDA, Francisco Cavalcanti. *Tratado de direito privado*. 3. ed. Rio de Janeiro: Borsói, 1971, t. XXV. p. 208-209. "A expressão 'rescisão' tem concorrido para sérias confusões e, o que é assaz grave, para injustiças nos julgados. Não se pode dar o mesmo nome a diferentes coisas. Em ciência, só se pode desejar a ascensão à precisão matemática. Depois dos extraordinários resultados da lógica contemporânea, liberta da mediocridade de alguns filósofos gregos e medievais, abriram-se horizontes que exigem caminhada atenta e segura. A linguagem vulgar pode chamar "manga" à fruta, ao vidro do candelabro ou candeeiro, ao braço do palitó; e dizer que B, no seu passo lento, manga, ou que dele manga A, que é zombeteiro. Em ciência, não; mas, desgraçadamente, é o que fazem, com o termo "rescisão" e com outros, alguns ou muitos juristas.".

Com o propósito de não recair no equívoco mencionado, respondendo os desafios da prática sem antes esclarecer ao que as pretensas contribuições dizem respeito, e, assim, suscitando novas dúvidas ao invés de granjear as soluções pretendidas, é que se conduz o seguinte ensaio de delimitação conceitual do objeto de estudo do trabalho.

Busca-se, em síntese, esclarecer ao que se alude, nos capítulos seguintes, com a expressão "contrato-quadro".

Para tanto, é exposto, em primeiro lugar, o modo de atuação da autonomia privada na paulatina construção de novos tipos contratuais, âmbito no qual está inserido o contrato-quadro, e o qual é essencial para a sua integral compreensão.

Em seguida, são introduzidas e discutidas as principais definições da figura oferecidas pela doutrina brasileira e estrangeira, com o fito não de alcançar uma inviável conceituação universal da matéria, mas sim tendo em perspectiva a propositura de quadro comum de elementos característicos do fenômeno jurídico, experimentado em diversas ordens, malgrado guarde peculiaridades em cada uma delas.

Apresenta-se, ainda, o conteúdo usual do contrato-quadro, bem como dos contratos que lhe são subsequentes, com vistas a permitir a sua melhor identificação, e, mormente, situá-lo mais adequadamente, quando do exame das questões controvertidas que rodeiam seu manejo na prática comercial.

Por fim, devidamente explorada a matéria de no que consiste tal contrato, passa-se a analisar aquilo com que ele não se confunde, de modo a afastá-lo de figuras jurídicas que lhe são alternativas, limítrofes ou podem consigo ensejar, por quaisquer motivos, confusões.

1.1. Novos tipos contratuais e autonomia privada: atuação criativa de agentes econômicos e jurídicos na descoberta e (re)criação de modelos contratuais

A adoção do método tipológico na ciência jurídica se explica pela exigência de certeza e objetividade do direito, na medida em que possibilita a análise de novos problemas por meio do recurso a modelos normativos conhecidos[8],

[8] DE NOVA, Giorgio. *Il tipo contrattuale*. Padova: CEDAM, 1974. p. 3-4.

elaborados – ao menos idealmente[9] – em atenção a estruturas comumente verificadas na realidade jurídica[10].

Para alcançar melhor compreensão deste método, e de que modo se verifica a sua incorporação nas ordens jurídicas contemporâneas, valiosa é a comparação das noções de tipo e de conceito geral abstrato[11].

Os conceitos gerais abstratos são formados por meio do processo de abstração de notas distintivas de um grupo de indivíduos, isto é, de retirada de tudo que há de diverso entre estes, evidenciando apenas os elementos a todos característicos[12]. A depender da extensão desse processo de abstração – de quantas notas distintivas são retiradas – é possível se alcançar conceitos mais ou menos amplos, os quais se organizam em planos hierárquicos[13].

Os conceitos abstratos se resumem a um conjunto de elementos característicos. Se certa estrutura particular não preenche todos estes, então não pode ser subsumida ao conceito[14].

Por outro lado, os tipos são formados por aglomeração de indivíduos, sem que haja abstração de suas notas distintivas, por meio da identificação de características que se relacionam em um quadro global dotado de certo sentido, próprio à imagem fenomênica do tipo[15].

É dizer: a estrutura lógica dos conceitos gerais abstratos demanda que se busque aquilo que difere um grupo de estruturas particulares, para que haja a retirada desses elementos destoantes, ao passo que no processo

[9] Cita-se a possibilidade, embora excepcional, de tipificação de espécies jurídicas sem que haja, nesse processo, atenção aos usos do tráfico jurídico e comercial. Cf. VASCONCELOS, Pedro Pais de. *Contratos atípicos*. 2. ed. Coimbra: Almedina, 2009. p. 61.

[10] PONTES DE MIRANDA, Francisco Cavalcanti. *Tratado de direito privado*. 3. ed. Rio de Janeiro: Borsói, 1972, t. XXXVIII. p. 366.

[11] Introduzindo a questão deste modo, Cf. VASCONCELOS, Pedro Pais de. Op. cit. p. 24-27; DE NOVA, Giorgio. Op. cit. p. 121-129; BEDUSCHI, Carlo. *Tipicità e diritto*: contributo allo studio dela razionalità giuridica. Padova: CEDAM, 1992; LARENZ, Karl. *Metodologia da ciência do direito*. 3. ed. Trad. José Lamego. Lisboa: Fundação Calouste Gulbenkian, 1997. p. 300-312.

[12] LARENZ, Karl. Op. cit. p. 624-626.

[13] LARENZ, Karl. Op. cit. p. 625.

[14] DE NOVA, Giorgio. Op. cit. p. 126-127. Não há gradação na subsunção da estrutura a um conceito; ou este se subsome ou não.

[15] MARTÍNEZ, Eric Palacios. La problemática de la teoría del tipo y la integración contractual. In: LEÓN, Leysser. *Estudios sobre el contrato en general*: por los sesenta años del codigo civil italiano. 2. ed. Lima: Ara, 2015. p. 610-611.

tipológico o que se constata é a procura das características que unem e dão coerência a uma pluralidade de estruturas particulares, sem que, ao fazê-lo, sejam excluídos os seus elementos distintivos.

Em síntese, o importante para que haja a recondução – e não subsunção[16] – de uma estrutura particular a um tipo não é, portanto, o mero preenchimento de uma série de características, mas sim que os elementos verificados, ainda que não idênticos ao tipo ideal, atuem em conjunto para formar uma união dotada de sentido própria a este, o que pode ocorrer em variáveis graus de intensidade[17].

Situada a temática na seara do direito dos contratos[18], é possível descrever os tipos contratuais como tipos jurídico-estruturais[19] apreendidos das operações econômicas difundidas na realidade social e jurídica[20], com os acréscimos e deduções realizados pelo legislador ao regulá-los[21].

Consistem em modelos normativos que se fazem à disposição dos contratantes[22], tanto com a finalidade de preencher contratos lacunosos, mediante a incidência das normas dispositivas do regime contratual

[16] MARQUES, Maria Beatriz Loureiro de Andrade. *Novas figuras contratuais*. Tese (Doutorado em Direito Civil), Faculdade de Direito do Largo de São Francisco, Universidade de São Paulo, São Paulo, 2005. p. 16. "Enquanto ao conceito relaciona-se o processo de subsunção, ao tipo relaciona-se o processo de recondução, por meio do qual podem ser consideradas pertinentes ao tipo figuras que sejam similares – embora não idênticas – a ele.".

[17] VASCONCELOS, Pedro Pais de. Op. cit. p. 43-44.

[18] Enumerando outras hipóteses de aplicação do método tipológico no direito, Cf. MENEZES CORDEIRO, António. *Tratado de direito civil*. 2. ed. Coimbra: Almedina, 2012, t. VI. p. 557-558.

[19] LARENZ, Karl. Op. cit. p. 662-667. Tipos jurídico-estruturais são aqueles que designam tipos de relações jurídicas. Referem-se às estruturas particulares de cada espécie de relação jurídica, cujas características, analisadas em conjunto, permitem verificar uma união dotada de sentido.

[20] ROPPO, Vincenzo. *Il contratto*. Milano: Giuffrè, 2001. p. 419-420.

[21] VASCONCELOS, Pedro Pais de. Op. cit. p. 58-59. "Os tipos jurídicos estruturais são construídos pelo legislador, *em princípio*, a partir da realidade. O legislador recolhe na vida real os tipos de comportamento e de relação que estão já aí imbuídos de dever ser. A partir destes – 'tipos reais normativos' – redesenha na lei os correspondentes tipos legais. Ao transcrevê-los na lei, o legislador pode modificá-los, alterá-los e de certo modo corrigir o seu conteúdo de acordo com os seus critérios de justiça e de conveniência.".

[22] LORENZETTI, Ricardo Luis. *Tratado de los contratos*. Buenos Aires: Rubinzal-Culzoni, 1999, t. I. p. 15-16.

típico, quanto para intervir[23], por meio de normas cogentes, no conteúdo destes[24].

Impende frisar que o emprego do método tipológico à ciência jurídica guarda particularidades, as quais se fazem sentir no âmbito da tipicidade contratual[25], sobretudo em decorrência da frequente adoção, pela via legislativa, de tipos fechados[26].

O procedimento adotado para averiguar se determinado negócio jurídico é típico ou atípico[27] merece, destarte, especial enfoque.

Nesses casos o juízo de correspondência a um tipo legal não se dá exclusivamente em processo tipológico, mediante operação de recondução/qualificação, mas sim de modo misto, tanto conceitual quanto tipológico, por meio de operação de subsunção-qualificação[28].

[23] A intervenção no conteúdo dos contratos pode ocorrer tanto pelo estabelecimento de pontos que devem necessariamente ser pactuados pelas partes (conteúdo necessário), quanto pela indicação de diretrizes para que ocorra essa determinação e, ainda, pela proscrição de certas cláusulas no âmbito do contrato.

[24] FRANCO, Vera Helena de Mello. *Teoria geral do contrato*: confronto com o direito europeu futuro. São Paulo: Revista dos Tribunais, 2011. p. 205.

[25] Essas peculiaridades se estendem também, e principalmente, à tipicidade penal e dos direitos reais. Cf. ROXIN, Claus. *Teoría del tipo penal*: tipos abiertos y elementos del deber jurídico. Trad. Enrique Bacigalupo. Buenos Aires: Depalma, 1979; ASCENSÃO, José de Oliveira. *A tipicidade dos direitos reais*. Lisboa: Petrony, 1968.

[26] A fim de conferir maior segurança ao sistema, o legislador frequentemente realiza o fechamento do tipo, definindo-o, de modo a só poder ser manejado mediante a verificação de certas características mínimas, as quais devem, inobstante, relacionar-se de modo a alcançar o sentido próprio ao tipo legal. Cf. VASCONCELOS, Pedro Pais de. Op. cit. p. 41-42, 57-58. Discorda-se do autor em sua afirmação de que, nos tipos fechados, a aferição do preenchimento das características essenciais é condição necessária e *suficiente* à recondução da espécie ao tipo. Embora a verificação de certos elementos essenciais seja condição *necessária* à qualificação, ela não é *suficiente*, sendo necessário, ainda, que tais características se relacionem em um quadro global dotado de sentido correspondente ao do tipo contratual.

[27] Adota-se, no presente trabalho, por serem mais precisas, as expressões "legalmente típico e atípico", preferindo-as à terminologia de "nominado e inominado". No mesmo sentido, Cf. JUNQUEIRA DE AZEVEDO, Antonio. *Negócio jurídico*: existência validade e eficácia. 4. ed. São Paulo: Saraiva, 2002. p. 145-146; MARINO, Francisco Paulo de Crescenzo. Classificação dos contratos. In: PEREIRA JÚNIOR, Antonio Jorge; JABUR, Gilberto Haddad. *Direito dos contratos*. São Paulo: Quartier Latin, 2006. p. 24; Em sentido diverso, tratando-as como sinônimas, Cf. MIRANDA, Custódio da Piedade Ubaldino. *Comentários ao código civil*. São Paulo: Saraiva, 2013, v. 5. p. 107; ROPPO, Vincenzo. Op. cit. p. 421.

[28] MIRANDA, Custódio da Piedade Ubaldino. Op. cit. p. 109-113; VASCONCELOS, Pedro Pais de. Op. cit. p. 188-189; LARENZ, Karl. Op. cit. p. 386-387. Expondo vasta doutrina nesse

Esclarecedora, para se alcançar essa compreensão, é a posição de Emilio Betti afirmando que o contrato[29] guarda tanto uma estrutura estática, consistente no regramento de interesses privados e composta por sua forma e conteúdo, quanto uma razão prática – a função concreta almejada no contrato – cuja natureza é dinâmica e que se pretende atingir com este regramento, por ele relacionada à noção de causa contratual[30].

A aproximação ou afastamento do contrato ao tipo legal demanda, primeiramente, a investigação de seu conteúdo – da estrutura estática citada por Betti – para, por intermédio de operação de subsunção, determinar se este reúne seus elementos essenciais, ou, como se prefere neste trabalho, seguindo a classificação de Antonio Junqueira de Azevedo, seus elementos categoriais inderrogáveis[31].

Isto é, faz-se necessário verificar, concretamente, se há ou não o preenchimento do suporte fático abstrato da regra jurídica do tipo contratual, a precipitar a incidência do regime legal típico do contrato[32].

Apenas após essa operação de subsunção, inicia-se o processo tipológico, buscando a recondução do contrato ao tipo legal na medida em que o seu conteúdo global[33] se aproxima da disciplina legal dispositiva do

sentido, Cf. DEL NERO, João Alberto Schützer. *Conversão substancial do negócio jurídico*. Rio de Janeiro: Renovar, 2001. p. 13-24.

29 A exposição do autor, em que pese assumir caráter mais abstrato, referindo-se à categoria dos negócios jurídicos em geral, pode ser aproveitada sem prejuízos para a temática ora discutida.

30 BETTI, Emilio. *Teoria generale del negozio giuridico*. 2. ed. Napoli: Edizioni Scientifiche Italiane, 2002. p. 170-172.

31 Normalmente se faz menção, neste ponto, a elementos essenciais (*essentialia negotii*) do tipo contratual. Prefere-se, todavia, neste ponto, por se reputar mais adequada, fazer menção à classificação de Antônio Junqueira de Azevedo, de elementos gerais (comuns a toda a categoria dos negócios jurídicos), elementos categoriais (comuns a determinado *tipo* de negócio jurídico, sendo inderrogáveis aqueles que não podem ser afastados sem que haja a desnaturação do tipo negocial) e elementos particulares (verificados em um negócio jurídico determinado). Cf. JUNQUEIRA DE AZEVEDO, Antonio. Op. cit. p. 31-40. Igualmente, *Vide* tópico 3.1, *infra*.

32 MIRANDA, Custódio da Piedade Ubaldino. Op. cit. p. 109.

33 Conteúdo global do contrato é aquele formado tanto por seu conteúdo expresso, determinado pelos sujeitos contratuais na sua declaração negocial, quanto pelo conteúdo apurado por meio da interpretação integrativa ou corretiva da declaração negocial, chamado por alguns, como Antônio Junqueira de Azevedo, de conteúdo incompletamente expresso e, por outros, a exemplo de Francisco Paulo de Crescenzo Marino, de conteúdo implícito, sendo a primeira nomenclatura mais aconselhável, pois a última é utilizada por alguns autores, a exemplo

tipo contratual, congruência verificada ao se perquirir se a razão prática conferida pelas partes ao contrato – a sua causa concreta – se aproxima ou se afasta da causa abstrata relacionada ao modelo típico[34]. Ao fim dessa análise, confirma-se ou afasta-se, no caso concreto, a qualificação alcançada anteriormente[35].

Em sentido contrário, há quem sustente a aplicação de um processo de qualificação contratual exclusivamente tipológico, sem recorrer a qualquer operação de subsunção[36]. Chega-se a afirmar, inclusive, que a verificação de elementos categoriais (essenciais) não seria necessária à qualificação do contrato[37]. Seria possível se cogitar, por exemplo, de recondução de certo contrato concreto a determinado tipo legal, ainda que não preenchesse o suporte fático abstrato previsto legalmente.

de Antônio Junqueira de Azevedo e Pontes de Miranda, para se referir ao conteúdo obtido mediante a integração negocial. O conteúdo global do contrato abrange todo o conteúdo "querido sem ajuda da lei", não dizendo respeito, portanto, aos elementos naturais integrados à regulação negocial por força da lei. Cf. BETTI, Emilio. *Interpretação da lei e dos atos jurídicos*: teoria geral e dogmática. Trad. Karina Jannini. São Paulo: Martins Fontes, 2007. p. 374-379; PONTES DE MIRANDA, Francisco Cavalcanti. *Tratado de direito privado*. 3. ed. Rio de Janeiro: Borsói, 1970, t. III. p. 319-322; JUNQUEIRA DE AZEVEDO, Antonio. Op. cit. p. 136-137; MARINO, Francisco Paulo de Crescenzo. *Interpretação do negócio jurídico*. São Paulo: Saraiva, 2011. p. 45-46.

[34] Cf. PENTEADO, Luciano de Camargo. Causa concreta, qualificação contratual, modelo jurídico e regime normativo: notas sobre uma relação de homologia a partir de julgados brasileiros. In: *Revista de Direito Privado*, v. 20, out./dez., 2004, p. 235-265; BETTI, Emilio. *Teoria generale del negozio* giuridico. 2. ed. Napoli: Edizioni Scientifiche Italiane, 2002. p. 239-241. Em sentido contrário, afirmando que a causa não influi na fixação do regime jurídico aplicável ao negócio jurídico, Cf. JUNQUEIRA DE AZEVEDO, Antonio. Op. cit. p. 149-151.

[35] MIRANDA, Custódio da Piedade Ubaldino. Op. cit. p. 110-112. "Em nosso entender, o que se pode dizer, no fundo, é que a atração em bloco das normas reguladoras do tipo legal na disciplina do contrato, uma vez determinado o tipo, por uma operação de subsunção-qualificação, será sempre *provisória*, na medida em que pode haver, entre as normas reguladoras do tipo, as que por sua inaplicabilidade à espécie contratual em causa acabem por revelar que a identificação provisória tem sempre de ser *confirmada* pela verificação da aplicabilidade de todas e cada uma daquelas normas *ao contrato em espécie*, para uma *qualificação definitiva* desse contrato como típico ou atípico.".

[36] KONDER, Carlos Nelson. *Contratos conexos*: grupos de contratos, redes contratuais e contratos coligados. Rio de Janeiro: Renovar, 2006. p. 74-92; MORAES, Maria Celina Bodin de. A causa dos contratos. In: *Revista Civilística*, v. 2, n. 1, 2013, p. 1-24. p. 14.

[37] KONDER, Carlos Nelson. Op. cit. p. 78.

A essa visão não se adere, pois ignora o suporte fático abstrato legalmente previsto aos tipos contratuais legais, contrariando expressa e conscientemente a ordem jurídica positiva e tornando o sistema de direito privado preocupantemente inseguro e suscetível a arbítrios, o que, cumpre destacar, é precisamente o que o legislador intenciona evitar ao construir tipos jurídicos fechados.

De fato, a recondução aos tipos contratuais legais se distingue, dentro do processo tipológico, por demandar não só a verificação do quadro global do tipo, mas igualmente do atendimento de certos elementos característicos mínimos.

Deve o juízo de correspondência de um contrato concreto ao tipo contratual legal ser desencadeado, pois, em processo misto, inaugurado[38] por operação de subsunção aos elementos categoriais previstos legalmente, que lhe serve tão somente de passo inicial, provisório, seguido, necessariamente, de operação de recondução à imagem fenomênica do tipo contratual, destinada a realizar a qualificação definitiva do contrato.

Esclarecido como se opera a qualificação do contrato como típico ou atípico, imperioso expor os modos mais ou menos rígidos segundo os quais pode ocorrer a incorporação legal dos tipos contratuais.

Exemplo de tipificação legal inflexível é a do direito romano clássico, no qual apenas se reputavam de origem contratual – com o consequente reconhecimento das respectivas ações de *ius civile* – as obrigações advindas dos contratos tipificados legalmente[39].

A tutela das avenças atípicas só ocorria pela atuação pretoriana, por intermédio do *bonae fidei iudicia*[40], primeiro na forma de exceções[41], repelindo, por exemplo, pretensões maliciosas de reaver bens entregues pelo

[38] Pedro Pais de Vasconcelos sugere que o juízo de correspondência deve se iniciar pelo processo tipológico e, então, seguir-se do processo conceitual. Cf. VASCONCELOS, Pedro Pais de. Op. cit. p. 188-189. Não se adere a esta posição, tendo em vista que a operação de subsunção se afigura mais adequada na condição de ponto de partida, e não de chegada, do processo de qualificação, o qual, embora misto, ainda é predominantemente tipológico.

[39] BONFANTE, Pietro. *Diritto romano*. Firenze: Cammelli, 1900. p. 393-394.

[40] Em síntese, ações de *ius honorarium* com esteio na tutela da boa-fé, as quais possibilitavam aos pretores a ampliação de suas margens de atuação. Cf. LOMBARDI, Luigi. *Dalla fides alla bona fides*. Milano: Giuffrè, 1961. p. 165-208.

[41] Ulp. D. 2, 14, 7, 4.

mero fato de a prestação ter sido decorrente de convenções atípicas, mas depois, também, na forma de ações autônomas[42].

Foi longa e lenta a evolução do direito romano no sentido de conferir maior tutela aos contratos atípicos. Gradualmente, diversos interesses jurídicos passaram a ser tutelados pela via negocial, mediante recurso a figuras tão diversas quanto a *stipulatio*, os *nuda pacta*, e, sobretudo, os contratos inominados, que, a partir da construção teórica de Aristão, passaram a ser dotados de sanção jurídica, desde que neles se identificasse uma "causa", correspondente, no direito romano, à sinalagmaticidade do contrato e à execução da primeira prestação acordada[43].

Já no tempo de Justiniano[44], reconheceu-se, enfim, plena proteção jurídica aos contratos alheios aos modelos típicos legais, mediante *actio praescriptis verbis*[45]. Essa tendência se manteve e se aprofundou em nossos tempos[46], e está insculpida no direito brasileiro vigente no art. 425 do CC/02[47], o qual, a exemplo dos demais ordenamentos de tradição romano-germânica, adota um modelo de tipificação contratual legal flexível.

Mesmo em ordens jurídicas nas quais há a consagração de modelos de tipificação contratual legal flexível, todavia, já há muito se veicula crítica no sentido de que a existência de tais modelos normativos acarreta uma

[42] Ulp. D. 2, 14, 7, 7.

[43] ZANETTI, Cristiano de Sousa. *Direito contratual contemporâneo*: a liberdade contratual e sua fragmentação. São Paulo: Método, 2008. p. 14-23; TALAMANCA, Mario. La tipicità del sistema contrattuale romano. In: *Revista da Faculdade de Direito da Universidade de São Paulo*, v. 86, p. 44-64, jan./dez., 1991. p. 58-60.

[44] ARANGIO-RUIZ, Vincenzo. *Istituzioni di diritto romano*. 14. ed. Napoli: Jovene, 2006. p. 296.

[45] GIRARD, Paul Frédéric. *Manuel élémentaire de droit romain*. 4. ed. Paris: Rousseau, 1906. p. 585-586. Em sentido oposto, afirmando que o reconhecimento dos contratos atípicos no direito justinianeu não superou o modelo de tipicidade rígida do direito romano, mas apenas o enfraqueceu, Cf. MOREIRA ALVES, José Carlos. *Direito romano*. 16. ed. Rio de Janeiro: Forense, 2014. p. 472-473; ZANETTI, Cristiano de Sousa. Op. cit. p. 10.

[46] Especificamente a respeito da evolução da liberdade contratual e, por consequência, dos modelos de tipicidade contratual, Cf. ZANETTI, Cristiano de Sousa. *Direito contratual contemporâneo*: a liberdade contratual e sua fragmentação. São Paulo: Método, 2008.

[47] Art. 425 do CC/02. É lícito às partes estipular contratos atípicos, observadas as normas gerais fixadas neste Código.

predisposição dos intérpretes a tentarem inserir, nos tipos legais, contratos que, a toda evidência, a eles não se adequam[48].

Prevalecendo essa prática de qualificação contratual arbitrária, redundar-se-ia, semelhantemente, em modelo de tipificação legal rígida. Nessa hipótese, embora a celebração de contratos atípicos fosse formalmente admitida, haveria adstrição dos sujeitos contratuais aos regimes legalmente típicos, não mais por ausência de sanção jurídica aos contratos atípicos, mas em decorrência da atuação dos intérpretes que, em última análise, contrariariam o programa contratual originalmente previsto pelas partes.

Chega-se a afirmar que o modelo tipológico contratual, apesar de concebido para ampliar a liberdade dos contratantes, ao integrar, nos negócios jurídicos concretos silentes acerca de certas matérias, o conteúdo a respeito de tais temáticas usualmente estabelecido em avenças de mesmo tipo contratual, acaba por limitar essa liberdade, ao dificultar a formação de contratos destoantes do regramento típico previsto legalmente[49].

Uma análise açodada da problemática poderia ensejar a conclusão de que sistemas normativos que se valem do método tipológico no âmbito contratual não atendem apropriadamente à necessidade de adaptação dos contratos à realidade econômico-social[50], especialmente em sociedades modernas, ao restringirem demasiadamente as possibilidades de os agentes econômicos fugirem dos modelos contratuais legalmente consagrados.

Não parece ser, todavia, esse o caso.

[48] SACCO, Rodolfo. Autonomia contrattuale e tipi. In: *Rivista trimestrale di diritto e procedura civile*, v. 20, n. 3, 1966, p. 785-808. p. 790; ROPPO, Vincenzo. Op. cit. p. 431-432.

[49] GOETZ, Charles; SCOTT, Robert. The limits of expanded choice: an analysis of the interactions between express and implied contract terms. In: *California Law Review*, v. 73, n. 2, mar., 1985, p. 261-322. p. 293. "Nossa análise demonstra que as barreiras às inovações no âmbito contratual são um resultado direto das regulações legais do conteúdo dos contratos.". Trecho original: "Our analysis has shown that barriers to innovative formulations are an inherent byproduct of state regulation of contract terms.".

[50] Esta temática reflete a sempre atual discussão acerca de em que medida é possível atender as exigências de que a ordem jurídica seja dotada de certeza e objetividade e se adapte constantemente às transformações sociais. Quanto a isto, Cf. BAGOLINI, Luigi. Direito e valores no pensamento de Miguel Reale. In: *Revista da Faculdade de Direito da Universidade de São Paulo*, v. 47, 1952, p. 207-223.

Apesar de não se questionar a predisposição do intérprete a, encontrando-se diante de um contrato particular, buscar, primeiro, adequá-lo aos modelos contratuais típicos, nota-se que essa operação não precisa ser – e frequentemente não é – realizada em atenção aos tipos legais.

Isso porque, ao lado dos tipos contratuais positivados pelo legislador, nomeados de legais ou legislativos, tem-se modelos consagrados pela prática reiterada na realidade social e jurídica, ditos tipos sociais[51], sócio-jurisprudenciais[52] ou extralegais[53], cuja formação se dá em velocidades cada vez maiores, na medida em que também a sociedade se transmuda mais rapidamente[54].

Se, de um lado, a construção dos tipos contratuais legais a partir da realidade social e jurídica[55] se dá com a atuação intermediária do legislador, que o ajusta ao sistema jurídico, de outro, a apreensão dos tipos contratuais sociais também se dá por mediadores, os intérpretes-aplicadores do Direito – estudiosos e órgãos jurisdicionais – que, mais do que descrever os tipos sociais, têm uma semelhante função de acomodá-los na ordem jurídica vigente[56].

O modelo socialmente típico não é, portanto, mero fato ou realidade bruta, mas verdadeira "regulação social, a qual, na medida em que envolve uma conexão ou um 'jogo concertado' de elementos, forma uma estrutura dotada de sentido"[57].

[51] BETTI, Emilio. *Interpretação da lei e dos atos jurídicos*: teoria geral e dogmática. Trad. Karina Jannini. São Paulo: Martins Fontes, 2007. p. 345; COUTO E SILVA, Clóvis Veríssimo do. *A obrigação como processo*. Rio de Janeiro: FGV, 2007. p. 77; MENEZES CORDEIRO, António. Op. cit. p. 439-441.

[52] MARINO, Francisco Paulo de Crescenzo. *Contratos coligados no direito brasileiro*. São Paulo: Saraiva, 2009. p. 6; ROPPO, Vincenzo. Op. cit. p. 421.

[53] VASCONCELOS, Pedro Pais de. Op. cit. p. 61-66; LARENZ, Karl. Op. cit. p. 667.

[54] PONTES DE MIRANDA, Francisco Cavalcanti. Op. cit. p. 47.

[55] Afirma-se que essa construção se dá a partir da realidade social e jurídica por se tratar de *regra*, não se podendo olvidar a *excepcional* possibilidade de haver tipificação legal sem atenção a este ponto de partida. *Vide* nota de rodapé 9, *supra*.

[56] Os modelos socialmente típicos se reputam aquilo que vulgarmente é nomeado indistintamente de "usos e costumes", sendo, portanto, também fontes do direito. Cf. VASCONCELOS, Pedro Pais de. Op. cit. p. 64; PONTES DE MIRANDA, Francisco Cavalcanti. Op. cit. p. 63-64; RÁO, Vicente. *O direito e a vida dos direitos*. 1. ed. São Paulo: Max Limonad, 1952, v. 1. p. 285-298; BETTI, Emilio. Op. cit. p. 345; MENEZES CORDEIRO, António. Op. cit. p. 440-441.

[57] MARINO, Francisco Paulo de Crescenzo. Op. cit. p. 10.

Não se discute que, embora subsistam, lado a lado, tipos legais e sociais, exista um pendor a favorecer os modelos contratuais positivados. Essa prática não pode ser tida, porém, como inerente ao método tipológico, mas sim ao seu (mau) emprego em desconsideração da tipificação social de estruturas contratuais.

Ademais, certamente é possível arguir que os tipos legais padecem de certa imobilidade, tardando até serem atualizados às novas demandas sociais pelas próprias vicissitudes do processo legislativo. Essa avaliação não é condizente, entretanto, com os tipos sociais, que se beneficiam de grande flexibilidade para se ajustarem às mutações sobrevindas na sociedade. A adoção do processo tipológico no âmbito do direito contratual também atende, pois, às exigências de adaptação social do direito, não promovendo, por si só, a imobilização da disciplina jurídica.

O reconhecimento concorrente e interconectado de modelos tipológicos contratuais legais e sociais revela a valorização – notável, incomparável e necessária – da atuação criativa[58] dos agentes econômicos e jurídicos na construção do direito contratual[59].

Qualifica-se a citada valorização de notável pois, em ordens jurídicas que valorizam a autonomia privada[60] e, consectariamente, a liberdade

[58] A menção a uma valorização da atividade criativa dos agentes econômicos e jurídicos, isto é, aos atos pelos quais estes inovam a ordem jurídica, dá-se em preferência à alternativa alusão à valorização da vontade destes agentes. Não é a importância concedida à vontade dos sujeitos de direito que figura como nota distintiva do direito contratual, senão o prestígio que essa vontade assume ao, vertida em declarações, converter-se em verdadeiro regramento – criativo, inovador, engenhoso – de interesses, primeiramente na realidade social e, depois, descoberto e (re)criado na realidade jurídica.

[59] A análise pode ser ampliada para toda a categoria dos negócios jurídicos, não se restringindo, portanto, ao direito contratual. A opção pela referência ao direito contratual e aos modelos típicos contratuais se dá exclusivamente em função do objeto do presente trabalho.

[60] Entende-se por autonomia privada o poder conferido ao indivíduo de autorregrar os próprios interesses – patrimoniais ou extrapatrimoniais –, cuja origem remonta ao indissociável direito de liberdade individual humana e cuja expressão se dá primeiramente no âmbito social – no qual, muito embora ainda não tenha ingressado no mundo jurídico, já é relevante para o direito – e, só empós, na ordem jurídica. Cf. BETTI, Emilio. *Teoria generale del negozio* giuridico. 2. ed. Napoli: Edizioni Scientifiche Italiane, 2002. p. 44-54; JUNQUEIRA DE AZEVEDO, Antonio. *Negócio jurídico e declaração negocial*: noções gerais e formação da declaração negocial. Tese (Professor Titular em Direito Civil), Faculdade de Direito do Largo de São Francisco, Universidade de São Paulo, São Paulo, 1986. p. 4-27; RODRIGUES JUNIOR, Otávio Luiz.

contratual[61], o desenvolvimento do direito dos contratos depende de interferências complexas da atividade criativa humana. Chega-se a apontar que o papel do direito contratual moderno é conferir uma esfera mínima de proteção aos efetivamente vulneráveis, sem que se vulnere ou diminua o núcleo da liberdade contratual, essencial para o desenvolvimento de soluções econômico-sociais[62].

É possível afirmar, com efeito, que o direito dos contratos opera em ao menos três "velocidades"[63].

Em uma primeira velocidade, mais célere que as demais, as constantes transformações da realidade social impulsionam os agentes econômicos a elaborarem, em atividade especialmente inventiva e descentralizada, novos arranjos para suas operações.

A segunda velocidade, intermediária, situa-se já na realidade jurídica, ao passo que os operadores do direito, também em franca atividade criativa, elaboram estruturas contratuais inéditas, destinadas a se ajustar às particularidades de operações econômicas que progridem de forma até então desconhecida.

Por fim, em terceira velocidade, necessariamente mais lenta que as demais, os intérpretes-aplicadores do Direito – estudiosos e julgadores – e o legislador, diante dessas inovações sociais e jurídicas, em atividade

Autonomia da vontade, autonomia privada e autodeterminação: notas sobre a evolução de um conceito na modernidade e na pós-modernidade. In: *Revista de Informação Legislativa*, v. 41, n. 163, jul./set., 2004, p. 113-130. p. 123-127; PONTES DE MIRANDA, Francisco Cavalcanti. Op. cit. p. 54-55.

[61] WALD, Arnoldo. *Obrigações e contratos*. 12. ed. São Paulo: Revista dos Tribunais, 1995. p. 162.

[62] SCHWAB, Dieter. Liberdade contratual e formação de contratos 'ex vi legis'. Trad. Peter Walter Ashton. In: *Revista da Associação dos Juízes do Rio Grande do Sul*, ano XIV, n. 39, mar., 1987, p. 16-36. p. 36. "(...) a exigência jurídico política deve dirigir-se no sentido de examinar criticamente, do ponto de vista conceitual, o direito das obrigações e dos contratos, tendo em vista a proteção do consumidor, sem, no entanto, lesionar ou diminuir o núcleo da liberdade de contratar.".

[63] A expressão adotada tem caráter mais exemplificativo e didático que propriamente científico, pelo que se pede as escusas do leitor. A escolha da terminologia "velocidades do direito contratual", e não de expressões também possíveis, tais como "etapas" ou "fases", deveu-se à consciente opção em retratar o fenômeno de construção de modelos contratuais como uno, não se desdobrando em etapas distintas, mas apenas em variáveis velocidades de um mesmo processo.

de descoberta, mas também de criação[64], do direito, buscam adequar as novas estruturas ao sistema jurídico, assim construindo novos modelos contratuais social e/ou legalmente típicos.

A importância da atuação criativa na construção do direito contratual é, ainda, incomparável, ao menos no contexto do direito patrimonial[65], pois a complexidade com que se dá não encontra paralelo nas demais áreas do direito.

Isso não quer dizer, é claro, que apenas no âmbito do direito dos contratos as práticas sociais recorrentes e a consciência popular sejam relevantes na construção da ordem jurídica, ou que outras esferas jurídicas sejam, necessariamente, impassíveis às transformações da sociedade.

O que se sucede é que, em outras áreas, a margem de atuação do particular no regramento das novas situações surgidas da vida social é menor[66], verificando-se, consequentemente, uma concentração acentuada, nos órgãos legislativos, do papel de adaptação social do direito.

Não se pode negar, por exemplo, que novos arranjos sociais de habitação ou de compartilhamento de propriedade[67] resultem em transformações jurídicas significativas na disciplina dos direitos reais.

[64] Fala-se em atividades de descoberta e de criação do direito em referência a dois momentos: um inicial, no qual são reconhecidas as práticas sociais e as regulações delas advindas, e um segundo, no qual esta regulação é incorporada ao direito (perceba-se: incorporada ao direito, e não positivada, pois desse processo não se exclui a construção de modelos socialmente típicos), sendo acomodadas, alteradas e, por fim, (re)criadas na ordem jurídica. Cf. SAVIGNY, Friedrich Carl von. *Sistema del derecho romano actual.* Trad. M. Ch. Guenoux, Jacinto Mesía e Manuel Poley. Madrid: F. Góngora, 1878, t. 1. p. 29-31; RODRIGUES JUNIOR, Otávio Luiz. Dogmática e crítica da jurisprudência (ou da vocação da doutrina em nosso tempo). In: *Revista dos Tribunais,* n. 891, jan., 2010, p. 65-106. p. 78-79; RÁO, Vicente. Op. cit. p. 275-278.

[65] A ressalva é necessária, pois a autonomia privada não se esgota na esfera patrimonial dos indivíduos, abrangendo toda a expressão de suas personalidades, de modo que, em matérias extrapatrimoniais, também chamadas existenciais, identifica-se, em igual ou maior escala, a sua atuação criativa e inovadora na construção do direito. Cf. LEONARDO, Rodrigo Xavier. *Redes contratuais no mercado habitacional.* São Paulo: Revista dos Tribunais, 2003. p. 72-75; PERLINGIERI, Pietro. *Perfis do direito civil:* introdução ao direito civil constitucional. 3. ed. Trad. Maria Cristina de Cicco. Rio de Janeiro: Renovar, 2007. p. 17-19.

[66] PONTES DE MIRANDA, Francisco Cavalcanti. Op. cit. p. 59. "No direito das obrigações é onde ocorre mais largo auto-regramento da vontade". Não se ignora que a referência ao direito das obrigações é mais ampla que a realizada ao direito contratual. Quanto a isto, *Vide* nota de rodapé 59, *supra.*

[67] A tipificação do direito de laje, no artigo 1.225, XIII, CC/02, ilustra a influência de novos arranjos sociais no desenvolvimento dos direitos reais.

No entanto, a participação criativa dos agentes envolvidos nesses novos arranjos na efetiva determinação de qual será o conteúdo das novas regulações do fenômeno, se não necessariamente reduzida, limita-se à tentativa de influência no processo legislativo[68].

Da menor liberdade conferida aos indivíduos para inovar e autorregrar seus interesses em outras searas jurídicas, decorre uma proporcional menor participação destes na formação do direito[69].

Reputa-se, finalmente, ser necessário o destaque conferido à atuação direta e criativa dos sujeitos contratuais sobre a formação da disciplina jurídica que lhes é aplicável, em razão, sobretudo, da ambivalência econômica e jurídica desta.

Ora, por constituir-se o contrato em estrutura de particular importância tanto à economia quanto ao direito[70], e se tratando do instrumento de concretização por excelência da autonomia privada no âmbito do direito patrimonial, é essencial que a construção de seus modelos típicos confira especial relevância à atuação inventiva dos agentes econômicos e jurídicos que dela participam diretamente.

É em virtude do poder criativo decorrente de sua autonomia privada que os agentes econômicos, na posição de sujeitos contratuais, são capazes de responder às necessidades práticas advindas da vida social e econômica por intermédio da criação de novas estruturas contratuais as quais, acaso bem-sucedidas e replicadas no meio social e jurídico, ultimarão esse processo por meio de sua tipificação social e, posteriormente, legal, a depender do juízo de conveniência que o legislador fizer da temática.

[68] Mantendo-se o exemplo, é difícil reconhecer que os indivíduos que constituíam lajes em seus imóveis tiveram influência relevante no conteúdo da regulação positiva do direito real de laje.

[69] Em comparação com o direito contratual, é possível afirmar que outras áreas do direito operam apenas em duas "velocidades": a primeira, em que ocorrem as transformações da realidade social, e a segunda, na qual o legislador, em resposta a estas alterações, elabora os novos regramentos que se aplicarão à matéria.

[70] O contrato-conceito jurídico traduz o contrato-operação econômica em um aspecto instrumental formal-jurídico, e, não se limitando a isso, intervém diretamente nesse fenômeno econômico, orientando-o segundo objetivos e critérios que lhe são próprios. Cf. ROPPO, Vincenzo. *O contrato*. Trad. Ana Coimbra e M. Januário C. Gomes. Coimbra: Almedina, 2009. p. 22-24.

Essa compreensão se demonstra nos contratos-quadro, surgidos na prática comercial por meio da atuação criativa de agentes econômicos e jurídicos os quais, em resposta às aparentemente dicotômicas exigências de segurança e flexibilidade[71] em operações complexas[72], desenvolveram-nos[73].

Tais contratos despontaram na realidade social e jurídica precisamente em resposta a necessidades práticas, decorrentes de transformações sociais e econômicas[74], em pleno exercício, por parte dos sujeitos contratuais, do poder criativo decorrente de sua autonomia privada. Essas transformações, é importante esclarecer, fazem-se sentir não apenas na seara dos contratos-quadro, mas também em outras áreas[75].

[71] As diversas funções assumidas pelos contratos-quadro nas relações contratuais por eles regidas são investigadas detidamente no Capítulo II deste trabalho, *infra*.

[72] POLLAUD-DULIAN; Frédéric; RONZANO, Alain; REYGROBELLET, Arnaud. Le contrat-cadre en france. In: SAYAG, Alain (Org.). *Le contrat-cadre*: 1 – exploration comparative: France, Allemagne, Italie, Angleterre, États-Unis. Paris: Litec, 1995. p. 16. "O contrato-quadro consiste em resposta jurídica a uma necessidade prática".

[73] SAYAG, Alain. Introduction. In: ______ (Org.). *Le contrat-cadre*: 1 – exploration comparative: France, Allemagne, Italie, Angleterre, États-Unis. Paris: Litec, 1995. p. 13; FRISON-ROCHE, Marie-Anne. Le contrat de distribution: création de la pratique et de la jurisprudence, mode de gestion des rapports de force dans les réseaux. In: CANIVET, Guy et al. (Org.). *Le contrat--cadre de distribution*: enjeux et perspectives. Disponível em: <http://www.creda.cci-paris-idf.fr/colloques/pdf/1996-contrat-cadre-distribution/03-France-notion.pdf>. Acesso em: 08 jan. 2018. p. 24-25. Ambos os autores ressaltam que os contratos-quadro são decorrentes das necessidades e vontades dos empreendedores que os inventaram e desenvolveram.

[74] GATSI, Jean. *Le contrat-cadre*. Paris: LGDJ, 1996. p. 1. "As relações econômicas evoluíram consideravelmente e têm influenciado diretamente o direito contemporâneo dos contratos. Essa evolução, constatada pela doutrina, traduz-se notadamente pela colaboração dos contratantes. O contrato ato-isolado cede espaço para grupos contratuais cuja arquitetura é variável (...)".

Trecho original: "Les relations économiques ont considérablement évolué et ont eu une incidence directe sur le droit contemporain des contrats. Cette évolution, constatée par la doctrine, s'est traduite notamment par une grande collaboration des contractants. Le contrat, en tant qu'acte isolé, laisse de plus en plus place à des ensembles contractuels (...) ".

[75] PENTEADO, Luciano de Camargo. *Integração de contratos incompletos*. Tese (Livre-docência em Direito Privado), Faculdade de Direito de Ribeirão Preto, Universidade de São Paulo, 2014. p. 31. "(...) o paradigma contratual da sociedade contemporânea, diferentemente da dos séculos XIX e primeira metade do século XIX, não é mais de trocas pontuais, nem tampouco mais o dos contratos de adesão, mas dos chamados *contratos relacionais*. Além disso, as partes, por conta dos fatores acima elencados, muitas vezes optam, deliberadamente ou por falta de

Conforme demonstrado por Frédéric Pollaud-Dulian, Alain Ronzano e Arnaud Reygrobellet, a noção de liberdade contratual e poder criativo dos contratantes está a permear o contrato-quadro "em sua origem, em sua razão de ser e em seu regime jurídico"[76].

Resta, todavia, o estudo compreensivo de tal contrato, do qual se ocupa este trabalho, a fim de se determinar de quais modos há sua inserção no sistema de direito privado brasileiro, e em que medida ele se desvela compatível ou não com este.

Recorrendo-se uma vez mais à alegoria de "velocidades" do direito contratual, é possível situar essa obra na terceira velocidade mencionada, destinando-se à descoberta e à (re)construção do modelo socialmente típico dos contratos-quadro[77]. Inicia-se esta tarefa com a investigação das principais definições de contratos-quadro e de contratos de aplicação adotadas pela doutrina especializada, com a subsequente delimitação de ambas as figuras.

1.2. Definições de contratos-quadro e contratos de aplicação

Antes mesmo de se proceder à exposição e crítica das definições de contratos-quadro e contratos de aplicação, há de se alertar acerca das confusões terminológicas que rodeiam a temática, justificando, nesta oportunidade, a escolha das nomenclaturas adotadas.

Não irá se tratar, neste momento, de tipos ou estruturas contratuais assemelhadas aos contratos-quadro[78], mas sim de outras expressões utilizadas para representar o mesmo fenômeno estudado, aproveitando-se o ensejo para expor os motivos que levaram à opção por uma terminologia em detrimento da outra.

outras possibilidades, em deixar ampla margem de temas negociáveis intocada, apesar dos riscos disto, de modo que o paradigma do contrato do século vinte e um pode-se dizer que já é o dos *contratos incompletos*.".

[76] POLLAUD-DULIAN; Frédéric; RONZANO, Alain; REYGROBELLET, Arnaud. Op. cit. p. 162.

[77] Não há consenso a respeito da caracterização do contrato-quadro como tipo ou estrutura contratual. Acerca dessas divergências, bem como apresentando a justificativa para a posição adotada neste trabalho, *Vide* tópico 1.2, *infra*.

[78] A perquirição dessas proximidades e distinções é realizada no Tópico 1.4 deste trabalho, *infra*.

Não se pretende desautorizar estas outras terminologias, nem as provar certas ou erradas[79], mas evitar confusões decorrentes, por exemplo, da citação de definições de autores os quais, apesar de tratarem da mesma matéria ora desenvolvida, não mencionam as expressões contratos-quadro e/ou contratos de aplicação.

Tanto na doutrina brasileira quanto na estrangeira, é usual que se faça referência àquilo que, neste trabalho, nomeia-se de contrato-quadro, mediante a utilização de expressões tais como contrato normativo[80], contrato-tipo[81], contrato-base[82] e contrato guarda-chuva[83].

[79] Tarefa que, em verdade, afigurar-se-ia impossível, pois o ato de nomear se revela enunciado performativo por excelência, o qual não se pode julgar verdadeiro ou falso, mas tão somente mais ou menos adequado para determinada finalidade ou em face de determinadas convenções prévias. Cf. AUSTIN, John Langshaw. Performative utterances. In: ______, *Philosophical Papers*. Oxford: Oxford University, 1970. p. 233-241.

[80] MESSINEO, Francesco. Contratto normativo e contratto-tipo. In: *Enciclopedia del diritto*. Milano: Giuffrè, 1962, v. X. p. 116-126; SANTORO-PASSARELLI, Francesco. *Dottrine generali del diritto civile*. 9. ed. Napoli: Jovene, 2012. p. 219; GITTI, Gregorio. *Contratti regolamentari e normativi*. Milano: CEDAM, 1994. p. 236-237; ESPINOLA, Eduardo. *Dos contratos nominados no direito civil brasileiro*. 2. ed. Rio de Janeiro: Conquista, 1956. p. 14-15, especialmente nota de rodapé 16; GOMES, Orlando. *Contrato de adesão*: condições gerais dos contratos. São Paulo: Revista dos Tribunais, 1972. p. 13; HUECK, Alfred. Normenverträge. In: *Jherings Jahrbücher für die Dogmatik des bürgerlichen Rechts*, v. 73, 1923, p. 33-118. p. 44; SANDROCK, Otto. Subjektive und objektive Gestaltungskräfte bei der Teilnichtigkeit von Rechtsgeschäften: Ein Beitrag zur Auslegung von § 139 BGB. In: *Archiv Für Die Civilistische Praxis*, v. 159, n. 6, 1960, p. 481-546. p. 528; REHBINDER, Manfred. *Allgemeine Geschäftsbedingungen und die Kontrolle ihres Inhalts*. Berlin: J. Schweitzer, 1972. p. 11. WALTERMANN, Raimund. *Rechtsetzung durch Betriebsvereinbarung zwischen Privatautonomie und Tarifautonomie*. Tübingen: Mohr, 1996. p. 96.

[81] TELLES, Inocêncio Galvão. *Manual dos contratos em geral*. 3. ed. Coimbra: Coimbra Editora, 1965. p. 411-413; BESSONE, Darcy. *Do contrato*: teoria geral. 4. ed. São Paulo: Saraiva, 1997. p. 60-61; SLAIBI FILHO, Nagib. Contrato de adesão. Contrato-tipo. Contrato standard. In: *Revista de Ciência Política*, v. 31, n. 3, jul./set., 1988, p. 27-35. p. 34.

[82] PROBST, Thomas. Le contrat de joint venture. In: PICHONNAZ, Pascal; WERRO, Franz. *La pratique contractuelle*: actualité et perspectives. Zürich: Schulthess, 2009. p. 52-53; BAPTISTA, Luiz Olavo; DURAND-BARTHEZ, Pascal. *Les associations d'entreprises (joint ventures) dans le commerce international*. 2. ed. Paris: LGDJ, 1991. p. 59-60; CARMONA, Carlos Alberto. Contratos de joint venture. In: TEPEDINO, Gustavo; FACHIN, Luiz Edson. *Doutrinas essenciais*: obrigações e contratos. São Paulo: Revista dos Tribunais, 2011, v. 6. p. 906-907.

[83] MOUZAS, Stefanos; FURMSTON, Michael. From contract to umbrela agreement. In: *Cambridge Law Journal*, v. 67, n. 1, mar., 2008, p. 37-50. p. 39.

Do mesmo modo, o que nas linhas seguintes é nomeado de contrato de aplicação, por outros é também chamado contrato satélite[84], contrato individual[85] e contrato de execução[86].

Não se faz menção a contratos normativos para designar o objeto de estudo desse trabalho por dizer respeito a uma larga categoria jurídica[87] que, dentre outras figuras contratuais absolutamente distintas, tais como acordos e convenções coletivas de trabalho[88], contratos preliminares[89] e contratos-tipo[90], é também composta pelos contratos-quadro[91].

[84] BAPTISTA, Luiz Olavo; DURAND-BARTHEZ, Pascal. Op. cit. p. 113-114; CARMONA, Carlos Alberto. Op. cit. p. 906-907.

[85] MESSINEO, Francesco. Op. cit. p. 117-118; GOMES, Orlando. Op. cit. p. 13; GITTI, Gregorio. Op. cit. p. 236-238; HUECK, Alfred. Op. cit. p. 47; HOFFBAUER, Christiane. *Der Rahmenvertrag in der Lieferbeziehung*. Berlin: Logos, 2010. p. 34-35.

[86] FONTAINE, Marcel. Les contrats internationaux à long terme. In: *Études offertes à Roger Houin*: problèmes d'actualité posés par les entreprises. Paris: Dalloz-Sirey, 1985. p. 267-268; NÉRET, Jean. *Le sous-contrat*. Paris: LGDJ, 1979. p. 63-64; JUNQUEIRA DE AZEVEDO, Antonio. Contrato-quadro. In: ______. *Novos estudos e pareceres de direito privado*. São Paulo: Saraiva, 2009. p. 167.

[87] Ao se explicar, *infra*, o caráter normativo dos contratos-quadro, também será abordada de forma mais minuciosa a própria categoria dos contratos normativos.

[88] MESSINEO, Francesco. Op. cit. p. 123-124; GITTI, Gregorio. Op. cit. p. 61; GOMES, Orlando. *Contratos*. 26. ed. Rio de Janeiro: Forense, 2009. p. 33; TELLES, Inocêncio Galvão. Op. cit. p. 413; PONTES DE MIRANDA, Francisco Cavalcanti. *Tratado de direito privado*. 2. ed. Rio de Janeiro: Borsói, 1965, t. XLVIII. p. 10-18. Pontes de Miranda ressalta, com a precisão que lhe é peculiar, que, apesar de incomum, é possível se cogitar de contratos coletivos de trabalho meramente vinculativos. "Também o contrato coletivo, que sói ser – quase sempre – normativo, pelo menos em alguns pontos, pode nada conter de normatividade: só se estabelece, embora entre muitos, ou a respeito de muitos, a vinculação pura.".

[89] MESSINEO, Francesco. Op. cit. p. 124.

[90] MESSINEO, Francesco. Op. cit. p. 124; GITTI, Gregorio. Op. cit. p. 17; GOMES, Orlando. *Contrato de adesão*: condições gerais dos contratos. São Paulo: Revista dos Tribunais, 1972. p. 13.

[91] O caráter normativo dos contratos-quadro é reconhecido pela doutrina, independentemente da adoção dessa nomenclatura para tratar da figura. Cf. POLLAUD-DULIAN; Frédéric; RONZANO, Alain; REYGROBELLET, Arnaud. Op. cit. p. 19, 48-49; GATSI, Jean. Op. cit. p. 141; ZAKI, Magdi. Le formalisme conventionnel: illustration de la notion de contrat-cadre. In: *Revue internationale de droit comparé*, v. 38, n. 4, out./dez., 1986, p. 1043-1096. p. 1064; MARINO, Giuseppe. L'avvertenza sull'inadeguatezza dell'operazione di investimento e i rimedi a tutela del risparmiatore. In: *La nuova giurisprudenza ciuvile commentata*, v. 32, n. 12, 2016, p. 1626-1634. p. 1631; HOFFBAUER, Christiane. Op. cit. p. 34-35.

Ou seja, o contrato-quadro se revela espécie do gênero contrato normativo, inserindo-se nessa categoria jurídica[92]. Deste modo, nada obstante todo contrato-quadro seja também contrato normativo, a afirmação contrária nem sempre se mostra adequada.

Evidenciando as dificuldades de tratar sem recortes a temática, Gregorio Gitti divide os contratos normativos em sentido lato[93], correspondentes à categoria jurídica mencionada, em contratos regulamentares, equivalentes aos contratos normativos que tenham caráter coletivo[94], e contratos normativos em sentido estrito, subcategoria ainda larga[95], que abrangeria todas as avenças que versassem acerca de interesses individuais[96].

Incorrendo em semelhantes óbices, tem-se Alfred Hueck, cuja proposta de formulação da categoria dos contratos normativos (*Normenverträge*) os divide entre diretivos (*Richtlinienverträge*), obrigacionais (*schuldrechtliche Normenverträge*) e juridicamente vinculantes (*rechtsverbindliche Normenverträge*)[97]. Os primeiros não teriam qualquer caráter vinculante[98], apenas trazendo consigo recomendações que poderiam ou não ser adotadas nos futuros contratos individuais celebrados pelas partes[99], nisto se aproximando dos contratos-tipo, a seguir tratados. Os segundos adstringiriam as partes a observar o regramento neles disposto quando da futura celebração de contratos entre elas[100], assim se identificando em

[92] A categoria dos contratos normativos se contrapõe à categoria dos contratos obrigacionais, também chamados por alguns de dispositivos. Cf. MESSINEO, Francesco. Op. cit. p. 117; ZAKI, Magdi. Op. cit. p. 1070.

[93] GITTI, Gregorio. Op. cit. p. 48-51, 229-232.

[94] GITTI, Gregorio. Op. cit. p. 53-57.

[95] Para demonstrar a inadequação da adoção da divisão de Gregorio Gitti ao presente trabalho, basta notar que, mesmo dentro da subcategoria dos "contratos normativos em sentido estrito de eficácia obrigacional", a figura dos contratos-quadros ainda estaria acompanhada de outras distintas, tais como certos contratos-tipo.

[96] GITTI, Gregorio. Op. cit. p. 233-248.

[97] HUECK, Alfred. Op. cit. p. 47.

[98] Essa definição é criticada por Inocêncio Galvão Telles, o qual entende que os contratos diretivos também vinculariam as partes a observar em seus acordos futuros os pontos neles fixados, assim aproximando tal figura à dos contratos-quadro. Nesse sentido, Cf. TELLES, Inocêncio Galvão. Op. cit. p. 412 e *Vide* nota de rodapé 107, *infra*.

[99] HUECK, Alfred. Op. cit. p. 47 e ss.

[100] HUECK, Alfred. Op. cit. p. 59 e ss.

larga medida com os contratos-quadro[101]. Os terceiros criariam obrigações imediatas para os agentes sujeitos a seus efeitos, as quais tanto poderiam ser dispositivas, aptas a serem afastada nos contratos futuros celebrados, quanto imperativas, necessariamente observadas neles[102], sendo os contratos coletivos de trabalho os seus mais notórios exemplos[103].

A rejeição à terminologia de "contratos-tipo", por sua vez, deve-se à circunstância de a sua utilização ocorrer em pelo menos dois sentidos diversos, quais sejam, de formulários e modelos de contratos padronizados em geral, por vezes utilizados em contratações por adesão[104], e de espécies de contrato normativo que instituem, para negociações futuras, um formulário ou modelo padronizado para a contratação que abrange todo o esquema contratual[105].

No segundo sentido adotado[106], vale destacar, há franca aproximação com o conceito que se introduzirá, a seguir, de contrato-quadro. Há inafastável distanciamento, entretanto, diante da construção doutrinária de que o contrato-tipo deveria conter *todo*[107] o conteúdo da relação

[101] HOFFBAUER, Christiane. Op. cit. p. 34-35.

[102] HUECK, Alfred. Op. cit. p. 81 e ss.

[103] WALTERMANN, Raimund. Op. cit. p. 96 e ss.

[104] MESSINEO, Francesco. Op. cit. p. 127; MARTINS-COSTA, Judith. Os princípios informadores do contrato de compra e venda internacional na Convenção de Viena de 1980. *Revista de Informação Legislativa*, v. 32, n. 126, abr./jun., 1995, p. 115-128. p. 117; GOMES, Orlando. Op. cit. p. 13.

[105] MESSINEO, Francesco. Op. cit. p. 127-128; BARBERO, Domenico. *Il contratto tipo nel diritto italiano*. Milano: Vita e pensiero, 1935. p. 3; GOMES, Orlando. *Contratos*. 26. ed. Rio de Janeiro: Forense, 2009. p. 149-150.

[106] As duas definições apresentadas de contrato-tipo estão interrelacionadas, sendo frequente que duas partes, geralmente associações de empresários que atuam em setores econômicos complementares, celebrem um contrato-tipo, em sua segunda acepção apresentada neste trabalho, para estabelecer um modelo de contrato a abranger todo o conteúdo da relação contratual, a ser utilizado por seus respectivos associados em vindouras negociações, isto é, um contrato-tipo, em sua primeira acepção apresentada neste trabalho.

[107] Inocêncio Galvão Telles distingue os contratos-tipo entre obrigatórios, nos quais ocorreria a regulamentação completa da relação contratual, bastando a sua reprodução em contratos futuros, e diretivos, correspondentes a modelos maleáveis, em que ainda haveria elementos contratuais a serem definidos pelas partes. Fazendo uso da terminologia desse autor, os contratos-quadro, no sentido adotado no presente trabalho, equivalem a contratos-tipo diretivos. Cf. TELLES, Inocêncio Galvão. Op. cit. p. 412.

contratual, restando às partes, vindouramente, apenas subscrevê-los[108], o que não se verifica – e chega a ser antitético – em relação à noção de contrato-quadro adotada[109].

Semelhantemente, a plurivocidade das noções de contrato-base e de contrato-guarda-chuva é o motivo pelo qual são preteridas. O primeiro vocábulo é frequentemente utilizado na seara da subcontratação[110], em referência aos contratos originários, que os precedem e lhes influenciam em relação de subordinação[111], ao passo que o segundo é acolhido no âmbito do direito público para descrever os contratos administrativos cujo objeto é de tal forma amplo que acaba por permitir que uma vasta gama de bens e/ou serviços sejam adquiridos com esteio em um só contrato[112].

Para além da inadequação das terminologias supramencionadas, a justificativa para adoção da nomenclatura de contrato-quadro advém de sua vasta adoção[113] e de não se verificar o seu emprego para designar outras figuras jurídicas.

[108] MESSINEO, Francesco. Op. cit. p. 128; BARBERO, Domenico. Op. cit. p. 3; GOMES, Orlando. Op. cit. p. 149-150.

[109] É possível se cogitar de uma concepção lata de contrato-quadro que também abrangesse os contratos que previssem antecipadamente o conteúdo integral da relação contratual, mas a centralidade da distinção entre as figuras não autoriza tal concepção, a qual pecaria por imprecisão. Prefere-se, portanto, admitir que ambos os tipos contratuais constituem espécies do gênero contrato normativo, consoante explicado adiante.

[110] A distinção entre os subcontratos e os contratos-quadro é tratada de forma pormenorizada no tópico 1.4.4, *infra*.

[111] MARTINEZ, Pedro Romano. *O subcontrato*. Coimbra: Almedina, 1989. p. 103; MESSINEO, Francesco. Contratto derivato – sub-contratto. In: *Enciclopedia del diritto*. Milano: Giuffrè, 1962, v. X. p. 80; ROPPO, Vincenzo. *Il contratto*. Milano: Giuffrè, 2001. p. 601.

[112] TCU. TC 009.804/2009-8. Acórdão 1.644/2010, Rel. Ministro Augusto Sherman, j. 14/07/2010; TCU. TC 009.218/2011-4. Acórdão 1.996/2011, Rel. Ministro Valmir Campelo, j. 03/08/2011.

[113] Utilizando a terminologia "contrato-quadro" para descrever o fenômeno jurídico em comento, Cf. SAYAG, Alain. Op. cit.; CANIVET, Guy et al. (Org.). *Le contrat-cadre de distribution*: enjeux et perspectives. Disponível em: <http://www.creda.cci-paris-idf.fr/colloques/pdf/1996-contrat-cadre-distribution/03-France-notion.pdf>. Acesso em: 08 jan. 2018; GATSI, Jean. Op. cit.; ZAKI, Magdi. Op. cit.; FONTAINE, Marcel. Op. cit. p. 267; NÉRET, Jean. Op. cit. p. 63-64; AMIEL-COSME, Laurence. *Les réseaux de distribution*. Paris: LGDJ, 1995. p. 34-35; CORNU, Gérard. *Vocabulaire juridique*. 2. ed. Paris: PUF, 1990. p. 202; GÉNINET, Mirène. *Theorie Générale des avants-contrats en droit privé*. Tese (Doutorado em Direito Privado), Faculdade de Direito da Université Paris 2 Panthéon-Assas, Paris, 1985. VIRASSAMY,

Georges. *Les contrats de dépendance*: essai sur les activités professionnelles exercées dans une dépendance économique. Paris: LGDJ, 1986. p. 74; MERCADAL, Barthélémy; LAMÈTHE, Didier. L'accord-cadre. In: *Gazette du Palais Doctrine*, 1978, n. 2. p. 365; JANIN, Philippe. *Les accords de coopération interentreprises*. Paris: Lefebvre, 1974. p. 32; LE TOURNEAU, Philippe. Quelques aspects de l'évolution des contrats. In: *Mélanges offerts à Pierre Raynaud*. Paris: Dalloz-Sirey, 1985. p. 360; HUET, Jérôme. *Le principaux contrats spéciaux*. 2. ed. Paris: LGDJ, 2001. p. 30; MOUSSERON, Jean-Marc et al. *Droit de la distribution*. Paris: Litec, 1975. p. 168; MOUSSERON, Jean-Marc; SEUBE, Alain. A propos des contrats d'assistance et fourniture. In: *Recueil Dalloz Chronique*, 1973. p. 197; TEYSSIÉ, Bernard. *Les groupes de contrats*. Paris: LGDJ, 1975. p. 13-14; HOFFBAUER, Christiane. Op. cit.; MARINO, Giuseppe. Op. cit. p. 1631; MONTESANTO, Dario. *Master agreement e ordini di borsa*: caratteri, natura giuridica e responsabilità. Tese (Doutorado em Direito da Empresa), Faculdade de Direito da Università degli Studi di Palermo, Palermo, 2010. p. 59; MORBIDELLI, Giuseppe. L'appalto comunitario nel settore dell'energia. In: *Rivista italiana di diritto pubblico comunitario*, v. 3, n. 4, 1993, p. 743-819. p. 785-787; GALLI, Domenico; GUCCIONE, Claudio. L'istituto dell'accordo quadro nel decreto legislativo 17 marzo 1995 n. 158. In: *Rivista amministrativa della Repubblica Italiana*, 1996, n. 1. p. 16; SPECIALE, Renato. *Contratti preliminar e intese precontrattuali*. Milano: Giuffrè, 1990. p. 247; CIANFLONE, Antonio; GIOVANNINI, Giorgio. *L'appalto di opere pubbliche*. 12. ed. Milano: Giuffrè, 2012, t. I. p. 897; LORENZETTI, Ricardo Luis. Op. cit. p. 51-52; RODRIGUEZ, Javier Maseda. *Aspectos internacionales de la concesión mercantil*. Santiago de Compostela: Universidad de Santiago de Compostela, 2000. p. 59; COSTA, Mário Júlio de Almeida. *Responsabilidade civil pela ruptura das negociações preparatórias de um contrato*. Coimbra: Coimbra Editora, 1984. p. 47; BRITO, Maria Helena. *O contrato de concessão comercial*: descrição, qualificação e regime jurídico de um contrato socialmente típico. Coimbra: Almedina, 1990. p. 199; REI, Maria Raquel Aleixo Antunes. *Do contrato-quadro*. Dissertação (Mestrado em Direito Civil), Faculdade de Direito da Universidade de Lisboa, Lisboa, 1997; GUIMARÃES, Maria Raquel de Almeida Graça Silva. *O contrato-quadro no âmbito da utilização de meios de pagamento electrónicos*. Coimbra: Coimbra Editora, 2011; ALMEIDA, Carlos Ferreira de. *Contratos*. 4. ed. Coimbra: Almedina, 2018, v. 2. p. 59-60; MOTA PINTO, Paulo. Contrato de swap de taxas de juro, jogo e aposta e alteração das circunstâncias que fundaram a decisão de contratar. *Revista de Direito Civil Contemporâneo*, v. 5, p. 161-257, out./dez., 2015. p. 179-180; GUERRA, Patrícia. A realização de operações de pagamento não autorizadas e a tutela do utilizador de serviços de pagamento em face do regime jurídico dos serviços de pagamento e da moeda eletrónica. In: *Revista Electrónica de Direito*, n. 2, jun., 2016, p. 1-56. p. 10; FRADA, Manuel Carneiro da. *Teoria da confiança e responsabilidade civil*. Coimbra: Almedina, 2001. p. 560; MENEZES CORDEIRO, António. *Tratado de direito civil*. Coimbra: Almedina, 2016, t. VII. p. 204; NAKATA, Hiroyasu. Le contrat-cadre du point de vue d'um juriste japonais. In: *Hitotsubashi Journal of Law and Politics*, n. 29, 2001, p. 1-13; JUNQUEIRA DE AZEVEDO, Antonio. Op. cit. p. 167-170; MARINO, Francisco Paulo de Crescenzo. Op. cit. p. 108;

Em verdade, ao se analisar a questão exclusivamente do ponto de vista da adequação técnica, talvez fosse preferível até mesmo a utilização de outras expressões, tais como "contratos-moldura", mais aptas a descrever o fenômeno jurídico em comento, sobretudo na língua portuguesa[114].

No entanto, se, de um lado, dúvidas podem surgir acerca daquilo que se pretende denominar quando se faz uso de vocábulos diversos, de outro, o mesmo não acontece com o termo "contrato-quadro", cujo sentido na doutrina especializada é praticamente uno[115]. Esta circunstância é suficiente, por si, para arrimar a escolha realizada neste trabalho.

De modo similar, a preferência pela locução "contrato de aplicação", em detrimento das demais, deveu-se em decorrência de sua mais ampla aceitação pela doutrina especializada.

A exemplo das ressalvas feitas às expressões alternativas ao termo "contrato-quadro", é possível vislumbrar confusões terminológicas oriundas da adoção de nomenclaturas como contratos-satélite, contratos individuais e contratos de execução.

FORGIONI, Paula. *Contrato de distribuição*. 3. ed. São Paulo: Revista dos Tribunais, 2014. p. 57-59; GALVANO, Renato. *A boa-fé objetiva no âmbito dos contratos relacionais*. Dissertação (Mestrado em Direito Civil), Faculdade de Direito do Largo de São Francisco, Universidade de São Paulo, 2016. p. 24 e ss.; GODOY, Claudio Luiz Bueno de. *Função social do contrato*. 4. ed. São Paulo: Saraiva, 2012. p. 167; SOARES, Guido Fernando Silva. *Órgãos dos estados nas relações internacionais*: formas da diplomacia e as imunidades. Rio de Janeiro: Forense, 2001. p. 134; NERY JR., Nelson. Contrato de associação – inadimplemento e execução específica. In: *Soluções práticas de direito*, v. 7, set., 2014, p. 143-167. p. 146 e ss.; SCHUNCK, Giuliana Bonanno. *Contratos de longo prazo e dever de cooperação*. São Paulo: Almedina, 2016. p. 35; TUCCI, Rogério Lauria Marçal. *Prorrogação compulsória dos contratos*. Salvador: Juspodivm, 2017. p. 104-108; ZANETTI, Cristiano de Sousa. *Responsabilidade pela ruptura das negociações*. São Paulo: Juarez de Oliveira, 2005. p. 21-22.

[114] FORGIONI, Paula. Op. cit. p. 57, nota de rodapé 87. A autora afirma que a expressão "contrato-quadro" decorre da má tradução da palavra *cadre* do francês ao português, apontando ser preferível a expressão "contrato-moldura". Apesar disso, também mantém a primeira expressão, embora imprecisa, porquanto mais disseminada na prática jurídica. Procedendo do mesmo modo, Cf. GALVANO, Renato. Op. cit. p. 24-25.

[115] *Vide* nota de rodapé 113, *supra*, em que são enumerados diversos autores que adotam a terminologia de "contrato-quadro", conferindo-lhe o mesmo sentido. Há, é claro, entre eles, concepções distintas daquilo que se entende por contrato-quadro, mas todas se referem a um mesmo fenômeno, compreendido de diversos modos.

A expressão "contratos-satélite" é utilizada quase que exclusivamente no âmbito do comércio internacional[116], não havendo se verificado a sua adoção em obras que abordam outras temáticas.

No que se refere à expressão de "contratos individuais", tem-se que esta é usualmente empregada em oposição a "contratos coletivos". Veja-se, a título de exemplo, os contratos individuais de trabalho, opostos, no plano conceitual formal, a acordos e convenções coletivas de trabalho.

Por fim, a terminologia de "contratos de execução" é talvez a mais problemática das expressões citadas, por gerar substancial dúvida acerca da natureza que se pretende conferir ao contrato de aplicação: se contrato autônomo, estruturalmente apartado do contrato-quadro, ou se mero ato de execução de um contrato uno[117].

Não bastasse isso, constata-se uma firme tendência doutrinária no sentido de associar as expressões "contratos de aplicação" e "contratos-quadro"[118], a qual justifica a utilização conjunta de ambos os termos.

Impende ressaltar, por fim, que o termo "contrato-quadro" é utilizado no presente trabalho apenas para se referir ao contrato inicial que rege as relações vindouras das partes, e não, como fazem alguns[119], para nomear o conjunto formado por ele e pelos contratos de aplicação vindouramente celebrados. A opção se explica pela maior clareza que confere ao tratamento da matéria.

Esclarecidas as nomenclaturas adotadas, passa-se, enfim, ao cotejo das concepções de contratos-quadro e contratos de aplicação para construir definições apropriadas, aptas a descrever coerentemente essas figuras

[116] Cf. POLLAUD-DULIAN; Frédéric; RONZANO, Alain; REYGROBELLET, Arnaud. Op. cit. p. 20, nota 1; BAPTISTA, Luiz Olavo; DURAND-BARTHEZ, Pascal. Op. cit. p. 113-114.

[117] Tratando em específico da autonomia dos contratos de aplicação, e distinguindo a relação existente entre eles e os contratos-quadro com o esquema contratual dos contratos de trato sucessivo, *Vide* tópico 1.4.1, *infra*.

[118] Dos autores citados na nota 91, *supra*, apenas alguns poucos, ao aludirem à figura dos contratos de aplicação, fazem uso de terminologias diversas. Cf. FONTAINE, Marcel. Op. cit. p. 267; NÉRET, Jean. Op. cit. p. 63; JUNQUEIRA DE AZEVEDO, Antonio. Op. cit. p. 167.

[119] REI, Maria Raquel Aleixo Antunes. Op. cit. p. 64-65; HOFFBAUER, Christiane. Op. cit. p. 11 e ss.

jurídicas e permitir que sejam alcançadas, nos capítulos seguintes, soluções uniformes para as problemáticas que as rodeiam[120].

Ao se analisar as definições de contrato-quadro apresentadas pelos estudiosos da temática, é possível identificar duas direções que normalmente são tomadas na caracterização do fenômeno[121].

Primeira posição, de ordem ampliativa, é a de que contratos-quadro são todos os acordos que estipulam diretrizes destinadas a ordenar o modo de celebração ou o conteúdo de contratos futuros, ainda que não vinculem as partes, nem mesmo minimamente, a isso[122].

Trata-se de entendimento criticável, por alargar excessivamente o seu conceito, aproximando-o de figuras que lhe são estranhas, e até mesmo provocando questionamentos a respeito de sua natureza contratual, por igualá-lo a cartas de intenção[123] – documentos meramente pré-contratuais[124] – nas hipóteses em que as partes não estivessem vinculadas a seguir as disposições do contrato-quadro na celebração dos contratos de aplicação[125].

120 Cf. POLLAUD-DULIAN; Frédéric; RONZANO, Alain; REYGROBELLET, Arnaud. Op. cit. p. 63. "A ausência de uma definição precisa, e, correlativamente, de efeitos jurídicos reconhecidos, pode ser perigosa, notadamente se há o recurso da fórmula do contrato-quadro em casos nos quais ela se revele inadequada".

121 POLLAUD-DULIAN; Frédéric; RONZANO, Alain; REYGROBELLET, Arnaud. Op. cit. p. 76-77.

122 LAMÈTHE, Didier. Op. cit. p. 365; ALMEIDA, Carlos Ferreira de. Op. cit. p. 59-60; BRITO, Maria Helena. Op. cit. p. 199.

123 Acerca das cartas de intenção e sua importância na fase de tratativas contratuais, Cf. BASSO, Maristela. As cartas de intenção ou contratos de negociação. *Revista dos Tribunais*, v. 88, n. 769, nov., 1999, p. 28-47; BENEDETTO, Alessandra. *Pre-contractual agreements in international commercial contracts*: legal dynamics and commercial expediency. Tese (Doutorado em Direito das Pessoas e Comparado), Faculdade de Direito da Università degli Studi di Salerno, Salerno, 2011. p. 23-34; SCHWARTZ, Alan; SCOTT, Robert. Precontractual liability and preliminary agreements. In: *Harvard Law Review*, v. 120, n. 3, jan., 2007, p. 661-707. p. 664.

124 Também são nomeados de cartas de intenção ou termos afins (protocolos de intenção, *letter of intent, memorandum of understandings*) outros acordos que assumem natureza contratual e são celebrados no início de uma relação comercial duradoura. Cf. TUCCI, Rogério Lauria Marçal. Op. cit. p. 106. Trata-se de acepção demasiadamente ampla, à qual não se adere, parecendo-nos mais técnico fazer uso de tais expressões apenas para se referir a documentos que não se revestem de natureza jurídica negocial.

125 NAKATA, Hiroyasu. Op. cit. p. 4.

Mais adequadas são as definições segundo as quais contratos-quadros são aqueles que inauguram uma relação contratual, na qual, simultaneamente, cria-se uma obrigação de cooperação entre as partes para celebrar novos contratos, e rege-se – vinculando as partes no que se refere isso – o modo de celebração, o conteúdo e a forma[126] dos chamados contratos de aplicação, que são responsáveis por concretizar as operações econômicas desejadas[127].

Exemplificando a distinção, tem-se que os acordos pelos quais as partes ressalvem que nenhuma delas está obrigada nem mesmo a iniciar as tratativas, seja se limitando a declarar seu interesse de negociarem no futuro[128], seja dispondo acerca do conteúdo de negócios jurídicos meramente eventuais, não constituem contratos-quadro.

Contrariamente, revelam-se qualificados como contratos-quadro os contratos bancários gerais, pois, além de regrarem contratos futuros que poderão ou não ser celebrados, por meio deles se inaugura relação contratual entre uma instituição bancária e seu cliente, pela qual imediatamente se cria uma obrigação de cooperação entre as partes destinado à celebração de novos contratos. Com efeito, no exemplo apresentado, referida cooperação se reflete nas obrigações do banco de viabilizar amplamente aos seus clientes a solicitação de serviços e produtos, bem como de, ainda que não seja obrigado a fornecê-los em todos os casos, ao menos manter canal de comunicação aberto com os consumidores apto a receber os seus requerimentos, analisar a estes e, em sendo o caso, comunicá-los formalmente da recusa[129].

Dentre os autores que consagram a perspectiva adotada, é possível se distinguir, ainda, os que privilegiam, ao formularem seus conceitos, o aspecto obrigacional do contrato-quadro, por iniciar uma relação contratual que demanda a celebração de novos negócios jurídicos, e os que ressaltam a sua natureza normativa, em razão de se destinar a reger tais negócios.

[126] REI, Maria Raquel Aleixo Antunes. Op. cit. 64-65 ; HOFFBAU

[127] POLLAUD-DULIAN; Frédéric; RONZANO, Alain; REYGROBELLET, Arnaud. Op. cit. p. 76.

[128] Aqui é duvidosa a própria natureza negocial do acordo, que mais parece se inserir na fase das tratativas contratuais. A respeito, *Vide* notas de rodapé 123 e 124, *supra*.

[129] A respeito dos contratos-quadro bancários, *Vide* tópico 2.2.4, *infra*.

Ilustrando a opinião sustentada pelo primeiro grupo, menciona-se Frédéric Pollaud-Dulian, Alain Ronzano e Arnaud Reygrobellet[130] e Alain Sayag[131], segundo os quais contratos-quadro são contratos cuja consecução do objeto econômico depende da conclusão posterior de contratos de aplicação, os quais são por ele regidos, e que preveem, eles próprios, obrigações independentes que vinculam os contratantes, em maior ou menor medida, a cooperarem para concretizar economicamente a relação contratual[132].

É essa obrigação de contribuir para a consecução do objeto econômico da relação contratual que, segundo os autores, distinguiria os contratos--quadro de meras diretrizes de natureza pré-contratual[133].

Não há entre esses estudiosos, vale frisar, negativa do caráter normativo dos contratos-quadro[134]. Há tão somente a inclusão de outro elemento que lhes parece representativo dessa espécie, qual seja, a pactuação expressa de obrigações[135] que sirvam para compelir, desde logo, os sujeitos contratuais a concluírem os contratos de aplicação.

Para esses autores, a fim de que certo acordo concretamente considerado se qualifique como contrato-quadro, este deverá – além de inaugurar a relação contratual e reger os contratos de aplicação futuros – prever em seu conteúdo obrigações imediatamente eficazes, destinadas a favorecer ou possibilitar o prosseguimento da relação contratual.

São exemplos de obrigações que assumem esse caráter, e que serviriam para qualificar os contratos-quadro, a obrigação do franqueado de se filiar

[130] POLLAUD-DULIAN; Frédéric; RONZANO, Alain; REYGROBELLET, Arnaud. Op. cit. p. 77-78.

[131] SAYAG, Alain. Op. cit. p. 12.

[132] POLLAUD-DULIAN; Frédéric; RONZANO, Alain; REYGROBELLET, Arnaud. Op. cit. p. 76-79.

[133] POLLAUD-DULIAN; Frédéric; RONZANO, Alain; REYGROBELLET, Arnaud. Op. cit. p. 73-79, 161.

[134] POLLAUD-DULIAN; Frédéric; RONZANO, Alain; REYGROBELLET, Arnaud. Op. cit. p. 19. "Nós nos encontramos diante, portanto, de um contrato inicial, de caráter normativo, ao redor do qual gravitam diversos outros contratos que lhe são subordinados.".
Trecho original: "On se trouve donc en présence d'un contrat de base, à caractere normatif, autour duquel gravitent des contrats satellites qui lui sont subordonnés.".

[135] Estas de caráter dispositivo, é dizer, sem natureza normativa.

e de se adequar à rede do franqueador e a obrigação do fornecedor de licenciar a sua marca em favor do distribuidor[136].

Por outro lado, um segundo grupo de estudiosos, dentre os quais se identifica Jean Gatsi[137] e Magdi Zaki[138], assevera que à caracterização do contrato-quadro basta a constatação de seu caráter normativo, é dizer, a circunstância de reger contratos vindouros, desde que apenas por ocasião da celebração destes sejam precisados os elementos essenciais da relação contratual[139].

Também para eles há a preocupação de destacar o caráter contratual dos contratos-quadro[140], que adviria, contudo, da vinculação das partes aos modos de celebração, ao conteúdo e à forma fixados, neste contrato, para os contratos de aplicação, quando da conclusão destes.

Além disso, não há recusa de que o contrato-quadro, ao estabelecer uma relação contratual entre as partes, cria obrigações prévias à celebração dos contratos de aplicação, dentre as quais uma obrigação de cooperação entre os contratantes, e, por vezes, obrigações imediatas que preparam a operação econômica desejada[141].

A distinção é que, diferentemente do primeiro grupo, estes autores apontam que as obrigações preparatórias pactuadas, apesar de frequentes, não são da essência do contrato-quadro, o qual subsiste ainda que as partes convencionem tão somente seu conteúdo normativo, hipótese

[136] POLLAUD-DULIAN; Frédéric; RONZANO, Alain; REYGROBELLET, Arnaud. Op. cit. p. 76-77.

[137] GATSI, Jean. Op. cit. p. 10.

[138] ZAKI, Magdi. Op. cit. p. 1065.

[139] GATSI, Jean. Op. cit. p. 195; ZAKI, Magdi. Op. cit. p. 1066.

[140] GATSI, Jean. Op. cit. p. 10, 126-127; ZAKI, Magdi. Op. cit. p. 1065-1066.

[141] GATSI, Jean. Op. cit. p. 236. "O primeiro efeito do contrato-quadro é a criação de obrigações imediatas, prévias e indispensáveis à conclusão dos contratos de aplicação. Trata-se de obrigações que devem permitir aos contratantes progredir em seu programa de colaboração, a fim de concluir os contratos de aplicação. Elas estão presentes em todos os contratos-quadro.".

Trecho original: "Le premier effet du contrat-cadre c'est de créer des obligations immédiates, préalables indispensables à la conclusion des contrats d'application. Il s'agit d'obligations qui doivent permettre aux contractants de progresser dans leur esprit de collaboration, afin de conclure des contrats d'application. Elles se rencontrent dans tous les contrats-cadre.".

em que dele decorrerá apenas uma obrigação de colaboração entre os contratantes[142].

A controvérsia se resume, deste modo, à necessidade, para a caracterização dos contratos-quadro, de pactuação expressa de outras obrigações prévias, imediatamente exigíveis, além das já naturalmente decorrentes do contrato-quadro e ao lado do conteúdo normativo referente ao modo de desenvolvimento futuro da relação contratual.

Faz-se menção à pactuação *expressa* porque não se discute se os contratos-quadro originam imediatamente obrigações. É inegável que, no mínimo, eles fazem surgir uma obrigação de colaboração – a qual se desdobra em prestações de fazer e de não fazer[143] – das partes para que a relação contratual tenha continuidade. A controvérsia reside no questionamento de se, para a sua caracterização, as partes deveriam acordar acerca de outras obrigações além desta.

Razão assiste ao segundo grupo de autores citados. Embora seja comum que o conteúdo expresso do contrato-quadro abranja também obrigações tais como o licenciamento de marca titularizada por uma das partes ou a exclusividade de uma delas, não é esta a característica que o distancia de outras espécies contratuais, mas sim a circunstância de reger contratos futuros cujo escopo é a consubstanciação econômica da relação contratual.

Da análise dessas discussões, constatam-se três pontos de convergência entre as descrições apresentadas para o fenômeno jurídico em estudo.

Primeiramente, o contrato-quadro é, em si, um contrato, por vincular as partes desde a sua celebração, não se confundindo com meras cartas de intenção ou outros documentos pré-contratuais.

Se a estrutura jurídica analisada em determinado caso funcionar como mera diretriz às partes, condensando os seus entendimentos parciais e desígnios de que a relação comercial se desenvolva, mas não as vinculando relativamente ao modo de celebração, conteúdo ou forma de contratos futuros, esta não consistirá em contrato-quadro.

142 GATSI, Jean. Op. cit. p. 240. "Mesmo na ausência de um acordo expresso no contrato-quadro, existe, em decorrência dele, uma obrigação prévia de negociar de boa-fé.". Trecho original: "Cependant, même en l'absence d'engagement exprès dans le contrat-cadre, il existe une obligation préalable de négocier de bonne foi.".

143 *Vide* tópico 4.1, *infra*.

Em segundo lugar, o contrato-quadro inaugura uma relação contratual, criando imediatamente para os contratantes a obrigação de cooperarem para que ela progrida mediante a conclusão dos contratos de aplicação, bem como, frequentemente, mas não obrigatoriamente, originando outras obrigações prévias, que irão preparar ou facilitar a vindoura celebração dos contratos de aplicação.

Na hipótese de se estar diante de um contrato o qual, embora reja negócios jurídicos futuros, não obrigue as partes desde já a cooperarem para a conclusão destes[144], não se estará diante de um contrato-quadro, mas, possivelmente, de contrato normativo diverso.

É concebível que se trate de um contrato normativo diretivo[145], a exemplo das avenças celebradas entre associações de empresários de áreas contíguas, pelas quais se estabelece um modelo de contrato, que ajudará a guiar as relações comerciais de seus associados, mas nas quais as sociedades empresárias representadas não iniciam imediatamente quaisquer relações contratuais entre elas, nem estão obrigadas a colaborar para celebrar futuros contratos. É possível, ademais, que se trate de negócio jurídico normativo sem natureza contratual, tal como condições gerais dos contratos[146], unilateralmente predispostas sem que se inicie,

[144] É importante que a obrigação de cooperação inserido na relação contratual inaugurada pelo contrato-quadro não seja confundida com as obrigações das partes de celebrarem os contratos de aplicação ou de negociarem de boa-fé a celebração destes. Embora estas decorram de tal obrigação de cooperação, esta não se resume a elas. Quanto a isto, *Vide* Capítulo IV, *infra*.

[145] HUECK, Alfred. Op. cit. p. 44 e ss.

[146] Acerca da distinção entre contratos-quadro e condições gerais dos contratos, *Vide* tópico 1.4.3, *infra*. Sustentando a natureza normativa, ainda que parcial, das condições gerais dos contratos, Cf. HUECK, Alfred. Op. cit. p. 33; REHBINDER, Manfred. Op. cit. p. 11; LÔBO, Paulo Luiz Neto. *Condições gerais dos contratos e cláusulas abusivas.* Tese (Doutorado em Direito Civil), Faculdade de Direito do Largo de São Francisco, Universidade de São Paulo, São Paulo, 1990. p. 261-286; MESSINEO, Francesco. Contratto normativo e contratto-tipo. In: *Enciclopedia del diritto.* Milano: Giuffrè, 1962, v. X. p. 125. Negando o caráter normativo às condições gerais dos contratos, Cf. ZAKI, Magdi. Op. cit. p. 1089; DIEZ-PICAZO, Luis; GULLON, Antonio. *Sistema de derecho civil.* 6. ed. Madrid: Tecnos, 1992, v. 2. p. 78-79; GOMES, Orlando. *Contrato de adesão*: condições gerais dos contratos. São Paulo: Revista dos Tribunais, 1972. p. 117-123; MIRANDA, Custódio da Piedade Ubaldino. *Contrato de adesão.* Tese (Livre-docência em Direito Civil), Faculdade de Direito do Largo de São Francisco, Universidade de São Paulo, 2000. p. 141-145.

imediatamente, uma relação contratual. Certamente não se tratará, contudo, de um contrato-quadro.

Outro ponto de confluência com as descrições apresentadas pela doutrina em geral é a circunstância de o contrato-quadro revelar caráter normativo, por reger em abstrato o modo de celebração, o conteúdo e a forma de outros negócios jurídicos – os chamados contratos de aplicação.

Com o propósito de esclarecer essa característica, há de se expor aquilo que se entende por "caráter normativo" do contrato, ou, mais propriamente, no que consiste a categoria dos negócios jurídicos normativos.

Faz-se menção a "negócios jurídicos normativos", pois, apesar de frequentemente só haver o estudo dos negócios jurídicos normativos bilaterais, também é possível identificar negócios jurídicos de natureza normativa que não ostentam a condição de convenções.

São negócios jurídicos normativos unilateralmente dispostos, por exemplo, as condições gerais dos contratos[147].

Existem, ainda, negócios jurídicos os quais, embora bilaterais, não constituem contratos, mas sim acordos em sentido estrito, cujos interesses das partes são convergentes[148], a exemplo dos negócios de acertamento, destinados à eliminação de incertezas referentes ao conteúdo de situações

[147] *Vide* nota de rodapé 146, *supra*.

[148] BETTI, Emilio. Op. cit. p. 305. "Mas tanto o negócio bilateral como o plurilateral se configuram de modo diferente, segundo os interesses em jogo sejam interesses opostos ou divergentes entre si, cujo conflito ou concurso atinja no negócio a sua composição ou convergência, ou se tratem de interesses paralelos, cuja comum finalidade encontre no negócio o meio de se realizar praticamente. O negócio (bilateral ou plurilateral) de interesses opostos ou divergentes é o contrato; pelo contrário, o negócio (sobretudo o plurilateral, mas também o bilateral) com interesses paralelos ou convergentes para um escopo comum costuma qualificar-se como 'acordo', no sentido mais restrito que, doutrinariamente, se convencionou dar a este termo.".
Trecho original: "Ma cosí il negozio bilaterale come quello plurilaterale si configurano in modo differente, secondo che gl'interessi in giucoo siano interessi fra loro *contrapposti* o divergenti, il cui conflitto o concorso raggiunga nel negozio la sua composizione o convergenza, oppure siano interessi *paralleli*, il cui comune in indirizzo trovi nel negozio il mezzo di attuarsi praticamente. Il negozio (bilaterale o plurilaterale) a interessi contrapposti o divergenti è il *contratto*; il negozio, invece (massimamente plurilaterale ma anche bilaterale) a interessi paralleli o convergenti a uno scopo comune si suol qualificare come "*accordo*", nel senso piú ristretto che in dottrina si conviene di dare a questo termine.".

jurídicas passadas[149], e cuja natureza normativa se revela por resultar na criação de diretrizes interpretativas relativas a estas.

Ressalta-se, desde já, que não se adentrará no debate a respeito de se certos negócios jurídicos normativos bilaterais - nos quais não se vislumbra, em princípio, direitos ou obrigações imediatas que deles decorram - deveriam ser qualificados como contratos, como acordos em sentido estrito ou ainda como uma terceira espécie jurídica, por se tratar de discussão vasta, que excede o objeto do presente trabalho[150].

Certo é, além disso, que tal polêmica, ainda que tenha razão de ser, não deve se fazer presente no âmbito dos contratos-quadro, os quais são dotados de eficácia imediata, imediatamente vinculando as partes a colaborarem para dar continuidade à relação econômica iniciada[151].

Segundo definição de Francesco Messineo, à qual se adere, contratos ou acordos (*rectius*: negócios jurídicos) normativos são aqueles cujo objeto é a disciplina - ainda que parcial e/ou incompleta - de futuros contratos (*rectius*: negócios jurídicos), a serem celebrados seja entre as suas partes originárias, seja entre terceiros, obrigando-lhes a seguir, na conclusão destes negócios vindouros, um esquema completo ou cláusulas específicas predispostas[152].

[149] CHATEAUBRIAND FILHO, Hindemburgo. *Negócio de acertamento*: uma abordagem histórico-dogmática. Belo Horizonte: Del Rey, 2005. p. 44. "Está aí, portanto, a novidade operada pela vontade das partes: a obtenção da certeza, por meio de um comando que fixa - e, ao assim fazer, comanda para o futuro -, o verdadeiro conteúdo da situação primitiva.".

[150] Debatendo esta questão, Cf. MESSINEO, Francesco. Op. cit. p. 121; GITTI, Gregorio. Op. cit. p. 234-248; BARBERO, Domenico. Op. cit. p. 67 e ss; DIEZ-PICAZO, Luis. *Fundamentos del derecho civil patrimonial*. 5. ed. Madrid: Civitas, 1996, v. 1. p. 363-364; BULGARELLI, Waldirio. *Contratos mercantis*. 9. ed. São Paulo: Atlas, 1997. p. 117.

[151] GUIMARÃES, Maria Raquel de Almeida Graça Silva. Op. cit. p. 153. "Celebrado um contrato-quadro, as partes encontram-se, desde logo, relacionadas por um conjunto de direitos e deveres mais ou menos extenso, por uma teia tendencialmente complexa de deveres secundários e laterais, ônus e expectativas, onde os deveres de informação e de sigilo frequentemente são convocados, mas também de obrigações com um significado estrutural na economica da operação pretendida, que se impõem de forma imediata tendo em vista a relação duradoura que então se estabelece que se mantêm durante todo o período de vigência do contrato.". No mesmo sentido, Cf. POLLAUD-DULIAN; Frédéric; RONZANO, Alain; REYGROBELLET, Arnaud. Op. cit. p. 73-79, 161; GATSI, Jean. Op. cit. p. 240; REI, Maria Raquel Aleixo Antunes. Op. cit. 64-65.

[152] MESSINEO, Francesco. Op. cit. p. 116-117.

Não se pretende, ao valer-se do epíteto "normativo", negar o caráter negocial dessas avenças ou sustentar sua equiparação às normas jurídicas estatais[153], como fizeram Maurice Hauriou e Léon Duguit[154], os quais propuseram, respectivamente, tratar-se de categoria correspondente a situações institucionais meramente formalizadas por intermédio de contratos[155] e a convenções-leis – expressões particulares do poder normativo tradicionalmente reservado ao Estado[156].

[153] Crítica semelhante é apresentada por Francesco Messineo e Maria Raquel de Almeida Graça Silva Guimarães. Cf. MESSINEO, Francesco. Op. cit. p. 116-121; GUIMARÃES, Maria Raquel de Almeida Graça Silva. Op. cit. p. 72.

[154] Manuel García-Amigo enumera outros autores que sustentam a mesma posição. Cf. GARCÍA-AMIGO, Manuel. *Condiciones generales de los contratos (civiles y mercantiles)*. Madrid: Revista de Derecho Privado, 1969. p. 105 e ss.

[155] HAURIOU, Maurice. *Principes de droit public*. 2. ed. Paris: Recueil-Sirey, 1916. p. 206. "Enfim, o limite de atuação do contrato em relação às instituições se revela no fato de que, ao se empregar a forma contratual para sancionar situações as quais, em realidade, são institucionais, essa forma se torna uma pura aparência e o conteúdo normativo se torna inconsistente com seu envelope. Nós aludimos, neste ponto, aos regulamentos contratuais, aos contratos de adesão e aos contratos coletivos (...)".
Trecho original: "Enfin, la limite d'action du contrat du côté des institutions se marque en ce que, dès qu'on veut employer la forme contractuelle à sanctionner des situations qui, en réalité, sont institutionnelles, cette forme devient une pure apparence et le contenu réglementaire jure avec son enveloppe. Nous faisons allusion ici aux règlements contractuels, aux contrats d'adhésion, aux contrats collectifs (...)".

[156] DUGUIT, Léon. Le contrat et la responsabilité. In: ______. *Les transformations générales du droit privé depuis le Code Napoléon*. Paris: Félix Alcan, 1912. p. 136. "O contrato coletivo é uma categoria jurídica inovadora e não se amolda aos contornos tradicionais do direito civil. Trata-se de uma convenção-lei que regula as relações entre duas classes sociais. (...) Menciono convenções-lei, mas não exprimiriam essas duas palavras duas ideias mutuamente excludentes? A lei não seria uma ordem emanada da autoridade soberana que se impõe aos sujeitos de direito? Ela foi isso, mas não é mais, ou, ao menos, não é mais exclusivamente. No direito público moderno uma evolução análoga àquela do direito privado está acontecendo. Do mesmo modo que desaparece a autonomia do indivíduo, desaparece a soberania do Estado. Do mesmo modo que desaparece o direito subjetivo do indivíduo em sua forma mais usual, o *dominium*, desaparece o direito subjetivo do Estado, o *imperium*. Nessa esteira, nada mais se opõe a que certas leis sejam resultado de um acordo celebrado entre dois grupos sociais (...)".
Trecho original: "Ces contrats collectifes soulèvent une question de droit public d'un haut intérêt, et que je ne fais qu'indiquer en passant. Je viens de parler de conventions-lois ; mais ces deux mots n'expriment-ils pas deux idées qui s'excluent ? La loi n'est-elle pas l'ordre émané de l'autorité souveraine et s'imposant comme tel à des sujets ? Elle a été cela : mais elle ne l'est

O equívoco de Hauriou e Duguit ao tratarem dos negócios jurídicos normativos em geral, aliás, é semelhante ao identificado na obra de Magdi Zaki, o qual, ao debater especificamente os contratos-quadro, afirma consistirem estes em manifestações de democracia direta exercida pelos sujeitos contratuais, responsáveis pela criação de verdadeiras normas privadas[157].

Na realidade, o que se intenta é explicitar que os negócios jurídicos normativos, semelhantemente – mas não de forma equivalente – às normas jurídicas estatais, regem em abstrato negócios jurídicos futuros, regulando-os[158].

A lei prevê regimes típicos para certos negócios jurídicos, determinando quais são as formas admitidas para a sua celebração, quais matérias devem ser necessariamente acordadas entre as partes e quais são a elas defesas, e quais as normas dispositivas que integram o negócio em caso de omissão[159]. Os negócios jurídicos normativos, de modo similar, instituem regime típico, cuja origem é negocial, e não legal, destinado a reger atos futuros, o que explica, por conseguinte, a terminologia em questão.

Ora, considerada a autonomia privada como o poder de autorregrar os próprios interesses[160], é autorizado concluir que ela própria pode

plus, ou dans tous les cas elle ne l'est plus exclusivement. Dans le droit public moderne une évolution analogue à celle du droit privé est en train de s'accomplir. De même que disparaît l'autonomie de l'individu, de même disparaît la souveraineté de l'État. De même que disparaît le droit subjectif de l'individu en sa forme la plus accusée, le *dominium*, de même disparaît le droit subjectif de l'État, l'*imperium*. Dès lors rien ne s'oppose plus à ce que certaines lois ne soient une règle établie par une entente intervenue entre deux groupes sociaux (...)".

157 ZAKI, Magdi. Op. cit. p. 1083-1084.

158 DEMOGUE, René. *Traité des obligations en général*. Paris: Arthur Rousseau, 1923, v. I, t. II. p. 840. "Os contratos normativos são, com efeito, contratos cuja consequência é o regramento de toda uma série de contratos subsequentes, à semelhança de uma lei.".
Trecho original: "Le contrat de réglementation est en effet un contrat dont la conséquence va être de régir toute une série de contrats subséquents à la manière d'une loi.".
No mesmo sentido, Cf. BARBERO, Domenico. Op. cit. p. 2; HUECK, Alfred. Op. cit. p. 80.

159 PONTES DE MIRANDA, Francisco Cavalcanti. *Tratado de direito privado*. 3. ed. Rio de Janeiro: Borsói, 1971, t. XXIII. p. 5. "(...) os sistemas jurídicos estabelecem regras jurídicas cogentes, dispositivas e interpretativas, para que a algo se tenha de atender, ou se atenda, se o manifestante da vontade não disse diferentemente do que a lei edictou, ou se há dúvida sôbre o que êle disse.".

160 *Vide* nota de rodapé 60.

constituir um interesse apto a ser modificado ou limitado pela via negocial[161]. Em razão disso, conclui-se que os negócios jurídicos obrigacionais em geral são aqueles em que tal poder é utilizado para regular diretamente os interesses práticos da vida econômica e social, ao passo que os negócios jurídicos normativos são aqueles que tal poder se volta para regular a si próprio, isto é, a autonomia privada do(s) indivíduo(s), em si mesmo considerada um interesse sujeito ao autorregramento pelos sujeitos de direito[162].

Os negócios jurídicos obrigacionais seriam, tomando por paralelo a classificação das normas jurídicas apresentada por Herbert Hart[163], correspondentes a normas[164] de primeiro grau, por resultarem em deveres jurídicos aos seus destinatários, ao passo que os negócios jurídicos

[161] DEL NERO, João Alberto Schützer. Considerações sobre a eficácia do registro, efetuado em registro público material e territorialmente competente, de negócios jurídicos de obrigação e de certos negócios jurídicos de disposição (cessão de crédito; constituição de penhor comum, especial, de crédito e de título de crédito; constituição de propriedade fiduciária de coisa móvel, infungível ou fungível; constituição de titularidade fiduciária de direito e de título de crédito). In: *Revista de Direito Mercantil*, v. 53 (nova série), n. 166/167, ago. 2013/jul. 2014, p. 219-271. p. 231. "A autonomia privada apresenta dois aspectos diferentes: um, que consiste na competência de alguém para criar norma de conduta para si mesmo; e outro, na competência de alguém para modificar, suprimindo ou limitando, sua própria competência pessoal e material, ou seja, para modificar a esfera de sua própria autonomia privada.".

[162] MESSINEO, Francesco. Op. cit. p. 118. "Entendido o chamado contrato normativo enquanto meio de predisposição de uma disciplina jurídica para (outros) futuros contratos, ressalta-se a sua natureza de instrumento de segundo grau, que o diferencia dos contratos ordinários, os quais proveem direta e concretamente o regramento dos interesses patrimoniais das partes.".

Trecho original: "Inteso il cosiddetto contratto normativo, quale mezzo di *predisposizione di una disciplina giuridica* per (altri) *futuri* contratti, vi risalta il suo carattere di *strumento di secondo grado*, che lo differenzia dall'ordinario contratto, il quale provvede *direttamente e concretamente* a dare assetto ad interessi patrimoniali delle parti.".

No mesmo sentido, Cf. BULGARELLI, Waldirio. Op. cit. p. 117.

[163] Cf. HART, Herbert Lionel Adolphus. *O conceito de direito*. 5. ed. Trad. A. Ribeiro Mendes. Lisboa: Fundação Calouste Gulbenkian, 2007.

[164] A menção a normas é apenas ilustrativa. Não se pretende, como fazem autores adeptos de concepção normativista de autonomia privada, equiparar as obrigações decorrentes de negócios jurídicos a normas individuais e concretas.

normativos equivaleriam a normas de segundo grau[165], por se voltarem à própria produção e aplicação de normas.

Diversamente, há quem entenda pela impossibilidade de a própria autonomia privada ser regrada pela via negocial, entendendo que isto só poderia ocorrer por previsão legal[166]. A objeção não convence, todavia, por representar indevido cerceamento à autonomia privada, a qual, salvo restrição expressão prevista na ordem jurídica, deve poder operar de modo livre, inclusive para fins de regrar a si própria enquanto interesse jurídico.

Situando a questão debatida no âmbito dos contratos-quadro, é justificável lhes considerar espécies do gênero contrato normativo[167], haja vista se destinarem a criar um regime típico, similar àqueles legalmente previstos, para contratos futuros, versando, portanto, não – ou não apenas – acerca dos interesses econômicos imediatos das partes, mas sobre a própria autonomia privada destas, limitando a sua liberdade contratual para os negócios subsequentes.

Em sentido diverso, há quem diferencie as figuras, afirmando que, embora aproximadas, corresponderiam os contratos normativos àqueles que não são dotados de qualquer eficácia imediata[168], ao passo que os contratos-quadro seriam aqueles que produziriam efeitos, ainda que mínimos, desde a sua celebração[169].

Esta se trata, ao que nos parece, de distinção artificial, notadamente por ignorar as demais espécies de negócios jurídicos normativos e por não conferir o mínimo de sistematicidade à temática. Além disso, parece olvidar que o conteúdo obrigacional imediato constitui elemento particular

[165] Semelhante lógica é adotada por Messineo, que nomeia os contratos normativos de "instrumentos de segundo grau". Cf. MESSINEO, Francesco. Op. cit. p. 118.

[166] DIEZ-PICAZO, Luis. Op. cit. p. 364. "Acerca da eficácia do contrato normativo, tem-se suscitado graves problemas. (...) Em nossa opinião, os efeitos destes contratos são inadmissíveis. As limitações à liberdade contratual não podem ter nada mais que eficácia obrigatória. A vontade humana não pode operar sobre si mesma paralisando-se pelo futuro.". Trecho original: "Acerca de la eficacia del contrato normativo, se han suscitado graves problemas. (...) En nuestra opinión, tal efecto es inadmisible. Las lmitaciones a la libertad contractual no pueden tener nada más que eficacia obligatoria. La voluntad humana no puede operar sobre si misma paralizándose para el futuro.".

[167] ALMEIDA, Carlos Ferreira de. Op. cit. p. 146.

[168] DIEZ-PICAZO, Luis. Op. cit. p. 364.

[169] GUIMARÃES, Maria Raquel de Almeida Graça Silva. Op. cit. p. 91.

dos contratos-quadro[170], o qual, embora frequentemente verificado nestes contratos, não representa óbice à sua qualificação, caso não tenha sido previsto.

Aproximando contratos normativos e contratos-quadro, e justificando a compreensão de que estes são espécies ou subcategorias daqueles, tem-se que é elemento característico deles aquilo que Jean Gatsi nomeia de *affectio modulus*, ou seja, a intenção das partes de padronizarem contratos futuros, por meio da elaboração de um quadro comum que irá reger o conteúdo e a formação destes[171].

Neste âmbito, o caráter normativo dos contratos-quadro tem por escopo[172] simplificar e padronizar a relação contratual[173], por evitar a constante repactuação de certas cláusulas por meio da previsão de que estas se integram aos contratos celebrados, salvo derrogação específica[174].

Inobstante valiosa, a exposição destes atributos não basta para descrever de forma suficientemente precisa os contratos-quadro. Isto é, reputa-se ainda deficiente, para o propósito de conceituação, a afirmação de que contratos-quadro são os 1) contratos; 2) que inauguram uma relação contratual, estabelecendo imediatamente obrigações de cooperação às partes; 3) de caráter normativo, por regerem em abstrato o modo de celebração, o conteúdo e a forma de contratos futuros, nomeados contratos de aplicação.

Ao lado destas características, é necessário se somar uma outra: a indeterminação, no âmbito do contrato-quadro, dos elementos essenciais da relação contratual, cuja fixação só deve se completar por intermédio dos contratos de aplicação[175].

[170] *Vide* tópico 1.3, *infra*.

[171] GATSI, Jean. Op. cit. p. 145 e ss.

[172] As funções típicas assumidas pelos contratos-quadro são desenvolvidas no Capítulo II do trabalho, *infra*.

[173] MOUZAS, Stefanos; FURMSTON, Michael. Op. cit. p. 40.

[174] A respeito da derrogação específica de diretrizes do contrato-quadro nos contratos de aplicação, *Vide* tópico 1.3, *infra*.

[175] Em sentido aparentemente distinto, Cf. NERY JR., Nelson. Op. p. 146-148. "Esse *contrato-matriz* [Acordo de Associação] traduz-se, assim, no instrumento definidor da *arquitetura da coligação*, disciplinando-lhe os termos essenciais que deverão ser observados pelas partes contratantes". O uso da expressão "termos essenciais" pelo autor, apesar de pouco técnica

Embora o contrato-quadro tenha por objeto o regramento de contratos futuros – disso sucede seu caráter normativo, acima destacado –, essa disciplina não pode ser de tal modo abrangente a ponto de versar sobre todos os elementos essenciais da relação contratual[176], sob pena de haver a descaracterização do contrato-quadro e a sua recondução a outras figuras – notadamente de contrato de trato sucessivo ou de contrato preliminar[177].

Com efeito, a indeterminação dos elementos essenciais da relação contratual global é um dos aspectos que demonstra a autonomia do contrato-quadro em relação aos contratos de aplicação[178], permitindo distanciá-los de contratos singulares de trato sucessivo[179].

Ademais, a distinção entre contratos-quadro e contratos preliminares[180] se funda, em grande medida, no fato de que aqueles não devem determinar todos os elementos essenciais dos contratos futuros, ao passo que estes, ao contrário, devem fixá-los todos[181], ainda que contenham uma reserva de complementação referente a outros elementos[182].

Reporta-se aqui à indeterminação de elementos essenciais da relação contratual, e não dos contratos de aplicação, porque não se faz referência

e insuficientemente clara, não representa, ao que nos aprece, opinião destoante em relação à necessária indefinição dos elementos contratuais essenciais para que um acordo se repute contrato-quadro, mas tão somente a menção ao fato de que nestas avenças é definido um regramento que se destina a reger toda uma série de negócios jurídicos posteriores.

176 GHESTIN, Jacques. La notion de contrat-cadre et les enjeux théoriques et pratiques qui s'y attachent. In: CANIVET, Guy et al. (Org.). *Le contrat-cadre de distribution*: enjeux et perspectives. Disponível em: <http://www.creda.cci-paris-idf.fr/colloques/pdf/1996-contrat--cadre-distribution/03-France-notion.pdf>. Acesso em: 08 jan. 2018. p. 15-17; GATSI, Jean. Op. cit. p. 195; POLLAUD-DULIAN; Frédéric; RONZANO, Alain; REYGROBELLET, Arnaud. Op. cit. p. 16; JUNQUEIRA DE AZEVEDO, Antonio. Op. cit. p. 168; ZANETTI, Cristiano de Sousa. Op. cit. p. 21. Em sentido contrário, afirmando que os contratos-quadro devem comportar "todos os elementos essenciais dos contratos futuros", Cf. CORNU, Gérard. Op. cit. p. 202.

177 GATSI, Jean. Op. cit. p. 182-195.

178 GHESTIN, Jacques. Op. cit. p. 15-16.

179 Acerca dessa distinção, *Vide* tópico 1.4.1, *infra*.

180 Acerca dessa distinção, *Vide* tópico 1.4.2, *infra*.

181 ZANETTI, Cristiano de Sousa. Op. cit. p. 21.

182 TOMASETTI JUNIOR, Alcides. *Execução do contrato preliminar*. Tese (Doutorado em Direito Civil), Faculdade de Direito do Largo de São Francisco, Universidade de São Paulo, 1982. p. 7-8, 34-37.

apenas aos elementos categoriais inderrogáveis de um determinado tipo contratual – os contratos de aplicação são normalmente, mas não obrigatoriamente, legalmente típicos[183] –, senão a todo conjunto de elementos contratuais "essenciais à operação econômica definitiva"[184].

Essa indeterminação, vale frisar, é essencial para que o contrato-quadro atenda a algumas de suas funções, tais como simplificar e reduzir os custos de transação no âmbito da relação contratual, sem que esta se torne inflexível ou de difícil adaptação às mudanças no ambiente econômico e comercial[185].

Diante dos elementos expostos, afigura-se viável a propositura de uma definição adequada de contrato-quadro.

Ter-se-á em consideração, no presente trabalho, que estes são os contratos normativos que inauguram uma relação contratual na qual as partes não podem ou não desejam determinar, imediatamente, todos os seus elementos essenciais, destinando-se a reger o modo de celebração, o conteúdo e a forma de contratos futuros, nomeados contratos de aplicação, e obrigando as partes, desde logo, a cooperarem entre si para que este propósito seja alcançado.

Em que pese constatados tais elementos característicos, e da função jurídica típica por eles desempenhada, não se deve considerar o contrato-quadro propriamente como tipo contratual.

Com efeito, não se vislumbra o contrato-quadro como tipo contratual, mas sim como categoria contratual[186], por poder reentrar em diferentes tipos contratuais, isto é, poder assumir diversas funções, não havendo de se falar, portanto, de um quadro global funcional único no qual suas características estariam inseridas.

É dizer, apesar de os contratos-quadro serem dotados de elementos categoriais inderrogáveis, sem os quais sua qualificação é inviável[187], a

[183] JUNQUEIRA DE AZEVEDO, Antonio. Op. cit. p. 169.

[184] GHESTIN, Jacques. Op. cit. p. 15.

[185] POLLAUD-DULIAN; Frédéric; RONZANO, Alain; REYGROBELLET, Arnaud. Op. cit. p. 147.

[186] GUIMARÃES, Maria Raquel de Almeida Graça Silva. Op. cit. p. 61; PARDOLESI, Roberto. *I contratti di distribuzione*. Napoli: Jovene, 1979. p. 270-271.

[187] Acerca dos elementos categoriais inderrogáveis dos contratos-quadro, *Vide* tópico 1.3, *infra*.

amplitude de funções assumidas por estes contratos[188] e de relações contratuais distintas nos quais podem ser adotados[189] dá azo à compreensão de que estes são demasiadamente genéricos para serem considerados legítimos tipos contratuais.

Vale frisar que, conforme salientado por Antonio Junqueira de Azevedo, também as categorias contratuais são apreendidas mediante processo tipológico, distinguindo-se dos tipos contratuais apenas no atinente ao grau de abstração, que é nelas mais elevado[190].

É possível se cogitar que contratos-quadro específicos, manejados em determinadas relações econômicas – por exemplo, os contratos-quadro de distribuição[191] –, sejam considerados tipos contratuais, pois descem suficientemente na escala de abstração.

No entanto, sem se proceder com semelhante recorte de esfera típica de utilização, a fim de delimitar a função e a relação econômica na qual está inserido, inviável é a caracterização do contrato-quadro como tipo contratual, sendo mais precisa a compreensão de que consiste em categoria contratual[192].

Os contratos de aplicação, diferentemente dos contratos-quadro, não constituem nem mesmo categoria contratual, seja de origem legal ou social, podendo ser reconduzidos a categorias e tipos contratuais diversos, a depender da situação concreta[193].

188 As principais funções assumidas pelos contratos-quadro são desenvolvidas no Capítulo II do trabalho, *infra*.

189 Acerca das diversas relações contratuais nos quais os contratos-quadro são adotados, *Vide* tópico 2.2, *infra*.

190 JUNQUEIRA DE AZEVEDO, Antonio. Op. cit. p. 35-36.

191 A respeito da adoção de contratos-quadro nas diversas relações econômicas, *Vide* tópico 2.2, *infra*

192 Para se referir aos contratos-quadro, também seria possível a adoção da terminologia de "tipo contratual geral", a qual para alguns pode designar um grupo de contratos, gradual e com certo grau de abstração superior ao do tipo contratual, construído a partir de modelos contratuais reunidos segundo suas funções econômica-social. Cf. MARINO, Francisco de Paulo Crescenzo. Op. cit. p. 19. Não se fez esta opção, no entanto, pois a expressão, além de pouco adotada no Brasil, não é frequentemente utilizada com este sentido, sendo por alguns autores manejada como sinônima do termo "categoria contratual", o qual se prefere. Cf. ROPPO, Vincenzo. Op. cit. p. 433-434.

193 JUNQUEIRA DE AZEVEDO, Antonio. Contrato-quadro. In: ______. *Novos estudos e pareceres de direito privado*. São Paulo: Saraiva, 2009. p. 169.

A especificação destes contratos se dá sempre em referência a um contrato-quadro[194].

De fato, reputa-se contrato de aplicação o 1) contrato[195]; 2) regido por um contrato-quadro; 3) cujo escopo é a concretização do objeto econômico da relação contratual por este inaugurada mediante a fixação de seus elementos essenciais.

Em primeiro lugar, não pode o contrato de aplicação consistir em mero ato de execução do contrato-quadro[196], devendo se traduzir em verdadeiro contrato independente[197], formado mediante nova declaração negocial emitida pelos contratantes[198].

Além disso, para que se considere como tal, o contrato de aplicação deve ter sua formação e conteúdo vinculados por um contrato-quadro[199]. Não importa, pois, que lhe seja temporalmente posterior, ou mesmo que parte de seu conteúdo seja determinado *per relationem* em relação a este por convenção posterior das partes, caso estas características não estejam

[194] GATSI, Jean. Op. cit. p. 297. "A palavra 'aplicação', que caracteriza os contratos concluídos após a celebração de um contrato-quadro, integra uma noção que se relaciona a este contrato anterior.".
Trecho original: "Le mot '*application*' qui caractérise les contrats conclus après la signature d'un contrat-cadre intègre une notion de respect du contrat antérieur."

[195] Conforme já esclarecido, é possível que outros negócios jurídicos sejam regrados pelo contrato-quadro e, portanto, constituam "negócios jurídicos de aplicação". Entretanto, por ser francamente mais comum a conclusão de contratos de aplicação, mantém-se o uso desta terminologia, e, por consequência, a menção de que o contrato de aplicação deve se tratar de contrato em si mesmo, a fim de distingui-lo de meros atos de execução contratual.

[196] Criticável, por esse motivo, a definição proposta por Jean-Marc Mousseron e Alain Seube, os quais asseveram que os contratos de aplicação se resumem a meras "ordens de serviço". Essa afirmação pode suscitar a dúvida de se estes constituem apenas atos de execução do contrato-quadro ou efetivamente de contratos independentes, concluídos mediante nova declaração negocial das partes. Cf. MOUSSERON, Jean-Marc; SEUBE, Alain. Op. cit. p. 197.

[197] ZAKI, Magdi. Op. cit. p. 1071-1073.

[198] Essa necessidade de que o contrato de aplicação seja formado mediante nova declaração negocial, não decorrendo da execução do próprio contrato-quadro, é por alguns nomeada de "princípio do duplo consentimento". Acerca dessa matéria, *Vide* tópico 1.4.1, *infra*. Ainda a respeito, Cf. GATSI, Jean. Op. cit. p. 147; JUNQUEIRA DE AZEVEDO, Antonio. Op. cit. p. 170; POLLAUD-DULIAN; Frédéric; RONZANO, Alain; REYGROBELLET, Arnaud. Op. cit. p. 85; ZAKI, Magdi. Op. cit. p. 1072.

[199] GATSI, Jean. Op. cit. p. 296-297.

acompanhadas da circunstância de se tratar de contrato originariamente regido pelo contrato-quadro.

O contrato de aplicação se destina necessariamente a concretizar economicamente a relação contratual mediante a fixação dos elementos essenciais que restaram indeterminados no contrato-quadro[200]. Não será julgado como tal, portanto, o contrato o qual, apesar de se inserir na relação contratual, limita-se a modificar o contrato-quadro, seja definitivamente ou para certos negócios futuros[201], ou não contribui para a definição dos elementos essenciais faltantes.

Também se reputam contratos de aplicação aqueles que fixam apenas de modo parcial os elementos essenciais da relação contratual, ou mesmo têm caráter preparatório para que essa determinação possa ocorrer. É possível, por exemplo, que contratos de pesquisa e de licenciamento consistam em contratos de aplicação, apesar de não determinarem imediatamente os elementos essenciais da relação contratual, desde que assumam relevância, ainda que meramente introdutória, nesse processo de fixação[202].

Delimitados os mais importantes índices típicos da categoria dos contratos-quadro, bem como quais são os atributos que autorizam a qualificação de uma avença como contrato de aplicação, passa-se à análise e categorização do conteúdo usual dos contratos-quadro.

1.3. Conteúdo do contrato-quadro

Ainda com a finalidade de melhor demonstrar o que se entende por contrato-quadro, apresenta-se o seu conteúdo usual, introduzindo quais diferentes disposições são correntemente convencionadas nestes contratos.

Já se esclareceu que o contrato-quadro rege o conteúdo, o modo de celebração e a forma dos contratos de aplicação, restando perquirir, contudo, quais são as cláusulas nele inseridas aptas a possibilitar a consecução de tal caráter normativo.

Não se tem a pretensão de esgotar todas as possíveis matérias regradas por intermédio de contratos-quadro – infinitas, em decorrência da

200 GHESTIN, Jacques. Op. cit. p. 15-16.

201 Nesse caso, estar-se-ia diante de mero aditivo contratual, e não de contrato de aplicação.

202 Nesse sentido, Cf. GATSI, Jean. Op. cit. p. 95 e ss.

liberdade contratual e da atuação criativa dos sujeitos contratuais em cada situação contratual concreta –, nem mesmo explicar, uma a uma, as suas cláusulas mais frequentes, senão explanar as suas espécies usuais de conteúdo.

Os autores, ao discutirem o conteúdo característico dos contratos-quadro, não raras vezes o fazem de modo assistemático, cingindo-se a enumerar as matérias que são neles normalmente tratadas.

Nessa esteira, apesar de autores tais como Jean Gatsi[203], Pierre Bézard[204] e Jacques Ghestin[205] citarem ser comum a inserção no contrato-quadro, por exemplo, de cláusulas de exclusividade, de aquisição mínima de produtos e de adaptação e/ou renegociação, não se verifica preocupação em organizar esse conteúdo segundo as suas características ou funções.

Diversamente, Frédéric Pollaud-Dulian, Alain Ronzano e Arnaud Reygrobellet[206], e Magdi Zaki[207], realizam, em uma tentativa de sistematização, a organização da matéria em conjuntos de cláusulas similares, aqueles mencionando seis divisões, enquanto este as afirma cinco, guardando as propostas destes diversos autores, porém, mais proximidades do que distinções.

Ambos identificam um primeiro grupo de cláusulas, correspondente às declarações preambulares, sem conteúdo obrigacional, mas valiosas à interpretação do restante do contrato. É nelas que se ressalta quais premissas e considerações fático-econômicas levaram as partes a celebrarem o negócio, destacando-se, ademais, o seu espírito de cooperação para a concretização da relação comercial[208].

Frédéric Pollaud-Dulian, Alain Ronzano e Arnaud Reygrobellet, demonstrando sua opção pelo destaque ao caráter colaborativo dos

203 GATSI, Jean. Op. cit. p. 75-83, 85-87 e 249-250.

204 BÉZARD, Pierre. Exposé introductif general. In: CANIVET, Guy et al. (Org.). *Le contrat-cadre de distribution*: enjeux et perspectives. Disponível em: <http://www.creda.cci-paris-idf.fr/colloques/pdf/1996-contrat-cadre-distribution/03-France-notion.pdf>. Acesso em: 08 jan. 2018. p. 10.

205 GHESTIN, Jacques. Op. cit. p. 20-21.

206 POLLAUD-DULIAN; Frédéric; RONZANO, Alain; REYGROBELLET, Arnaud. Op. cit. p. 83.

207 ZAKI, Magdi. Op. cit. p. 1074-1075.

208 ZAKI, Magdi. Op. cit. p. 1074; POLLAUD-DULIAN; Frédéric; RONZANO, Alain; REYGROBELLET, Arnaud. Op. cit. p. 83.

contratos-quadro[209], assinalam um segundo conjunto relacionado ao que chamam de "definição do objeto do contrato-quadro"[210]. Nesse particular, estariam as cláusulas concernentes à delimitação de quais avenças se considerariam contratos de aplicação e às obrigações criadas imediatamente às partes, que permitiriam evidenciar qual seria a relação econômica pretendida, bem como viabilizariam a sua concretização.

Por outro lado, Magdi Zaki destaca, como segunda ordem de cláusulas típicas, aquilo que nomeia de *pactum de modo contrahendi*, pelo qual se determina parcialmente – sem que sejam fixados todos os elementos essenciais da relação contratual – o conteúdo e a forma dos contratos de aplicação[211].

Ainda que não utilizando a expressão latina, os demais autores citados também fazem referência, em um terceiro agrupamento de cláusulas, à antecipação do conteúdo dos contratos de aplicação[212]. Nesse ponto, ambas as exposições são semelhantes, ao esclarecerem que o contrato--quadro prevê, por exemplo, qual forma devem assumir os contratos de aplicação, quais obrigações e direitos das partes devem ser nele inseridos, quais modalidades de execução das obrigações podem ser eleitas, quais garantias devem ser nele prestadas, dentre outras temáticas[213], que podem ser integradas *per relationem* aos contratos de aplicação, independentemente de nova manifestação nesse sentido, ou neles transcritas novamente[214].

Distinção notável é a pertinente à parcela do conteúdo do contrato--quadro destinada a reger a relação de coligação contratual existente junto aos contratos de aplicação[215]. Magdi Zaki confere especial relevo

[209] A respeito das diferenças de caracterização do contrato-quadro, a depender da relevância concedida ao seu caráter colaborativo ou normativo, *Vide* tópico 1.2, *supra*.

[210] POLLAUD-DULIAN; Frédéric; RONZANO, Alain; REYGROBELLET, Arnaud. Op. cit. p. 83.

[211] ZAKI, Magdi. Op. cit. p. 1074.

[212] POLLAUD-DULIAN; Frédéric; RONZANO, Alain; REYGROBELLET, Arnaud. Op. cit. p. 83.

[213] ZAKI, Magdi. Op. cit. p. 1074; POLLAUD-DULIAN; Frédéric; RONZANO, Alain; REYGROBELLET, Arnaud. Op. cit. p. 83.

[214] ZAKI, Magdi. Op. cit. p. 1077.

[215] A respeito da coligação contratual entre contrato-quadro e contratos de aplicação, suas repercussões e peculiaridades, *Vide* Capítulo V, *infra*.

às cláusulas que se referem a isso, mencionando-as como uma terceira divisão do conteúdo típico do contrato-quadro[216], enquanto os demais estudiosos silenciam a respeito.

As segmentações restantes não revelam maiores divergências. Ambos os autores aludem a um quarto conjunto de cláusulas características, qualificadas por Magdi Zaki de *pactum de tractando*[217], pelas quais seriam previstas possibilidades de renegociação e adaptação contratual na hipótese de alterações de ordem econômica, em função da presumível longa duração da relação inaugurada pelo contrato-quadro[218].

Por fim, Frédéric Pollaud-Dulian, Alain Ronzano e Arnaud Reygrobellet versam acerca de outros dois grupos de disposições contratuais habituais, atinentes, respectivamente, a cláusulas de eleição de foro, jurisdição e lei aplicáveis[219], e a cláusulas de arbitragem[220]. Magdi Zaki agrega todo esse conteúdo – ao lado de outras previsões, como penalidades contratuais –, designando-o, de forma geral, de "cláusulas de resolução de conflitos"[221].

São inegáveis os méritos destas tentativas de classificação do conteúdo típico do contrato-quadro, notadamente por apresentarem quais são as suas cláusulas mais comuns e indicarem a preocupação em organizá-las. Propõem-se, no entanto, organização ligeiramente diversa, a qual se

[216] ZAKI, Magdi. Op. cit. p. 1074-1075.

[217] ZAKI, Magdi. Op. cit. p. 1075. A expressão não é a mais adequada, por remeter a espécie contratual diversa, pelas quais as partes se obrigam a negociar de boa-fé a celebração de um ou mais negócios jurídicos. A respeito disso, Cf. SAPONE, Natalino. *La responsabilità precontrattuale*. Milano: Giufrè, 2008. p. 74-76.

[218] ZAKI, Magdi. Op. cit. p. 1075; POLLAUD-DULIAN; Frédéric; RONZANO, Alain; REYGROBELLET, Arnaud. Op. cit. p. 83.

[219] É controversa, no Brasil, a validade de cláusulas que elegem diretamente a lei aplicável ao contrato. Acerca dessa matéria, Cf. ARAÚJO, Nádia de; GAMA JR., Lauro. A escolha da lei aplicável aos contratos do comércio internacional: os futuros princípios da Haia e perspectivas para o Brasil: escritório permanente da Conferência de Haia de Direito Internacional Privado. In: *Revista de Arbitragem e Mediação*, v. 9, n. 33, abr./jun., 2012, p. 11-42; STRINGER, Dana. Choice of law and choice of forum in Brazilian International Commercial Contracts: party autonomy, international jurisdiction, and emerging third way. In: *Columbia Journal of Transnational Law*, v. 44, n. 3, 2006, p. 959-977.

[220] POLLAUD-DULIAN; Frédéric; RONZANO, Alain; REYGROBELLET, Arnaud. Op. cit. p. 83.

[221] ZAKI, Magdi. Op. cit. p. 1075.

entende mais apta a sistematizar a matéria e a ilustrar o fenômeno jurídico em estudo.

Primeiramente, diferentemente do afirmado por estes autores, não se afigura possível equiparar o conjunto das disposições preambulares ao efetivo conteúdo do contrato-quadro.

Isso porque o preâmbulo, embora habitual em determinadas relações contratuais, não vincula diretamente as partes - nem criando imediatamente obrigações, nem regrando previamente o conteúdo ou a forma dos contratos de aplicação -, apenas consignando as considerações, motivações e objetivos que guiaram os contratantes, as quais assumem relevância estritamente interpretativa. Não pode, por conseguinte, porquanto ausente o conteúdo obrigacional, ser considerado como efetivo conteúdo do contrato.

Distinta é a compreensão acerca das cláusulas de delimitação da extensão dos efeitos do contrato-quadro, ou seja, de quais contratos são por ele regidos. Trata-se, em síntese, da determinação, pelos contratantes, de quais negócios jurídicos por eles celebrados serão reputados contratos de aplicação.

Ilustrando concretamente essa hipótese, Antonio Junqueira de Azevedo cita a previsão incorporada a contrato-quadro no sentido de que este regeria os contratos futuros de compra e venda de safras de laranja celebrados entre as partes[222].

A definição do âmbito de incidência do contrato-quadro deve necessariamente estar inserida em seu conteúdo, seja expressa ou implicitamente, sob pena de inviabilizar a relação contratual, em decorrência da impossibilidade de determinar quais são os contratos de aplicação. Trata-se, por conseguinte, de elemento categorial inderrogável[223], o qual, acaso ausente, impede a recondução à categoria dos contrato-quadro.

Segunda ordem de conteúdo, a qual assume papel de especial relevo, é a relativa ao conteúdo normativo específico do contrato-quadro, equivalente ao regramento prévio dos contratos de aplicação. É esse o ponto característico do contrato-quadro, correspondente ao estabelecimento de um quadro global preparatório de avenças futuras, o qual pode ser

[222] JUNQUEIRA DE AZEVEDO, Antonio. Op. cit. p. 167-168.

[223] Acerca da classificação de elementos contratuais proposta por Antônio Junqueira de Azevedo, ora adotada, *Vide* nota de rodapé 31, *supra*, e tópico 3.1, *infra*.

dividido entre: 1) normatização do conteúdo dos contratos de aplicação; e 2) normatização da formação destes.

O primeiro aspecto, de normatização do conteúdo dos contratos de aplicação, envolve todas as disposições que as partes antecipadamente determinam que integrarão estes contratos. Ou seja, trata-se das regras contratuais substanciais acerca das quais as partes já são capazes de entrar em consenso, e que, por isso, estabelecem que deverão fazer parte do conteúdo dos contratos de aplicação.

Aqui são disciplinadas antecipadamente matérias que integrarão os contratos de aplicação como os deveres e direitos das partes, obrigações contratuais assumidas, produtos abrangidos pelo contrato, prazos aplicáveis, cláusulas penais por inadimplemento dos contratos de aplicação, cláusulas de resolução por inadimplemento dos contratos de aplicação, cláusulas de resilição do contrato de aplicação, dentre outras questões.

Trata-se de caso de integração contratual, isto é, de composição do conteúdo total de um contrato por elementos derivados de uma fonte jurídica distinta[224]. Nesse caso específico, o contrato-quadro, embora autônomo em relação aos contratos de aplicação, incide sobre eles e agrega certas disposições ao seu conteúdo.

É importante ressaltar que nada impede que as partes, sem alterar o conteúdo dos contratos-quadro, previsto para a generalidade de seus acordos futuros, derroguem especificamente, para contratos de aplicação

[224] Em sentido ligeiramente diverso, Guilherme Carneiro Monteiro Nitschke sustenta que a melhor técnica jurídica deve reservar o termo "integração contratual" aos casos em que a composição do conteúdo do contrato seja realizada por meio de adoção de elementos derivados de fontes jurídicas *heterônomas*, ou seja, que não são provenientes da autonomia negocial das partes. Em que pese se concorde com a ideia subjacente esposada pelo autor, pois, de fato, para que haja integração contratual deve haver recurso a algo que seja exterior ao contrato integrado, não assim se caracterizando a mera interpretação que revela seu conteúdo incompletamente expresso ou implícito (*Vide* nota de rodapé 33), discorda-se da restrição a que este conteúdo seja exterior à autonomia privada das partes, a qual também pode precipitar a integração contratual sobre negócios jurídicos distintos. Cf. NITSCHKE, Guilherme Carneiro Monteiro. *Lacunas contratuais e interpretação*: história, conceito e método. São Paulo: Quartier Latin, 2019. p. 42. "Antecipamos que, em nosso direito, afigura-se mais apropriado falar de *integração* com referência à composição do conteúdo total do contrato (e não com referência à colmatação de lacunas), que é integrado em sua disciplina por elementos derivados de um conjunto de fontes jurídicas heterônomas, a se somarem á autonomia privada nesse entrecimento; (...)".

determinados, aspectos dessa regulação prévia, o que pode ocorrer tanto de modo expresso - dispondo-se no contrato de aplicação que determinado ponto da regulação do contrato-quadro não se aplica para aquela avença - quanto implícito - com a previsão de cláusula manifestamente incompatível com a regulação prévia do contrato-quadro.

Em não havendo clareza quanto à derrogação, deve-se privilegiar interpretação que concilie o conteúdo de ambos os contratos. Se isso não for possível, há de se privilegiar o conteúdo do contrato de aplicação, pois a disposição específica há de prevalecer sobre a geral.

Em todos os casos de derrogação específica, seja expressa ou implícita, não se altera o conteúdo do contrato-quadro, o qual se mantém incólume, apenas se alterando a regulação do contrato de aplicação em questão.

Já o segundo ponto, de regramento prévio da formação dos contratos de aplicação, diz respeito ao modo como deverá ser negociada e realizada a celebração destes contratos e à forma da qual deverão se revestir.

Aqui se inserem as cláusulas de forma convencional, as quais, acaso desatendidas, podem até ensejar a nulidade do contrato de aplicação[225], cláusulas atinentes ao modo de comunicação entre as partes, cláusulas que atribuam a uma das partes o poder de determinar unilateralmente elementos essenciais da relação contratual[226] e cláusulas que estipulem a obrigação de celebrar contratos de aplicação[227], seja diretamente, seja indiretamente, por meio de cláusulas de aquisição mínima de produtos[228].

[225] Trata-se de interpretação advinda do artigo 109 do CC/02:
Art. 109 do CC/02. No negócio jurídico celebrado com a cláusula de não valer sem instrumento público, este é da substância do ato.
No mesmo sentido, ao interpretar o art. 133 do CC/16, correspondente ao art. 109 do CC/02, Cf. PONTES DE MIRANDA, Francisco Cavalcanti. *Tratado de direito privado.* 3. ed. Rio de Janeiro: Borsói, t. IV. p. 175. "(...) se foi estabelecida em negócio jurídico a forma do outro negócio jurídico, o desatendimento da convenção importa em nulidade.".

[226] Esse poder é analisado no Capítulo III, *infra.*

[227] Acerca de tais obrigações, *Vide* Capítulo IV, *infra.*

[228] Trata-se da notória cláusula de *take or pay*. A respeito de tal cláusula, Cf. MARQUEZ, Rafael Batista. *Cláusula take or pay em contratos de longo prazo.* Dissertação (Mestrado em Direito dos Negócios), Escola de Direito de São Paulo da Fundação Getúlio Vargas; VIEIRA, Vitor Silveira. A cláusula de take or pay no direito privado brasileiro: qualificação, regime e aplicação. In: *Revista de direito privado*, v. 106, out./dez., 2020, p. 101-150.

O conteúdo normativo específico do contrato-quadro lhe é inderrogável, podendo ser considerado, a bem da verdade, o seu principal índice típico.

Para além do conteúdo normativo de natureza específica, são vislumbráveis, do mesmo modo, cláusulas imediatamente eficazes relacionadas à relação contratual em geral.

Traduzem-se nas disposições que não visam a reger nem o conteúdo nem o modo de celebração dos contratos de aplicação, não sendo dotadas, portanto, de caráter normativo. Voltam-se, por outro lado, diretamente à relação contratual, inclusive para a hipótese de, por qualquer motivo, não ocorrer a celebração dos contratos de aplicação, obrigando os contratantes imediatamente.

À guisa de demonstração, citam-se as cláusulas de resolução de conflitos, cláusulas penais previstas para a relação contratual em geral, e não para o inadimplemento específico de contratos de aplicação, cláusulas de adaptação e/ou renegociação, cláusulas de resolução por inadimplemento do contrato-quadro, cláusulas de resilição do contrato-quadro, cláusulas que versem acerca do liame de coligação contratual existente entre contrato-quadro e contratos de aplicação, cláusulas de exclusividade, cláusulas de licenciamento de marca, cláusulas de transferência de ativos materiais e imateriais, dentre outras.

Embora o conteúdo obrigacional imediato do contrato-quadro se revele valioso em relações contratuais concretas, este constitui elemento particular da categoria. Com efeito, é possível se cogitar, em tese, de contrato que estipula regramento prévio para outros contratos futuros, sem, todavia, prever outras obrigações imediatamente eficazes além daquelas relacionados ao desenvolvimento da própria relação contratual[229].

Destarte, o conteúdo típico do contrato-quadro, isto é, os elementos que lhe são característicos, compõe-se de: 1) delimitação do âmbito de incidência; 2) conteúdo normativo específico; e 3) conteúdo obrigacional imediato.

Importante frisar que, dentre estes elementos, apenas a delimitação do âmbito de incidência do contrato-quadro e o seu conteúdo normativo

[229] Tratando mais detidamente desta questão, bem como delineando que a única obrigação imediata que necessariamente decorre do contrato-quadro é a de negociar de boa-fé os contratos de aplicação, *Vide* tópico 1.2, *supra*.

específico figuram como elementos categoriais inderrogáveis, os quais não podem ser afastados sem que se prejudique a recondução à categoria dos contratos-quadro.

Não se pode, portanto, na análise concreta de um contrato, reconduzi-lo à categoria dos contratos-quadro, se nele não for indicado, ao menos, quais serão os negócios jurídicos que serão por ele regidos – seja de forma geral, fazendo menção, por exemplo, a todos os negócios vindouros concluídos entre as partes, seja especificamente, estabelecendo quais contratos em particular sofrerão a incidência de suas disposições – e o regramento que disciplinará a formação desses negócios e integrará seu conteúdo, uma vez concluídos.

Diversamente, o conteúdo obrigacional imediato constitui elemento particular, não havendo prejuízo à qualificação do contrato-quadro se ele não contiver qualquer obrigação que vincule imediatamente as partes.

Indicadas quais são as principais matérias regradas nos contratos-quadro, como estas podem ser categorizadas, e quais se afiguram elementos inderrogáveis, passa-se a perquirir quais são os pontos de contato e distanciamento dos contratos-quadro com outras estruturas jurídicas que lhe são, por um ou outro motivo, aproximadas.

1.4. Tipos e estruturas jurídicas aproximadas: similaridades e distinções em relação ao contrato-quadro

Esclarecido o que se entende por contrato-quadro, ou seja, quais são os seus principais índices típicos, impõe apontar figuras jurídicas que, apesar de lhe serem assemelhadas em aspectos estruturais ou funcionais, consigo não se confundem.

Para tanto, passa-se a expor as similaridades entre as espécies, ressaltando as distinções que impedem, caso a caso, a adoção de uma construção única, corroborando, assim, a originalidade do contrato-quadro.

Neste azo, são examinados os 1) contratos de trato sucessivo, que dos contratos-quadro se aproximam por se destinarem a regrar relações comerciais presumivelmente longas; 2) contratos preliminares, confundidos com contratos-quadro por também assumirem função preparatória de contratos futuros; 3) condições gerais dos contratos, nas quais há semelhante regramento prévio de contratos vindouros; e 4) subcontratação, similar por dar origem a uma estrutura contratual complexa, em que contrato de base se liga a contratos autônomos, celebrados posteriormente.

1.4.1. Contrato de trato sucessivo

Dentre as profundas transformações sociais e econômicas promovidas pelo desenvolvimento do capitalismo industrial, tem-se a paulatina substituição de relações contratuais isoladas por vínculos duradouros[230].

A estruturação de relações contratuais destinadas a perdurar por longos períodos representou – e ainda representa – desafios consideráveis[231], por conta da premente necessidade de garantir a segurança dos sujeitos contratuais à medida em que também se viabiliza a adaptação paulatina às céleres alterações no ambiente econômico e social[232].

Em um contexto de instrumentalização, no plano jurídico, de vínculos comerciais duradouros, estão inseridos tanto o contrato de trato sucessivo quanto o esquema contratual formado por contrato-quadro e contratos de aplicação[233].

Essa similaridade é reforçada pela corrente afirmação de que a origem do contrato-quadro está associada à divisão interna dos contratos de trato sucessivo[234]. Entende-se artificial tal explicação, por traçar de forma simplista a origem do contrato, gestado na prática comercial por agentes econômicos e jurídicos, como solução criativa de problemas concretos. Inegável, todavia, a proximidade entre as figuras, acentuando a relevância de distingui-las. Fundamental, para tanto, é a análise de suas estruturas.

Os contratos de trato sucessivo consistem em contrato único, nos quais há a previsão de todo o programa contratual em momento inicial[235],

[230] PENTEADO, Luciano de Camargo. Op. cit. p. 31. "(...) o paradigma contratual da sociedade contemporânea, diferentemente da dos séculos XIX e primeira metade do século XIX, não é mais de trocas pontuais, nem tampouco mais o dos contratos de adesão, mas dos chamados *contratos relacionais.*". Situando a temática no âmbito dos contratos-quadro, Cf. SAYAG, Alain. Op. cit. p. 2. Abordando com vagar a matéria dos contratos relacionais, Cf. MACEDO JÚNIOR, Ronaldo Porto. *Relational contracts in brazilian law*. Disponível em: < http://biblioteca.clacso.edu.ar/ar/libros/lasa97/portomacedopor.pdf>. Acesso em: 31 jan. 2018.

[231] Acerca das diversas dificuldades resultantes do prolongamento no tempo da execução dos contratos de trato sucessivo, Cf. GRANIERI, Massimiliano. *Il tempo e il contratto*: itinerário storico-comparativo sui contratti di durata. Milano: Giuffrè, 2007; AZÉMA, Jacques. *La durée des contrats successifs*. Paris: LGDJ, 1969.

[232] LORENZETTI, Ricardo Luis. Op. cit. p. 113-117.

[233] SAYAG, Alain. Op. cit. p. 8.

[234] ZAKI, Magdi. Op. cit. p. 1073; GUIMARÃES, Maria Raquel de Almeida Graça Silva. Op. cit. p. 161.

[235] GUIMARÃES, Maria Raquel de Almeida Graça Silva. Op. cit. p. 153-155.

perdurando no tempo tão somente a sua execução, mediante a constante e periódica renovação das obrigações assumidas pelas partes[236]. Os novos atos praticados ao longo do tempo não constituem novos contratos, senão mera execução da avença originalmente celebrada.

Contrariamente, os contratos-quadro não se confundem com os contratos de aplicação subsequentemente celebrados[237], tratando-se estes últimos de contratos independentes, que não atuam como mera execução daqueles[238], de modo que se prolonga não apenas a execução de um contrato, mas a própria conclusão de novas avenças.

A opção por uma ou outra estrutura, vale frisar, não é mero acaso, explicando-se pelas imposições comerciais verificadas concretamente.

Ao optarem por um contrato único, em que todo regramento contratual - inclusive os elementos essenciais à concretização da operação econômica - já está determinado de início, os agentes optam por conferir maior segurança e estabilidade à sua relação contratual[239], assumindo o risco - ou pressupondo a sua irrelevância - de eventuais modificações econômicas, comerciais ou sociais, que demandem adaptações no regime contratual[240].

Por outro lado, a opção pela adoção de uma estrutura contratual complexa, composta por contrato-quadro e contratos de aplicação, tem por

[236] AZÉMA, Jacques. Op. cit. p. 7-8.

[237] TEYSSIÉ, Bernard. Op. cit. p. 13-14.

[238] GHESTIN, Jacques. Op. cit. p. 16.

[239] Originalmente, a possibilidade de resilição unilateral, isto é, de denúncia vazia, incorporada aos contratos de trato sucessivo, implicava em função precisamente oposta, de valorização à liberdade das partes de se desvencilharem do contrato a qualquer momento, em detrimento da segurança de suas contrapartes. Com o desenvolvimento da teoria do abuso de direito e a valorização da boa-fé objetiva nas relações contratuais, todavia, tem-se verificado a sua paulatina superação, pois tal poder formativo extintivo tem a sua eficácia adstrita ao transcurso de períodos compatíveis com a dimensão da operação econômica planejada e dos investimentos realizados. Cf. AZÉMA, Jacques. Op. cit. p. 66-67. Demonstrando essa tendência, veja-se o artigo 473, parágrafo único, CC/02:

Art. 473 do CC/02. A resilição unilateral, nos casos em que a lei expressa ou implicitamente o permita, opera mediante denúncia notificada à outra parte.

Parágrafo único. Se, porém, dada a natureza do contrato, uma das partes houver feito investimentos consideráveis para a sua execução, a denúncia unilateral só produzirá efeito depois de transcorrido prazo compatível com a natureza e o vulto dos investimentos.

[240] GUIMARÃES, Maria Raquel de Almeida Graça Silva. Op. cit. p. 154-156.

escopo flexibilizar a relação existente entre as partes, possibilitando, de um lado, que se confira segurança a elas, em virtude do regramento prévio estabelecido no contrato-quadro, sem que isto ocasione o enrijecimento da relação contratual. Eventuais alterações supervenientes nas condições fáticas podem ser incorporadas aos contratos de aplicação, constantemente negociados, afigurando-se desnecessária a reforma – não raras vezes conflituosa – de contrato já concluído, tal como em contratos únicos de trato sucessivo[241].

Apesar dessas distinções de estrutura e de função, nem sempre é simples identificar quando se está diante de um contrato único, em que apenas a execução é sucessiva, ou de um conjunto de contrato-quadro e contratos de aplicação, entre si coligados, mas estruturalmente independentes.

Há mesmo quem critique essa distinção. Georges Virassamy[242], na França, e Domenico Galli e Claudio Guccione[243], na Itália, afirmam ser artificial distinguir contrato-quadro e contratos de aplicação, acabando por equiparar essa figura jurídica, que em sua visão é única, aos contratos de trato sucessivo. O entendimento é o mesmo esposado em alguns julgados franceses de outrora[244], inobstante minoritários[245], os quais também repeliam a independência estrutural dos contratos mencionados.

Não foi essa a orientação que prevaleceu[246], nem é a adotada no presente trabalho. Apesar disso, é relevante se apresentar critérios de distinção de contratos únicos de trato sucessivo e de legítimas coligações de contrato-quadro e contratos de aplicação, sobretudo em casos de fronteira.

Tão inadequado quanto tratar contrato-quadro e contratos de aplicação como se formassem um único negócio jurídico, é, de modo inverso, confundir o contrato de trato sucessivo, no qual apenas os atos executórios se prolongam no tempo, com um conjunto de vários contratos. É o que

241 POLLAUD-DULIAN; Frédéric; RONZANO, Alain; REYGROBELLET, Arnaud. Op. cit. p. 147.

242 VIRASSAMY, Georges. Op. cit. p. 74.

243 GALLI, Domenico; GUCCIONE, Claudio. Op. cit. p. 15.

244 Cour d'appel de Rouen, 11 jan. 1972.

245 TEYSSIÉ, Bernard. Op. cit. p. 14.

246 Demonstrando a posição majoritária, na França, que distingue contratos-quadro e contratos de aplicação, Cf. POLLAUD-DULIAN; Frédéric; RONZANO, Alain; REYGROBELLET, Arnaud. Op. cit. p. 67. Realizando a mesma tarefa, mas com vistas ao direito italiano, Cf. CIANFLONE, Antonio; GIOVANNINI, Giorgio. p. 897-898, nota de rodapé 64.

nota Magdi Zaki, ao advertir que "não se conclui um contrato novo toda vez que se abre a torneira, se gira a válvula do gás ou se acende a luz"[247].

Os critérios gerais adotados para distinguir a unicidade e a pluralidade contratual, usualmente utilizados nos estudos que se ocupam do fenômeno dos contratos coligados, são valiosos para o intérprete determinar se está diante de um único contrato de trato sucessivo ou de um conjunto formado por contrato-quadro e contratos de aplicação. Dentre estes, cita-se a análise dos limites dos tipos contratuais envolvidos, sejam legais ou sociais; da participação de dois ou mais centros de interesse; e da unidade ou pluralidade de instrumentos contratuais e de momentos de celebração destes[248].

A relevância da consulta dos limites do tipo contratual se revela na circunstância de que, sendo este suficientemente flexível, é concebível que elementos categoriais de outros tipos contratuais sejam nele inseridos sem que disso decorra necessariamente a pluralidade contratual[249], mas tão somente a sua complexidade ou natureza mista[250].

O contrato-quadro, no entanto, apesar de ser, em si considerado, exemplo de negócio jurídico misto, por agregar elementos de diversos tipos contratuais[251], é rígido em um de seus aspectos: deve persistir nele a indeterminação de parte dos elementos essenciais da relação contratual[252]. Dessarte, verificado que o contrato analisado preenche todos estes, pode-se concluir não se tratar de contrato-quadro[253], mas sim contrato de trato sucessivo, desde, é claro, que a sua execução se perdure no tempo.

247 ZAKI, Magdi. Op. cit. p. 1072.

248 MARINO, Francisco Paulo de Crescenzo. Op. cit. p. 119.

249 MARINO, Francisco Paulo de Crescenzo. Op. cit. p. 119. Exemplificando essa questão, citando a elasticidade do contrato social, o qual pode absorver elementos de outros tipos contratuais sem perder seu caráter de contrato único, Cf. OPPO, Giorgio. *Contratti parasociali*. Milano: Dottor Francesco Vallardi, 1942. p. 58-59.

250 PONTES DE MIRANDA, Francisco Cavalcanti. *Tratado de direito privado*. 3. ed. Rio de Janeiro: Borsói, 1970, t. III. p. 173-174. "(...) também único o negócio jurídico ou contrato, quando há nêle elementos de diferentes tipos de negócios jurídicos, inclusive de negócios jurídicos atípicos, suscetíveis de serem suporte fáctico de regras jurídicas especiais, mas subordinados à especificidade preponderante e ao fim comum do negócio jurídico complexo (= misto).".

251 JUNQUEIRA DE AZEVEDO, Antonio. Op. cit. p. 170.

252 ZANETTI, Cristiano de Sousa. Op. cit. p. 21.

253 GHESTIN, Jacques. Op. cit. p. 15-16.

A exploração dos centros de interesse envolvidos na relação contratual é oportuna, pois, constatando-se haver mais de dois, só será possível cogitar de contrato único de trato sucessivo se estes forem indissociáveis e estiverem relacionados à mesma operação econômica[254]. Caso contrário, é certa a pluralidade de contratos, sendo concebível, por outro lado, o reconhecimento de contrato-quadro cujas partes não correspondem aos mesmos sujeitos que celebrarão os contratos de aplicação[255].

São ainda indícios a se considerar a unicidade ou pluralidade de instrumentos contratuais e de momentos de celebração destes. É viável se cogitar de contrato singular formado parcelarmente em diversos instrumentos[256]. É impossível, entretanto, imaginar grupo de contrato-quadro e contratos de aplicação formado por apenas um instrumento ou em apenas um momento, pois a complexidade da relação contratual inaugurada por aquele contrato resulta em uma prolongação da celebração de novos negócios jurídicos, da qual é consequência a existência de vários instrumentos e de vários momentos de celebração das diversas avenças.

Se estes são os critérios confiáveis para afastar o contrato de trato-sucessivo do contrato-quadro, sobretudo em situações fronteiriças, criticável, por outro lado, é o parâmetro tido por alguns como essencial para assentar a autonomia estrutural do contrato-quadro em relação aos contratos de aplicação, bem como diferenciá-los de contratos de trato sucessivo: a unicidade ou pluralidade de acordo de vontades[257], nomeada frequentemente de "princípio do duplo consentimento"[258].

A inadequação decorre da possibilidade de negócio jurídico único formar-se a partir de mais de uma manifestação de vontade[259]. Idealize-se situação na qual as partes primeiro chegam a um acordo sobre certos

[254] TEYSSIÉ, Bernard. Op. cit. p. 23-25.

[255] Também chamados contratos-quadro unilaterais. Cf. TELLES, Inocêncio Galvão. Op. cit. p. 412.

[256] MARINO, Francisco Paulo de Crescenzo. Op. cit. p. 125. "A diversidade instrumental, por si só, não acarreta a pluralidade contratual. Sabe-se que um único contrato pode ser celebrado mediante diversos instrumentos contratuais, na medida em que estes dizem respeito somente à forma do contrato.".

[257] POLLAUD-DULIAN; Frédéric; RONZANO, Alain; REYGROBELLET, Arnaud. Op. cit. p. 67 e 85.

[258] GATSI, Jean. Op. cit. p. 147; JUNQUEIRA DE AZEVEDO, Antonio. Op. cit. p. 170.

[259] PONTES DE MIRANDA, Francisco Cavalcanti. Op. cit. p. 174-175.

elementos da relação contratual e, depois, alcançam consenso sobre os demais pontos, em todo único, cuja execução é duradoura, mas em que não há uma moldura a reger a celebração de novos contratos. Tem-se pluralidade de acordo de vontades – "duplo consentimento" –, mas não contrato-quadro.

Imperioso ressaltar que não se nega que em toda relação contratual formada mediante a celebração de contrato-quadro e contratos de aplicação se pressuponha mais de um acordo de vontade. Não se verifica nesta circunstância, todavia, a aptidão para operar a diferenciação pretendida, mas sim mero corolário da indeterminação dos elementos essenciais da relação contratual no contrato-quadro.

Realizadas as distinções entre o esquema contratual composto por contrato-quadro e contratos de aplicação dos contratos únicos de trato sucessivo, prossegue-se com semelhante estudo para fins de delimitar contrato-quadro e contratos preliminares.

1.4.2. Contrato preliminar

Situações há – e são cada vez mais frequentes, dada a proliferação de fatores de complexidade na vida social e econômica – em que certo negócio se reputa vantajoso, mas a sua conclusão imediata não é possível ou desejável[260].

Aqui também, a exemplo dos contratos de trato sucessivo, é premente a conciliação de interesses aparentemente conflituosos.

Deve ser garantido o estabelecimento da relação contratual – pois é certo que as partes desejam contratar –, ao passo que também se assegura que a concretização dos efeitos da operação econômica só ocorrerá em momento futuro, mediante a celebração de novo(s) contrato(s), porque os agentes não querem contratar imediatamente[261].

260 ZANETTI, Cristiano. *A conservação dos contratos nulos por defeito de forma*. São Paulo: Quartier Latin, 2013. p. 89-90. "A cisão do processo contratual é ditada, fundamentalmente, pela conveniência das partes. Sem pretender esgotar as razões pertinentes, pode-se citar: a possível flutuação de mercado; a instabilidade da economia; a indisponibilidade momentânea de numerário; a falta de certos documentos; a a ausência de consentimento ou autorização de terceiros; a inexistência atual da coisa e a complexidade de operação econômica que pode reclamar, por exemplo, a verificação de dados, balanços, inventários, avaliações de estoques etc.".

261 LARENZ, Karl. *Derecho de obligaciones*. 1. ed. Trad. Jaime Santos Briz. Madrid: Editorial Revista de Derecho Privado, 1958, t. I. p. 99. "As partes concluem tais contratos, por exemplo,

Para tanto, o negócio jurídico original deve deixar em aberto certos pontos que os contratantes não podem ou não desejam determinar naquele momento, isto é, nele tem de haver uma reserva de complementação[262], cuja amplitude pode variar, a depender das peculiaridades de cada caso concreto[263].

A reserva de complementação equivale a todo o conteúdo que, inobstante pretendido para a relação contratual global, não é estabelecido, desde já, no contrato originário, apenas sendo introduzido por ocasião da celebração de um ou mais contratos subsequentes[264].

Caso não se afira no negócio jurídico analisado tal reserva de complementação – ou seja, caso este não apresente elementos ainda não fixados, cuja resolução depende de uma segunda contratação –, então não se estará diante de contrato preliminar.

São contratos nos quais se constata tal reserva de complementação[265] – destinada a preparar um ou mais negócios jurídicos subsequentes – tanto os contratos preliminares quanto os contratos-quadro[266].

O caráter preparatório[267] de ambos não é a única semelhança entre os tipos contratuais mencionados.

quando querem estabelecer desde logo uma vinculação contratual, mas se apresentam alguns obstáculos à conclusão do contrato definitivo, particularmente quando não se pode prever todas as circunstâncias que são relevantes para o seu conteúdo.".

Trecho original: "Las partes concluirán tal precontrato, p. ej., cuando quieran establecer desde luego una vinculación contractual, pero a la conclusión del contrato principal se opongan aún algunos obstáculos, particularmente cuando aún no pueden prever todas las circunstancias que puedan tener importancia para el contenido del contrato principal.".

262 TOMASETTI JUNIOR, Alcides. Op. cit. p. 7-8.

263 TOMASETTI JUNIOR, Alcides. Op. cit. p. 22-27.

264 TOMASETTI JUNIOR, Alcides. Op. cit. p. 7-8.

265 Não se verifica apenas contratos com reserva de complementação, havendo também negócios jurídicos unilaterais cuja natureza é preparatória, tais como promessas unilaterais de contratar. Nesse sentido, Cf. PONTES DE MIRANDA, Francisco Cavalcanti. *Tratado de direito privado*. 3. ed. Rio de Janeiro: Borsói, 1972, t. XXXIX. p. 48-51.

266 GUIMARÃES, Maria Raquel de Almeida Graça Silva. Op. cit. p. 98-99; TUCCI, Rogério Lauria Marçal. Op. cit. p. 104.

267 Para um estudo abrangente dos vínculos jurídicos preliminares ou preparatórios, Cf. PEREGO, Enrico. *Il vincolo preliminari e il contratto*. Milano: Giuffrè, 1974; DEGENKOLB, Heinrich. Zur Lehre vom Vorvertrag. In: *Archiv Für Die Civilistische Praxis*, v. 71, n. 1, p. 1-92, 1887; SCHWARTZ, Alan; SCOTT, Robert. Op. cit. p. 668-676.

Em ambos os casos, verifica-se uma estrutura contratual complexa, marcada pela ligação entre contratos autônomos que se relacionam para a concretização do objeto econômico vislumbrado: em uma perspectiva, contrato-quadro e contratos de aplicação; em outra, contrato preliminar e contrato definitivo[268].

Outro importante ponto de aproximação é a função assumida por tais contratos. Em que pese não seja idêntica, há um ponto de contato entre contratos preliminares, que asseguram o desejo de contratar, ao passo que flexibilizam a introdução de parcela do conteúdo da relação contratual que se deseja iniciar[269], e contratos-quadro, os quais visam a conciliar precisamente estes anseios de segurança e flexibilidade[270].

Diante de tantas similaridades[271], não surpreende a constatação de que são várias as tentativas de aproximar, e até mesmo igualar, contratos-quadro e contratos preliminares. De fato, não é incomum a afirmação de que ambos seriam espécies de um mesmo gênero, por vezes havendo alusão, nessa esteira, à categoria dos contratos preparatórios[272], por vezes à dos contratos normativos[273]. Há mesmo quem adote concepção de contrato-quadro – criticável por sua amplitude[274] – que abrange também os contratos preliminares[275].

A despeito disso, não se afigura apropriado reduzir ambas as figuras a um tipo contratual único.

Em síntese, contrato preliminar é aquele que obriga uma ou ambas as partes a concluir um futuro e determinado contrato, nomeado

[268] SAYAG, Alain. Op. cit. p. 3-4.

[269] TOMASETTI JUNIOR, Alcides. Op. cit. p. 9.

[270] POLLAUD-DULIAN; Frédéric; RONZANO, Alain; REYGROBELLET, Arnaud. Op. cit. p. 41.

[271] É possível citar ainda outros pontos de contato, tais como o caráter normativo de ambas as figuras e as oposições historicamente levantadas à natureza contratual delas.

[272] SPECIALE, Renato. Op. cit. p. 246-247; GUIMARÃES, Maria Raquel de Almeida Graça Silva. Op. cit. p. 98-99; TELLES, Inocêncio Galvão. Op. cit. p. 411. Na obra de Inocêngio Galvão Telles, há menção ao gênero dos contratos preliminares, e não dos contratos preparatórios, como citado neste trabalho, opção que se explica pelo fato de que, em Portugal, é adotada a terminologia de contrato-promessa para o que corresponde, no Brasil, ao contrato preliminar. A substituição realizada no corpo do texto objetiva evitar confusões.

[273] MESSINEO, Francesco. Op. cit. p. 124.

[274] Para nossa crítica a tal concepção ampliativa, *Vide* tópico 1.2, *supra*.

[275] ALMEIDA, Carlos Ferreira de. Op. cit. p. 59-60; BRITO, Maria Helena. Op. cit. p. 199.

definitivo[276], que lhe é autônomo, não consistindo em sua mera execução[277]. No contrato preliminar, devem ser definidos, ao menos, os elementos essenciais – é dizer, os elementos categoriais inderrogáveis[278] – do contrato definitivo[279], sendo possível que o restante de seu conteúdo permaneça indeterminado, só vindo a ser fixado quando da celebração deste[280].

Pelo menos dois dos elementos supracitados são mencionados para distanciar o contrato preliminar do contrato-quadro.

O primeiro aspecto mencionado é o de que o contrato preliminar usualmente se reveste de caráter transitório, exaurindo seus efeitos após a conclusão de um contrato definitivo específico[281], ao passo que o contrato-quadro se destina a reger uma relação contratual duradoura, pressupondo a celebração de um número indeterminado de contratos de aplicação[282].

É de se notar, todavia, que não há impedimento à celebração de contrato preliminar que obrigue à conclusão de mais de um contrato definitivo[283], apesar de tal prática se revelar incomum e de utilidade prática questionável.

[276] GIUSTI, Alberto; PALADINI, Mauro. *Il contratto preliminare*. Milano: Giuffrè, 1992. p. 11-12.

[277] Expondo a existência de vozes dissonantes no que pertine à autonomia do contrato preliminar em relação ao definitivo, Cf. PROENÇA, José Carlos Brandão. *Do incumprimento do contrato-promessa bilateral*: a dualidade execução específica-resolução. Coimbra: Universidade de Coimbra, 1987. p. 11-12.

[278] ZANETTI, Cristiano. Op. cit. p. 124.

[279] DIEZ-PICAZO, Luis; GULLON, Antonio. *Sistema de derecho civil*. 6. ed. Madrid: Tecnos, 1992, v. 3. p. 73-74.

[280] TOMASETTI JUNIOR, Alcides. Op. cit. p. 35-37.

[281] ZAKI, Magdi. Op. cit. p. 1079.

[282] POLLAUD-DULIAN; Frédéric; RONZANO, Alain; REYGROBELLET, Arnaud. Op. cit. p. 72. "O contrato-quadro tem a vocação de ser duradouro: trata-se de um contrato de trato sucessivo, destinado a acompanhar as relações futuras das partes, e não de um contrato preliminar cujo papel se exaure após a conclusão do contrato preparado.".
Trecho original: "Le contrat-cadre a une vocation à la durée : il s'agit d'un contrat à exécution successive, destiné à accompagner les relations futures des parties, et non d'un accord préparatoire dont le rôle s'arrêterait après la conclusion de l'accord préparé.".

[283] Em sentido contrário, afirmando que os contratos preliminares devem sempre versar acerca da celebração de um negócio jurídico específico, ponto que os distinguiria dos contratos-tipo e dos contratos normativos, Cf. PRATA, Ana Maria Correia Rodrigues. *O contrato-promessa e o seu regime civil*. Coimbra: Almedina, 1995. p. 17-18.

Além disso, não se afigura adequado delimitar conceitualmente espécies jurídicas - ou, neste caso, apresentar a distinção entre as suas definições - com vistas aos seus efeitos, por não ser logicamente autorizado definir a causa pela consequência[284].

O segundo aspecto levado em consideração, este sim valioso para distinguir e qualificar de modo preciso os contratos em comento, é a (in)determinação dos elementos essenciais dos negócios jurídicos que são por ele precedidos.

É cediço que nos contratos preliminares devem estar fixados[285], desde logo, todos os elementos essenciais do contrato definitivo[286], não se podendo cogitar de reserva de complementação que alcance estes pontos[287]. No Brasil, tal entendimento deriva de expressa previsão legal, insculpida no artigo 462 do CC/02[288].

No que pertine aos contratos-quadro, compreensão exatamente oposta se impõe. A indeterminação dos elementos essenciais da relação contratual lhe é característica[289], revelando-se imprescindível à recondução de negócio jurídico concreto à categoria em comento[290].

Esta dessemelhança, aliás, não só proporciona um parâmetro seguro para diferenciar tais contratos, como também indica um meio simples de assimilar uma espécie tendo por referência a outra.

[284] MELLO, Marcos Bernardes de. *Teoria do fato jurídico*: plano da existência. 21. ed. São Paulo: Saraiva, 2017. p. 172-173. "Não é conveniente definir a causa pela consequência, porque quando tivermos de definir a consequência teremos de nos reportar à causa e, assim, estará estabelecido um ciclo vicioso.".

[285] Em sentido contrário, Abel Pereira Delgado afirma não ser necessária, no contrato preliminar, a determinação imediata dos elementos essenciais do contrato definitivo, revelando-se suficiente o estabelecimento de seus critérios de determinação. Cf. DELGADO, Abel Pereira. *Do contrato promessa*. Lisboa: Petrony, 1978. p. 72.

[286] GIUSTI, Alberto; PALADINI, Mauro. Op. cit. p. 11-12.

[287] ZANETTI, Cristiano de Sousa. *Responsabilidade pela ruptura das negociações*. São Paulo: Juarez de Oliveira, 2005. p. 27.

[288] Art. 462 do CC/02. O contrato preliminar, exceto quanto à forma, deve conter todos os requisitos essenciais ao contrato a ser celebrado.

[289] GHESTIN, Jacques. Op. cit. p. 15-17; GATSI, Jean. Op. cit. p. 195; POLLAUD-DULIAN; Frédéric; RONZANO, Alain; REYGROBELLET, Arnaud. Op. cit. p. 16; JUNQUEIRA DE AZEVEDO, Antonio. Op. cit. p. 168.

[290] A respeito dos índices típicos do contrato-quadro, *Vide* tópico 1.2, *supra*.

O contrato-quadro é concebível como um "contrato preliminar às avessas", no qual a reserva de complementação necessariamente consiste pelo menos nos elementos essenciais da relação contratual, enquanto no contrato preliminar, pelo contrário, a reserva de complementação pode equivaler a qualquer elemento que não os essenciais ao contrato definitivo[291].

Estes dois critérios, aliás, revelam a distinção de função típica entre contrato preliminar e contrato-quadro.

Conquanto ambos conciliem necessidades de segurança e flexibilidade das partes, o contrato preliminar, por se destinar usualmente a preparar um determinado e único contrato, e não a se estender no tempo, resulta em maior enrijecimento da relação contratual, ao fixar, desde logo, os elementos essenciais do contrato vindouro. A temporariedade tem como consequência, nesse caso, uma preferência pela valorização da segurança da operação em troca de sua menor flexibilidade, não podendo a reserva de complementação alcançar os elementos essenciais (categoriais inderrogáveis) do contrato definitivo.

O contrato-quadro, de modo diverso, privilegia a flexibilidade do vínculo obrigacional em detrimento de sua estabilidade, opção a qual resulta da constante necessidade de repactuação dos elementos essenciais da relação contratual, bem como de outros que permaneçam indefinidos por opção dos contraentes. Nesse caso, a longa duração da operação econômica planejada, bem como a necessidade de sua constante adaptação às modificações sociais e/ou econômicas, explica, via de regra, a escolha das partes.

É possível indicar, ainda, outros critérios de distinção entres estes tipos contratuais, menos valiosos por tomarem como direção características que são, em si, controvertidas entre os estudiosos da temática.

A título de exemplo, cita-se a vinculação das partes à celebração de um contrato futuro. Enquanto o contrato preliminar deve vincular ao

291 ZANETTI, Cristiano de Sousa. Op. cit. p. 21. "O contrato quadro pode ser melhor compreendido a partir de sua comparação com o contrato preliminar. De fato, enquanto o contrato preliminar deve, conforme dispõe o art. 462 do CC/02, possuir todos os requisitos essenciais do contrato definitivo, o contrato quadro caracteriza-se justamente por não possuir todos esses requisitos, servindo apenas para deixar firmado o consenso das partes a respeito de determinadas cláusulas.".

menos uma das partes à conclusão do contrato definitivo[292], subsiste posição doutrinária no sentido de que do contrato-quadro não decorre necessariamente a obrigação de celebrar os contratos de aplicação[293].

Imperioso chamar a atenção para critério semelhante, mas não idêntico, a este, usualmente mencionado na doutrina, o qual se reputa, todavia, inadequado: a diferenciação entre *pactum contrahendo*, correspondente ao contrato preliminar, e *pactum de modo contrahendi*, equivalente ao contrato-quadro.

Com efeito, é corrente a explicação das dessemelhanças entre as espécies pela afirmação de que o contrato preliminar vincularia à conclusão de outro contrato, à medida que o contrato-quadro obrigaria as partes a adotarem certo conteúdo, na hipótese de virem a concluir um vindouro contrato[294].

Análise açodada poderia dar origem à ilação de que tal posicionamento não apresenta nenhuma imprecisão, ou mesmo que seria idêntico ao acima mencionado critério da vinculação das partes à celebração de um contrato futuro.

Ocorre que, muito embora não haja qualquer equívoco ao se referir ao contrato preliminar como *pactum contrahendo*, não se pode reconhecer o mesmo ao se tentar distingui-lo do contrato-quadro por meio da adoção da terminologia de *pactum de modo contrahendi*. Ora, o contrato preliminar não se limita a obrigar uma ou ambas as partes a concluírem determinado contrato definitivo, mas também as vincula, em variáveis níveis de intensidade, no que se refere ao seu conteúdo[295]. É, portanto, também um *pactum de modo contrahendi*.

292 RASCIO, Rafaelle. *Il contratto preliminare*. Napoli: Jovene, 1967. p. 100.

293 Acerca das diversas posições acerca da essencialidade ou não da obrigação de contratar para fins de caracterização do contrato-quadro, *Vide* Capítulo IV, *infra*.

294 BARBERO, Domenico. Op. cit. p. 2-4; DEMOGUE, ZAKI, Magdi. Op. cit. p. 1074 e 1079; BESSONE, Darcy. Op. cit. p. 61; ESPINOLA, Eduardo. Op. cit. p. 14-15, nota de rodapé 16.

295 TOMASETTI JUNIOR, Alcides. Op. cit. p. 22-27. O autor divide os contratos preliminares com vistas à gradação de sua preliminaridade, a qual pode ser máxima, média ou mínima. Em um extremo, tem-se os contratos preliminares em que o conteúdo do contrato definitivo já está totalmente preestabelecido, restando apenas a repetição de seus termos no contrato definitivo, desta feita com atenção aos requisitos formais prescritos em lei; em outro, é possível vislumbrar os contratos preliminares em que há diversos pontos importantes – desde que não elementos categoriais inderrogáveis do contrato definitivo – em aberto, os quais demandam

Por outro lado, não se pode olvidar o entendimento de alguns de que também o contrato-quadro pode obrigar à conclusão de contratos de aplicação[296], de modo que, acaso admitida tal posição, seria aquele também, pelo menos em certas hipóteses, um *pactum contrahendi*.

Isto posto, apesar de se afigurar viável admitir como critério de distinção de contrato preliminar e contrato-quadro a vinculação das partes à celebração de contratos futuros, em que pese controvertido, consoante já mencionado, o mesmo não se pode afirmar no que atine ao recurso à dicotomia *pactum contrahendo* e *pactum de modo contrahendi*. De fato, o contrato preliminar é também um *pactum de modo contrahendi* e, ao menos para certos estudiosos, o contrato-quadro pode se revelar, concretamente, um *pactum contrahendi*.

Não se discorda que o *pactum de modo contrahendi* constitui parcela do conteúdo do contrato-quadro, repelindo-se, sim, a sua inconsistente utilização na condição de critério de diferenciação em relação aos contratos preliminares. Se muito, poder-se-ia veicular crítica no sentido de que tal expressão constitui latinismo indesejável, a qual pode levar à equivocada conclusão de que o contrato-quadro foi estudado pelo direito romano, o que não é, de todo, o caso.

Ademais, conforme salientado anteriormente[297], não deve o contrato-quadro ser reduzido a um "*pactum de modo contrahendi*", pois o seu conteúdo é mais amplo, e por intermédio dele se estabelece imediatamente uma cadeia de negócios entre as partes, que pressupõe, ao menos, uma obrigação de cooperação[298] delas para a concretização da relação comercial planejada[299].

novos acordos pelas partes. Em ambos os casos, todavia, verifica-se que o conteúdo do contrato definitivo é pelo menos parcialmente definido nos contratos preliminares, a exemplo do que ocorre nos contratos-quadro.

[296] Acerca das diversas posições acerca da essencialidade ou não da obrigação de contratar para fins de caracterização do contrato-quadro, *Vide* Capítulo IV, *infra*.

[297] *Vide* tópico 1.3, *supra*.

[298] Acerca das peculiaridades dessa obrigação de cooperação, *Vide* Capítulo IV, *infra*.

[299] GUIMARÃES, Maria Raquel de Almeida Graça Silva. Op. cit. p. 152. "Como já tivemos a oportunidade de salientar, o contrato-quadro não se limita a fixar as regras que irão reger contratos futuros no caso de estes virem a ser celebrados, não se reduz a um mero acordo *de modo contrahendi*, diferentemente do que acontece com o contrato normativo. O contrato-quadro consagra, desde logo, um regime que se destina a vigorar *de imediato*, estabelecendo as

Traçados os pontos de aproximação, mas, sobretudo, as dessemelhanças entre a categoria dos contratos-quadro e os contratos preliminares, avança-se para a perquirição concernente às condições gerais dos contratos.

1.4.3. Condições gerais dos contratos

O processo de massificação das relações comerciais não se limitou a impactar as ciências econômicas, alcançando e influenciando os ordenamentos jurídicos, sobretudo o direito dos contratos[300].

Nesse contexto, as contratações individuais alcançadas por meio de tratativas em que as partes discutem ponto a ponto o conteúdo do negócio, se não superadas, têm sido ofuscadas pelas avenças concluídas por certos agentes econômicos, em termos idênticos, com milhares de contrapartes distintas[301].

Essas relações de massa são marcadas por contratos celebrados por adesão a uma regulação negocial prévia[302], de característica geral, uniforme, rígida e unilateral[303], isto é, sem margem de negociação[304].

As condições gerais dos contratos, também chamadas cláusulas contratuais gerais[305], correspondem a tal regulação predisposta, não se

bases das futuras relações entre os contraentes ou, dito de outro modo, preparando o terreno onde irão frutificar os subsequentes contratos de execução ou de aplicação, para além de cumprir a sua vocação normativa no que respeita à programação das futuras relações entre as partes ou entre estas e terceiros.".

300 SLAIBI FILHO, Nagib. Op. cit. p. 30-31.

301 MARQUES, Cláudia Lima. *Contratos no código de defesa do consumidor*: o novo regime das relações contratuais. 4. ed. São Paulo: Revista dos Tribunais, 2002. p. 52.

302 LÔBO, Paulo Luiz Neto. Op. cit. p. 33.

303 COSTA, Mário Júlio de Almeida; MENEZES CORDEIRO, António. *Cláusulas contratuais gerais*: anotação ao decreto-lei nº 446/85, de 25 de outubro. Coimbra: Almedina, 1991. p. 17.

304 GENOVESE, Anteo. Contratto di adesione. In: *Enciclopedia del diritto*. Milano: Giuffrè, 1962, v. X. p. 2-3. A ausência de margem de negociação fez surgir questionamentos quanto à própria natureza dos contratos por adesão. A respeito disso, Cf. BIANCA, Massimo. ¿Son no contractuales los contratos en masa? In: LEÓN, Leysser. *Estudios sobre el contrato en general*: por los sesenta años del codigo civil italiano. 2. ed. Lima: Ara, 2015.

305 Não nos ocuparemos da infrutífera discussão de qual terminologia seria a mais adequada, adotando aquela que tem prevalecido no Brasil: condições gerais dos contratos. Acerca das críticas a tal expressão, sua defesa e ainda outras propostas de nomenclatura, Cf. COSTA,

confundindo com os contratos individuais que se formam em razão da adesão a elas[306].

É de se notar a proximidade existente entre as condições gerais dos contratos e os contratos-quadro. Em ambos, verifica-se o interesse de padronizar o conteúdo de contratos futuros mediante a conclusão de negócio jurídico que lhes regula previamente: em um, são disciplinados os contratos por adesão, no outro, os contratos de aplicação[307].

Impende frisar que esse intento de padronização da relação contratual – alcunhado de *affectio modulus* por alguns[308] – aproxima as condições gerais dos contratos à categoria dos negócios jurídicos normativos[309], na qual estão contidos os contratos-quadro. Esta circunstância sobreleva outros traços correspondentes entre as espécies, tal como o caráter abstrato de seus conteúdos[310].

Não se confundem, entretanto, as figuras em comento. De fato, as distinções abrangem tanto seus aspectos jurídico-estruturais quanto a função típica por elas assumida.

As condições gerais dos contratos, apesar de se destinarem a integrar contratos a serem celebrados, não ostentam caráter contratual. Consistem, na realidade, em negócios jurídicos unilaterais receptícios[311], formados no momento em que emitida a declaração unilateral de vontade

Mário Júlio de Almeida; MENEZES CORDEIRO, António. Op. cit. p. 17-18; LÔBO, Paulo Luiz Neto. Op. cit. p. 40-48.

306 PINTO MONTEIRO, António. Contrato de adesão e cláusulas contratuais gerais: problemas e soluções. In: *Estudos em homenagem ao Prof. Doutor Rogério Soares*. Coimbra: Coimbra Editora, 2002. p. 1106-1107. Em sentido contrário, tratando atecnicamente "condições gerais dos contratos" e "contrato de adesão" como equivalentes, Cf. GOMES, Orlando. Op. cit. p. 7-9.

307 SAYAG, Alain. Op. cit. p. 6.

308 GATSI, Jean. Op. cit. p. 145 e ss.

309 A natureza normativa das condições gerais dos contratos é objeto de acirrados debates, dos quais não se ocupará o presente trabalho. Apontando autores que sustentam cada uma das visões discutidas, *Vide* nota de rodapé 146, *supra*.

310 LÔBO, Paulo Luiz Neto. Op. cit. p. 52.

311 DIEZ-PICAZO, Luis; GULLON, Antonio. *Sistema de derecho civil*. 6. ed. Madrid: Tecnos, 1992, v. 2. p. 78; MIRANDA, Custódio da Piedade Ubaldino. Op. cit. p. 141; LÔBO, Paulo Luiz Neto. Op. cit. p. 52.

pelo predisponente, independentemente da anuência de quem quer que seja[312] ou da efetiva celebração de contratos por adesão[313].

Os contratos-quadro, por outro lado, são verdadeiros contratos[314], dependentes da conjunção de oferta e aceitação, estas consideradas, em si próprias, negócios jurídicos unilaterais[315].

A dessemelhança em comento é ilustrada pela circunstância de que os contratos-quadro podem ser paritários ou formados por adesão a condições gerais[316], o que revela, de modo claro, serem ambos dotados de estruturas jurídicas inconfundíveis, as quais podem até mesmo ser manejadas em conjunto, inserindo-se, ademais, em momentos contratuais absolutamente distintos.

Ainda na perspectiva das diferenças jurídico-estruturais entre os negócios jurídicos em comento, é digna de nota a observação de que a relação de hierarquia verificada entre contrato-quadro e contratos de aplicação, notadamente porque este se submeteria àquele até mesmo no que se refere às diretrizes de sua formação, não resta configurada nas condições gerais dos contratos, por se limitarem a predispor o conteúdo das avenças futuras[317].

Em se tratando da função típica desempenhada por tais figuras jurídicas, constata-se que a padronização da relação contratual, em cada uma delas, é desempenhada de modo distinta, se não na função propriamente

[312] LÔBO, Paulo Luiz Neto. Op. cit. p. 52. "O fundamento de eficácia (das condições gerais dos contratos) não reside em um fato volitivo das partes, mas em um fato cognoscitivo do aderente; é irrelevante a aceitação ou a aprovação.".

[313] Subsistem, porém, respeitáveis vozes em sentido contrário, sustentando que as condições gerais dos contratos não possuem relevância negocial até o momento em que efetivamente integradas a um contrato por adesão. Cf. COSTA, Mário Júlio de Almeida; MENEZES CORDEIRO, António. Op. cit. p. 23.

[314] GHESTIN, Jacques. Op. cit. p. 17. "Por se tratar o contrato-quadro de um contrato, ele deve ser cuidadosamente diferenciado das condições gerais (...)".
Trecho original: "Parce que le contrat-cadre est un contrat il doit être soigneusement distingué des conditions générales (...)".

[315] PONTES DE MIRANDA, Francisco Cavalcanti. *Tratado de direito privado*. 3. ed. Rio de Janeiro: Borsói, 1970, t. III. p. 144. "O negócio jurídico bilateral solda dois negócios jurídicos, que se destinavam a isso (oferta, aceitação).".

[316] GOMES, Orlando. *Contratos*. 26. ed. Rio de Janeiro: Forense, 2009. p. 150.

[317] SAYAG, Alain. Op. cit. p. 6-7.

dita, que é, em ambas, a de reduzir o tempo de conclusão de contratos vindouros, ao menos no escopo em que ela está inserida.

A padronização do conteúdo de contratos futuros, nas condições gerais, explica-se pelo caráter de massa das relações comerciais por si instrumentalizadas[318].

É que por se presumir que certo contrato será concluído de forma repetitiva, junto a indivíduos distintos, é bem verdade, mas em operações econômicas idênticas, que há a predisposição de seu conteúdo, favorecendo a rápida celebração de tais contratos de massa.

Diverso o contexto da *affectio modulus* nos contratos-quadro, os quais não têm como característica premente - apesar de não haver qualquer vedação para tanto - a adoção em relações comerciais massificadas.

A padronização do conteúdo dos contratos de aplicação, apesar de também visar a simplificar e reduzir o tempo de celebração destes negócios, não se justifica pela conclusão repetitiva e constante destes contratos. Em verdade, explica-se pela complexidade e longa duração da relação contratual planejada, atributos que a tornariam demasiadamente custosa, de um lado, se houvesse a renegociação constante de seus termos a cada vez que as partes pretendessem celebrar um contrato, ou insegura, de outro, se ocorresse a fixação imediata e estanque de todos eles[319].

Demarcadas as diferenças entre contratos-quadro e condições gerais dos contratos, examina-se os pontos que permitem diferir a categoria socialmente típica estudada nesta obra da operação de subcontratação.

1.4.4. Subcontratação

Encerrando o exercício de comparação e distanciamento do contrato-quadro em relação a estruturas jurídicas as quais, embora lhe sejam aproximadas, não lhe são equivalentes, imperioso cotejá-lo com a operação de subcontratação.

Chama-se a atenção para o fato de que, diferentemente das análises das demais estruturas, acima conduzidas, não se irá traçar paralelos entre o contrato-quadro e outra espécie negocial específica, mas sim entre duas

[318] LORENZETTI, Ricardo Luis. Op. cit. p. 138-139.

[319] POLLAUD-DULIAN; Frédéric; RONZANO, Alain; REYGROBELLET, Arnaud. Op. cit. p. 16, 19 e 147.

operações globais, isto é, entre os esquemas formados por contrato-quadro e contratos de aplicação e por contrato de base e subcontratos.

A opção se explica na circunstância, a seguir demonstrada, de que é nesse último plano, das operações contratuais consideradas globalmente, que são verificadas proximidades.

A subcontratação pode ser definida como operação jurídica complexa na qual uma das partes de um contrato, chamado contrato de base ou principal, utilizando-se de sua posição contratual adquirida nesta relação jurídica, celebra, junto a terceiro, contrato distinto do original, mas que é dele derivado relativamente aos direitos e obrigações estabelecidos no programa contratual, este nomeado subcontrato[320].

O contrato de base, o qual poderia ser comparado ao contrato-quadro por ser, do ponto de vista cronológico, usualmente[321] o primeiro negócio jurídico a ser concluído no esquema contratual do qual faz parte, com ele não guarda semelhanças relevantes, sendo-lhe, a bem da verdade, antitético em vários pontos, tais como seu caráter definitivo e dispositivo, contrastantes à natureza preparatória e normativa do contrato-quadro.

Também sob o aspecto funcional não se vislumbra proximidades dignas de nota, pois as aplicações da subcontratação, a exemplo da cooperação entre sujeitos que figuram em relações contratuais distintas, necessidades de ordem de especialização técnica e melhor alocação de recursos, dentre outras[322], apesar de variadas, apresentam pouca ou nenhuma correspondência às funções desempenhadas pelo esquema formado por contrato-quadro e contratos de aplicação[323].

A similaridade a ser debatida reside na própria estrutura contratual complexa constatada em ambas as operações, as quais são marcadas pela ligação entre contratos independentes entre si, porém com certa preponderância hierárquica de um sobre o outro[324].

De fato, na subcontratação, essa estrutura contratual complexa é verificada no liame existente entre contrato de base e subcontrato, este

[320] MARTINEZ, Pedro Romano. Op. cit. p. 187-188.

[321] Essa precedência temporal não se faz necessária, havendo casos em que o contrato de base é mesmo posterior aos subcontratos. Cf. NÉRET, Jean. Op. cit. p. 20-26.

[322] MARTINEZ, Pedro Romano. Op. cit. p. 21-26.

[323] As funções típicas assumidas pelos contratos-quadro são desenvolvidas no Capítulo II do trabalho, *infra*.

[324] SAYAG, Alain. Op. cit. p. 3-4.

concluído por meio do aproveitamento da posição contratual de uma das partes daquele[325], sendo-lhe subordinado por ser atingido por suas vicissitudes[326] – extinto o contrato de base, por exemplo, tem-se a perda do objeto do subcontrato e, por via de consequência, a sua resolução[327].

Tal estrutura é semelhante à constituída por contrato-quadro e contratos de aplicação, os quais também mantém relação de coligação[328], constatando-se, ainda, a prevalência hierárquica daquele em relação a estes, por reger o seu conteúdo e formação[329].

Em que pese observado este ponto de contato entre as operações, há de se distingui-las. Enquanto na estrutura contratual global da subcontratação o objeto dos negócios jurídicos concluídos permanece o mesmo, havendo inovação tão somente no âmbito subjetivo, no conjunto formado por contrato-quadro e contratos de aplicação não se verifica a identidade de objeto entre as avenças[330], sendo comum – embora não necessário[331] – que os contratantes permaneçam os mesmos em ambos os negócios.

Embora o subcontrato possa apresentar características particulares em relação ao contrato de base que o precede[332], o objeto contratual de

[325] Acerca da relação de coligação contratual entre contrato de base e subcontrato, Cf. MARINO, Francisco Crescenzo de. Op. cit. p. 83. "O que é verdadeiramente característico nos subcontratos e permite construí-los como subespécie de coligação não é o fato de o subcontrato ter o mesmo objeto do contrato-base, nem mesmo o fato de pressupô-lo (podendo-se dizer que, em certo sentido, a venda sucessiva "pressupõe" a anterior). O que realmente denota a figura é o fato de o subcontrato ser concluído por meio da utilização ou do aproveitamento da posição jurídica de que se é titular, em virtude de um contrato ainda em curso (daí a coexistência de ambos), a caracterizar a natureza acessória do subcontrato em relação ao contrato-base.".

[326] NÉRET, Jean. Op. cit. p. 163-164.

[327] PONTES DE MIRANDA, Francisco Cavalcanti. *Tratado de direito privado.* 3. ed. Rio de Janeiro: Borsói, 1972, t. XL. p. 296-298.

[328] MARINO, Francisco Crescenzo de. Op. cit. p. 108. "Um tipo de contrato inserido em uma coligação, cujo objeto é disciplinar uma 'corrente de negócios', é o contrato-quadro (*contrat-cadre*), cuja ligação com os contratos subsequentes (*contrats d'application*) é bastante estudada pela doutrina francesa.".

[329] GATSI, Jean. Op. cit. p. 170-171.

[330] NÉRET, Jean. Op. cit. p. 64.

[331] POLLAUD-DULIAN; Frédéric; RONZANO, Alain; REYGROBELLET, Arnaud. Op. cit. p. 79.

[332] NÉRET, Jean. Op. cit. p. 150-151.

ambos revolve em torno dos mesmos elementos, o que impõe, inclusive, a recondução destes a tipos contratuais idênticos[333].

Ao contrário, no liame entre contrato-quadro e contratos de aplicação isso não ocorre, sendo muito distintos o objeto de ambos os contratos[334], as suas qualificações[335] e mesmo a natureza dos direitos adquiridos e das obrigações contraídas em cada um deles[336].

Demonstradas as diferenças entre a categoria dos contratos-quadro e a operação de subcontratação, finda-se a análise voltada a traçar os pontos que distanciam os contratos-quadro de figuras jurídicas limítrofes.

Tem-se concluído, igualmente, o primeiro capítulo deste trabalho, no qual se delimitou conceitualmente os contratos-quadro, demonstrando-se quais acordos podem ser reconduzidos a esta categoria socialmente típica, e quais, contrariamente, embora aproximados em certos aspectos, não devem com ela ser confundidos.

Prossegue-se com o estudo dos contratos-quadro, no segundo capítulo desta obra, avaliando quais são as principais funções que lhe são atribuídas, notadamente nas relações contratuais em que são mais comumente empregados.

[333] MARTINEZ, Pedro Romano. Op. cit. p. 97-99. Em sentido contrário, admitindo a alteração no tipo negocial do subcontrato, mas exemplificando com casos que, ao que parece, fogem à figura da subcontratação, Cf. TELLES, Inocêncio Galvão. Op. cit. p. 372.

[334] SAYAG, Alain. Op. cit. p. 5.

[335] JUNQUEIRA DE AZEVEDO, Antonio. Op. cit. p. 169.

[336] À guisa de exemplificação, é possível citar a distinção entre a natureza predominantemente normativa dos contratos-quadro e a natureza dispositiva dos contratos de aplicação.

CAPÍTULO II
ANÁLISE FUNCIONAL DO CONTRATO-QUADRO

Para que se alcance uma inteira compreensão do fenômeno jurídico do contrato, faz-se essencial que a análise das estruturas contratuais não seja dissociada das funções que elas pretendem desempenhar em cada caso.

Isso porque a estrutura dos negócios jurídicos – união da forma como são exteriorizados e de seu conteúdo – apenas pode ser dotada de sentido quando observada à luz da função a eles atribuída pelos negociantes no exercício de sua capacidade de autorregrar os próprios interesses[337], assim se alcançando um conjunto global e coerente[338].

A fim de que a categoria contratual estudada no presente trabalho possa ser entendida não apenas superficialmente, mas com vistas sobretudo às razões que justificam o seu emprego, é que passa a investigar quais são as principais funções do contrato-quadro.

Objetiva-se responder ao seguinte questionamento: para que servem os contratos-quadro nas relações contratuais em que são adotados?

Para tanto, são examinadas as principais funções dos contratos-quadro. Por ser inviável abrangê-las todas – até porque, nas relações contratuais, as funções são tantas quanto a criatividade humana e os limites do ordenamento jurídico permitirem –, intenta-se construir um panorama geral de quais são as principais finalidades assumidas por este contrato.

[337] BETTI, Emilio. Op. cit. p. 170-172.

[338] GHESTIN, Jacques. *Cause de l'engagement et validité du contrat.* Paris: LGDJ, 2006. p. 610.

Subsequentemente, partindo da constatação de que, a depender da relação contratual em que está inserido, o contrato-quadro pode assumir diversas funções[339], prossegue-se com a exposição das mais relevantes searas em que é habitual a sua adoção, apontando, caso a caso, quais as funções que são prevalecentes.

2.1. Principais funções do contrato-quadro

Em que pese se reconheça a impossibilidade de identificar todas as funções assumidas pelo contrato-quadro em relações jurídicas concretas, é desejável elucidar quais delas são mais comumente verificadas e quais se revelam mais importantes para a compreensão do tipo contratual.

Nesse sentido, a doutrina especializada, não raras vezes, põe-se a tentar eleger quais seriam as funções típicas do contrato-quadro. Tais posicionamentos são vários e muito diversos entre si.

Sustenta-se, por exemplo, que o contrato-quadro: 1) consiste em instrumento jurídico de conciliação dos aparentemente conflituosos interesses de flexibilidade e segurança da operação econômica planejada[340]; 2) atua como redutor dos custos de transação nas relações contratuais em que é empregado[341]; 3) promove, a depender do caso, a ampliação da cooperação entre os contratantes ou a sua integração econômica[342].

Passa-se ao exame dessas funções, avaliando quais podem ser consideradas típicas do contrato-quadro.

2.1.1. Contrato-quadro como instrumento de conciliação dos interesses de flexibilidade e segurança da relação contratual

Conforme já se teve oportunidade de expor ao analisar as similaridades e distinções dos contratos-quadro e dos contratos de trato

339 POLLAUD-DULIAN; Frédéric; RONZANO, Alain; REYGROBELLET, Arnaud. Op. cit. p. 82.

340 Nesse sentido se posicionam, por exemplo: GATSI, Jean. Op. cit. p. 236 e ss.; SAYAG, Alain. Op. cit. p. 10; FRISON-ROCHE, Marie-Anne. Op. cit. p. 28; FORGIONI, Paula. Op. cit. p. 57. Analisando detidamente os argumentos desses e outros autores, *Vide* tópico 2.1.1, *infra*.

341 Nesse sentido se posiciona, por exemplo: TUCCI, Rogério Lauria Marçal. Op. cit. p. 105. Analisando detidamente os argumentos desse e outros autores, *Vide* tópico 2.1.2, *infra*.

342 Nesse sentido se posicionam, por exemplo: POLLAUD-DULIAN; Frédéric; RONZANO, Alain; REYGROBELLET, Arnaud. Op. cit. p. 16; GATSI, Jean. Op. cit. p. 75-78. Analisando detidamente os argumentos desses e outros autores, *Vide* tópico 2.1.3, *infra*.

sucessivo[343], presencia-se na modernidade uma crescente substituição de contratos isolados, cujos efeitos se exaurem imediatamente, por relações contratuais duradouras e complexas[344], as quais estão especialmente suscetíveis a serem influenciadas por alterações no ambiente econômico[345] e cuja compreensão é, por isso, desafiadora[346].

A estruturação jurídica destas operações econômicas complexas e duradouras dá ensejo a inevitáveis perplexidades[347], notadamente no que atine à conciliação da flexibilidade da relação contratual - pois, em se tratando de negócio que não se desenvolve em ambiente social e econômico homogêneo, faz-se necessária a sua capacidade de adaptação às modificações nestas condições[348] - e de sua segurança - porquanto seria muito custoso para as partes, ou até mesmo inviável, dar seguimento a um negócio duradouro sem um mínimo de previsibilidade acerca do desenvolvimento da relação contratual e seu conteúdo[349].

Quando se está a tratar de relações contratuais complexas, não é possível se afastar a necessidade de equilibrar a flexibilidade e a certeza do negócio, porquanto inviável maximizar ambas[350].

343 *Vide* tópico 1.4.1, *supra*.

344 SCHUNCK, Giuliana Bonanno. Op. cit. p. 33.

345 MACEDO JÚNIOR, Ronaldo Porto. Op. cit. p. 1-4.

346 GOETZ, Charles; SCOTT, Robert. Principles of relational contracts. In: *Virginia Law* Review, v. 67, n. 6, set., 1981, p. 1089-1150. p. 1089. "A doutrina recente demonstra que uma grande parcela dos contratos privados contemporâneos não se adequa facilmente às pressuposições da análise legal clássica. Uma razão para isso é a importância conferida tradicionalmente ao conceito de contratos completos.".
Trecho original: "Recent scholarship has demonstrated that a significant proportion of private contracts do not easily fit the presuppositions of classical legal analysis.".

347 GOETZ, Charles; SCOTT, Robert. Op. cit. p. 1090-1091.

348 SCHUNCK, Giuliana Bonanno. Op. cit. p. 35. "Dessa forma, a rigidez do texto contratual muitas vezes se mostra inadequada ou incompatível os contratos de longo prazo, havendo a necessidade de flexibilização, em razão de novas circunstâncias e realidades, ou mesmo de complementação do conteúdo, em razão de sua incompletude (...)".

349 FORGIONI, Paula. Op. cit. p. 57.

350 STEPHAN, Paul. The futility of unification and harmonization in international commercial law. In: *University of Virginia School of Law Legal Studies*, v. 99, n. 10, jul., 1999. p. 4. Segundo o autor, existe efetivamente um *trade-off* entre a flexibilidade e a segurança/certeza conferidas a um dado regramento contratual.

Nesse contexto, muitas das características do contrato-quadro, e mesmo outras de suas funções – tal como a redução dos custos de transação, a seguir tratada –, guardam relação direta com a tentativa de conciliar os interesses de flexibilidade e de segurança em uma relação contratual.

Por estabelecer apenas uma moldura para a relação contratual que se inicia entre os pactuantes, não fixando os seus elementos essenciais – o que só ocorre quando da conclusão dos contratos de aplicação –, o contrato-quadro mantém um largo espaço de negociação entre as partes[351].

Dessa ampla margem de negociação advém a flexibilidade mencionada, pois a relação contratual, ao invés de formar imediatamente todo seu conteúdo, é iniciada pelo contrato-quadro e vai se desenvolvendo sucessivamente por meio da celebração dos contratos de aplicação, pelos quais são fixados pontos que até então permaneciam indeterminados[352].

Não se ignora que é possível que alterações no ambiente econômico atinjam aspectos já previamente definidos no contrato-quadro, tornando necessária a pactuação de aditivos contratuais para alterar as suas cláusulas, a exemplo do que ocorreria com um contrato de trato sucessivo comum.

Todavia, tem-se que a indefinição dos elementos essenciais mitiga esse contratempo, pois constitui matéria não regrada previamente, diminuindo o conteúdo contratual enrijecido, e facilita que as partes adaptem os pontos mais importantes de sua relação, de modo que a eventual imobilização promovida pelos elementos definidos no contrato-quadro recairá, ao menos em tese, sobre temáticas de menor relevância.

Não se deve olvidar que a adoção da estrutura constituída por contrato-quadro e contratos de aplicação não tem o condão de evitar que alterações econômicas ou sociais demandem a realização de novas negociações entre as partes para a adaptação da relação contratual.

A diferença fundamental, entretanto, é que em tal situação não há uma disciplina dos elementos contratuais essenciais para toda a relação – na qual, em não havendo acordo quanto à readaptação, o conteúdo originalmente pactuado permanece, em princípio, produzindo seus regulares efeitos –, mas sim uma constante conclusão de contratos de aplicação, cujos elementos essenciais podem ser negociados por ocasião de celebração de

351 POLLAUD-DULIAN; Frédéric; RONZANO, Alain; REYGROBELLET, Arnaud. Op. cit. p. 64-65.

352 SAYAG, Alain. Op. cit. p. 10.

cada um deles – e, em não havendo consenso, simplesmente não há a ultimação do novo contrato.

O contrato-quadro contribui igualmente para que se alcance maior segurança e previsibilidade na relação contratual ao prever regras gerais que regem todo o trato negocial, as quais as partes se comprometem a respeitar, quando da celebração dos contratos de aplicação[353].

Semelhante utilidade não é verificada ao se optar pela conclusão constante de contratos independentes[354], pois, em virtude da necessidade de renegociação completa de cada um dos negócios, inexiste garantia jurídica de que as condições aplicadas à uma avença também o serão para a seguinte.

A relevância deste contrato para atribuir maior grau de certeza à operação econômica perseguida pelas partes é constatada ainda na disposição de obrigações pelas quais as partes se comprometem, em maior ou menor medida, a dar seguimento à relação contratual, mediante a conclusão dos contratos de aplicação[355].

Com efeito, a previsão, no contrato-quadro, de uma obrigação de celebrar os contratos de aplicação ou de negociá-los de boa-fé[356] proporciona maior segurança aos celebrantes, ao lhes certificar, previamente, de que há dever jurídico de dar seguimento à relação contratual. Esta garantia não se revelaria presente caso houvesse opção por meramente pactuar contratos isolados.

Há de se reconhecer que o contrato-quadro não assegura, por si, o prosseguimento da relação contratual, sobretudo diante da questionável

[353] FORGIONI, Paula. Op. cit. p. 57. "Os contratos-quadro visam a proporcionar maior grau de segurança para as partes em face do desenvolvimento de relações futuras. Não se trata de congelar totalmente a relação, mas de procurar gerir o risco representado pela ausência de vínculo contratual.". No mesmo sentido, Cf. SAYAG, Alain. Op. cit. p. 10.

[354] FRISON-ROCHE, Marie-Anne. Op. cit. p. 28. "O contrato-quadro traz em si a segurança econômica contra as instabilidades do mercado: ele faz perdurar as relações jurídicas entre as partes ao longo do tempo.".
Trecho original: "Le contrat-cadre engendre alors la sécurité économique en se soustrayant à l'instabilité du marché: il fait perdurer les rapports juridiques dans le temps".

[355] POLLAUD-DULIAN; Frédéric; RONZANO, Alain; REYGROBELLET, Arnaud. Op. cit. p. 41.

[356] Tratando especificamente das obrigações de celebrar contratos de aplicação ou de negociá-los de boa-fé, *Vide* Capítulo IV, *infra*.

possibilidade de execução específica das citadas obrigações de concluir os contratos de aplicação ou negociá-los de boa-fé[357].

Contudo, ainda que por meio desta avença não se alcance garantia absoluta de que haverá continuidade na relação contratual planejada pelas partes[358], os riscos de que esta seja subitamente interrompida por uma das partes são severamente reduzidos mediante a pactuação das obrigações em comento[359].

Constata-se, portanto, que o contrato em exame tem papel importante na ampliação dos interesses de flexibilidade e de segurança nas relações contratuais, sobretudo naquelas de natureza complexa e longa duração.

Mais do que analisar em separado os ganhos de flexibilidade e de segurança na relação contratual promovidos pelo contrato-quadro, porém, é importante refletir acerca do modo em que atua como mecanismo de gestão de riscos, equilibrando estas duas necessidades.

Consoante esclarecido, em contratos complexos e de longa duração, apesar de haver grande necessidade de que a operação seja instrumentalizada juridicamente de modo flexível, mas ainda assim seguro, não se afigura viável a maximização de ambos os interesses.

A celebração de um contrato-quadro se destina não tanto a aumentar estas características – sem a sua adoção, é possível alcançar relações mais adaptáveis às modificações no ambiente social e econômico, ou mais previsíveis para as partes –, e sim a conciliá-las de modo adequado, em consideração às necessidades concretas dos contratantes[360].

[357] Acerca da possibilidade ou não de execução específica das obrigações de celebrar os contratos de aplicação ou de negociá-los de boa-fé, *Vide* tópico 4.4, *infra*.

[358] A bem da verdade, é impossível conferir semelhante garantia, pois a continuidade de qualquer operação não depende apenas das partes – imagine-se, por exemplo, uma alteração fática superveniente que inviabilize o negócio.

[359] GATSI, Jean. Op. cit. p. 236 e 240.

[360] ARAÚJO, Fernando. *Teoria económica do contrato*. Coimbra: Almedina, 2007. p. 149. "(...) a elaboração e a execução de um contrato tende a tornar-se mais dispendiosa quanto mais extensos são os riscos que pretende recobrir – quanto mais amplo e detalhado é o panorama de contingências que, sendo susceptíveis de interferirem nos resultados pretendidos, se pretende recobrir e levar em conta no desempenho dos deveres emergentes do contrato. Um contrato mais incompleto aproximar-se-á do mercado 'pontual', seja na flexibilidade seja na exposição a riscos; um contrato mais completo, ao invés, perderá em flexibilidade o que pode ganhar em erradicação ou cobertura de riscos (...)".

Para melhor compreensão da particularidade apontada, é proveitosa a comparação com outros modos de organização jurídica de operações econômicas duradouras e complexas, a saber, a conclusão constante de contratos isolados e a celebração de contrato único.

A preferência por estruturar uma relação contratual que se pretende duradoura por intermédio de contratos independentes, negociados separadamente por seguidas vezes, tem o mérito de lhe proporcionar grande flexibilidade[361].

As partes são compelidas a renegociarem constantemente o conteúdo contratual, por ocasião das consecutivas celebrações das avenças, e não estão adstritas a qualquer disciplina negocial prévia, sendo muito mais simples, portanto, realizar eventuais adequações no teor do regramento contratual.

Não é surpreendente, no entanto, que do mencionado acréscimo na flexibilidade da operação vislumbrada decorra uma mais frágil segurança em favor dos contratantes[362].

Isso porque não há qualquer garantia aos pactuantes de que suas respectivas contrapartes irão continuar interessadas em celebrar tais contratos, ou se, ainda que seja o caso de desejarem concluir novos acordos, não desejarão rever pontos que até então permaneciam intocados.

Diversamente, o regramento por meio de contratos únicos, nos quais são fixados imediatamente todos os elementos contratuais, proporciona segurança consideravelmente maior aos acordantes, pois estes tomam conhecimento de todo o conteúdo contratual, formado em momento único, sem a necessidade de celebração de novas avenças[363].

Essa diminuição dos riscos suportados vem acompanhada, todavia, de um inevitável enrijecimento da relação contratual[364].

A determinação dos elementos do contrato desde o momento inicial, e destinada a perdurar por todo o seu tempo de duração, ocasiona a necessidade de que, havendo modificações supervenientes relevantes no

361 POLLAUD-DULIAN; Frédéric; RONZANO, Alain; REYGROBELLET, Arnaud. Op. cit. p. 16.

362 POLLAUD-DULIAN; Frédéric; RONZANO, Alain; REYGROBELLET, Arnaud. Op. cit. p. 19.

363 SAYAG, Alain. Op. cit. p. 9.

364 GATSI, Jean. Op. cit. p. 148.

estado de fato, a adaptação do contrato tenha de ocorrer mediante novas negociações destinadas ao seu aditamento[365], ou acaso preenchidos os requisitos legais para tanto, sua revisão judicial[366].

Observe-se que, em contraposição aos esquemas de organização contratual acima citados, a celebração, primeiramente, de contrato-quadro, e, posteriormente, de consecutivos contratos de aplicação, não fragiliza nem a segurança nem a flexibilidade da relação contratual encetada, muito embora também não as maximize.

Há uma gestão dos riscos contratuais detectados, por intermédio de uma organização em que se privilegia tanto a conclusão de contrato no qual há a disciplina global de diversos elementos da relação contratual – o contrato-quadro – quanto a pactuação de avenças em que são sucessivamente fixados os elementos essenciais desta relação – os contratos de aplicação.

São incorporados elementos de ambos os arranjos acima descritos – contratos independentes e contratos únicos – e, com isso, objetiva-se conciliar os interesses prevalecentes em cada um deles[367].

O objetivo neste caso não é maximizar qualquer um desses interesses, mas equilibrá-los a contento. Consiste o contrato-quadro em solução intermediária, resposta jurídica a uma necessidade prática[368] pela qual se pretende assegurar o máximo de flexibilidade à relação

[365] Não se ignora que, independentemente da realização de novas negociações formais, pode o contrato sofrer alterações em seu conteúdo em decorrência do comportamento constante e reiterado das partes ao longo de sua execução. Esse tipo de alteração não prescinde, contudo, se não necessariamente de manifestação expressa ou tácita de anuência das partes, ao menos da inércia destas ao longo do tempo associada com a criação de expectativas razoáveis na contraparte, de modo que não aplaca o enrijecimento da relação contratual propiciado pela celebração de contrato único. Acerca dessa temática, Cf. ARAÚJO, Paulo Dóron Rehder de. *Prorrogação compulsória de contratos a prazo*: pressupostos para sua ocorrência. Tese (Doutorado em Direito Civil), Faculdade de Direito do Largo de São Francisco, Universidade de São Paulo, São Paulo, 2011. p. 192 e ss.

[366] Acerca da temática da revisão judicial dos contratos, Cf. RODRIGUES JUNIOR, Otávio Luiz. *Revisão judicial dos contratos*: autonomia da vontade e teoria da imprevisão. 2. ed. São Paulo: Atlas, 2006.

[367] GATSI, Jean. Op. cit. p .184-185.

[368] POLLAUD-DULIAN; Frédéric; RONZANO, Alain; REYGROBELLET, Arnaud. Op. cit. p. 16.

contratual, mas ainda assim lhe conferindo toda a segurança e previsibilidade possíveis[369].

Impende frisar que o contrato-quadro não se afigura como única solução jurídica proposta para conciliar a dicotomia entre flexibilidade e segurança nas relações contratuais. A título de exemplo, é possível citar a prática de celebração de contratos únicos de trato sucessivo nos quais não são estabelecidos desde já todos os pontos relevantes[370] ao desenlace da operação econômica, ocorrendo a sua fixação ao longo do tempo por intermédio de novas negociações entre as partes. Tal expediente atrai ressalvas, no entanto, por ocasionar a integração dos elementos naturais próprios do tipo contratual a toda a relação jurídica, por vezes dando origem a um regramento de interesses que não foi antevisto pelos negociantes e que não seria por eles desejado caso houvessem resolvido formar paulatinamente a relação contratual, mediante conclusão de múltiplos acordos, e não de apenas um[371].

A função de conciliação dos interesses de flexibilidade e de segurança da relação contratual, isto é, de gestão dos riscos contratuais, pode ser considerada típica do contrato-quadro, por ser corolário de elemento categorial que lhe é inderrogável[372]. Ela decorre de seu conteúdo normativo, pelo qual há a fixação de parte dos elementos dos contratos de aplicação a serem celebrados no tempo futuro, e da indefinição dos elementos essenciais da relação contratual, característica que também lhe é indispensável[373].

[369] POLLAUD-DULIAN; Frédéric; RONZANO, Alain; REYGROBELLET, Arnaud. Op. cit. p. 19. "O que objetivam as partes com o contrato-quadro? Elas pretendem estabelecer entre elas uma relação comercial em que desejam um regramento com o máximo de flexibilidade, mas também com toda a previsibilidade jurídica possível.".
Trecho original: "Que visent *a priori* les parties avec le contrat-cadre? Elles entendent instaurar entre elles un courant d'affaires qu'elles souhaitent organiser avec toute la souplesse mais aussi toute la prévoyance juridiques possibles.".

[370] Faz-se menção a pontos relevantes pois, tratando-se de contrato único, devem ser fixados todos os elementos essenciais do contrato celebrado.

[371] PRATT JR., Walter. Afterword: contracts and uncertainty. In: *Law and Contemporary Problems Review*, v. 46, n. 1, dez./mar., 1983, p. 169-180. p. 171-172.

[372] Procedendo à análise dos elementos categoriais derrogáveis e inderrogáveis do contrato--quadro, inclusive de seu conteúdo normativo, *Vide* tópico 1.3, *supra*.

[373] Acerca da imprescindibilidade de que ao menos parte dos elementos essenciais da relação contratual permaneçam indefinidos no acordo de base inicial para fins de qualificação de um negócio jurídico concreto como contrato-quadro, *Vide* tópico 1.2, *supra*.

A mais elevada segurança e previsibilidade da operação planejada pelos contratantes, sem que haja o enrijecimento de seu conteúdo, é alcançada mediante a determinação prévia de parte do objeto dos acordos responsáveis por concretizá-la economicamente – os contratos de aplicação.

Por outro lado, proporciona-se maior flexibilidade, sem majorar acentuadamente os riscos suportados pelas partes, por intermédio da indefinição dos elementos essenciais da relação contratual, assim facilitando a sua adaptação.

Impende frisar que, com vistas à função examinada, pode-se depreender o contexto histórico no qual se desenvolveu o contrato-quadro, entender o modo pelo qual o seu conteúdo é usualmente disposto, e mesmo analisar quais outras funções, ao lado desta, ele assume em situações particulares.

Nesse sentido, aliás, Jean-Marc Mousseron elabora a sua própria definição de contrato-quadro em atenção à função mencionada. Trata-se, segundo o autor, de contrato que é "de certo modo paradoxal", pois com ele se pretende "obrigar, mas também deixar livre"[374].

Deste modo, mais do que sua função típica, a conciliação da flexibilidade e da segurança da relação contratual deve ser entendida como função por excelência do contrato-quadro, essencial para a sua interpretação em relações contratuais concretas.

Dilucidados os principais aspectos desta, que é a principal função da categoria dos contratos-quadro, procede-se à análise da função de redução dos custos de transação que é também designada a estas convenções.

2.1.2. Contrato-quadro como instrumento de redução dos custos de transação

A alocação de recursos escassos por meio de trocas acarreta, para os agentes envolvidos, diversos custos além daqueles diretamente relacionados à operação econômica, tais como os de se informarem acerca da matéria acerca da qual irão negociar, os de efetivamente negociarem os termos da transação e, finalmente, os de concluírem-na[375].

[374] MOUSSERON, Jean-Marc et al. Op. cit. p. 168.

[375] COASE, Ronald. The nature of the firm. In: *Economica*, v. 4, n. 16, nov., 1937, p. 386-405. p. 390-392.

Tais custos são nomeados de custos de transação, terminologia cunhada por Robert Coase[376] e identificada com a Nova Economia Institucional[377].

A perspectiva de estudo desta escola de pensamento econômico é a de avaliar em que medida os diversos arranjos institucionais contribuem para o aumento ou diminuição dos custos de transação, sejam "regras do jogo" formais, por exemplo a legislação aplicável e o regramento proveniente dos contratos celebrados, e informais, tais como normas de comportamentos e convenções sociais, sejam instituições de governança, a exemplo dos mercados e organizações[378].

Tratando do problema dos custos de transação no âmbito de regramentos contratuais, Oliver Williamson salienta que, em relações de longa duração, é comum se chegar a um dilema. Constata-se que representam aumento dos custos de transação tanto a constante celebração de novos contratos, quanto a conclusão de um contrato de longo-prazo que agregue toda a disciplina da relação[379].

De um lado, a constante necessidade de troca de consentimentos acerca das mesmas questões, em relações contratuais duradouras, implica na majoração dos custos de negociação das partes, evidenciados em cada uma das vezes que terão de celebrar novos negócios.

De outro, alcançar uma disciplina apropriada para a relação contratual mediante a celebração de um só contrato resulta ou no dispêndio, por parte dos pactuantes, de grandes esforços para que se informem acerca de todas as peculiaridades envolvidas no negócio e tentem prever as alterações supervenientes no plano fático aptas demandar adaptações contratuais, ou, em não assim não procedendo, na necessidade dos contratantes de

376 Cf. COASE, Ronald. The nature of the firm. In: *Economica*, v. 4, n. 16, nov., 1937, p. 386-405.

377 COASE, Ronald. The new institutional economics. In: BROUSSEAU, Eric; GLACHANT, Jean-Michel. *The economics of contracts*: theory and applications. Cambridge: Cambridge University, 2004. p. 45; WILLIAMSON, Oliver. Transaction-cost economies: the governance of contractual relations. In: *Journal of Law and Economics*, v. 22, n. 2, oct., 1979, p. 233-261. p. 233-235.

378 WILLIAMSON, Oliver. Contract and economic organization. In: BROUSSEAU, Eric; GLACHANT, Jean-Michel. *The economics of contracts*: theory and applications. Cambridge: Cambridge University, 2004. p. 49.

379 WILLIAMSON, Oliver. Transaction-cost economies: the governance of contractual relations. In: *Journal of Law and Economics*, v. 22, n. 2, oct., 1979, p. 233-261. p. 241-242.

arcarem com os custos envolvidos na negociação de readequações de sua avença, ante tais mudanças.

Em um contexto de relações contratuais crescentemente massificadas e céleres, faz-se preciso encontrar uma solução que não recaia em nenhuma das situações-limite mencionadas, e o contrato-quadro é, frequentemente, o instrumento adotado para atingir essa finalidade[380].

Tal resposta pode ser identificada na celebração de contratos de longa duração cuja disciplina seja, ao menos em parte, incompleta[381], permitindo adaptações por parte dos agentes envolvidos[382].

Define-se contratos incompletos como aqueles "em que o clausulado é insuficiente para solucionar as demandas das partes"[383], ou seja, que não contém, em si mesmos, todo o conteúdo necessário para que seja atingido o objeto econômico planejado pelas partes.

[380] GHESTIN, Jacques. L'analyse économique de la clause générale. In: GRUNDMANN, Stefan; MAZEAUD, Denis (Coord.). *General clauses and standards in european contract law*. Den Haag: Kluwer Law International, 2006. p. 186. "A análise econômica nos ensina constantemente que, em razão da imperfeita racionalidade dos agentes, os quais não dispõem de todas as informações necessárias, a incompletude dos contratos é também uma necessidade prática.". Trecho original: "L'analyse économique nous enseigne toutefois, qu'en raison de l'imparfaite rationalité d'agents ne disposant pas de toutes les informations nécessaires, l'incomplétude des contrats est aussi une nécessité pratique.".
Também nesse sentido, e versando expressamente sobre os contratos-quadro, Cf. SAYAG, Alain. Op. cit. p. 1.

[381] PENTEADO, Luciano de Camargo. Op. cit. p. 31. "(...) o paradigma contratual da sociedade contemporânea, diferentemente da dos séculos XIX e primeira metade do século XIX, não é mais de trocas pontuais, nem tampouco mais o dos contratos de adesão, mas dos chamados contratos relacionais. Além disso, as partes, por conta dos fatores acima elencados, muitas vezes optam, deliberadamente ou por falta de outras possibilidades, em deixar ampla margem de temas negociáveis intocada, apesar dos riscos disto, de modo que o paradigma do contrato do século vinte e um pode-se dizer que já é o dos contratos incompletos.".

[382] ARAÚJO, Fernando. Op. cit. p. 43-44. "(...) esse impulso adicional foi fornecido pelo conceito de 'contrato incompleto', pela fertilíssima intuição de que poderia existir um 'grau óptimo de completamento dos contratos', ditado não apenas pela comparação com os custos marginais de completamento mas também pelas vantagens *ex post* advindas da abertura do contrato à interpretação e à integração do clausulado inicial – no duplo sentido de se confiar no apoio do quadro jurídico e judiciário (sinalizando-se bilateralmente essa confiança) e de se predispor um arranjo de titularidades e de direitos residuais ('*property rights*') susceptíveis de irem completando o acervo obrigacional deixado incompleto *ex ante*.". No mesmo sentido, Cf. WILLIAMSON, Oliver. Op. cit. p. 241-242.

[383] PENTEADO, Luciano de Camargo. Op. cit. p. 32.

Os contratos-quadro são espécies do gênero dos contratos incompletos[384], por não determinarem exaustivamente todos os elementos da relação contratual iniciada, e atenderem exatamente à função de conferir a esta suficiente flexibilidade[385], a lhe permitir adaptações em conformidade com as necessidades econômicas, mas ao mesmo tempo evitar a repactuação constante de todo o clausulado do contrato[386].

Essa incompletude não se confunde com pré-contratualidade[387] ou insuficiência de elementos essenciais à categoria dos contratos[388], e, apesar de, por vezes, ser oriunda da má estruturação do contrato, hipótese na qual ameaça a segurança das partes[389], é também frequentemente intencional[390]. Nesses casos, nos quais estão inseridos os contratos-quadro, a incompletude consiste em resposta consciente dos negociantes às incertezas econômicas e jurídicas, partindo da compreensão de que não é possível erradicar todos os riscos, dada a limitação informacional e a própria imprevisibilidade das alterações nas condições fáticas, e, ainda que fosse, tratar-se-ia de medida excessivamente custosa e, portanto, desvantajosa[391].

384 TUCCI, Rogério Lauria Marçal. Op. cit. p. 105. "Já sob outro aspecto, em que pese a inequívoca relação do chamado contrato-quadro com a incompletude contratual, não se está afirmando, de modo algum, que são sinônimos contratos incompletos e contratos-quadro. O contrato incompleto, ou a incompletude contratual, é o gênero no qual a figura do contrato--quadro se insere.".

385 Incompletude, na terminologia adotada pelos estudiosos da Análise Econômica do Direito.

386 A respeito especificamente da função do contrato-quadro de conciliação dos interesses de flexibilidade e segurança na relação contratual, *Vide* tópico 2.1.1, *supra*.

387 O contrato-quadro é, no sentido técnico jurídico, um contrato, não se confundindo com documentos pré-contratuais a exemplo de cartas de intenção. A respeito disso, *Vide* tópico 1.2, *supra*, especialmente notas de rodapé 108 e 109.

388 PENTEADO, Luciano de Camargo. Op. cit. p. 295. "A incompletude não é um defeito do negócio contratual. Não é uma insuficiência do suporte fático a implicar inexistência, nem uma deficiência que implique a correlata invalidade.".

389 PENTEADO, Luciano de Camargo. Op. cit. p. 34. "Quando os contratos não preveem soluções, como ocorre no caso dos incompletos, a segurança do sistema vê-se ameaçada, porque nem o negócio, nem o direito positivo preveem a solução adequada por antecipação, sendo necessária a tarefa de construção da solução ajustada ao caso nas hipóteses de conflito entre as partes.".

390 PENTEADO, Luciano de Camargo. Op. cit. p. 293-294.

391 ARAÚJO, Fernando. Op. cit. p. 151. "Numa outra abordagem teórica, o inacabamento contratual é a resposta pragmática a um contexto econômico e jurídico eivado de imperfeições

O papel dos contratos-quadro na redução dos custos de transação, se comparados com contratos que disciplinam exaustivamente todas as possibilidades e relações contratuais formadas por contratos autônomos sem nenhum regramento que os precede e organiza, situa-se notadamente na minoração dos custos informacionais e de negociação.

A diminuição dos custos relacionados à obtenção de informações por parte dos contratantes se explica pela circunstância de o contrato-quadro estabelecer previamente parte do conteúdo dos contratos de aplicação, assim atuando como instrumento de simplificação do negócio[392], sem que com isso sejam determinados os seus elementos essenciais, o que terminaria por ocasionar, contrariamente, um aumento dos custos[393], consoante já apontado.

São instituídas, portanto, por intermédio do contrato-quadro, verdadeiras "regras do jogo" que orientam os pactuantes e fazem com que estes não tenham de buscar se informar acerca de quais são as condições comerciais praticadas em determinado momento por parceiros comerciais.

Por outro lado, a redução dos custos de negociação está relacionada à desnecessidade, tão logo é celebrado o contrato-quadro, de rediscutir os pontos que já restaram nele fixados, por ocasião de cada uma das negociações pontuais destinadas à conclusão dos contratos de aplicação[394], o que contribui para que este processo ocorra de modo célere[395].

e incertezas – é o fruto da constatação de que talvez não valha a pena alongar as negociações quando as resultantes estipulações não erradicariam ou cobririam eficiente os riscos subsistentes, ou quando elas se tornassem insusceptíveis de desencadear reações tutelares adequadas. Em termos de eficiência, dir-se-á que o inacabamento se encara como uma deliberação assente numa ponderação de custos, os custos do contrato completo, de um acordo em que tivessem sido levadas em conta, no clausulado final, todas as variáveis que podem ter um impacto nas condições da relação entre as partes pela duração do acordo.".

[392] POLLAUD-DULIAN; Frédéric; RONZANO, Alain; REYGROBELLET, Arnaud. Op. cit. p. 48-49, 72.

[393] POLLAUD-DULIAN; Frédéric; RONZANO, Alain; REYGROBELLET, Arnaud. Op. cit. p. 16. Os autores apontam que contratos que pretendem dispor minuciosamente acerca de todas as situações plausíveis são inadequados para relações que se presumem duradouras, por ocasionarem a majoração de sua complexidade – ou seja, o aumento dos custos de transação.

[394] SAYAG, Alain. Op. cit. p. 5-6.

[395] ZANETTI, Cristiano de Sousa. Op. cit. p. 21. "O contrato quadro serve para definir as cláusulas de sucessivos contratos que serão negociados. Trata-se de figura que auxilia na rápida conclusão dos negócios jurídicos, evitando custos excessivos com o período de negociação.".

Não se olvida que a celebração dos contratos de aplicação demanda impreterivelmente uma negociação entre as partes, ao menos para que sejam definidos os elementos essenciais da relação contratual, e, mais frequentemente, para que sejam assentados ainda outros pontos.

Ainda assim, o contrato-quadro promove a redução dos custos de negociação, estreitando o objeto da negociação entre as partes, ao afastar dela – ao menos em princípio, já que os pactuantes podem derrogar o regramento previsto no contrato-quadro por ocasião de um ou mais contratos de aplicação específicos – o conteúdo já previamente fixado.

É de se perceber que tanto a redução dos custos informacionais quanto dos de negociação se deve ao caráter normativo do contrato-quadro[396]. Mais precisamente, decorre, a exemplo da conciliação dos interesses de flexibilidade e segurança da relação contratual[397], do conteúdo normativo específico da avença – ou seja, da definição prévia de parte do conteúdo dos sucessivos contratos de aplicação cuja conclusão é pretendida pelas partes.

Ora, é a determinação antecipada de parte do conteúdo dos contratos de aplicação que permite aos contratantes pouparem custos se informando acerca das condições aplicáveis e efetivamente negociando de que modo esta matéria será disciplinada na avença a ser concluída.

Disso advém a conclusão de que a redução dos custos de transação constitui igualmente função típica dos contratos-quadro.

Constatado que tal contrato se trata de instrumento apto a reduzir os custos informacionais e de negociação em relações contratuais duradouras e complexas, e verificado que isso se dá mormente por conta de seu conteúdo normativo específico – elemento categorial que lhe é inderrogável –, há de se depreender que, celebrado contrato-quadro, espera-se que este assuma a função de minoração dos custos de transação.

[396] POLLAUD-DULIAN; Frédéric; RONZANO, Alain; REYGROBELLET, Arnaud. Op. cit. p. 48-49. "Identifica-se, portanto, um caráter normativo nos contratos-quadro, pelo qual estes atuam como instrumentos de simplificação e padronização das relações contratuais subsequentes.".
Trecho original: "On retrouve alors le caractère normatif du contrat-cadre qui agit comme un instrument de simplification et de standardisation des relations contractuelles subséquentes.".
[397] *Vide* tópico 2.1.1, *supra*.

Prossegue-se, agora, com o estudo da função de ampliação da cooperação e de integração dos contratantes no âmbito dos contratos-quadro, o qual conclui a perquirição das principais funções da categoria.

2.1.3. Contrato-quadro como instrumento de cooperação e integração entre os contratantes

Instantâneas ou duradouras, de maior ou menor complexidade, as relações contratuais sempre fazem surgir para os sujeitos que as integram um dever secundário de cooperação, o qual varia, caso a caso, apenas em intensidade ou extensão, mas nunca quanto à sua existência[398].

Nos acordos destinados a perdurarem por longos períodos, ou nos quais, por conta de uma maior complexidade, há maior sujeição à necessidade de adaptações durante o tempo de vigência, é verificada uma inafastável exigência de maior cooperação entre as partes[399].

Por outro lado, em certas operações específicas, notadamente nos contratos que assumem a função econômica de distribuição – alerta-se que estes não se limitam ao tipo jurídico contrato de distribuição[400] –, constata-se haver integração entre os contratantes.

[398] COUTO E SILVA, Clóvis Veríssimo do. Op. cit. p. 91-93. "Categoria das mais importantes é a dos deveres secundários, como resultado da incidência do princípio da boa-fé. (...) Os deveres secundários comportam tratamento que abranja toda a relação jurídica. Assim, podem ser examinados durante o curso ou o desenvolvimento da relação jurídica, e, em certos casos, posteriormente ao adimplemento da obrigação principal. Consistem em indicações, atos de proteção, como o dever de afastar danos, atos de vigilância, de guarda, de cooperação, de assistência.". No mesmo sentido, Cf. SCHUNCK, Giuliana Bonanno. Op. cit. p. 84-85.

[399] D'ANGELO, Andrea; MONATERI, Pier Giuseppe; SOMMA, Alessandro. *Buona fede e giustizia contrattuale*: modelli cooperativi e modelli conflittuali a confronto. Torino: G. Giappichelli, 2005. p. 127.

[400] FORGIONI, Paula. Op. cit. p. 35, nota de rodapé 12. A terminologia "contratos de distribuição" se refere aqui a categoria econômica, e não jurídica, composta por todas as espécies de contrato cuja função econômica é promover a organização e inserção no mercado dos produtos de um fornecedor em determinado território. No mesmo sentido, Cf. PARDOLESI, Roberto. *La distribuzione commerciale e le regole del diritto comunitario*: concorrenza comunitária, regolamenti di esenzione, accordi verticali, importazioni parallele. Disponível em: < http://www.law-economics.net/workingpapers/L&E-LAB-COMP-06-2004.pdf>. Acesso em: 22 out. 2018. p. 1. "A título de primeira aproximação, é possível afirmar que a distribuição comercial compreende toda uma série de atividades que, a diversos títulos, auxiliam a intermediar a fase de produção de um bem ou serviço com a fase final de consumo do bem ou de utilização do serviço, contribuindo deste modo a concretizar os objetivos dos produtores e consumidores".

Em decorrência disso, forma-se um campo comum de interesses entre as partes, que, em que pese não afaste a independência jurídica entre elas[401], ocasiona a ingerência, coordenação e/ou limitação do modo como são desempenhadas as atividades econômicas de uma ou de ambas[402].

Dentre as funções atribuídas aos contratos-quadro, é feita menção tanto à ampliação da cooperação dos negociantes[403] quanto à integração econômica destes[404].

É frequente, no entanto, a apresentação de ambos estes papéis como opostos entre si[405].

Trecho original: "In via di prima approssimazione si può affermare che la distribuzione commerciale comprende tutta una serie di attività che, a diverso titolo, contribuiscono a mettere in relazione la fase di produzione di un bene o di un servizio con la fase finale di consumo del bene o di utilizzazione del servizio, contribuendo in tal modo a realizzare gli obiettivi dei produttori e dei consumatori.".

401 REALE, Miguel. Características do contrato de concessão comercial. In: ______. *Questões de direito privado*. São Paulo: Saraiva, 1997. p. 185. "(...) é que, apesar da autonomia jurídica do concedente e do concessionário, o seu ajuste dá origem a um sistema global de interesses, do qual dependem, concomitante e co-implicadamente, os resultados econômicos esperados por ambos os participantes, sistema esse que representa um dos objetivos intencionais das partes.".

402 FORGIONI, Paula. Op. cit. p. 34-37.

403 GATSI, Jean. Op. cit. p. 1; POLLAUD-DULIAN; Frédéric; RONZANO, Alain; REYGROBELLET, Arnaud. Op. cit. p. 17.

404 FRISON-ROCHE, Marie-Anne. Op. cit. p. 27; GATSI, Jean. Op. cit. p. 246; POLLAUD--DULIAN; Frédéric; RONZANO, Alain; REYGROBELLET, Arnaud. Op. cit. p. 16.

405 POLLAUD-DULIAN; Frédéric; RONZANO, Alain; REYGROBELLET, Arnaud. Op. cit. p. 21. "Ao se analisar os diferentes domínios em que o contrato-quadro é utilizado, duas grandes categorias são reveladas. Em certas áreas, figurando a distribuição como principal exemplo, o contrato-quadro serve como instrumento de integração. Em que pese mantenha a separação jurídica entre as partes, o contrato permite a um agente econômico adentrar em um mercado ao controlar parcialmente as atividades de outros agentes econômicos (...) Em outras áreas, pelo contrário, o contrato-quadro se destina a estabelecer as bases de relações de grande complexidade sem implicar na dependência de uma parte em relação à outra. Permite, assim, delimitar as atividades de cada contratante ao estabelecer uma relação de cooperação entre elas, de modo que ambas se vejam compelidas a desempenhar seu papel na realização do objeto do contrato, tarefa que é beneficiada pela flexibilidade da relação contratual.".
Trecho original: "A l'examen de ces différents domaines d'application, deux grandes catégories de contrats-cadres apparaissent. Dans certains domaines, dont celui de la distribution a valeur de modèle, le contrat-cadre sert d'instrument d'intégration. Tout en maintenant, bien sûr, la distinction juridique entre les deux partenaires, il permet à un agent économique de maîtriser un marché en contrôlant d'autres agents économiques (...) Dans d'autres domaines,

É dizer, seria possível dividir os contratos-quadro em duas categorias mutuamente excludentes, uma composta por aqueles que atendem a uma função de cooperação, e a outra por aqueles que atendem a uma função de integração.

Resta perquirir se semelhante classificação é adequada, seja sob o prisma de analisar se tais funções são de fato compatíveis com o tipo contratual estudado, seja na perspectiva de avaliar se são inconciliáveis entre si.

A aptidão do contrato-quadro para ampliar a cooperação entre os contratantes se explica por uma necessidade prática oriunda de sua própria estrutura jurídica. Ora, nas relações contratuais em que há o emprego de contratos-quadro, a consecução do objeto econômico pretendido pelas partes apenas se torna possível mediante a vindoura celebração dos contratos de aplicação[406].

Em vista disso, tem-se que é o aprofundamento do dever de cooperação entre os contratantes que permite elevar o contrato-quadro de uma mera declaração de intenção ou projeto futuro de contratar para um programa contratual sério que, embora não garanta a futura celebração dos contratos de aplicação, vincula e impõe obrigações aos acordantes que dele participam.

Faz-se menção, neste ponto, a uma obrigação de cooperação[407], originada do próprio contrato-quadro, e não por incidência tão só do princípio da boa-fé objetiva. Em comparação ao que se verifica em outras relações contratuais, ressai nota distintiva à obrigação de cooperação dos contratos-quadro por não se irradiar apenas nestes, refletindo também diretamente na formação de contratos que com ele não se confundem – os

au contraire, le contrat-cadre vise à établir sur des bases précises des relations d'une assez grande complexité n'impliquant pas la dépendance d'une partie. Il permet de bien délimiter la zone d'activité de chaque cocontractant ; le cadre de la collaboration étant établi, chacun se cantonne dans sa part de la réalisation de l'objet du contrat, qui bénéficie quand même de la souplesse de la formule.".

406 POLLAUD-DULIAN; Frédéric; RONZANO, Alain; REYGROBELLET, Arnaud. Op. cit. p. 76-79.

407 "*Obligation d'assistance immédiate*", na expressão de Jean Gatsi. Cf. GATSI, Jean. Op. cit. p. 119. Ressalta-se que também é comum a adoção da terminologia de "dever de assistência" para fazer referência aos deveres secundários oriundos da boa-fé objetiva, Cf. COUTO E SILVA, Clóvis Veríssimo do. Op. cit. p. 96.

contratos de aplicação – ao tornar mais provável a sua celebração[408], a fim de que assim se concretize o objeto econômico vislumbrado pelas partes inicialmente.

A obrigação em comento opera nos contratos-quadro de modo relacionado com a obrigação de negociar de boa-fé a celebração dos contratos de aplicação.

Não se deve confundi-la, entretanto, com uma mera consequência da usual – mas não obrigatória – prática dos contraentes de estabelecerem negocialmente mecanismos destinados a compelir um ao outro a dar seguimento à relação contratual, mediante disposições que visam a obrigar os celebrantes a concluir os contratos de aplicação, a exemplo das cláusulas de aquisição mínima de produtos, compreensão a qual afastaria sua relevância.

A obrigação de cooperação repercute independentemente de manifestação expressa das partes, correspondendo, em seu conteúdo mínimo, à origem – e não à consequência – da obrigação de negociar de boa-fé os contratos de aplicação[409].

É inteiramente possível aos celebrantes incorporar a este mínimo outras obrigações que ampliam a sua cooperação em direção à consecução do objeto econômico da relação contratual, mas é inviável a qualificação do negócio jurídico concreto como contrato-quadro caso ele seja afastado.

Por outro lado, o manejo do contrato-quadro com a finalidade de promover a integração econômica dos contratantes é comum em relações de fornecimento e de distribuição[410], o que se alcança, por exemplo, mediante cláusulas de exclusividade e não-concorrência unilateral ou bilateral[411] ou

[408] GATSI, Jean. Op. cit. p. 261. "O contrato-quadro reforça a probabilidade de conclusão dos contratos de aplicação.".
Trecho original: "Le contrat-cadre renforce la probabilité de conclusion des contrats d'application.".

[409] Para uma análise mais detida desta obrigação, bem como do porquê de se a entender como conteúdo mínimo da obrigação de cooperação decorrente do contrato-quadro, não sendo, portanto, derrogável sem que assim se impeça a própria recondução do negócio jurídico concreto à categoria dos contratos-quadro, *Vide* Capítulo IV, *infra*.

[410] GATSI, Jean. Op. cit. p. 73-74.

[411] POLLAUD-DULIAN; Frédéric; RONZANO, Alain; REYGROBELLET, Arnaud. Op. cit. p. 158.

de assistência técnica, comercial ou financeira a serem prestadas por uma ou ambas as partes[412].

O contrato-quadro assume tal função sobretudo em relações contratuais que dependem de investimentos relevantes de uma ou de ambas as partes, justificando-se a integração entre elas na necessidade de organizar a sua rede produtiva para reduzir os investimentos necessários e melhor inseri-las no mercado[413] e de garantir a continuidade do vínculo comercial até que haja o retorno dos dispêndios realizados por uma ou por ambas[414]. Esta integração se reflete na dependência de uma das partes em relação à outra ou na dependência mútua entre elas[415], e se alcança por mecanismos restritivos ou colaborativos[416].

Os mecanismos restritivos consistem em cláusulas que limitam as opções comerciais de uma ou ambas as partes e assim as obrigam a manter

[412] GATSI, Jean. Op. cit. p. 70.

[413] POLLAUD-DULIAN; Frédéric; RONZANO, Alain; REYGROBELLET, Arnaud. Op. cit. p. 16. "Essa fórmula [dos contratos-quadro] pode estruturar juridicamente a integração dos distribuidores ou mesmo dos fornecedores, permitindo o desenvolvimento de seus negócios por meio de uma associação integrada e, portanto, com a redução dos investimentos necessários. (...) O contrato-quadro é assim frequentemente utilizado como instrumento de integração, o que não faz parte, no entanto, necessariamente de sua natureza."
Trecho original: "Cette formule peut structurer juridiquement l'intégration de distributeurs détaillants ou même de producteurs, permettre le développement d'une entreprise par association intégration, donc au prix d'un investissement réduit. (...) Mais, si le contrat-cadre est fréquemment utilisé comme instrument d'intégration, celle-ci ne participe pas pour autant de sa nature.".

[414] GATSI, Jean. Op. cit. p. 76-78. "Nos contratos-quadro de distribuição, as cláusulas de exclusividade se justificam por uma preocupação de previsibilidade. Elas objetivam proteger os contratantes contra os riscos da vida econômica assegurando a eles quanto à certeza de contarem com seu parceiro comercial. (...) Ao dispor acerca de diversas vantagens no momento da celebração do contrato-quadro de distribuição, o fornecedor espera receber uma contrapartida. Esta deverá se alcançar mediante a conclusão dos contratos de aplicação.".
Trecho original: "Dans les contrats-cadre de distribution, les clauses d'exclusivité sont insérées dans un souci de prévisibilité. Elles tendent à protéger les contractants contre les aléas de la vie économique en leur assurant une sécurité quant au partenaire. (...) En accordant divers avantages au moment de la signature du contrat-cadre de distribution, le fournisseur espère bien en tirer une contrepartie. Cette dernière devrait alors se retrouver à travers la conclusion des contrats d'application.".

[415] GATSI, Jean. Op. cit. p. 73-74.

[416] GATSI, Jean. Op. cit. p. 75-78.

relações com a outra para se manterem no mercado – por exemplo, as já citadas cláusulas de exclusividade e de não-concorrência.

Os mecanismos colaborativos, por sua vez, trata-se de disposições contratuais de assistência financeira; comercial; ou técnica, as quais representam incentivo para que perdure a parceria entre os contratantes. A título de exemplo, cita-se, respectivamente, a disponibilização de crédito de uma das partes em favor da outra; a inserção de um dos contratantes em um mercado estratégico por meio da utilização que a outra parte assume nele; e a prestação de auxílio técnico especializado de um dos contratantes em favor do outro no desenvolvimento ou manutenção de um produto.

É de se notar que, apesar de frequente – e até mesmo necessária sob a perspectiva econômica – em algumas relações contratuais, a função de integração econômica não é típica dos contratos-quadro, por ser possível vislumbrar hipóteses em que não se verifica nestes negócios sem prejuízo de sua qualificação[417]. É o caso de contratos-quadro celebrados no mercado de consumo, sobretudo bancário[418], e no comércio internacional, entre agentes que querem manter ao máximo a sua independência de atuação[419].

Por via de consequência, diferentemente da função de ampliar a cooperação entre as partes, a qual é da essência do contrato-quadro, tem-se que a função de integração econômica dos contratantes, embora frequente e importante em certas áreas, pode ser afastada sem prejuízo da recondução do negócio jurídico concreto à categoria dos contratos-quadro.

Há de se analisar, por fim, se é coerente a divisão entre contratos-quadro de cooperação e de integração como dicotômicos entre si, adotada por alguns[420].

[417] Em sentido diverso, entendendo que a função de integração sempre se verifica nos contratos-quadro, Cf. GATSI, Jean. Op. cit. p. 246. "O contrato-quadro consiste em contrato que resulta na dependência entre as partes, o que tem por efeito a integração econômica entre elas (...)".
Trecho original: "Il s'agit de contrats de dépendance, et l'intégration économique qu'ils réalisent (...)".

[418] Cf. GUIMARÃES, Maria Raquel de Almeida Graça Silva. Op. cit. p. 343 e ss.

[419] POLLAUD-DULIAN; Frédéric; RONZANO, Alain; REYGROBELLET, Arnaud. Op. cit. p. 16.

[420] POLLAUD-DULIAN; Frédéric; RONZANO, Alain; REYGROBELLET, Arnaud. Op. cit. p. 21.

Trata-se, a depender da perspectiva em que analisada, de distinção pouco precisa ou mesmo equivocada.

A tentativa de apartar as figuras é pouco precisa, em primeiro lugar, porque os contratos-quadro que assumem função de integração também dão origem a uma obrigação de cooperação entre as partes.

Não bastasse isso, a divisão é equivocada por ignorar que a integração econômica dos contratantes nada mais é que o resultado de intensificação da cooperação entre as partes a tal medida que ocasiona a própria dependência econômica – unilateral ou bilateral – entre elas.

Ora, não se pode vislumbrar obrigação de cooperação mais intensa que aquela mantida entre contratantes integrados entre si ao ponto que os seus resultados econômicos dependem necessariamente do desempenho de suas contrapartes.

Os mecanismos restritivos e colaborativos acima citados promovem a integração econômica das partes exatamente por as incentivarem estreitamente a cooperarem entre si para alcançarem o objeto econômico pretendido, o que, consoante já explicado, pode ocorrer tanto de forma positiva – estímulos para que desenvolvam a sua relação comercial por ser ela mais vantajosa em decorrência de benefícios conferidos um ao outro – quanto negativa – limitações ou vedações para que desenvolvam relações comerciais com terceiros. Ambas as espécies de incentivos, aliás, são perfeitamente lícitas, além de serem frequentemente associadas entre si.

Esclarecendo a ausência de oposição entre a cooperação e a integração dos contratantes, Betti e Messineo – assim como Orlando Gomes, que adere à posição deste último[421] – tratam das funções contratuais de cooperação e de integração, esta última por eles nomeada, respectivamente, de função de intermediação de gestão e de função associativa, em conjunto, destacando as suas proximidades e colocando a questão apenas no campo da intensidade da obrigação cooperação das partes[422].

Destarte, verifica-se que o contrato-quadro pressupõe necessariamente a ampliação da relação de cooperação entre as partes, função que lhe é

[421] GOMES, Orlando. Op. cit. p. 103-104.

[422] BETTI, Emilio. *Teoria generale delle obbligazioni*. Milano: Giuffrè, 1954, t. III. p. 81-96; MESSINEO, Francesco. *Dottrina generale del contratto*: artt. 1321-1469 cod. civ. 3. ed. Milano: Giuffrè, 1948. p. 30.

típica, e esta pode chegar, em certos casos, a um patamar tão elevado que implique em uma integração econômica entre elas.

Investigadas quais são as principais funções atribuídas aos contratos-quadro, e, ainda, quais podem ser consideradas típicas, passa-se a apresentar quais são as relações contratuais nas quais é mais comum a adoção dos contratos-quadro, assinalando quais são as funções predominantes em cada uma delas.

2.2. Contrato-quadro nas diversas relações contratuais

A categoria dos contratos-quadro circunscreve avenças que se espraiam pelas mais diversas relações econômicas[423].

Embora algumas dessas funções se revelem típicas, servindo de explicação para a própria construção e adoção da categoria dos contratos-quadro, muitas outras decorrem dos regramentos específicos estabelecidos pelas partes e pela unidade funcional que estas planejam alcançar concretamente por meio daquele particular contrato.

Tratando-se de categoria contratual, cujas notas distintivas ensejam maior grau de abstração[424], é esperado que os contratos que nela se inserem guardem peculiaridades, destinando os elementos categoriais componentes de sua estrutura para funções diversas[425].

Não obstante tenham em comum os já discutidos elementos categoriais inderrogáveis dos contratos-quadro[426], os acordos concluídos concretamente se diferem entre si pelo conteúdo que lhes é acrescido para se amoldarem às operações econômicas nas quais estão inseridos.

[423] POLLAUD-DULIAN; Frédéric; RONZANO, Alain; REYGROBELLET, Arnaud. Op. cit. p. 61. "Caso se queira absorver uma lição advinda da observação da prática, é possível constatar a variedade de objetivos aos quais o contrato-quadro visa a atender. Tais objetivos se refletem de modos diferentes, mas se exprimem por meio de uma fórmula contratual comum.".
Trecho original: "Si l'on veut tirer un enseignement de l'observation de la pratique, on constatera la variété des objectifs d'intégration et de coopération auxquels répond le contrat-cadre. Ils témoignent certes d'optiques différentes, mais s'expriment dans une formule contractuelle commune.".

[424] JUNQUEIRA DE AZEVEDO, Antonio. *Negócio jurídico*: existência validade e eficácia. 4. ed. São Paulo: Saraiva, 2002. p. 35-36.

[425] BETTI, Emilio. *Teoria generale del negozio* giuridico. 2. ed. Napoli: Edizioni Scientifiche Italiane, 2002. p. 183-184.

[426] *Vide* tópico 1.3, *supra*.

Em alguns casos, tamanho é o grau de particularidade dos contratos-quadro celebrados, e tão disseminada é a sua replicação no meio comercial, que estes próprios alcançam o estágio de tipificação social, sendo reconhecidos e regulados pelos agentes que os adotam costumeiramente.

Passam a se reputar tipos contratuais sociais – inseridos, é claro, na mais abrangente categoria dos contratos-quadro, estudada neste trabalho. Neles, são adicionados elementos que promovem um regramento jurídico específico, diverso daquele suscitado pela estrutura mínima de sua categoria, o qual se insere em um quadro global funcional próprio.

É dizer, nestas relações contratuais são constatadas adições específicas de conteúdo que se destinam a alcançar funções peculiares.

Não apenas nas relações contratuais a seguir tratadas os contratos-quadro são adotados em larga medida, ou são dotados de peculiaridades caso comparados com os acordos utilizados em operações de setores diversos.

Cumpre ressaltar, ademais, que em virtude do recorte epistemológico realizado no presente trabalho, foi restringida a exposição às relações contratuais de natureza eminentemente privada, não se investigando a questão no âmbito das contratações públicas, ante suas diversas peculiaridades. Não é ignorado, no entanto, que os contratos-quadro também são vastamente adotados nesta área[427], inclusive adquirindo, em alguns ordenamentos, tipicidade legal especificamente em relação a ela[428].

Esclarecidos esses pontos, procede-se, agora, ao estudo das relações contratuais em que os contratos-quadro se tornaram de tal modo difundidos ao ponto de atingirem um grau próprio de tipificação social, a exemplo dos 1) contratos-quadro de distribuição; 2) contratos-quadro de franquia; 3) contratos-quadro de empreendimento conjunto; e 4) contratos-quadro bancários.

[427] A respeito da matéria, Cf. MORBIDELLI, Giuseppe. Op. cit. p. 785-787; GALLI, Domenico; GUCCIONE, Claudio. Op. cit. p. 16; CIANFLONE, Antonio; GIOVANNINI, Giorgio. Op. cit. p. 897 e ss.

[428] É o caso, por exemplo, da Itália, em que o Decreto Legislativo de 17 de março de 1995, nº 158, define e regula especificamente os contratos-quadro celebrados para fornecimento de bens e serviços por particulares à Administração Pública italiana e seus entes.

2.2.1. Contrato-quadro de distribuição

Para fazer assimilar comercialmente seus produtos, os fornecedores podem tanto optar por inaugurar filiais ou constituir novas empresas por si controladas, destinadas à venda direta dos bens ou serviços aos consumidores finais, quanto podem instituir uma rede organizada por meio da qual empresas juridicamente independentes realizam esta atividade[429].

Impende esclarecer desde já que esta divisão, cuja finalidade é sobretudo teórica e conceitual, em nada impede que o produtor adote simultaneamente mecanismos de distribuição direta e indireta, sendo isto, inclusive, o mais frequente na prática comercial[430].

As relações contratuais de distribuição, aqui consideradas em seu sentido técnico jurídico, estão identificadas no contexto econômico de distribuição indireta.

Nelas, mediante a conclusão de sucessivos e habituais contratos singulares de compra e venda mercantil, uma parte – chamada fornecedora – vende bens ou serviços à outra – chamada distribuidora –, não para o próprio consumo ou utilização desta, mas para que revenda a terceiros, em operação que se destina a inserir tais produtos no mercado consumidor[431].

[429] BALDASSARI, Augusto. *I contratti di distribuzione*: agenzia, mediazione, concessione di vendita, franchising. Padova: CEDAM, 1989. p. 473. "(...) a comercialização dos produtos pode ocorrer por meio de uma distribuição direta, consistente na transferência imediata dos bens, por parte do produtor, ao consumidor final, ou pode ocorrer mediante distribuição indireta, caracterizada por sucessivas intermediações do produtor ao atacadista e/ou varejista ao consumidor final.".
Trecho original: "(...) la commercializzazione dei prodotti può compiersi attraverso la c.d. distribuzione diretta, consistente nel trasferimento immediato del bene dal produttore all'utente finale, oppure attraverso la c.d. distribuzione indiretta, caratterizzata da successive fasi di passaggio dal produttore al grossista e/o dettagliante fino al consumatore finale.".
No mesmo sentido, Cf. PARDOLESI, Roberto. Op. cit. p. 1-2.

[430] ZANETTI, Ana Carolina Devito Dearo. *Contrato de distribuição*: o inadimplemento recíproco. São Paulo: Atlas, 2015. p. 17. "Essas formas de distribuição, entretanto, não se apresentam como métodos excludentes. O fornecedor não se encontra compelido a optar enre um ou outro método de maneira completamente apartada. Na prática, esforços próprios são combinados com a integração de empresários autônomos, em busca do máximo benefício ao sistema distributivo. A distinção, desta forma, aproveita mais como uma abstração conceitual do que uma realidade concreta.".

[431] AMIEL-COSME, Laurence. Op. cit. p. 18; PARDOLESI, Roberto. Op. cit. p. 1-2; FORGIONI, Paula. Op. cit. p. 62-63.

Perceba-se que, na definição de contrato de distribuição apresentada, este é identificado por ser seguido da "conclusão de contratos singulares de compra e venda"[432], não dependendo, no entanto, da efetiva celebração de tais avenças para que se aperfeiçoe[433].

Segundo este conceito, a seguir analisado, trata-se de acordo que, a exemplo dos contratos-quadro, precede outras operações, tendo por objeto regulá-las de modo a possibilitar a consecução dos desígnios econômicos das partes na relação contratual global[434].

Reconhecida tal similaridade entre o contrato de distribuição e o contrato-quadro, não surpreende que estes sejam usualmente adotados como acordos responsáveis por inaugurarem as relações comerciais de distribuição e regrarem os seus principais aspectos – a seguir enumerados e analisados –, sendo seguidos dos contratos de aplicação, caracterizados precisamente como as avenças de compra e venda mercantil acima citadas.

É nas relações comerciais de distribuição que o contrato-quadro encontra seu mais notável desenvolvimento e sua mais disseminada adoção[435],

432 BALDASSARI, Augusto. Op. cit. p. 473-474.

433 RODRIGUEZ, Javier Maseda. Op. cit. p. 56. Em sentido contrário, sustentando inexistir contrato de distribuição na hipótese de não serem celebrados os contratos de aplicação, Cf. BULGARELLI, Waldirio. Op. cit. p. 450.

434 REALE, Miguel. Sistema normativo das concessões comerciais de veículos automotivos. In: ______. *Questões de direito privado*. São Paulo: Saraiva, 1997. p. 157. "Creio que bastam esses frisantes exemplos para ficar caracterizado o contrato de concessão-tipo delineado, em pontos essenciais, num amplo quadro discriminativo de direitos e deveres, para reger as relações dos produtores e revendedores (...)".

435 POLLAUD-DULIAN; Frédéric; RONZANO, Alain; REYGROBELLET, Arnaud. Op. cit. p. 22. "A distribuição constitui o domínio pioneiro na matéria dos contratos-quadro, e é nela em que estes são mais frequentemente empregados (...)".

Trecho original: "La distribution constitue le domaine pionnier en la matière, celui où le contrat-cadre est le plus fréquemment employé (...)".

No mesmo sentido, a título exemplificativo, Cf. WITZ, Claude; SPIEGEL, Nico. Le droit allemand de la distribution: le contrat-cadre consacré. In: SAYAG, Alain (Org.). *Le contrat-cadre*: 2 – la distribution. Paris: Litec, 1995. p. 115; GATSI, Jean. Op. cit. p. 31; BÉZARD, Pierre. Op. cit. p. 8; FONTAINE, Marcel. Op. cit. p. 267; HUET, Jérôme. Op. cit. p. 30; JUNQUEIRA DE AZEVEDO, Antonio. Contrato-quadro. In: ______. *Novos estudos e pareceres de direito privado*. São Paulo: Saraiva, 2009. p. 167-168; GUIMARÃES, Maria Raquel de Almeida Graça Silva. Op. cit. p. 32-35; RODRIGUEZ, Javier Maseda. Op. cit. p. 55-56.

podendo-se chegar a afirmar que este se trata do contrato-quadro por excelência[436].

É de se perquirir, todavia, se, nestas operações, o contrato-quadro corresponde ao contrato de distribuição; se, por outro lado, são os contratos de aplicação que devem ser qualificados como contratos de distribuição; ou, ainda, se o mais correto é reputar a relação contratual global com tal epíteto.

A primeira das hipóteses – de que o contrato-quadro, quando adotado em operações de distribuição, equivale a este próprio contrato – guarda importantes méritos.

Por exemplo, com ela não se pretende reconduzir artificialmente a relação comercial de distribuição a um contrato único, olvidando que esta pode ser organizada – e frequentemente o é – por intermédio de diversos contratos que guardam existência jurídica autônoma.

É o que se verifica em diversas decisões proferidas pelos tribunais brasileiros[437], nas quais se afirma que toda a operação econômica de distribuição se manifesta juridicamente por um contrato único – misto e legalmente atípico –, o qual não só engloba as operações de compra e venda mercantil, como, por vezes, abrange até mesmo outros tipos contratuais diversos, a exemplo da locação e do comodato.

Este entendimento merece críticas, por ampliar indevidamente os contornos do contrato de distribuição, o qual não é suficientemente flexível para absorver os contratos de locação ou de comodato, embora com eles guarde vínculo de coligação contratual[438], e não deve ser confundido com

[436] Ilustrando tal relevância, tem-se obra francesa dedicada ao estudo global dos contratos--quadro, coordenada por Alain Sayag, cujo primeiro volume analisa a temática de forma geral, ao passo que o segundo se dedica exclusivamente ao contrato-quadro de distribuição. Cf. SAYAG, Alain (Org.). *Le contrat-cadre*: 2 – la distribution. Paris: Litec, 1995.

[437] Por todos, Cf. STF. RE 78.051/SP, Rel. Ministro Thompson Flores, Segunda Turma, julgado em 27/08/1974. In: *Revista Trimestral de Jurisprudência*, v. 62, n. 881, jun., 1975, p. 881--891. Este julgamento foi essencial para definir os termos em que a questão é compreendida no Brasil, sendo até hoje seguido pela maioria dos tribunais. Assim afirmam: FORGIONI, Paula. Op. cit. p. 60-62; MARINO, Francisco Paulo de Crescenzo. Op. cit. p. 163-170. Semelhantes posicionamentos são também verificados no Direito espanhol, Cf. RODRIGUEZ, Javier Maseda. Op. cit. p. 59.

[438] MARINO, Francisco Paulo de Crescenzo. Op. cit. p. 171-172. O autor afirma que o contrato de locação não é suficientemente flexível para absorver o contrato de distribuição, sendo possível concluir em decorrência de sua argumentação que, igualmente, o contrato

os contratos individuais de compra e venda mercantil, que podem até mesmo não lhe suceder, sem prejuízo de sua existência[439].

Mais consentânea com a melhor técnica jurídica é a posição que, ao admitir a recondução de certos contratos de distribuição à categoria dos contratos-quadro, reconhece, por via de consequência, que aqueles não necessariamente comportam toda a relação comercial, haja vista dependerem da conclusão futura de contratos individuais de aplicação para que ela se concretize.

Não apenas isso, concluir que, quando adotado nas operações econômicas discutidas, o contrato-quadro assume as vestes do contrato de distribuição, é apenas constatar que, nesses casos, aquele encerra os elementos essenciais desta – organiza as vindouras operações de compra e venda mercantil, a inserção dos produtos no mercado relevante e a integração econômica das partes –, assim como o contrato de distribuição se reveste dos elementos essenciais do contrato-quadro – inaugura uma relação contratual que se pretende duradoura, regendo em abstrato a celebração de novos acordos, mas sem determinar os elementos essenciais destes.

Há nesses casos, por conseguinte, identidade de características suficiente a autorizar se fazer menção a um contrato-quadro de distribuição não apenas em atenção à relação contratual global, mas também em referência especificamente ao acordo que a inaugura.

Essa foi a opinião prevalecente também na França, conforme se verifica em julgado da *Cour d'appel de Paris*, datado de 1981, pelo qual se reconheceu, em uma relação comercial de distribuição de veículos, que o contrato de distribuição analisado constituiria um contrato-quadro, pois, embora não configurasse ele mesmo um contrato de compra e venda, definia o conteúdo destas avenças individuais que se formavam progressivamente, assim organizando a operação de distribuição[440].

É necessário que se tenha o cuidado, no entanto, de não estender essa compreensão para generalizar uma ou ambas as figuras, como fazem alguns

de distribuição não é suficientemente flexível ao ponto de absorver o contrato de locação. Compreendendo de modo semelhante, mas sob a ótica do ordenamento jurídico espanhol, Cf. RODRIGUEZ, Javier Maseda. Op. cit. p. 59.

439 FORGIONI, Paula. Op. cit. p. 44

440 Cour d'appel de Paris, 20 oct. 1981. Disponível em: < https://www.doctrine.fr/d/CA/Paris/1981/INPIM19810691>. Acesso em: 05 nov. 2017.

autores que identificam como sinônimos os termos "contrato-quadro" e "contrato de distribuição"[441].

Trata-se de posição equivocada, pois, de um lado, os contratos-quadro constituem categoria jurídica que não se limita à distribuição[442], e, de outro, as relações contratuais de distribuição não necessariamente se organizam por intermédio de contratos-quadro[443].

Com efeito, admitida a expressão "operações de compra e venda mercantil"[444] não como sinônima de "contratos de compra e venda mercantil", mas como designativa de atos de intercâmbio econômico de produtos e pecúnia, ainda que não caracterizados juridicamente como contratos autônomos, é possível cogitar de relações contratuais de distribuição desenvolvidas a partir de contratos singulares de trato sucessivo. Estes devem congregar todos os elementos contratuais essenciais, inclusive fixando imediatamente o preço contratual ou os parâmetros para a sua determinação.

No que atine à segunda hipótese mencionada – de que os contratos de aplicação deveriam ser qualificados como contratos de distribuição –, tem-se que padece de falhas incontornáveis, notadamente por equiparar a distribuição às operações de compra e venda mercantil que nela estão inseridas, mas que com ela não se confundem[445], e por dar ensejo à inferência de que a cada venda realizada do fornecedor ao distribuidor, celebrar-se-ia um novo contrato de distribuição, desconsiderando o caráter organizado e contínuo da relação comercial das partes.

Por fim, em se cogitando da última hipótese citada, pela qual se consideraria que nem o contrato-quadro, nem os contratos de aplicação, constituiriam contratos de distribuição, devendo ser qualificada como tal a relação contratual global formada por tais acordos, alguns esclarecimentos se fazem oportunos.

441 FRISON-ROCHE, Marie-Anne. Op. cit. p. 26-28.

442 GUIMARÃES, Maria Raquel de Almeida Graça Silva. Op. cit. p. 52-55. "As referências ao contrato-quadro têm-se situado, também entre nós, sobretudo nas áreas da distribuição e dos novos contratos, como o *factoring* e o *leasing*, o seguro-caução, mas também no âmbito dos contratos bancários, nomeadamente da gestão de títulos mobiliários, e ainda do transporte de mescadorias, do aluguer de viaturas, entre outros (...)".

443 FORGIONI, Paula. Op. cit. p. 60-63.

444 FORGIONI, Paula. Op. cit. p. 43.

445 FORGIONI, Paula. Op. cit. p. 62.

É que também é possível se fazer menção à relação global de distribuição, formada tanto pelo contrato-quadro de distribuição quanto pelos contratos de aplicação que o seguem.

Nesta acepção, todavia, considera-se mais a operação econômica perseguida mediante os negócios jurídicos celebrados[446], a qual não pode ser compreendida sem que se tenha em vista todos eles em conjunto, que o sentido e os limites técnico-jurídicos do contrato socialmente típico de distribuição.

Esclarecidos os contornos jurídicos do contrato-quadro de distribuição, há de se analisar também quais conteúdos são nele comumente pactuados e quais são as principais funções assumidas.

Diversas disposições são frequentemente replicadas nestes contratos – algumas sendo usuais igualmente em outros contratos-quadro, ao passo que outras são verificadas praticamente apenas neste setor.

Mediante a análise deste conteúdo, é facilmente depreendida a função típica de integração econômica das partes assumida pelo contrato-quadro ao ser adotado na distribuição[447].

Serve, neste azo, para aprofundar os vínculos existentes entre elas e formar desde já um quadro global que alinha seus interesses em direção aos objetivos perseguidos pela rede de distribuição[448].

Embora nenhuma destas constitua elemento essencial do contrato-quadro de distribuição ou da relação contratual por este inaugurada, são cláusulas características e frequentemente acordadas naquela avença e que resultam na integração econômica das partes, dentre outras: 1) exclusividade, seja apenas do distribuidor em relação ao fornecedor, o que é mais frequente, seja também do fornecedor em relação ao distribuidor; 2) quota mínima de aquisição de produtos (obrigação de celebrar contratos de aplicação de compra e venda mercantil pelos quais se adquira ao menos

[446] Não se esqueça, ademais, que o termo "contratos de distribuição" também pode ser utilizado em menção a uma categoria econômica, e não jurídica. A respeito, *Vide* nota de rodapé 400, *supra*.

[447] FRISON-ROCHE, Marie-Anne. Op. cit. p. 27; POLLAUD-DULIAN; Frédéric; RONZANO, Alain; REYGROBELLET, Arnaud. Op. cit. p. 22; PARDOLESI, Roberto. Op. cit. p. 2.

[448] REALE, Miguel. Características do contrato de concessão comercial. In: ______. *Questões de direito privado*. São Paulo: Saraiva, 1997. p. 184-185.

certo número de produtos[449]), e obrigação de pagamento mínimo em caso de não haver a aquisição mínima de produtos[450]; 3) obrigação do fornecedor de realizar o treinamento de pessoal do distribuidor; 4) obrigação do distribuidor de enviar informações relevantes acerca de seu negócio ou do mercado consumidor ao fornecedor; 5) obrigação de uma – normalmente o fornecedor – ou de ambas as partes de investirem em publicidade; 6) licenciamento de marcas; 7) transferência de tecnologia e/ou know-how; e 8) fixação de parâmetros dos preços de revenda dos produtos[451].

Concluída a análise do modo com que os contratos-quadro são empregados na distribuição e das finalidades pelas quais isso ocorre, passa-se a examinar tipo contratual que se aproxima desta relação contratual, mas que, consoante a seguir demonstrado, com ela não se confunde: a franquia.

2.2.2. Contrato-quadro de franquia

A exemplo do contrato de distribuição, o contrato de franquia também tem por finalidade econômica precípua[452] a inserção de produtos ou serviços em certo mercado relevante[453].

Sob a perspectiva jurídica, entretanto, os negócios se distinguem em importantes aspectos[454].

[449] A respeito das cláusulas de contratos-quadro de distribuição que estabelecem obrigação de celebrar contratos de aplicação, é relevante a observação de Jean Gatsi: GATSI, Jean. Op. cit. p. 31. "O setor de distribuição fornece a maior parte dos contratos-quadro com obrigação de contratar.".
Trecho original: "Le secteur de la distribution fournit la plupart des contrats-cadre avec obligation de contracter.".

[450] *Vide* notas de rodapé 228, *supra*, e 930, *infra*.

[451] FORGIONI, Paula. Op. cit. p. 44-45.

[452] A franquia também se insere na categoria econômica dos contratos de distribuição. *Vide* nota de rodapé 400, *supra*. Cf. AVAKIAN, Patrice; ALEXANDRE-CASELLI, Claudine; HUET, Nathalie. Pratique contractuelle de la franchise: analyse du contenu d'um ensemble de contrats. In: SAYAG, Alain (Org.). *Le contrat-cadre*: 2 – la distribution. Paris: Litec, 1995. p. 202; ZANETTI, Ana Carolina Devito Dearo. Op. cit. p. 43-44.

[453] MARTINS, Fran. *Contratos e obrigações comerciais*. 11. ed. Rio de Janeiro: Forense, 1990. p. 577. "O contrato de franquia (franchising) surgiu, como tantos outros novos contratos comerciais, como uma técnica de comercialização de certos produtos para incentivar e facilitar as vendas dos mesmos.".

[454] Em sentido contrário, afirmando ser a franquia tão somente uma espécie da distribuição, Cf. REQUIÃO, Rubens. Contrato de franquia comercial ou de concessão de vendas. In: *Revista dos Tribunais*, n. 513, jul., 1978, p. 41-62.

O principal deles é que a franquia constitui relação contratual marcada pela assunção, por parte do franqueador, da obrigação de licenciar e/ou transferir marca, tecnologia e *know-how* ao seu franqueado, elementos que, em conjunto, compõem um modelo comercial distintivo[455].

O objeto do contrato de franquia se demonstra, por conseguinte, mais abrangente que o da distribuição[456], pois o franqueador não se limita a conceder ao franqueado o direito de distribuição de seus produtos ou serviços, mas sim acaba por transmitir a ele um certo padrão de negócios[457].

Outra diferença entre os tipos contratuais, decorrente diretamente da primeira peculiaridade apontada[458], é que o franqueador, até mesmo pela

[455] RONZANO, Alain; HUET, Nathalie. La distribution organisée sur um territoire. In: SAYAG, Alain (Org.). *Le contrat-cadre*: 2 – la distribution. Paris: Litec, 1995. p. 37. "A franquia é o contrato pelo qual duas pessoas juridicamente independentes se comprometem a colaborar uma entre si, uma delas – o franqueador – disponibilizando à outra – o franqueado – seus sinais distintivos e um *know-how* original, experimentado e constantemente aperfeiçoado, mediante remuneração e o comprometimento do franqueado de se utilizar de uma técnica comercial uniforme, com a assistência do franqueador e sob a sua supervisão.".
Trecho original: "La franchise est le contrat par lequel deux personnes juridiquement indépendantes s'engagent à collaborer, l'une – le franchiseur – mettant à la disposition de l'autre – le franchisé – ses signes distinctifs et un savoir-faire original, éprouvé et constamment perfectionné, moyennant une rémunération et l'engagement du franchisé de les utiliser selon une technique commerciale uniforme, avec l'assistance du franchiseur et sous son contrôle.".

[456] ZANETTI, Ana Carolina Devito Dearo. Op. cit. p. 44. "O contrato de franquia, dentre os contratos de distribuição, é aquele em que a integração entre as partes se dá no grau máximo e no qual a cooperação entre empresas independentes assume os contornos mais estreitos (...)". Importante esclarecer que a autora se utiliza, neste ponto, da expressão "contratos de distribuição" em alusão à já mencionada categoria econômica, *Vide* nota de rodapé 400, *supra*. No mesmo sentido sustentado, Cf. BULGARELLI, Waldirio. Op. cit. p. 527.

[457] MARTINS, Fran. Op. cit. p. 577. "O franqueador (franchissor), além de oferecer a distribuição dos produtos, também assegura assistência técnica e informações continuadas sobre o modo de comercializá-los. Muitas vezes o franqueador concede, também assistência financeira, já fazendo adiantamentos para a instalação do franqueado (franchisee), já lhe garantindo certas operações para a obtenção de crédito bancário.".

[458] COMPARATO, Fábio Konder. Franquia e concessão de venda no Brasil: da consagração ao repúdio? In: *Revista de Direito Mercantil, Industrial, Econômico e Financeiro,* n. 18, 1975, p. 53-65. p. 54. "Nada mais natural, portanto, que além da regalia específica pelo uso de sinais distintivos, o franqueado contraia, igualmente, a obrigação de pagar ao franqueador uma remuneração adequada pelso serviços acima descritos, sendo incontestável que é, justamente, pela prestação desses serviços que o *franchising* se diferencia da cessão de uso de marca, pura e simples.".

sua mais extensa assistência ao franqueado, não é remunerado apenas pelo preço dos produtos vendidos ao franqueado, sendo-lhe frequentemente pagas também taxas de adesão à rede comercial, de royalties e de fundo de propaganda.

Não se olvida que também nos contratos de distribuição é possível - e até usual, em certos casos - o licenciamento do uso de marca ou tecnologia de titularidade do fornecedor em favor do distribuidor, bem como a prestação de serviços por aquele em favor deste, com as suas respectivas remunerações adicionais.

A distinção fundamental, conforme explicação de Fábio Konder Comparato, é que, na distribuição, essas obrigações são meramente acessórias[459], e, acaso não estabelecidas, não prejudicam a recondução do negócio ao tipo social dos contratos de distribuição, ao passo que, se não forem fixadas em certo acordo, este não poderá ser qualificado como de franquia[460].

Mas como apartar as figuras em casos limítrofes, isto é, nas hipóteses em que a distribuição reúne os elementos mencionados?

Trata-se de situações em que dois negócios jurídicos, apesar de apresentarem estruturas estáticas - suas formas e conteúdos[461] - similares, podem ser reconduzidos a tipos diversos, em razão de os seus elementos, considerados globalmente e em atenção à função concreta almejada, não remeterem ao mesmo tipo contratual[462].

Neste cenário, imperioso se faz aferir se o licenciamento de marcas, a transferência de tecnologias e a obrigação de prestar assistência estão inseridas no próprio escopo principal do contrato - ou seja, se são ínsitas à causa concreta do negócio jurídico[463] - de transmitir um modelo comercial de uma parte à outra, hipótese na qual há contrato de franquia, ou se apenas figuram como acessórios à sua função precípua de viabilizar

[459] Esclarecedora, quanto a isso, é a menção de que tais obrigações constituiriam, no contrato de distribuição, meros elementos de terceiro grau, muito distantes do núcleo contratual, ao passo que seriam inafastáveis no contrato de franquia. Cf. ZANETTI, Ana Carolina Devito Dearo. Op. cit. p. 44-45, 64-66.

[460] COMPARATO, Fábio Konder. Op. cit. p. 53-54.

[461] BETTI, Emilio. Op. cit. p. 170-172.

[462] *Vide* tópico 1.1, principalmente notas de rodapé 24 e 28, *supra*, em que se analisa mais detidamente a questão da tipificação contratual.

[463] *Vide* notas de rodapé 34 e 35, *supra*.

a revenda de produtos, situação em que se constata ter sido concluído contrato de distribuição[464].

Esclarecido em que medida os contratos de distribuição e de franquia se assemelham e o porquê de não serem equivalentes, passa-se à exposição específica do contrato-quadro de franquia. Em primeiro lugar, aponta-se os parâmetros para definir qual a avença celebrada em tais relações comerciais que pode ser reconduzida à categoria dos contratos-quadro, para, em seguida, investigar-se quais acordos são por este regulados e integrados, reputando-se, pois, contratos de aplicação.

Não há maiores dificuldades na identificação de qual negócio jurídico se reveste dos predicados típicos do contrato-quadro.

Deve ser considerado como tal o próprio contrato pelo qual franqueador e franqueado se vinculam, nos casos em que prepara e regula uma série de novos acordos, os quais podem ser relativos ao fornecimento de produtos para revenda do franqueado, à locação do espaço em que será instalada a unidade de franquia, à prestação de serviços de treinamento ou consultoria, ao mútuo do dinheiro necessário para a instalação ou expansão do negócio, dentre outros[465], desde que o contrato-quadro não defina a totalidade de seus elementos essenciais[466].

Tome-se como exemplo uma rede de franquias de restaurante. O contrato-quadro de franquia – se, é claro, em concreto, tiver sido concluído um, pois, consoante adiante ressaltado, isto não necessariamente é verificado em todos os casos – consistirá naquele celebrado entre franqueador e franqueado pelo qual se inaugurou a relação contratual entre ambos.

Sendo assim, em havendo a adoção de contrato-quadro nas relações contratuais em comento, tem-se que ele constitui o próprio negócio jurídico que estabelece a franquia de um dado franqueado.

Deve-se manter a cautela, entretanto, para que não se alcance a conclusão inversa, de que todo contrato de franquia é também contrato-quadro, ilação que não se sustenta.

Não há impedimento para que tal relação comercial se desenvolva em um contrato único, sem que seja necessária a conclusão frequente

[464] COMPARATO, Fábio Konder. Op. cit. p. 54.

[465] MARTINS, Fran. Op. cit. p. 577; BULGARELLI, Waldirio. Op. cit. p. 527; COMPARATO, Fábio Konder. Op. cit. p. 53-54.

[466] RONZANO, Alain; HUET, Nathalie. Op. cit. p. 36-37.

de novos negócios jurídicos. É o caso de algumas franquias da área de serviços, em que, transmitidos os conhecimentos do franqueador ao franqueado, e licenciada em favor deste a marca reconhecida no mercado por aquele titularizada, tudo por meio do contrato de franquia, não há a necessidade de celebração constante de novos acordos referentes ao fornecimento de insumos ou produtos para revenda, como em outros casos.

Semelhantemente, inexistem óbices para que, embora conduzida por intermédio de múltiplos contratos, a franquia não dependa da celebração de um contrato-quadro. Isso não é incomum, aliás, quando a conclusão de novos contratos é episódica, e não constante.

Retomando o cenário anteriormente apresentado, de uma rede de franquias de restaurante, imagine-se situação em que todo o fornecimento de insumos é realizado por terceiros, meramente indicados pelo franqueador. Ainda que, ocasionalmente, sejam concluídos novos contratos entre as partes – por exemplo, para que o franqueado adquira certos equipamentos fornecidos pela franqueadora, ou mesmo tome empréstimos delas para facilitar o desenvolvimento de seus negócios – não haverá contrato-quadro se as partes não tiverem regido previamente as avenças citadas, optando por pactuar todo o conteúdo delas caso a caso.

Mais complexa é a questão relativa à determinação de quais são os contratos de aplicação, pois não raras vezes há a celebração de vários acordos autônomos conexos à relação de franquia, identificados cada um deles com tipos contratuais diversos. A título de exemplo, é possível citar os contratos de locação do imóvel em que se estabelecerá o franqueado e de mútuo dos investimentos iniciais para que se estabeleça a atividade empresarial[467].

Preliminarmente, cumpre esclarecer que não se refere, neste ponto, às obrigações de licenciamento de marca, transferência de tecnologia, prestação de assistência e demais deveres concernentes à transmissão do modelo negocial ao franqueado, as quais são assumidas em decorrência direta do contrato de franquia, não constituindo negócios jurídicos autônomos por

[467] Embora realizadas em atenção ao contrato de franquia, as observações seguintes também se estendem aos demais contratos-quadro, os quais podem espraiar seus efeitos para contratos de aplicação de diversas complexidades e de distintos tipos contratuais.

se inserirem no próprio objeto desta avença[468], fazendo parte do conteúdo obrigacional imediato do contrato-quadro de franquia[469].

Faz-se menção, em verdade, aos já citados contratos que, embora inseridos no âmbito da instituição de uma unidade de franquia, são juridicamente individualizados do contrato de franquia por fugirem de seus limites típicos[470], a exemplo da locação e do mútuo, sem prejuízo de outros.

A depender do modo como é regrada no contrato-quadro a matéria relativa à delimitação da sua incidência, é possível ou não considerar que os demais negócios jurídicos concluídos no âmbito da concretização da rede de franquia se tratam de contratos de aplicação.

Caso o contrato-quadro de franquia também regule e faça integrar tais convenções, elas se reputarão contratos de aplicação, com todas as consequências advindas.

Na hipótese contrária, de o regramento de interesses do contrato-quadro não atingir estes acordos, eles não serão considerados contratos de aplicação, inobstante se mantenha a relação de coligação contratual existente entre os negócios jurídicos em comento.

Não é necessário que eventual cláusula de delimitação de incidência[471] faça alusão expressa a estes outros contratos. É suficiente que o conteúdo ou a formação deles seja em alguma medida estabelecido previamente pelo contrato-quadro para que sejam identificados como contratos de aplicação deste. É possível que o contrato-quadro se limite a dispor, de modo geral, que todas as comunicações entre as partes pertinentes a esta relação comercial ocorrerão pela via postal, ou que a forma de futuros contratos por elas concluídos concernentes à franquia deverá

[468] Acerca dos critérios de distinção entre contratos autônomos, porém coligados, e contratos únicos, Cf. MARINO, Francisco de Paulo Crescenzo. Op. cit. p. 115 e ss.

[469] A respeito do conteúdo dos contratos-quadro, inclusive de seu conteúdo obrigacional imediato, *Vide* tópico 1.3, *supra*.

[470] Afirmando a existência de dois tipos contratuais em casos de franquia e locação, Cf. MARINO, Francisco de Paulo Crescenzo. Op. cit. p. 175. "Como já se viu por ocasião da coligação entre contratos de locação e de distribuição de combustíveis, também aqui a clara existência de dois tipos contratuais distintos impede o reconhecimento de um único contrato.".

[471] A respeito do conteúdo dos contratos-quadro, inclusive de sua delimitação de incidência, *Vide* tópico 1.3, *supra*.

ser escrita. Nestes casos, embora não haja menção expressa, um eventual contrato de locação celebrado entre franqueador e franqueado para que este instale a sua unidade será, inequivocamente, reputado contrato de aplicação.

O contrato-quadro de franquia, a exemplo do que ocorre também na distribuição, assume marcante função de integração econômica do franqueado e do franqueador, na medida em que aquele se insere na rede de franquia e tem a sua atuação empresarial orientada por seu modelo comercial[472].

Também de modo semelhante ao verificado nos contratos-quadro de distribuição, e visando o similar objetivo de alinhar os interesses das partes àqueles perseguidos pela rede contratual, os contratos-quadro de franquia frequentemente – embora não obrigatoriamente – trazem em seu bojo cláusulas que assegurem a exclusividade de atuação do franqueado em certo raio territorial[473] e a exclusividade do franqueador como fornecedor de certos produtos ao participante de sua rede[474].

Ademais, no contrato-quadro de franquia são inseridas as cláusulas que estabelecem a obrigação do franqueador de licenciar o uso de suas marcas, transferir tecnologias, prestar assistência técnica e comercial ao franqueado e tudo o que for necessário para transmitir a ele o modelo negocial adotado pela rede de franquia[475]. Conforme já abordado, a distinção fundamental em relação a cláusulas análogas em contratos de distribuição, é a circunstância de elas estarem associadas à própria causa do contrato – hipótese da franquia – ou se revelarem meramente acessórias a esta – caso da distribuição.

Demonstrados os principais atributos dos contrato-quadro de franquia, segue-se com o estudo dos contratos-quadro de empreendimento conjunto e das funções que são neles prevalecentes.

[472] LELOUP, Jean-Marie. La franchise: vers de nouvelles pratiques contractuelles? In: CANIVET, Guy et al. (Org.). *Le contrat-cadre de distribution*: enjeux et perspectives. Disponível em: <http://www.creda.cci-paris-idf.fr/colloques/pdf/1996-contrat-cadre-distribution/03-France-notion.pdf>. Acesso em: 19 nov. 2018. p. 96.

[473] RONZANO, Alain; HUET, Nathalie. Op. cit. p. 44-45.

[474] RONZANO, Alain; HUET, Nathalie. Op. cit. p. 46.

[475] RONZANO, Alain; HUET, Nathalie. Op. cit. p. 38-44.

2.2.3. Contrato-quadro de empreendimento conjunto

A categoria dos contratos de empreendimento conjunto[476], também nomeados contratos de associação empresarial[477], pode ser descrita, em linhas gerais, como aquela que agrega os acordos em que duas ou mais empresas independentes se associam para fins estratégicos – por exemplo, comerciais ou tecnológicos – sendo o objeto desta parceria limitado temporalmente, territorialmente e/ou mercadologicamente, e havendo entre os participantes dela uma divisão de riscos, responsabilidades e poderes[478].

Desenvolvidos na praxe comercial dos países de tradição de *common law*[479], tais contratos, embora constantemente replicados no âmbito comercial, não foram, na maioria das nações, inclusive no Brasil, objeto de suficiente atenção acadêmica ou legislativa voltada à definição de seus contornos jurídicos, os quais permanecem demasiadamente amplos.

Em decorrência de sua abrangência conceitual, a definição corrente alberga negócios jurídicos destinados a inúmeros propósitos e estruturados dos mais diversos modos.

Dentre estes acordos, alguns promovem a constituição de novas sociedades empresárias tendentes a organizar o novo empreendimento[480], ao passo que em outros casos há a regulação do negócio apenas pela via contratual[481]; alguns promovem cooperações abrangentes ao ponto de

[476] Diversos tipos contratuais se inserem nesta categoria, a exemplo dos contratos de consórcio e de *joint venture*. Tratando dela exaustivamente, e justificando a importância de semelhante categorização, Cf. BAPTISTA, Luiz Olavo; DURAND-BARTHEZ, Pascal. Op. cit.

[477] NERY JR., Nelson. Op. cit. p. 143.

[478] BAPTISTA, Luiz Olavo; DURAND-BARTHEZ, Pascal. Op. cit. p. 56.

[479] BAPTISTA, Luiz Olavo; DURAND-BARTHEZ, Pascal. Op. cit. p. 3-4.

[480] Trata-se das *joint venture*.

[481] Em outras ordens jurídicas, é comum se nomear de *corporate joint ventures* as parcerias em que há constituição formal de nova(s) sociedade(s) empresária(s), ao passo que, quando este procedimento não é adotado, faz-se uso da alcunha de *non-corporate joint ventures*. Cf. BAPTISTA, Luiz Olavo; DURAND-BARTHEZ, Pascal. Op. cit. p. 57-58. No Brasil, todavia, é corrente a adoção da expressão "*joint venture*" apenas para os casos em que há constituição de nova sociedade empresária, empregando-se terminologias distintas para as hipóteses em que a parceria se desenvolve apenas contratualmente – por exemplo, consórcio de empresas. No mesmo sentido, apontando que a opção por utilizar o termo "*joint venture*" para designar os casos em que não há a constituição de novas sociedades empresárias é apropriada apenas economicamente, não sendo técnica sob o aspecto jurídico, Cf. PROBST, Thomas. Op. cit. p. 10.

redefinirem concorrencialmente certos mercados relevantes[482], enquanto outros se limitam a colaborações cujo objeto é extremamente pontual[483]; alguns se resumem a um contrato único[484], em oposição a outros, nos quais há a celebração de uma série de negócios jurídicos[485].

A extensão da definição dos contratos de empreendimento conjunto lhes propicia uma série de classificações, as quais merecem ser abordadas para que se averigue com qual frequência os contratos-quadro são utilizados nas diversas espécies de avença alcunhadas sob essa mesma terminologia, bem como quais as finalidades que eles visam a atender em cada caso.

Em obra particularmente voltada a esta categoria de contratos no âmbito do comércio internacional, Luiz Olavo Baptista e Pascal Durand-Barthez sustentam, em comentários com caráter de generalidade, que ela pode ser classificada em atenção à natureza de seu objeto ou à natureza de suas partes[486].

Considerando-se que a divisão fundada na natureza dos contratantes diz respeito a estes se caracterizarem como pessoas privadas ou Estados[487], recorte teórico apropriado e valioso ao Direito Internacional, mas pouco

[482] Mesmo nesses casos, entretanto, para que o contrato se repute apenas como de empreendimento conjunto, há de verificar a limitação do objeto da associação entre as empresas. Caso não haja semelhante limitação, caracterizando-se a parceria entre as sociedades por englobar todas as suas atividades, então se está diante de contrato associativo distinto, sendo possível se questionar até mesmo se ainda subsiste a independência das empresas diante de tamanho grau de integração.

[483] Imagine-se a união de empresas por curto período apenas para pesquisar a viabilidade técnica de um material específico relacionado à atividade produtiva delas.

[484] BAPTISTA, Luiz Olavo; DURAND-BARTHEZ, Pascal. Op. cit. p. 57. Em sentido contrário, afirmando ser da natureza dos contratos de empreendimento conjunto a constituição de um "sistema de contratos", Cf. REYMOND, Claude. Réflexions sur la nature juridique du contrat de joint venture. In: *Journal des Tribunaux de Lausanne*, 1975, n. 15, p. 480-491. p. 481.

[485] PROBST, Thomas. Op. cit. p. 5-6.

[486] BAPTISTA, Luiz Olavo; DURAND-BARTHEZ, Pascal. Op. cit. p. 22.

[487] BAPTISTA, Luiz Olavo; DURAND-BARTHEZ, Pascal. Op. cit. p. 32. "Uma outra abordagem pragmática que permite classificar os empreendimentos conjuntos é aquela que diz respeito simplesmente à natureza jurídica de seus participantes, na medida em que constituem Estados ou pessoas privadas.".
Trecho original: "Une autre forme d'approche pragmatique permettant de répertorier les *joint ventures* est celle qui repose simplement sur la nature juridique des participants, selon qu'il s'agit d'États ou de personnes privées.".

útil para os fins deste trabalho, concentra-se a exposição na primeira ordenação apresentada pelos autores, elaborada com vistas às peculiaridades dos contratos no que tange aos propósitos que os acordantes almejam alcançar com eles.

Na catalogação proposta pelos autores mencionados, a categoria dos contratos de empreendimento conjunto se divide em quatro subclasses quando considerada a natureza das atividades que serão desenvolvidas: 1) execução de projetos pontuais; 2) cooperação; 3) investimento; 4) concentração.

O primeiro dos grupos citados é composto pelos contratos nos quais empresas independentes – por vezes até mesmo concorrentes em um ou mais mercados relevantes[488] – resolvem unir esforços para conduzir um projeto específico, limitado seja pelo tempo, seja pelo exaurimento de seu objeto, o qual já é previsto e determinado pelas partes.

Nestes acordos, comuns em setores econômicos tão diversos quanto os de petróleo e gás[489], tecnologia[490] e construção[491], dentre outros, é usual que a parceria não se desenvolva mediante a constituição de uma nova sociedade empresária, mas sim por meio de uma estrutura contratual de complexidade variável[492], organizada ao redor de certos pontos fulcrais, a exemplo da divisão de despesas, riscos, benefícios e responsabilidades em geral e da definição de como serão tomadas as principais decisões relativas ao projeto[493].

Aqui se faz referência, por exemplo, aos casos em que empresas de determinado setor unem esforços para pesquisar ou desenvolver uma nova tecnologia, ou ainda formam uma parceria voltada para a exploração

[488] BAPTISTA, Luiz Olavo; DURAND-BARTHEZ, Pascal. Op. cit. p. 24.

[489] Por exemplo, quando empresas distintas se unem pontualmente para pesquisar a viabilidade de exploração em certas áreas, assim mitigando seus riscos e custos.

[490] É o caso de companhias que atuam no mesmo mercado que se unem pontualmente para desenvolver peças ou *softwares* específicos, a serem utilizados por uma ou por ambas, a depender do pactuado concretamente.

[491] Aqui se inserem os consórcios de empresas de construção, muito comuns no âmbito das contratações públicas, mas também presentes no setor privado, em que obras específicas de maior relevância são conduzidas por diversas construtoras, ligadas entre si apenas por intermédio de estruturas contratuais.

[492] PROBST, Thomas. Op. cit. p. 9-10.

[493] BAPTISTA, Luiz Olavo; DURAND-BARTHEZ, Pascal. Op. cit. p. 22-23.

comercial de um empreendimento específico, sem que se pretenda, em ambos os casos, uma associação duradoura entre as partes.

Exatamente em virtude de os contratos de associação empresarial destinados à conclusão de projetos pontuais frequentemente se valerem apenas de estruturas contratuais, e não societárias, para fins de organização, que é tão comum a adoção dos contratos-quadro em seu âmbito. Estes são mecanismos confiáveis para coordenar o vínculo das partes, definindo um fluxo de obrigações a ser seguido por elas, inclusive no que pertine à obrigação de concluírem novos acordos (contratos de aplicação), para fins de alcançar o objetivo final da parceria[494].

Tenha-se em mente uma associação de duas empresas destinada à condução pontual de pesquisa acerca de uma nova solução tecnológica para uma necessidade experimentada por ambas.

O contrato-quadro delimitará – a depender do caso, mais ou menos pormenorizadamente – o escopo da parceria firmada e regulará o seu modo de desenvolvimento[495], deixando para negócios a serem futuramente celebrados, os contratos de aplicação, a efetiva concretização do empreendimento conjunto, desde o fornecimento de materiais ou recursos que venham ser necessários ao longo da associação, até finalmente o eventual licenciamento dos resultados da associação.

As avenças em comento bem exemplificam a função de redução dos custos de transação desempenhada pelos contratos-quadro. É recorrendo a estes que as empresas contratantes estruturam a sua parceria comercial[496], estabelecendo o modo como ela será conduzida e definindo as obrigações principais de cada um dos agentes, sem que, para isso, seja

494 NERY JR., Nelson. Op. cit. p. 146-147. "Funciona, ainda, esse contrato de associação celebrado entre as partes, em alguns momentos, como verdadeiro contrato-quadro [*contrat-cadre* ou *Rahmenvertrag*], como, por exemplo, quando ele *determina e regula* o conteúdo de outro contrato a ser celebrado entre as partes, fazendo surgir uma série de contratos [seriados e articulados] que se encadeiam e interagem entre si, todos com o fito único de viabilizar o objetivo final e comum (...)".

495 Modo de comunicação entre as partes, forma de resolução de conflitos, cronogramas, responsabilidades principais, declarações essenciais, transferência inicial de recursos ou tecnologia, obrigação de confidencialidade etc.

496 PROBST, Thomas. Op. cit. p. 9-10.

necessária a constituição de um novo ente jurídico, com todos os custos informacionais, negociais e diretos envolvidos[497].

O contrato-quadro funciona aqui, portanto, de modo mais evidente que em outros casos, como centro de organização[498] da relação contratual, reduzindo seus custos de transação não apenas por evitar a renegociação constante dos termos contratuais e manter incompletude suficiente para se adequar a alterações fáticas supervenientes[499], mas também, e principalmente, por servir como opção menos onerosa à constituição de uma nova sociedade empresária, que atenderia às mesmas finalidades.

Na situação analisada, é possível afirmar que, do ponto de vista econômico, o contrato-quadro atua de modo semelhante a uma empresa (firma)[500], no sentido em que funciona como centro de organização de um feixe de contratos, com vistas a reduzir os custos de transação oriundos da racionalidade limitada dos agentes econômicos[501].

Segunda subclasse da categoria em análise é a dos contratos de empreendimento conjunto que se destinam à cooperação entre as partes.

Várias são as críticas que podem ser tecidas a esta proposta de classificação, a começar pela nomenclatura adotada.

A opção por fazerem referência aos "contratos de empreendimento conjunto de tipo cooperativo" se explica por uma tentativa dos autores de diferenciar os contratos de empreendimento conjunto que importam em integração das partes, isto é, ingerência, ainda que parcial, de uma sobre a

497 O que é, também, neste ponto, um modo de equilibrar a flexibilidade e a segurança das partes, função que também está evidenciada nos contratos de empreendimento conjunto destinados à execução de projetos pontuais.

498 Também chamado contrato-matriz. Cf. NERY JR., Nelson. Op. cit. p. 147. "O *Acordo de Associação* [= Contrato] celebrado entre as partes consubstancia-se, assim, em um *negócio jurídico complexo*, traduzindo-se ele [*Acordo de Associação*] no *contrato-matriz* a partir do qual *nascem* [frutificam] os demais contratos *acessórios*, que são a ele [*contrato-matriz*] conexos [*ligados* ("*co*"ligados)]. Esse *contrato-matriz* [*Acordo de Associação*] traduz-se, assim, no instrumento definidor da *arquitetura da coligação*, disciplinando-lhe os termos essenciais que deverão ser observados pelas partes-contratantes.".

499 ARAÚJO, Fernando. Op. cit. p. 43-44; WILLIAMSON, Oliver. Op. cit. p. 241-242.

500 Semelhante é a conclusão de Thomas Probst, que aproxima o contrato-quadro que regula empreendimentos conjuntos, do ponto de vista econômico, de um ato de organização de uma "sociedade de fato". Cf. PROBST, Thomas. Op. cit. p. 10.

501 Acerca do papel das empresas na internalização e redução dos custos de transação, Cf. COASE, Ronald. The nature of the firm. In: *Economica*, v. 4, n. 16, nov., 1937, p. 386-405.

outra, daqueles que apenas ensejam a cooperação dos sujeitos contratuais, sem que se limite o modo de exercício de suas atividades[502].

Ainda assim, a falta de precisão merece censura, pois, ao assim designarem tais contratos, os autores deixam a equivocada impressão de que apenas eles – e não os demais contratos de associação empresarial – reforçariam os deveres de cooperação entre as partes, o que não é o caso.

O principal aspecto criticável desse recorte teórico ultrapassa, todavia, as questões terminológicas, e repousa em sua própria artificialidade. Não se vislumbra, com efeito, distinção suficiente em relação à primeira subclasse, já apresentada, a justificar tal classificação.

Consoante definição de seus proponentes, os contratos de empreendimento conjunto de tipo cooperativo se revelam aqueles que servem para viabilizar uma união comum de pesquisa ou de fabricação, ou ainda de outros serviços comuns, como centros de compras, principalmente com o objetivo de racionalizar custos[503].

De logo, percebe-se uma inequívoca intersecção com os contratos de associação empresarial destinados à conclusão de projetos pontuais, tendo em vista que muitos destes projetos guardam proximidade com os citados pelos autores.

Por exemplo, são citados como contratos de associação empresarial de tipo cooperativo aqueles firmados na indústria automobilística, para fins de desenvolvimento e fabricação conjunta de peças e componentes em geral[504]. Não se verifica, contudo, qualquer ponto de distinção relevante – seja econômico ou jurídico – que autorize classificar estes contratos de modo diverso aos já mencionados contratos de pesquisa e desenvolvimento, identificados em subclasse diferente.

Essa ausência de elementos distintivos marcantes também é constatada nos demais exemplos apresentados, como nos contratos celebrados entre empresas da indústria química para a aquisição ou fabricação conjunta

[502] BAPTISTA, Luiz Olavo; DURAND-BARTHEZ, Pascal. Op. cit. p. 29.

[503] BAPTISTA, Luiz Olavo; DURAND-BARTHEZ, Pascal. Op. cit. p. 28.

[504] BAPTISTA, Luiz Olavo; DURAND-BARTHEZ, Pascal. Op. cit. p. 28. "A indústria automobilística também fornece uma série de exemplos a esta espécie, sob a forma de unidades comuns da fabricação de componentes, motores e outros.".
Trecho original: "L'industrie automobile a aussi fourni de nombreux exemples de la première espèce, sous forme d'unités communes de fabrication de composants, moteurs ou autres.".

de insumos de que ambas necessitam[505] – operação que poderia ser classificada como um projeto pontual e reconduzida à subclasse de contratos citada.

No entanto, superadas – ou ao menos ignoradas – as falhas verificadas na classificação proposta, há de se apontar que os contratos citados, até mesmo pela sua proximidade com os já analisados contratos de associação empresarial para projetos pontuais, revelam-se terreno fértil para adoção dos contratos-quadro.

Em verdade, as avenças de "tipo cooperativo" são até mais aptas à adoção dos contratos-quadro que as de "projetos pontuais", tendo em vista que a única distinção pertinente identificada entre ambas – a sua duração por tempo indeterminado – torna mais vantajosa a utilização do contrato-quadro para regular as relações entre as partes[506].

Nesses casos, o contrato-quadro também fixará o objeto e os limites do empreendimento conjunto iniciado pelas partes, além de regular as diretrizes para o seu desenvolvimento – como as partes se comunicarão, resolverão conflitos, suas principais responsabilidades, dentre outros aspectos. Todavia, por se tratar de uma cooperação presumivelmente duradoura, que não se encerra com a conclusão de um determinado projeto, o esperado é que o regramento destas questões seja realizado de forma mais abrangente[507].

Após a conclusão do contrato-quadro, serão celebrados, caso a caso, os contratos de aplicação que efetivamente concretizarão a associação empresarial planejada pelas partes. A depender da situação, constituir-se-ão de contratos de compra e venda dos produtos fabricados, de licenciamento ou cessão de tecnologia dos projetos de componentes desenvolvidos, e, até

505 BAPTISTA, Luiz Olavo; DURAND-BARTHEZ, Pascal. Op. cit. p. 28. "A indústria química recorre frequentemente a este tipo de procedimento, que serve para regular a prática das unidades industriais de elaborar ou adquirir produtos que são utilizados comumente pelas partes do contrato de associação empresarial.".
Trecho original: "L'industrie chimique recourt largement à ce procédé, qui sert de cadre à des unités industrielles élaborant des produits de base à l'usage commun des membres de la *joint venture*.".

506 PROBST, Thomas. Op. cit. p. 20.

507 Essa ilação é, no entanto, apenas circunstancial, pois a depender dos contornos do projeto específico e de sua complexidade, é também possível se cogitar de contratos-quadro amplos, mesmo que sua duração não seja por tempo indeterminado.

mesmo, outros contratos de empreendimento conjunto eventualmente destinados à associação das partes para explorarem comercialmente os resultados da parceria anterior.

A função precípua dos contratos-quadro que inauguram associações empresariais cooperativas, como já sugere, aliás, a sua nomenclatura, adotada especialmente para diferenciá-los de contratos de empreendimento conjunto com função integrativa[508], é promover a cooperação entre os acordantes, reforçando seus deveres jurídicos neste particular[509].

Seguindo na classificação adotada para fins de investigação, passa-se à análise da terceira subclasse dos contratos de empreendimento conjunto: aqueles que assumem escopo de investimento.

Estes consistem em contratos nos quais as empresas que se associam desempenham atividades muito dessemelhantes – porém complementares – no empreendimento: uma delas participa mediante a cessão de recursos e, por vezes, também de tecnologia e *know-how*, ao passo que a outra se ocupa do desenvolvimento comercial direto do novo negócio[510].

Diferenciam-se de contratos comuns de financiamento[511] pelo fato de que o contratante investidor não obtém seus retornos por meio da incidência de juros remuneratórios sobre o capital investido. Aufere-os, diferentemente, por meio dos lucros do empreendimento conjunto iniciado, da facilitação de aquisição de alguma tecnologia ou ainda pelo fornecimento em melhores condições de produtos relacionados às suas atividades comerciais[512]. Não há empecilho – sendo, na realidade, frequente – que vários destes objetivos sejam associados nas relações contratuais concretas[513].

508 BAPTISTA, Luiz Olavo; DURAND-BARTHEZ, Pascal. Op. cit. p. 29.

509 São, também, neste ponto, semelhantes aos contratos de empreendimento conjunto para execução de projetos pontuais, os quais ostentam natureza eminentemente cooperativa, não chegando a promoverem, no mais das vezes, a integração econômica entre as partes.

510 BAPTISTA, Luiz Olavo; DURAND-BARTHEZ, Pascal. Op. cit. p. 29.

511 Contratos de mútuo, desconto bancário ou faturização, por exemplo.

512 BAPTISTA, Luiz Olavo; DURAND-BARTHEZ, Pascal. Op. cit. p. 29-30.

513 Não é raro que o contratante investidor assuma participação reduzida no faturamento do novo empreendimento, com a finalidade precípua de minorar os riscos econômicos da operação, à medida que a real vantagem econômica almejada no negócio constitui o desenvolvimento de alguma tecnologia ou o fornecimento privilegiado de certo produto.

O mais frequente é que os contratos de empreendimento conjunto de investimento prevejam a criação de novos entes jurídicos, organizando-se também, por conseguinte, mediante estruturas societárias[514].

Isso se explica – principalmente se forem de grande porte os investimentos realizados – pelos desígnios de maior segurança e estabilidade das partes, os quais são alcançados pelos acordos sociais e parassociais, na medida em que regulam a capacidade decisória de cada agente sobre o negócio[515].

Nesse tipo de arranjo, os contratos-quadro, quando empregados, assumem a função não apenas de reger relações jurídicas entre as partes originais, mas também as suas respectivas relações com a nova sociedade empresária criada para a consecução do novo empreendimento[516].

A ressalva de que essa é a finalidade dos contratos-quadro *quando empregados* se explica pela circunstância de que, por vezes, as estruturas societárias criadas são suficientes à sistematização da associação dos agentes, não havendo necessidade de celebração de um acordo prévio que defina as regras gerais da operação. São situações, por exemplo, em que até há a celebração de contratos prévios, destinados a estruturar e viabilizar o negócio, mas não a integrar vindouros contratos de aplicação, não podendo ser qualificados, portanto, como contratos-quadro[517]. Em tais hipóteses, essa etapa inicial, acaso bem-sucedida, é seguida pela constituição de nova sociedade empresária, em cujo âmbito societário será regido e conduzido o novo empreendimento.

Na conjuntura inversa, em que há a conclusão de contrato-quadro, alguns pontos merecem atenção.

[514] BAPTISTA, Luiz Olavo; DURAND-BARTHEZ, Pascal. Op. cit. p. 30.

[515] PROBST, Thomas. Op. cit. p. 8-9.

[516] PROBST, Thomas. Op. cit. p. 8. "O contrato-quadro prevê frequentemente a obrigação das partes contratantes de concluírem contratos de aplicação com a sociedade comum que, ela própria, não é parte daquele contrato originário.".
Trecho original: "La mise en oeuvre de l'accord de base prévoit régulièrement l'obligation des parties contractantes de *conclure* des *contrats d'exécution* avec la société commune qui, elle, n'est *pas partie* au contrat de base.".

[517] São, por exemplo, contratos pelos quais a parte investidora realiza aporte iniciais para que a outra empresa conduza estudos de viabilidade do negócio, ou mesmo em que a empresa que pretende receber o investimento se compromete a realizar certas adequações em suas atividades para atender os padrões de sua possível nova parceira.

O primeiro é que são partes neste contrato as duas empresas que tencionam realizar o empreendimento conjunto, pois é por intermédio de suas declarações negociais que o acordo é formado[518] e é sobre elas que se precipitam os efeitos jurídicos contratuais[519].

A pessoa jurídica por elas constituída não é parte, e nem poderia ser, pois ao tempo da celebração do contrato-quadro ainda não houvera a sua constituição. Não se deve recorrer, ademais, à ficção de que a nova sociedade empresária ratifica automaticamente os termos do contrato-quadro após a sua criação, pois isso não necessariamente irá ocorrer.

O segundo e mais importante aspecto a ser notado é o âmbito de incidência do contrato-quadro nesses casos. Eles frequentemente irão não apenas delimitar qual operação comercial será perseguida pelos contratantes e quais regras gerais deverão ser seguidas por eles no decorrer de suas relações, como já apontado nos demais contratos de empreendimento conjunto, mas também fixarão diretrizes acerca da constituição da nova sociedade empresária incumbida da consecução do negócio e do modo como as partes deverão exercer seus poderes jurídicos no âmbito societário para que os objetivos da parceria sejam atingidos.

518 Isto é, figuram como centros de interesse formal na constituição do contrato-quadro. Cf. TOMASETTI JUNIOR, Alcides. A parte contratual. In: ADAMEK, Marcelo Vieira von (Org.). *Temas de direito societário e empresarial contemporâneos: liber amicorum: Prof. Erasmo Valladão Azevedo e Novaes França*. São Paulo: Malheiros, 2011. p. 761-762. "Aquele ou aqueles sujeitos de direito (figurantes) que atuam como partes (centros de interesses) em sentido formal na constituição do acordo contratual são também os *agentes imediatos* do contrato. Por consequência, é a eles que são reconduzidos os pressupostos e os requisitos (plano da validade) atinentes aos agentes em geral do negócio jurídico, tais como capacidade do exercício, legitimidade para praticar o negócio, poder de dispor dos interesses ("legitimação") que se devem regular mediante o contrato, ausência de defeitos na formação da vontade a ser negocialmente manifestada ou declarada em acordo etc.".

519 Isto é, constituem também os centros de interesse substancial do contrato-quadro. Cf. TOMASETTI JUNIOR, Alcides. Op. cit. p. 761. "Por princípio, quem figura no acordo entre as partes contratuais igualmente figura no *polo* (parte, lado) *ativo*, ou no *polo* (parte, lado) *passivo*, ou *em ambos os polos* (partes, lados) da *relação jurídica contratual*. É bem possível, no entanto, que não haja tal coincidência, como acontece nos casos de *representação direta*, em que o *representante* figura no acordo contratual como *parte em sentido formal*, na medida em que concorre com sua própria manifestação ou declaração negociais *para a constituição do contrato*, enquanto o *representado* figura como *parte em sentido substancial* na *relação jurídica correspondente ao contrato*, porquanto é ao *representado* que se imputam as posições jurídicas ativas e passivas (efeitos jurídicos) emergentes do acordo contratual de que se trate (CC, art. 115).".

Sendo reguladas tais matérias no contrato-quadro, ainda que não de forma exaustiva – por exemplo, apenas estabelecendo a obrigação das partes de concluírem um acordo de acionistas ou quotistas que abranja, no mínimo, certas matérias, e atendendo a certas diretrizes –, é de se concluir que este se configura contrato de natureza parassocial, por reger matérias atinentes às relações societárias em negócio jurídico independente e autônomo em referência ao estatuto ou contrato social[520].

Em decorrência disso, aplicam-se ao contrato-quadro, especificamente nessa situação, as diretrizes legais pertinentes para que se considere eficaz perante a sociedade empresária e terceiros, notadamente o seu arquivamento na sede da empresa e seu averbamento nos registros desta perante a Junta Comercial[521].

Tome-se como exemplo o cenário em que uma empresa que fabrica produtos químicos se associa a outra, esta com atuação na produção de insumos em geral, para iniciarem um empreendimento conjunto, destinado à fabricação de catalizadores necessários às atividades comerciais da primeira. A primeira empresa se compromete a realizar a maior parte dos investimentos para a instalação do novo negócio, ao passo que a segunda se obriga a utilizar o seu *know-how* adquirido ao longo dos anos de atuação naquele mercado. As partes planejam que, iniciada a operação comercial, passe a nova sociedade empresária constituída a fornecer em condições

[520] OPPO, Giorgio. Op. cit. p. 2-3.

[521] Nas sociedades empresárias por ações, essa matéria é regulada expressamente por força do Art. 118 da Lei das Sociedades por Ações (6.404/1973), notadamente em seu *caput* e parágrafo 1º, transcritos ao fim desta nota de rodapé. Apesar de não haver disciplina legal específica, também às sociedades contratuais se estendem tais fatores de eficácia do acordo de quotistas perante a sociedade empresária e terceiros. Cf. BARBI FILHO, Celso. Acordo de acionistas: panorama atual do instituto no direito brasileiro e propostas para a reforma de sua disciplina legal. In: *Revista de Direito Mercantil, Industrial, Econômico e Financeiro*, n. 121, 2001, p. 30-55. p. 38; SOUZA, Carmen Godoy Vieira de. *Acordo de quotistas*: o contrato parassocial na sociedade limitada. Dissertação (Mestrado em Direito e Justiça), Faculdade de Direito da Universidade Federal de Minas Gerais, Belo Horizonte. p. 69.

Art. 118 da Lei nº 6.404/1973. Os acordos de acionistas, sobre a compra e venda de suas ações, preferência para adquiri-las, exercício do direito a voto, ou do poder de controle deverão ser observados pela companhia quando arquivados na sua sede.

§ 1º As obrigações ou ônus decorrentes desses acordos somente serão oponíveis a terceiros, depois de averbados nos livros de registro e nos certificados das ações, se emitidos. (...)

mais favoráveis os catalizadores de que necessita a primeira empresa, o que se afigura retorno dos investimentos desta.

Uma das formas de estruturar essa relação contratual[522] é mediante a celebração de um contrato-quadro.

Nele, as partes irão, como é praxe nesses acordos, esclarecer quais são seus objetivos econômicos com aquela parceria e fixar pontos relevantes para o seu desenvolvimento[523].

Para além disso, no entanto, elas podem – e frequentemente o fazem – desde já fixar certas diretrizes para a elaboração dos atos constitutivos da sociedade empresária que será constituída, obrigarem-se à conclusão futura de acordos de acionistas ou quotistas que versem acerca de certos pontos, como a utilização de seus direitos de voto na nova empresa sempre em atenção aos objetivos delineados no contrato-quadro, e comprometerem-se a submeter também os contratos de compra e venda em condições favorecidas, a serem celebrados entre a empresa investidora e a *joint venture*, às regras do contrato-quadro. Conforme já citado, essas disposições atinentes a matérias societárias apenas adquirem eficácia perante a empresa e terceiros quando atendidas as prescrições legais pertinentes[524].

Tem-se, portanto, que a conjuntura em que o empreendimento conjunto regido por um contrato-quadro é também organizado pela via societária, dando origem a uma nova pessoa jurídica, traz uma série de peculiaridades, as quais não podem passar despercebidas pelos intérpretes-aplicadores do Direito.

Hipótese menos comum, mas ainda assim possível, é a de que o contrato de associação de empresas para fins de investimento não dê ensejo à formação de uma nova sociedade empresária, sendo regido apenas pela via contratual.

Adotando o mesmo exemplo anterior, em que se unem duas empresas da indústria química, uma que elabora produtos finais e, a outra, que

522 Ou, em expressão de Francisco de Paulo Crescenzo Marino, "arquitetar" a coligação de contratos que se desenvolverá entre elas. Cf. MARINO, Francisco de Paulo Crescenzo. Op. cit. p. 30.

523 Modo de comunicação entre as partes, forma de resolução de conflitos, cronogramas, responsabilidades principais, declarações essenciais, transferência inicial de recursos ou tecnologia, obrigação de confidencialidade etc.

524 *Vide* nota de rodapé 521, *supra*.

fabrica insumos, é possível que se estabeleça que esta segunda irá receber diretamente os investimentos e, sob a sua estrutura jurídica própria, irá conduzir a produção dos catalizadores.

Nesse caso, a adoção do contrato-quadro como estrutura jurídica de coordenação da relação econômica das partes deverá abranger também matérias como a divisão de responsabilidades entre os contratantes e o modo de tomada de decisões acerca do negócio.

Por se tratar de regramento semelhante ao observado nas espécies de empreendimento conjunto já mencionadas e analisadas nas páginas anteriores, remete-se o leitor a estas, haja vista inexistirem especificidades que justifiquem o seu estudo em apartado.

Diferentemente do aferido nas duas subclasses acima tratadas, os contratos-quadro que dão início a associações empresariais de investimento se revestem frequentemente de função integrativa.

É possível, claro, que o objeto do contrato-quadro se limite à organização do modo como ocorrerão os investimentos e se desenvolverá a parceria comercial, não ensejando influência de um dos contratantes sobre as atividades do outro.

O mais comum, entretanto, é que se vá além dessas questões, e, por influência da empresa investidora, o contrato-quadro contenha cláusulas destinadas a compelir que a parte que se envolverá mais diretamente com a condução da operação comercial adeque a sua atuação comercial a certos parâmetros, inclusive se abstendo de oferecer concorrência direta ou indireta à sua parceira comercial, seja por si ou por intervenção da nova sociedade empresária eventualmente constituída[525].

Semelhante conteúdo constitui manifesto mecanismo de integração econômica entre as partes[526], de modo que, identificado no contrato-quadro que organiza o empreendimento conjunto de investimento, restará evidenciada a sua função de integração, a qual também implica – não se deve esquecer – no aprofundamento dos deveres de cooperação das partes.

O quarto e último grupo a ser analisado é o de contratos de empreendimento conjunto de concentração.

[525] BAPTISTA, Luiz Olavo; DURAND-BARTHEZ, Pascal. Op. cit. p. 29-30.

[526] Acerca dos mecanismos restritivos e colaborativos de integração econômica adotados nos contratos-quadro, *Vide* tópico 2.1.3, bem como Cf. GATSI, Jean. Op. cit. p. 73-78.

Esta espécie de associação de empresas, cujos aspectos jurídicos mais estudados são os concorrenciais – e não propriamente contratuais ou societários –, consiste na aliança de dois agentes que atuam em um mesmo setor econômico para constituírem uma nova empresa que também irá atuar neste mercado[527].

Os objetivos dos contratantes – normalmente empresas com atuação em diversos mercados relevantes[528] – é fortalecer a sua participação frente à concorrência. Tenha-se em mente, por exemplo, o caso de companhias aéreas que, para melhor competirem em certo país em que não têm obtido resultados comerciais expressivos, constituem uma empresa que irá operar apenas naquele mercado.

Com a união de recursos de ambas as companhias parceiras e a vantagem da nova companhia para atrair os clientes destas, o esperado é que ganhem competitividade e melhor consigam se posicionar comercialmente.

Por vezes, ainda, esse tipo de empreendimento conjunto se revela uma etapa preparatória de uma operação futura de aquisição de uma empresa pela outra ou de fusão entre elas, destinando-se a permitir a análise de sua viabilidade e vantajosidade comerciais[529].

[527] BAPTISTA, Luiz Olavo; DURAND-BARTHEZ, Pascal. Op. cit. p. 30.

[528] A respeito do conceito técnico-jurídico de mercado relevante, Cf. SALOMÃO FILHO, Calixto. *Direito concorrencial*: as condutas. 1. ed. São Paulo: Malheiros, 2003. p. 97. "Analisadas as fraquezas das demais formas de medição de poder no mercado, resta discutir o hoje dominante método teórico de acesso e medição de poder no mercado. Esse é, também, o método adotado no sistema brasileiro. Essa conclusão decorre do emprego nos artigos 20, § 3º, e 54, § 3º, da lei concorrencial da expressão 'participação no mercado relevante' (...) o referido método prevê exatamente isso: primeiro a definição do mercado relevante, através do estabelecimento dos limites geográficos e relativos ao tipo do produto, e, em seguida, a verificação da participação percentual do agente econômico neste mercado.".

[529] BAPTISTA, Luiz Olavo; DURAND-BARTHEZ, Pascal. Op. cit. p. 30. "A última categoria proposta é, ela mesmo, nas fronteiras da noção de empreendimento conjunto, e pode ser chamada de "contrato de empreendimento conjunto de concentração". Ela consiste em um procedimento de agrupamento de empresas que se mostra como alternativa às fusões e aquisições clássicas.".
Trecho original: "La dernière catégorie que nous proposons est, elle aussi, aux frontières de la notion de *joint venture* et on peut l'appeler '*joint venture* de concentration'. Il s'agit d'un procédé de regroupement des entreprises qui se présente souvent comme une alternative aux fusions et acquisitions classiques.".

Independentemente de sua finalidade, as associações de empresas com escopo de concentração necessariamente se organizam por meio da constituição de novas sociedades empresárias[530], as quais variam apenas em termos de maior ou menor independência em relação às empresas que as constituem[531].

A arquitetura contratual adotada em cada caso concreto pode ou não se valer de contratos-quadro, os quais, acaso utilizados, trazem as peculiaridades próprias de sua relação com as estruturas societárias da nova empresa, temática já estudada quando se procedeu à investigação das particularidades dos contratos de empreendimento conjunto de investimento, e a cujas conclusões se remete o leitor.

Na realidade, apesar de não se olvidar a relevância econômica dos contratos de associação de empresas com a finalidade de concentração de mercado, constata-se que os seus aspectos jurídicos mais palpitantes são atinentes ao Direito Concorrencial, fugindo aos propósitos desse trabalho.

Os contratos-quadro empregados nestas relações contratuais assumem de modo especialmente marcante uma função de integração econômica das partes, pois o próprio escopo central delas é o de interferir nas atividades empresariais de ambos os parceiros comerciais, por meio do empreendimento conjunto iniciado, a fim de melhorar o seu desempenho no mercado.

Não é de surpreender, por conseguinte, que nestes contratos-quadro sejam previstos diversos mecanismos restritivos – o mais notável deles, a exclusão das empresas contratantes, individualmente consideradas, da atuação no mercado em que irá operar a nova empresa constituída – e colaborativos – por exemplo, trocas de tecnologia e assistência técnica entre as partes, até mesmo para viabilizar o início das atividades da *joint venture*.

É exatamente em razão da adoção de tais mecanismos, os quais promovem notável integração econômica entre os celebrantes, que esses contratos são sujeitos, consoante já apontado, aos crivos do Direito Concorrencial.

[530] Isso se deve à circunstância de as empresas originárias já atuarem naquele setor econômico, de modo que não seria possível iniciar um empreendimento conjunto duradouro, sem que houvesse confusão patrimonial entre ambas, caso não fosse criada uma estrutura jurídica apartada delas.

[531] BAPTISTA, Luiz Olavo; DURAND-BARTHEZ, Pascal. Op. cit. p. 31.

Diante de toda a análise empreendida dos contratos de associação empresarial, percebe-se que, embora consideradas a sua amplitude de definição e as limitações metodológicas da classificação utilizada para estudá-los, eles se revelam espaço fecundo para o aproveitamento dos contratos-quadro.

É de se notar que, nas relações contratuais de empreendimento conjunto, são atribuídas aos contratos-quadro finalidades e estruturas ainda mais diversas entre si que as já usualmente constatadas, podendo eles até mesmo sofrerem a incidência de normas que, via de regra, são-lhe estranhas.

Concluídos os apontamentos referentes ao contrato-quadro de empreendimento conjunto, avança-se para o estudo das relações contratuais bancárias, nas quais é controvertida a própria adequação dos contratos-quadro.

2.2.4. Contrato-quadro bancário

A expressão "contratos bancários" designa todos os contratos celebrados por instituições bancárias para realizarem as suas operações típicas[532], podendo tanto ser celebrados com consumidores finais – contratos bancários de consumo – quanto com outros empresários – contratos bancários empresariais[533].

Até algumas décadas atrás, o reduzido acesso da população em geral aos bancos e o pouco desenvolvimento das relações contratuais bancárias explicavam o motivo de estas instituições e seus clientes não regerem previamente os termos gerais de seu vínculo, preferindo regular cada um dos serviços contratados especificamente[534].

Não sendo usual que um mesmo cliente fizesse uso de diversos serviços oferecidos pelo banco – seja por não serem acessíveis, seja por não terem nem mesmo sido concebidos[535] –, bastava-lhe, por exemplo, que ele

[532] MARTINS, Fran. Op. cit. p. 514-515.

[533] NERY JR., Nelson. *Código brasileiro de defesa do consumidor comentado pelos autores do anteprojeto*. 1. ed. Rio de Janeiro: Forense, 1991. p. 305; RIZZARDO, Arnaldo. *Contratos de crédito bancário*. 3. ed. São Paulo: Revista dos Tribunais, 1997. p. 24-25.

[534] ALMEIDA, Carlos Ferreira de. Op. cit. p. 144.

[535] Imagine-se o período em que ainda não existiam os cartões de crédito, ou estes ainda não eram disseminados, ou ainda o tempo em que as linhas de crédito eram quase que exclusivamente destinadas a projetos empresariais, e não, como ocorre atualmente, ao consumo em geral.

celebrasse um contrato de conta corrente bancária ou de depósito para que as suas necessidades fossem atendidas.

Este paradigma em nada se assemelha ao atual, no qual as relações bancárias são disseminadas de tal modo que assumem mesmo o papel de engrenagens fundamentais da vida econômica e social moderna[536]. Em decorrência disso, os bancos oferecem cada vez mais serviços, os quais, por sua vez, são acessíveis a cada vez mais clientes, sejam consumidores finais ou empresários.

Por conta da variedade de serviços e produtos oferecidos pelas instituições bancárias, instrumentalizados cada um por contratos distintos, natural foi o desenvolvimento de um regramento abrangente destas operações[537] – aquilo que se tem nomeado de contrato bancário geral[538] – por meio do qual são organizados os liames contratuais que poderão ou não se desenvolver no relacionamento entre banco e cliente.

O entendimento de que as relações bancárias modernas se desenvolvem mediante a celebração de um contrato inicial entre o banco e o seu cliente, o qual regerá uma série de diversos contratos vindouros que poderão ou não ser celebrados, prevalece na França[539], na Itália[540] e em Portugal[541]. Na Alemanha, persiste controvérsia acerca da temática[542].

[536] RIZZARDO, Arnaldo. Op. cit. p. 15-16.

[537] POLLAUD-DULIAN; Frédéric; RONZANO, Alain; REYGROBELLET, Arnaud. Op. cit. p. 39. "Os bancos começaram a organizar em um único instrumento as operações que dão origem a contratos independentes, celebrados quando e se desejados pelas partes.". Trecho original: "Les banques ont commencé à regrouper en un seul instrument des opérations qui donnent lieu à des contrats indépendants souscrits au fur et à mesure des besoins.".

[538] ALMEIDA, Carlos Ferreira de. Op. cit. p. 144.

[539] GATSI, Jean. Op. cit. p. 20-26; POLLAUD-DULIAN; Frédéric; RONZANO, Alain; REYGROBELLET, Arnaud. Op. cit. p. 39-40.

[540] PARDOLESI, Roberto. *I contratti di distribuzione*. Napoli: Jovene, 1979. p. 271.

[541] MENEZES CORDEIRO, António. *Manual de direito bancário*. 4. ed. Coimbra: Almedina, 2010. p. 229-232, 238; ALMEIDA, Carlos Ferreira de. Op. cit. p. 144-145; GUIMARÃES, Maria Raquel de Almeida Graça Silva. Op. cit. p. 365-372. Em Portugal, essa posição foi ainda expressamente consagrada pelos Tribunais, consoante verificado no Acórdão do Superior Tribunal de Justiça português de 03/12/1998 (Relator: Armando Lourenço).

[542] Apesar de prevalecer na doutrina especializada alemã a compreensão de que as relações contratuais bancárias se desenvolvem através da celebração de um contrato bancário geral, também subsiste posição anticontratualista, a qual reconduz tais relações a uma obrigação legal, e que recentemente, em 2002, foi assumida pelo BGH. Cf. MENEZES CORDEIRO, António.

O contrato bancário geral nada mais é que o acordo celebrado entre o banco e o seu cliente, pelo qual se inaugura o relacionamento entre ambos, correspondendo à avença que inicia a conta bancária[543].

Referida avença não se limita a regular os aspectos gerais da relação havida entre as partes, a exemplo das operações as quais faz jus o cliente (depósitos em conta, saques, transferências etc.), que não dependem da conclusão de novos contratos para serem efetivadas, e das tarifas aplicadas.

No contrato bancário geral também são enumerados e disciplinados, em linhas gerais, os serviços que estão disponíveis ao cliente mediante a celebração de novos contratos específicos. É usual, no entanto, que as instituições bancárias se reservem ao direito de analisarem, caso a caso, se desejarão concluir estes novos acordos, prática que suscita controvérsia no que atine à classificação do contrato bancário geral.

Entende-se que o contrato em comento constitui exemplo de contrato-quadro[544], tendo em vista que: 1) inaugura uma relação contratual, imediatamente criando vínculo jurídico entre as partes, estabelecendo entre elas a obrigação de cooperarem para a conclusão de novos contratos, o que inclusive resulta na obrigação do banco de receber os requerimentos dos consumidores, analisá-los e respondê-los formalmente; e 2) rege o modo de celebração e o conteúdo de outros negócios jurídicos, quais sejam, os contratos específicos referentes aos serviços e produtos oferecidos pelo banco.

A obrigação de cooperação identificada nestas relações contratuais reside nas prestações as quais o banco se obriga de viabilizar amplamente aos seus clientes a solicitação de serviços e produtos, bem como de, ainda que não obrigado a fornecê-los em todos os casos, informá-los dos

Op. cit. p. 238-239; ALMEIDA, Carlos Ferreira de. Op. cit. p. 144-145; GUIMARÃES, Maria Raquel de Almeida Graça Silva. Op. cit. p. 350-355.

543 GUIMARÃES, Maria Raquel de Almeida Graça Silva. Op. cit. p. 365-367.

544 ALMEIDA, Carlos Ferreira de. Op. cit. p. 146. "O contrato bancário geral é um contrato socialmente típico, com a natureza de contrato-quadro, com uma componente dominante de contrato normativo, ao qual estão associados o contrato de 'depósito' à ordem e outros contratos de celebração eventual". No mesmo sentido, Cf. GATSI, Jean. Op. cit. p. 20-26; POLLAUD-DULIAN; Frédéric; RONZANO, Alain; REYGROBELLET, Arnaud. Op. cit. p. 39-40; GUIMARÃES, Maria Raquel de Almeida Graça Silva. Op. cit. p. 371; MENEZES CORDEIRO, António. Op. cit. 232.

motivos que levaram a uma eventual negativa de celebrar o contrato no caso concreto.

Esta classificação é controvertida por alguns autores, os quais sustentam que, por não haver vinculação nem do banco, nem do cliente, à celebração de novos contratos, inexistiria, na hipótese, contrato-quadro[545].

Não irá se adentrar, por ora, nesta controvérsia, tendo em vista que a questão da essencialidade da previsão de uma obrigação de concluir contratos de aplicação, para fins de qualificação do contrato-quadro, é oportunamente analisada neste trabalho em seu Capítulo IV, ao qual se remete o leitor.

É de se apontar que a investigação acerca das particularidades e funções do contrato-quadro no setor bancário não depende da análise da problemática mencionada, pois a ausência de obrigação de qualquer uma das partes de celebrar os contratos de aplicação oriundos do contrato-quadro bancário não se estende a todos os serviços oferecidos. Cita-se, a título de exemplo, o caso de certos produtos básicos, os quais o banco se obriga a oferecer, desde que o cliente tenha interesse. Em havendo tais serviços – como normalmente há – inexistem dúvidas que, ao menos em relação a eles, existe contrato-quadro.

Sendo assim, certo é que há, em maior ou menor extensão[546], a adoção de acordos que podem ser qualificados como contratos-quadro na seara bancária.

[545] Tal entendimento foi manifestado pelo BGH em seu acórdão de 24.09.2002. Acerca deste julgado e seu teor, Cf. GUIMARÃES, Maria Raquel de Almeida Graça Silva. Op. cit. p. 353-354. "Já neste século, no ano de 2002, o BGH veio avivar novamente a discussão em torno do enquadramento jurídico da relação bancária, criticando de forma expressa a doutrina do contrato bancário geral e a sua caracterização como um contrato-quadro. Para além de considerar redundante a noção de contrato bancário geral, este tribunal contestou a existência de uma intenção geral por parte dos bancos de se vincularem à celebração de novos contratos perante os seus clientes e contestou também o facto de a existência de condições gerais do contrato apontar no sentido de uma vinculação contratual duradoura.".

[546] Entendendo-se que a obrigação de celebrar contratos de aplicação não é da essência dos contratos-quadro, deve-se inferior que o âmbito de utilização deles nas operações bancárias é muito maior. Partindo da compreensão oposta, de que tal obrigação é da essência dos contratos-quadro, há de se concluir que os contratos-quadro são menos usuais nesta área. Acerca da necessidade ou não de que, para se reputar contrato-quadro, o acordo preveja obrigação de concluir contratos de aplicação, *Vide* Capítulo IV, *infra*.

Resta perquirir exatamente qual o conteúdo e as funções típicas do contrato-quadro bancário.

Como já se esclareceu, o contrato-quadro em análise é o acordo de abertura da conta bancária.

Nestes contratos, são enunciadas as principais obrigações atinentes à relação contratual em geral[547]. Por exemplo, quais as plataformas de comunicação entre o banco e o cliente, os limites de crédito deste, as operações bancárias que poderá realizar, as tarifas aplicadas, eventuais vantagens em estabelecimentos de parceiros comerciais da instituição bancária, dentre outras matérias.

Também no contrato-quadro bancário são dispostos quais serviços oferecidos pelo banco poderão ser contratados pelo cliente, e quais são as diretrizes gerais de cada um deles[548].

Se a instituição bancária oferece a certo cliente um determinado serviço – seja de depósito de bens, abertura de linha de crédito, desconto bancário, utilização de cartão de crédito, dentre tantos outros – este não apenas será citado no contrato-quadro, como já será previsto boa parte de seu regramento. Resta para o contrato de aplicação tão somente a formalização da adesão ao serviço e a determinação de eventuais questões específicas aplicáveis ao caso concreto (notadamente, a escolha entre um ou outro plano, o prazo de vigência etc.).

Aqui há um ponto que merece destaque: é possível, e, mais do que isso, é frequente, que alguns contratos de aplicação do contrato-quadro bancário geral também se qualifiquem como contratos-quadro.

Nada impede que um contrato-quadro concentre o regramento geral da relação contratual e tenha, dentre seus contratos de aplicação, outros contratos-quadro que rejam um desdobramento específico da operação.

É isto que muitas vezes ocorre na seara bancária, na qual é habitual que, após a conclusão do contrato-quadro geral que inaugura a relação contratual, siga-se com a celebração de novo contrato-quadro de regulação de operações de desconto bancário, o qual será, por sua vez, seguido de contratos de aplicação próprios, a saber, os acordos específicos em que

547 POLLAUD-DULIAN; Frédéric; RONZANO, Alain; REYGROBELLET, Arnaud. Op. cit. p. 39.

548 ALMEIDA, Carlos Ferreira de. Op. cit. p. 146.

haverá cessão de títulos em favor do banco, mediante antecipação parcial dos recebíveis por parte deste.

Dentre os exemplos de contratos de aplicação do contrato-quadro bancário geral que são, em si considerados, também contratos-quadro, é citado o contrato-quadro de utilização de cartão de crédito, seguido de contratos de aplicação próprios de financiamento para consumo[549]. É duvidoso, no entanto, se, nesta situação, há de fato a cisão entre contrato--quadro e contratos de aplicação, ou se os financiamentos não se resumem a atos de execução do contrato de utilização de cartão de crédito.

Importante frisar que a possibilidade de adotar em conjunto mais de um contrato-quadro na mesma relação contratual não se restringe aos contratos bancários, em que pese talvez essa seja a relação contratual em que mais se adota esta prática.

Percebe-se, portanto, que, nos contratos-quadro bancários, tanto o conteúdo obrigacional imediato – as principais obrigações de ambas as partes na relação contratual iniciada – quanto o conteúdo normativo específico – as diretrizes acerca dos contratos que poderão ser celebrados para a aquisição de novos serviços – são muito abrangentes.

Isso está conectado, em grande medida, à função principal por eles assumida, que é a redução dos custos de transação da relação contratual, permitindo a rápida – e massificada – conclusão de novos contratos entre o banco e seu cliente.

Ora, tamanha é a necessidade de celeridade na conclusão dos contratos bancários, que não apenas os contratos-quadro são utilizados para otimizá-la. Normalmente eles são associados a outras técnicas contratuais cuja finalidade é a mesma, a exemplo das condições contratuais gerais.

O usual é que o contrato-quadro bancário seja celebrado por adesão às condições contratuais gerais pré-estabelecidas pelo banco[550], e, por meio dele, sejam regrados os principais aspectos do relacionamento entre a instituição e seu cliente e dos serviços oferecidos por aquela a

[549] A respeito especificamente da qualificação dos contratos de utilização de cartão de crédito como contratos-quadro, *Vide* obra monográfica acerca da temática: GUIMARÃES, Maria Raquel de Almeida Graça Silva. *O contrato-quadro no âmbito da utilização de meios de pagamento electrónicos*. Coimbra: Coimbra Editora, 2011.

[550] Conforme já exposto, não há qualquer óbice para que o contrato-quadro seja celebrado por adesão. *Vide* tópico 1.4.3, *supra*.

este, fazendo com que a celebração dos contratos de aplicação, com a consequente aquisição de produtos e serviços, seja a mais rápida possível.

Findada a explanação atinente aos contratos-quadro bancários, há o desfecho do segundo capítulo desta obra, cujo objeto foi a exposição, de um lado, das principais funções assumidas pela categoria dos contratos-quadro, e, de outro, das relações contratuais nas quais é mais frequente a sua adoção.

No capítulo seguinte – o terceiro do trabalho –, introduz-se finalmente o âmbito operativo dos contratos-quadro. É explorado se a indeterminação, no contrato-quadro, de elementos essenciais da relação contratual, seria compatível com a ordem jurídica brasileira, analisando-se, ainda, se é válida a outorga a uma das partes do poder formativo de fixar unilateralmente tais elementos inicialmente indeterminados.

CAPÍTULO III
A INDETERMINAÇÃO DE ELEMENTOS DA RELAÇÃO CONTRATUAL NO CONTRATO-QUADRO

O estudioso do Direito não pode jamais deixar de levar em consideração a advertência de Vittorio Scialoja: teoria e prática não devem ser distanciadas, mas antes reconstituídas em unidade destinada a criar uma obra jurídica comum[551]. É assim, aliás, que a doutrina melhor pode atuar em seu ofício de criação do direito[552], e foi assim que o direito romano alcançou

[551] SCIALOJA, Vittorio. Diritto pratico e diritto teorico. In: *Rivista del diritto commerciale e del diritto generale delle obbligazioni*, v. 9, n. 1, 1911, p. 63-70. p. 63. "É absolutamente necessário que a teoria e a prática não sejam vistas à distância com um senso de reverência em relação ao outro, esse respeito reverente que vem de pouco conhecimento e pouca familiaridade. É absolutamente necessário que esta teoria e prática reconstituam sua unidade, não apenas objetivamente, mas também na alma de cada um de nós.".
Trecho original: "È assolutamente necessario che teoria e pratica non si guardino da lontano con un senso di rispetto reverenziale l'una verso l'altra, quel rispetto reverenziale che proviene da poca conoscenza e da poca familiarità. È assolutamente necessario che teoria e pratica ricostituiscano la loro unità, non solo obiettivamente, ma anche nell'animo di ciascuno di noi.".

[552] RODRIGUES JUNIOR, Otávio Luiz. Dogmática e crítica da jurisprudência (ou da vocação da doutrina em nosso tempo). In: *Revista dos Tribunais*, n. 891, jan., 2010, p. 65-106. p. 78-79.

o seu impressionante nível de desenvolvimento, chegando a ser chamado de "razão escrita"[553] e influenciando a ciência jurídica até hoje[554].

É por isso que, percorridas as duas primeiras etapas deste trabalho, que se destinavam a pôr luz ao fenômeno jurídico analisado sob o seu aspecto teórico, delimitando-o conceitualmente, para assim se definir o que aqui se pretendia estudar, e expondo as suas funções, a fim de deslindar o porquê de ser empregado nas relações contratuais em que normalmente é identificado, há de se debruçar sobre os problemas práticos surgidos em seu âmbito operativo, com o fito de, então, propor soluções.

A primeira das problemáticas a ser investigada será a questão da indeterminação, nos contratos-quadro, de elementos da relação contratual, bem como os mecanismos de fixação destes pontos inicialmente lacunosos.

Trata-se de questão controvertida nos ordenamentos de tradição romano-germânica, pois, ao menos em uma análise superficial, implica no confronto de uma figura jurídica historicamente nova, o contrato-quadro, com noções que vêm sendo sedimentadas desde o direito romano.

Dois desdobramentos diretos desta alvos de frequentes debates no direito comparado serão analisados neste Capítulo: a característica do contrato-quadro de não determinar de pronto todos os elementos essenciais da relação contratual – e as eventuais repercussões disso no plano da validade – e a comum previsão, nestes contratos, pela qual se outorga a um dos acordantes o poder de fixar unilateralmente parte dos elementos dos contratos de aplicação.

[553] ZACHARIAE, Karl Solomo. *Cours de droit civil français*. 4. ed. Trad. Charles Aubry e Charles-Frédéric Rau. Paris: Marchal Billard, 1869, t. I. p. 23. "O direito romano em particular não há mais hoje, portanto, força de lei na França; nós devemos lhe reconhecer apenas uma autoridade moral ou doutrinária fundada no valor intrínseco de suas disposições, cuja sabedoria lhe fez ser atribuído com justiça o título de razão escrita.".
Trecho original: "Le Droit romain en particulier n'a donc plus aujourd'hui force de loi en France ; on ne doit lui reconnaître qu'une autorité morale ou doctrinale fondée sur la valeur intrinsèque de ses dispositions, dont la sagesse lui a fait justement attribuer le titre de *raison écrite.*".
Embora Zachariae seja normalmente citado por haver celebrizado tal expressão, há de se ressaltar que quem a cunhou foi Locré, em seus pioneiros comentários ao Código Napoleão. Cf. LOCRÉ, Jean Guillaume. *Esprit du code napoléon, tiré de la discussion*. Paris: Imprimérie Impériale, 1808, t. I. Introduction.

[554] SAVIGNY, Friedrich Carl von. Op. cit. p. 70-71.

Para tanto, o trabalho de análise será dividido do seguinte modo: 1) primeiramente, será discutida a matéria dos elementos negociais, a fim de se aferir o que se entende por elemento de um contrato, e quais são as suas possíveis naturezas; 2) em seguida, será debatida a característica inafastável dos contratos-quadro de não definirem imediatamente todos os elementos essenciais da relação contratual, buscando esclarecer os seus contornos e as explicações que a justificam; 3) alcançando propriamente um dos problemas examinados, serão perscrutadas as objeções levantadas ao índice típico dos contratos-quadro de não determinarem imediatamente todos os elementos essenciais da relação contratual, passando-se, em seguida, a indagar se isto resultaria na invalidade desses contratos; 4) finalmente, será avaliado se a colmatação dos pontos dos contratos de aplicação que não são estabelecidos nos contratos-quadro pode ocorrer mediante fixação unilateral, e, em sendo possível, quais são os parâmetros para que tal procedimento se repute juridicamente adequado.

3.1. Elementos do negócio jurídico

Debater em que medida a circunstância de os contratos-quadro não determinarem todos os elementos da relação contratual por eles inaugurada está em conformidade com a ordem jurídica brasileira, e, ainda, de que modos poderia haver a fixação destes elementos, depende de um estudo que consigo guarda caráter de prejudicialidade: o dos elementos negociais e suas classificações.

Em vocabulário jurídico técnico, elemento é tudo que compõe o plano da existência de um fato jurídico – ou seja, diz respeito a todos os acontecimentos, estados, atos, omissões, silêncios e até mesmo outros fatos jurídicos que constituem o seu suporte fático[555].

Trazendo a questão para o âmbito do negócio jurídico – e, por via de consequência, dos contratos –, tem-se que elemento é "tudo aquilo que

[555] PONTES DE MIRANDA, Francisco Cavalcanti. *Tratado de direito privado*. 3. ed. Rio de Janeiro: Borsói, 1970, t. I. p. 4. "Os elementos do suporte fáctico são pressupostos do fato jurídico; o fato jurídico é o que entra, do suporte fáctico, no mundo jurídico, mediante a incidência da regra jurídica sôbre o suporte.". No mesmo sentido, Cf. MELLO, Marcos Bernardes de. Op. cit. p. 92.

compõe sua existência no campo do direito"[556]. Os elementos são os entes mínimos indivisíveis[557] – os átomos, por assim dizer – que compõem o negócio – a molécula, seguindo no exemplo[558].

Apesar de alcançada por um silogismo simples – elemento é tudo que compõe a existência dos fatos jurídicos; o negócio jurídico é um fato jurídico; logo, elemento do negócio jurídico é tudo aquilo que compõe a sua existência – essa concepção merece atenção em alguns pontos.

É que não se pode perder de vista o que é elemento do suporte fático das regras jurídicas que estabelecem os tipos negociais, e o que é exclusivamente elemento do suporte fático da regra jurídica que reconhece e sanciona o poder dos particulares de autorregrarem seus interesses.

Diz-se típico o contrato cujos elementos se amoldam a um tipo contratual previsto legalmente[559].

O suporte fático concreto que sofre a incidência das regras atinentes ao regime típico não equivale, entretanto, ao conjunto de todos os elementos do negócio jurídico, senão à soma daqueles que são próprios do tipo contratual, ou seja, essenciais à incidência da norma.

Igualmente, os elementos que fazem alçar determinada estrutura à categoria de contrato – ou, em nível ainda maior de abstração, os elementos

[556] JUNQUEIRA DE AZEVEDO, Antonio. *Negócio jurídico*: existência validade e eficácia. 4. ed. São Paulo: Saraiva, 2002. p. 31. No mesmo sentido, Cf. ALMEIDA, Carlos Ferreira de. Op. cit. p. 15.

[557] DEL NERO, João Alberto Schützer. *Conversão substancial do negócio jurídico*. Rio de Janeiro: Renovar, 2001. p. 408-409. "'elemento do negócio jurídico', o ente indivisível, juridicamente relevante, em si e por si mesmo considerado, presente no negócio jurídico ou que, juridicamente, se lhe acresça.".

[558] MELLO, Marcos Bernardes de. Op. cit. p. 111. "Por outro aspecto, o fato jurídico há de ser considerado conceptualmente como unidade, embora possa ser constituído por vários fatos. A oferta e a aceitação são negócios jurídicos unilaterais que se fundem para formar o contrato. Embora composto de dois negócios jurídicos unilaterais, o contrato tem unidade conceptual, donde ter de ser considerado como unidade. O suporte fáctico, ao contrário, mantém a sua estrutura complexa de conjunto de fatos, sem que se tenha necessidade de considerá-lo, mesmo conceptualmente, como unidade.".

[559] ROPPO, Vincenzo. Op. cit. p. 421. "Dado um contrato específico (suporte fático concreto), ele se diz contrato típico se corresponde ao suporte fático abstrato de qualquer um dos tipos contratuais definidos e regulados pela lei (...)".
Trecho original: "Dato un singolo contratto (fattispecie concreta), esso si dice contratto tipico se corrisponde alla fattispecie astratta di qualcuno dei tipi contrattuali definiti e regolati dalla lege (...)".

que lhe reconduzem à própria categoria de negócio jurídico – são apenas aqueles necessários ao preenchimento dos respectivos suportes fáticos das normas que reconhecem tais categorias[560].

Desde que obedecidos os limites legais, não há nada que obstaculize que em dado contrato hipotético as partes derroguem o regime típico previsto em lei, ou, ainda, disciplinem outros pontos que lhes sejam relevantes. Todavia, esta parcela do regramento será elemento do suporte fático de outra regra jurídica.

Tais afirmações estão fundadas no entendimento de que, muito embora o negócio jurídico seja dotado de unidade[561] – não se trata de uma mera justaposição de fatos, mas sim constitui um conjunto ordenado formado por eles –, alguns de seus elementos servem de suporte fático para outras regras jurídicas[562].

Tomando como exemplo um contrato de compra e venda, depreende-se que o acordo de vontades acerca da disposição de certa coisa mediante o pagamento de determinado preço será elemento do suporte fático da norma que estabelece esse tipo contratual[563], a qual, no direito brasileiro vigente, é decorrente do artigo 481 do CC/02[564].

560 Não se deve olvidar, entretanto, que, apesar de o suporte fático concreto das normas que estabelecem e regem os tipos negociais ser composto apenas pelos elementos que, acaso afastados, obstariam a qualificação do negócio jurídico, o processo de recondução de determinada estrutura jurídica a um tipo negocial é misto. Com efeito, tal processo é composto tanto pela já descrita etapa inicial subsuntiva, de verificação do preenchimento de elementos mínimos, quanto por uma etapa seguinte de verificação se a integralidade dos elementos do negócio jurídico se aproxima da imagem fenomênica do tipo jurídico. Acerca do processo de qualificação contratual, cuja maior parte das considerações também se estende à qualificação das demais espécies de negócios jurídicos, *Vide* tópico 1.1, *supra*.

561 *Vide* nota de rodapé 558, *supra*.

562 PONTES DE MIRANDA, Francisco Cavalcanti. Op. cit. p. 85-86. "O mesmo fato ou complexo de fatos pode ser suporte fáctico de mais de uma regra jurídica. Então, as regras jurídicas incidem e fazem-no fato jurídico de cada uma delas, com a sua respectiva irradiação de eficácia. No mundo jurídico, êle é múltiplo; entrou, ou reentrou por várias aberturas, levado por diferentes regras jurídicas, sem deixar de ser, fora dêsse mundo, ou nêle mesmo, inicialmente, um só.". No mesmo sentido, Cf. BETTI, Emilio. Op. cit. p. 10.

563 MELLO, Marcos Bernardes de. Op. cit. p. 97.

564 Art. 481 do CC/02. Pelo contrato de compra e venda, um dos contratantes se obriga a transferir o domínio de certa coisa, e o outro, a pagar-lhe certo preço em dinheiro.

Diversamente, ainda considerando a hipótese acima, não deverá ser concebido do mesmo modo o acordo a respeito do termo inicial de eficácia do contrato, por não se tratar de pressuposto essencial para que incida no caso concreto tal regra jurídica, que estabelece o tipo contratual de compra e venda.

Na realidade, todo o regramento de interesses jurídicos efetivado por particulares, seja por meio de manifestações unilaterais de vontade, no caso de negócios jurídicos unilaterais, seja mediante acordos de vontade, em se versando de negócios jurídicos bilaterais, compõe o suporte fático de outra norma: a de reconhecimento da autonomia privada.

Com efeito, nos ordenamentos que reconhecem e conferem sanção ao poder dos particulares de autorregrarem seus interesses[565], isto é, que consagram o princípio da autonomia privada, verifica-se que o suporte fático desta norma corresponde à totalidade do ato de estruturação da relação jurídica[566], desde que não ultrapassados os limites legais para tanto[567].

565 MELLO, Marcos Bernardes de. Op. cit. p. 246. "O sistema jurídico, ao estabelecer o conteúdo das relações jurídicas pode: a) regulá-lo, exaustivamente, em caráter cogente, não deixando à vontade qualquer margem, ou b) permitir que a vontade negocial escolha, dentre as espécies, variações quanto à sua irradiação e a intensidade de cada uma.".

566 BETTI, Emilio. Op. cit. p. 50. "Reconhece-se, portanto, (a autonomia privada) como atividade e poder criador, modificador ou extintor de relações jurídicas entre particulares: relações cuja vida e cujas vicissitudes são, antecipadamente, disciplinadas por normas jurídicas preexistentes. A manifestação precípua dessa autonomia é o negócio jurídico. Ele é concebido como um ato de autonomia privada, a que o direito liga o nascimento, a modificação ou a extinção de relações jurídicas entre particulares. Estes efeitos jurídicos produzem-se na medida em que são previstos por normas que, tomando por suporte fático o ato de autonomia privada, ligam-nos a ele como sendo o suporte fático necessário e suficiente para que operem.". Trecho original: "Viene riconosciuta, cioè, quale attività e potestà, creativa, modificativa o estintiva di rapporti giuridici fra privato e privato: rapporti, la vita e le vicende dei quali sono disciplinate in anticipo da preesistenti norme giuridiche. La manifestazione precipua di codesta autonomia è il negozio giuridico. Il quale va, per l'appunto, concepito quale atto di autonomia privata, cui il diritto ricollega la nascita, la modificazione e l'estinzione di rapporti giuridici fra privato e privato. Tali effetti giuridici si producono in quanto sono disposti da norme le quali, assumendo per presuposto di fatto l'atto di autonomia privata, ad esso li ricollegano siccome a fattispecie necessaria e sufficiente.".

567 PONTES DE MIRANDA, Francisco Cavalcanti. *Tratado de direito privado.* 3. ed. Rio de Janeiro: Borsói, 1970, t. III. p. 56. "A lei não deixa, inteiramente, à vontade dos interessados configurar as relações jurídicas. Por vêzes, preestabelece-as de modo claro e irremovível; outras vêzes, cria alguns tipos de relações jurídicas, dentre as quais se pode escolher o que

Contemplado um negócio jurídico concreto, há de se concluir que a integralidade de seu conteúdo preceptivo constitui suporte fático da norma de reconhecimento da autonomia privada, sem embargo de alguns desses elementos também integrarem o suporte fático de outras regras jurídicas, conforme já dilucidado[568].

Destarte, conquanto não haja equívoco em asseverar que todos os pontos contemplados no regramento de interesses estabelecido pela(s) parte(s) constituem em elementos do negócio jurídico, desde que ingressam no mundo jurídico, não se pode ignorar que alguns deles são elementos do suporte fático de outras normas, sendo o principal exemplo aquelas que estabelecem os tipos negociais e seus regimes jurídicos próprios. Isso quer dizer, em síntese, que a integralidade do regramento de interesses é suporte fático da norma de reconhecimento da autonomia privada, mas que alguns destes elementos compõem, adicionalmente, o suporte fático de normas outras, como as que instituem os regimes típicos.

Ilustrando de modo concreto essa distinção, é possível apontar que, em um contrato de compra e venda, todos os preceitos negociais previstos pelas partes serão considerados elementos do contrato, ou seja, integrarão o suporte fático da norma de reconhecimento da autonomia privada. Entretanto, paralelamente a isso, alguns deles em específico – o preço e a coisa – farão também parte do suporte fático de norma diversa, a saber, aquela que institui o tipo contratual da compra e venda.

Em que pese possam parecer triviais ou meramente academicistas, as distinções apresentadas se afiguram importantes para a correta assimilação da crítica de Pontes de Miranda à expressão corrente "elemento essencial do suporte fático", utilizada no título deste Capítulo e reiterada em outros pontos deste trabalho. Sustenta o autor que a terminologia seria redundante, já que aquilo que não é essencial não impede a incidência da norma jurídica sobre o suporte fático, e, consequentemente, não é parte integrante deste[569].

convém. Ali, a cogência é absoluta; aqui, a escolha entre tipos de relações jurídicas deixa às vontades prefirar uma ou outra, respeitados os limites, isto é, o número clauso de tipos (cogência relativa).".

568 *Vide* nota de rodapé 562, *supra*.

569 PONTES DE MIRANDA, Francisco Cavalcanti. *Tratado de direito privado*. 3. ed. Rio de Janeiro: Borsói, 1970, t. I. p. 33. "Tem-se procurado distinguir o que é essencial e o que não é essencial no suporte fáctico; porém tal distinção desatende a que, se algo não é essencial, a

Mais especificamente, as distinções conceituais acima tratadas adquirem relevância na compreensão do porquê é valioso classificar, identificar e estudar os elementos essenciais do negócio jurídico.

Pontes de Miranda critica a expressão "elemento essencial do suporte fático" por entender que, via de regra, ela carece de utilidade, pois, se um elemento compõe o suporte fático, ele deverá ser essencial para este.

Contrariamente, no caso dos negócios jurídicos, todos os elementos integram o suporte fático da norma jurídica pela qual se reconhece a autonomia privada, na medida em que constituem o autorregramento de interesses do(s) envolvido(s). Isto é, todos os elementos negociais seriam essenciais, acaso adotada a terminologia criticada.

Não é, no entanto, esse o caso. A adjetivação de "essencial" serve não para denotar todos os elementos advindos do exercício da autonomia dos particulares – se fosse esse o caso, seria supérflua –, mas para distinguir quais elementos atraem a incidência de regras jurídicas em virtude das quais há a recondução do fato jurídico a determinada categoria jurídica[570] ou tipo negocial[571].

Os elementos essenciais a seguir tratados devem ser sempre compreendidos, por conseguinte, em referência a determinada categoria jurídica ou tipo negocial, tratando-se de todos aqueles necessários e bastantes para que ocorra o processo de qualificação segundo o parâmetro definido.

Realizados esses esclarecimentos preliminares, passa-se à exposição das classificações dos elementos negociais aplicadas nesta obra, sobretudo para que se possa indicar com precisão aquilo ao que se refere quando é feita alusão a "elementos essenciais do negócio jurídico".

regra jurídica incide, a despeito da falta, e não se há de pensar em que faça parte do suporte fáctico. O suporte fáctico então é apenas a soma do que é essencial.".

570 Conforme já apontado, é possível se cogitar de elementos essenciais à própria categoria dos negócios jurídicos ou dos contratos. A esse respeito, Cf. JUNQUEIRA DE AZEVEDO, Antonio. Op. cit. p. 35-36.

571 A utilidade de contemplar na classificação dos elementos do negócio jurídico aqueles essenciais à sua recondução ao tipo negocial, bem como estudá-los, é reconhecida também por Pontes de Miranda, que a adota em sua obra. Cf. PONTES DE MIRANDA, Francisco Cavalcanti. *Tratado de direito privado.* 3. ed. Rio de Janeiro: Borsói, 1970, t. III. p. 65-67.

A mais usual classificação dos elementos dos negócios jurídicos divide-os em elementos essenciais, naturais e acidentais[572].

Essa classificação foi primeiramente sistematizada pela doutrina romanística. Faz-se menção à doutrina romanística, e não ao direito romano propriamente dito, porque se trata de classificação cujo desenvolvimento e propagação não são atribuíveis aos jurisconsultos romanos, mas sim aos estudiosos que estudaram e glosaram os seus trabalhos[573].

Tais estudiosos passaram, em atenção às fontes romanas, a distinguir quais elementos do negócio jurídico: 1) eram inafastáveis, sob pena de não existir negócio jurídico ou, ainda que existente, não consistir em um negócio específico; 2) eram integrados mesmo sem manifestação expressa das partes, embora alguns deles pudessem ser afastados caso elas desejassem; 3) eram identificados apenas em casos particulares, sempre derivando do arbítrio dos negociantes[574].

O primeiro grupo corresponderia aos elementos essenciais, acima já brevemente tratados – aqueles sem os quais o fato não pode ser qualificado como negócio jurídico, enquanto categoria, ou, ainda que exista como negócio jurídico, não pode ser reconduzido a determinado tipo negocial[575].

O segundo grupo é o dos elementos naturais, os quais "fluem do negócio independentemente de haver disposição das partes a seu respeito"[576], e podem ou não ser afastados pelas partes, a depender se são

[572] MOTA PINTO, Carlos Alberto. *Teoria geral do direito civil.* 4. ed. Coimbra: Coimbra Editora, 2005. p. 383. "Corre, como moeda corrente, de manual em manual, uma tradicional classificação tripartida dos elementos dos negócios jurídicos. É a tripartição em elementos essenciais (*essentialia negotii*), elementos naturais (*naturalia negotii*) e elementos acidentais (*accidentalia negotii*).".

[573] ZIMMERMANN, Reinhard. *The law of obligations*: roman foundations of the civilian tradition. Oxford: Oxford University, 1996. p. 234, nota de rodapé 27. "A distinção entre *essentialia, naturalia* e *accidentalia negotii* foi desenvolvida na Idade Média sob a influência da lógica aristotélica.".
Trecho original: "The distinction between essentialia, naturalia and accidentialia negotii was developed in the Middle Ages under the influence of Aristotelian logic.".

[574] ARANGIO-RUIZ, Vincenzo. Op. cit. p. 82-84

[575] MONTEIRO, Washington de Barros. Venda de ascendente a descendente. In: *Revista da Faculdade de Direito da Universidade de São Paulo*, v. 61, n. 2, 1966, p. 39-55. p. 50.

[576] ZIMMERMANN, Reinhard. Op. cit. p. 234.

oriundos de uma regulação cogente ou dispositiva[577]. Eles usualmente decorrem de disposições legais, mas também podem ser oriundos das práticas reiteradas e socialmente tipificadas[578], hipótese na qual continuam a ser oriundos da ordem jurídica, a qual juridiciza os usos comerciais reiterados[579].

O terceiro grupo é constituído pelos elementos acidentais, que não são necessários para a qualificação negocial, nem são dela decorrentes, sendo livremente apostos pelos particulares em seus negócios jurídicos, e, por isso, albergam um número praticamente incalculável de disposições contratuais[580]. Por meio desses elementos, as partes podem disciplinar aquilo que não está previsto em lei, ou mesmo podem reforçar, modificar ou excluir o que se estabelece nas regras jurídicas, desde que não contrariando normas cogentes[581].

Apesar de seu inequívoco sucesso – demonstrado pelos vários séculos em que tem sido vastamente adotada – a classificação comentada deve ser utilizada com cautela, principalmente pela pouca precisão pertinente ao ponto em que estão situados os elementos essenciais, naturais e acidentais nos planos de existência, validade e eficácia do negócio jurídico[582].

Há quem faça referência a elementos essenciais tanto para se referir aos elementos sem os quais não existe o negócio jurídico – ao menos

[577] MARINO, Francisco Paulo de Crescenzo. *Interpretação do negócio jurídico*. São Paulo: Saraiva, 2011. p. 35.

[578] VASCONCELOS, Pedro Pais de. Op. cit. p. 64

[579] Na ordem jurídica brasileira, cita-se o artigo 113 do CC/02:
Art. 113 do CC/02. Os negócios jurídicos devem ser interpretados conforme a boa-fé e os usos do lugar de sua celebração.

[580] GIRARD, Paul Frédéric. Op. cit. p. 466.

[581] PONTES DE MIRANDA, Francisco Cavalcanti. *Tratado de direito privado*. 3. ed. Rio de Janeiro: Borsói, 1970, t. III. p. 66.

[582] Estas consistem em impropriedades técnicas graves, por promoverem o estudo indissociado de planos diferentes do negócio jurídico. Cf. PONTES DE MIRANDA, Francisco Cavalcanti. *Tratado de direito privado*. 3. ed. Rio de Janeiro: Borsói, 1970, t. IV. p. 15. "Existir, valer e ser eficaz são conceitos tão inconfundíveis que o fato jurídico pode ser, valer e não ser eficaz, ou ser, não valer e ser eficaz. As próprias normas jurídicas podem ser, valer e não ter eficácia (H. Kelsen, *Hauptprobleme*, 14). O que se não pode dar é valer e ser eficaz, ou valer, ou ser eficaz, sem ser, porque não há validade, ou eficácia do que não é.".

enquanto determinado tipo negocial – quanto para citar os seus requisitos de validade[583].

Outros, ainda, inserem toda a classificação em comento no plano da eficácia. Afirmam, por exemplo, que elementos essenciais são aqueles sem os quais o negócio jurídico não produz efeitos, ao passo que os elementos naturais dizem respeito aos efeitos decorrentes da ordem jurídica e elementos acidentais são os oriundos da vontade das partes[584].

A crítica nestes pontos deve ser tecida não à classificação analisada em si, muito embora ela tradicionalmente tenha promovido essa confusão entre os planos da existência, validade e eficácia no âmbito dos elementos essenciais do negócio jurídico[585].

Deve ser censurada, sim, nesses casos, a má sistematização promovida por parte dos doutrinadores[586], que abordam indiscriminadamente e sem

[583] MOTA PINTO, Carlos Alberto. Op. cit. p. 383. "Rigorosamente, elementos do negócio deveriam ser as realidades sem as quais o negócio não chegaria sequer a ter existência material – não chegaria sequer a constituir-se. Nesta perspectiva, elementos do negócio seriam a declaração, os sujeitos (na medida em que não estejam – e parece não estarem – implícitos na própria noção de declaração) e o conteúdo. Sendo, porém, o negócio jurídico um acto que só desempenha a sua função na medida em que for válido, não vemos razão para afastar a sistematização tradicional que considera elementos essenciais de todo e qualquer negócio jurídico os requisitos ou condições gerais de validade de qualquer negócio.". Em sentido semelhante, Cf. GIRARD, Paul Frédéric. Op. cit. p. 441.

[584] ARANGIO-RUIZ, Vincenzo. Op. cit. p. 83-84. "A doutrina costuma distinguir os elementos do negócio jurídico em três categorias: *essentialia negotii*, sem os quais não há produção de efeitos jurídicos, ou, ao menos, não aqueles correspondentes ao tipo de negócio que as partes tinham em mente; *naturalia negotii*, efeitos que o ordenamento jurídico estabelece como automáticos, mas em que há a possibilidade das partes de disporem de modo diverso; *accidentalia negotii*, que são as disposições tomadas pelas partes nos limites de sua liberdade de disposição.". Trecho original: "La dottrina usa perciò distinguere gli elementi del negozio giuridico in tre categorie: *essentialia negotti*, mancando i quali non si produce nessun effetto giuridico, o almeno non si producono gli effetti corrispondenti al tipo di negozio che le parti avevano di mira ; *naturalia negotii*, elementi che l'ordinamento giuridico stabilisce come normali, ma lasciando alle parti la facoltà di disporre diversamente ; *accidentalia negotii*, cioè disposizioni prese dalle parti nei limiti segnati alla loro libertà di disporre.".
Também admitindo que os elementos negociais, ao menos em um dos vários sentidos da expressão, sejam situados no plano da eficácia, Cf. BETTI, Emilio. Op. cit. p. 240.

[585] MOTA PINTO, Carlos Alberto. Op. cit. p. 383-384.

[586] Criticando precisamente essas confusões, Cf. PONTES DE MIRANDA, Francisco Cavalcanti. Op. cit. p. 6. "Falando-se de elementos e pressupostos essenciais, não se devem confundir os dois planos, o da validade e o da eficácia; menos ainda, qualquer dêles e o terceiro,

o cuidado científico esperado aspectos pertinentes a planos jurídicos dessemelhantes, por vezes até admitindo a atecnia de suas posições e justificando-as em um inexistente ganho de operabilidade dos conceitos.

Mais problemática, por outro lado é a perplexidade inerente aos elementos naturais.

Isso porque, contrariamente ao anteriormente explicado, eles não aparentam se situar no plano da existência. Ao menos em primeira observação, os elementos naturais se assemelham a efeitos – alguns afastáveis, outros não – do negócio jurídico, de modo que seria mais adequado inseri-los no plano da eficácia[587].

Dessa percepção advêm críticas à classificação apresentada, tanto por nomear desacertadamente de elemento aquilo que não poderia ser considerado ente constitutivo do negócio jurídico quanto por reunir desordenadamente na classificação aspectos atinentes a planos conceituais distintos[588].

De fato, partindo das ponderações já citadas de que os elementos naturais são integrados aos negócios jurídicos por força do ordenamento jurídico, haver-se-ia de concluir que estes não poderiam se inserir no plano de existência até mesmo por não serem contemporâneos à constituição dos negócios, mas sim consequências da incidência de certo regime jurídico legal sobre eles.

Adotando compreensão ligeiramente distinta, que tem por objetivo melhor organizar a tradicional classificação apresentada, Pontes de Miranda sugere que os elementos naturais não correspondam ao regramento jurídico legal incidente sobre determinada espécie negocial. Tratar-se-iam, sim, dos elementos inseridos no suporte fático do negócio jurídico que são idênticos ao que a lei estatui, cogente ou dispositivamente[589]. Ou seja,

que em verdade é ao rés da realidade, o da existência. Nenhum êrro maior do que, por exemplo, o de E. Betti (*Teoria Generale dei Negozio Giuridico*, 158), ao cogitar dos *essentialia negotii*, dos *naturalia* e dos *accidentalia negotii* em têrmos de efeitos essenciais, naturais e acidentais.".

587 PONTES DE MIRANDA, Francisco Cavalcanti. *Tratado de direito privado.* 3. ed. Rio de Janeiro: Borsói, 1970, t. III. p. 66. "A classe dos chamados *naturalia negotii* já é noutro plano, que é o plano da eficácia (querida; ou não-querida ou superfluamente querida).".

588 Enumerando as críticas sofridas pela classificação em questão, Cf. MARINO, Francisco Paulo de Crescenzo. Op. cit. p. 36, nota de rodapé 40.

589 PONTES DE MIRANDA, Francisco Cavalcanti. Op. cit. p. 66.

seriam repetições das partes à disciplina dispositiva ou cogente emanada da ordem jurídica.

Esse constitui, no entanto, posicionamento que não é adotado no presente trabalho. Não se nega que, admitindo essa proposta, as inconsistências anteriormente apresentadas não subsistem. Ocorre que, em igual medida, a classificação perde relevância prática, tendo em vista que os elementos naturais passam a ser dotados de pouca ou nenhuma importância, por se resumirem a reiterações das partes a um regramento que já incidiria sobre o negócio jurídico independentemente da manifestação delas.

Resta perquirir se, admitindo-se que certas incongruências são inerentes à clássica divisão dos elementos negociais entre essenciais, naturais e acidentais, ainda se justifica a sua utilização.

A resposta, ao que parece, é positiva.

As problemáticas apresentadas não devem resultar no abandono da classificação, mas sim no discernimento de que, embora talvez confusa e atécnica do ponto de vista da sistematização geral, a expressão "elemento do negócio jurídico" é nela adotada plurivocamente[590]. Pode, por isso, ser utilizada tanto em sentido estrito, para fazer referência a elementos constitutivos do negócio, como o são os elementos essenciais e acidentais[591], como de modo mais amplo, para aludir a certos efeitos negociais, caso dos elementos naturais, os quais decorrem da incidência de certo regime jurídico, cujo suporte fático abstrato não são os elementos naturais, mas sim os elementos essenciais, que atraem certa disciplina típica para o negócio jurídico concreto.

[590] BETTI, Emilio. Op. cit. p. 240.

[591] Em sentido diverso, João Alberto Schützer Del Nero alça também os elementos acidentais ao plano da eficácia, Cf. DEL NERO, João Alberto Schützer. Op. cit. p. 79. "(...) a expressão 'elementos do negócio jurídico' se não emprega a de maneira unívoca, admitindo, pelo menos, dois sentidos diversos: (...) b) o segundo, referente às consequências jurídicas dos negócios jurídicos, que podem consistir na constituição, extinção ou modificação de relações jurídicas ou situações jurídicas subjetivas (*naturalia* e *accidentalia negotii*).". Com essa opinião não se concorda, por ignorar que também os elementos acidentais integram o suporte fático do negócio jurídico e, portanto, inserem-se em seu plano da existência. Nesse sentido, Cf. PONTES DE MIRANDA, Francisco Cavalcanti. Op. cit. p. 65-66. "*Accidentalia negotii* são a parte (= elementos) volitiva do suporte fáctico que não está prevista na regra jurídica e, pois, poderia, ou não, ser manifestada.".

Esclarece-se, neste ponto, que a distinção entre elementos essenciais e acidentais e elementos naturais reside na circunstância de aqueles se inserirem no conteúdo do negócio jurídico estabelecido pelas partes, seja declarado ou não declarado – aferido a partir da interpretação integrativa –, ao passo que estes são imputados diretamente pelo sistema jurídico, inserindo-se apenas no âmbito da regulação negocial objetiva, e não do conteúdo contratual propriamente dito[592].

Além da classificação apresentada, outras tantas, propostas por diversos autores e com as mais diversas estruturas, intentam organizar os elementos constitutivos dos negócios jurídicos. Delas não se ocupará o presente trabalho, por fugirem aos seus propósitos, com a exceção de uma, proposta por Antonio Junqueira de Azevedo, a qual se afigura, em verdade, uma perspectiva diversa – com propósitos manifestamente corretivos – da divisão acima estudada.

O autor identifica elementos gerais, categoriais e particulares dos negócios jurídicos, em uma ordenação elaborada com vistas ao grau de abstração dos elementos negociais[593].

[592] MARINO, Francisco Paulo de Crescenzo. Op. cit. p. 45-47. "Resumindo, tem-se que o conteúdo total ou global do negócio jurídico pode ser subdividido em *conteúdo expresso ou declarado* (conteúdo da declaração negocial ou das declarações negociais constitutivas do negócio jurídico), formado pelos preceitos contidos na declaração negocial (ou nas declarações negociais), e *conteúdo implícito ou não declarado*, integrado pelos preceitos que, apesar de serem revelados por meio da interpretação do negócio jurídico, não podem ser incluídos no seu conteúdo expresso. (...) O *conteúdo da regulação objetiva*, por fim, poderia ser conceituado tanto como o conjunto de todos os elementos do negócio jurídico, aí incluídos os naturais, quanto como o conjunto de todos os efeitos do negócio jurídico, aí incluídos não só aqueles decorrentes do conteúdo do negócio jurídico, mas também os diretamente imputados ao negócio por força do sistema jurídico. Daí falar-se em regulação *objetiva*, para denotar a independência de tal regulação em relação àquilo que efetivamente foi estabelecido pelas partes. O que parece essencial é enfatizar que o conteúdo da regulação objetiva compreende não só o regramento de interesses estabelecido pelas partes, como a regulação advinda do sistema jurídico, mediante o processo de integração dos efeitos do negócio (seja mediante normas jurídicas supletivas, cogentes ou dispositivas, seja mediante outras fontes de integração, tais como os usos em função normativa e o princípio da boa-fé objetiva (...)".

[593] JUNQUEIRA DE AZEVEDO, Antonio. Op. cit. p. 32. "Assim, a classificação que fazemos dos elementos do negócio jurídico é: a) elementos gerais, isto é, comuns a todos os negócios; b) elementos categoriais, isto é, próprios de cada tipo de negócio; c) elementos particulares, isto é, aqueles que existem em um negócio determinado, sem serem comuns a todos os negócios ou a certos tipos de negócios.".

Elementos gerais são os mais abstratos, compreendendo aqueles "indispensáveis à existência de todo e qualquer negócio"[594]. É dizer, são os entes constitutivos mínimos primordiais para que determinado fato se repute negócio jurídico, equivalendo, portanto, na classificação tradicional, aos elementos essenciais da categoria dos negócios jurídicos.

Reduzindo o nível de abstração, alcança-se os elementos categoriais. Estes são os elementos característicos de categorias específicas de negócios jurídicos, desde aquelas ainda algo abstratas, a exemplo da categoria dos contratos em geral ou dos contratos bilaterais, até aquelas mais concretas, como é o caso da categoria dos contratos de compra e venda[595].

Dentre os elementos categoriais, Junqueira de Azevedo distingue os que: 1) são inderrogáveis, e que, na hipótese de serem afastados, impedem a recondução do negócio jurídico concreto a determinada categoria, correspondendo, portanto, na terminologia da classificação romanística, a elementos essenciais de tipos negociais específicos[596]; e 2) são derrogáveis, podendo ser excluídos sem prejuízo da qualificação negocial, constituindo paralelo dos elementos naturais[597].

Chegando ao nível mínimo da escala de abstração conjecturada estão os elementos particulares, existentes apenas em negócios jurídicos concretos, sem que sejam próprios de todos os negócios ou de certos tipos negociais[598]. São coincidentes com os elementos acidentais, expressão que é abandonada nesta classificação, entretanto, por dar a conotação de que consistiriam em elementos menos importantes, quando, muito pelo contrário, são muitas vezes os pontos fulcrais de uma relação contratual concreta[599].

594 JUNQUEIRA DE AZEVEDO, Antonio. Op. cit. p. 32-35.

595 JUNQUEIRA DE AZEVEDO, Antonio. Op. cit. p. 35-38.

596 JUNQUEIRA DE AZEVEDO, Antonio. Op. cit. p. 35-38.

597 JUNQUEIRA DE AZEVEDO, Antonio. Op. cit. p. 35-38.

598 JUNQUEIRA DE AZEVEDO, Antonio. Op. cit. p. 38-40.

599 JUNQUEIRA DE AZEVEDO, Antonio. Op. cit. p. 39. "Os elementos particulares coincidem com os chamados *accidentalia negotii* da classificação tradicional; todavia, o abandono da expressão elementos acidentais justifica-se não só porque esta não tem a conotação que interessa na classificação dada para os elementos do negócio jurídico e segundo a qual se desce do geral ao particular, como também o adjetivo acidentais, dela constante, pode levar, nas línguas latinas, os menos avisados a pensar que se tratam de elementos de secundária importância.".

É interessante a exposição também desta classificação, pois ela fornece instrumental teórico que será útil neste Capítulo, sobretudo ao permitir maior precisão ao se fazer referência aos elementos essenciais da própria categoria dos negócios jurídicos (elementos gerais, na terminologia de Junqueira de Azevedo) e aos elementos essenciais de categorias específicas de negócios jurídicos (elementos categoriais, na terminologia de Junqueira de Azevedo).

Realizadas as considerações prévias necessárias, passa-se a investigar as problemáticas dos contratos-quadro que guardam relação com os conceitos introduzidos.

3.2. Indeterminação de elementos essenciais da relação contratual: característica inafastável do contrato-quadro

A mais marcante característica dos contratos-quadro é a não determinação imediata de todos os elementos contratuais essenciais da relação contratual planejada pelas partes, a qual se reserva para momento futuro – a conclusão dos contratos de aplicação.

Impende esclarecer, uma vez mais[600], que a menção a "elementos essenciais da relação contratual" tem por escopo abranger tanto as hipóteses em que os contratos de aplicação são legal ou socialmente típicos quanto aquelas em que estes não o são.

Nos primeiros casos – tipicidade social ou legal dos contratos de aplicação –, os contratos-quadro mantém indeterminados ao menos parte dos elementos essenciais próprios do tipo contratual dos contratos de aplicação[601].

[600] Explicação semelhante foi realizada no tópico 1.2, *supra*.

[601] JUNQUEIRA DE AZEVEDO, Antonio. Contrato-quadro. In: ______. *Novos estudos e pareceres de direito privado*. São Paulo: Saraiva, 2009. p. 170-171. "Ora, os contratos de compra e venda das mencionadas safras qualificam-se como *contratos de execução*; sendo assim, sua conclusão dependia de uma *nova declaração de vontade das partes*, porque os contratos de execução não se confundem com o contrato-quadro. (...) *In casu*, não houve essa segunda declaração de vontade, em virtude da *impossibilidade* de concluir as vendas de laranjas, que estavam atreladas à determinação de uma série de elementos essenciais dos contratos (dentre eles, o preço), mediante acordo das respectivas associações de classe. (...)". O autor faz menção aos contratos de aplicação utilizando a expressão "contratos de execução". Apesar de se criticar essa opção, *Vide* tópico 1.2, *supra*, ela não causa prejuízos à compreensão do excerto, tendo em vista que as terminologias adotadas na obra citada e neste trabalho, embora distintas, são dotadas do mesmo sentido.

Contrariamente, na outra hipótese - atipicidade dos contratos de aplicação -, os elementos que devem permanecer ao menos parcialmente indeterminados são aqueles essenciais não à recondução a determinado tipo contratual, mas sim à concretização econômica da operação planejada pelas partes[602].

Certo é que, independentemente da tipicidade dos contratos de aplicação que a ele se seguem, o contrato-quadro, para que assim seja classificado, deve manter indefinidos elementos sem os quais a arquitetura contratual planejada pelas partes não possa ser concluída.

Em ambas as acepções assinaladas, os elementos essenciais a que se faz referência estão inseridos no plano da existência dos contratos de aplicação, e não dos contratos-quadro[603].

É cogitável que parte desses elementos esteja previsto desde logo nos contratos-quadro, sendo consequentemente integrados aos contratos de aplicação, nos quais serão estabelecidos apenas os elementos essenciais faltantes[604].

Ou seja, o contrato-quadro pode fixar, por exemplo, quais coisas serão negociadas em contratos de aplicação de compra e venda vindouros, desde que o preço apenas seja determinado quando da conclusão destes acordos.

Por intermédio dos contratos-quadro ocorre o regramento de contratos futuros, o qual pode tanto ser reduzido, apenas regulando aspectos centrais e deixando grande margem para que os contratantes negociem diversos pontos ao celebrarem cada contrato de aplicação, quanto pode

602 GHESTIN, Jacques. La notion de contrat-cadre et les enjeux théoriques et pratiques qui s'y attachent. In: CANIVET, Guy et al. (Org.). *Le contrat-cadre de distribution*: enjeux et perspectives. Disponível em: <http://www.creda.cci-paris-idf.fr/colloques/pdf/1996--contrat-cadre-distribution/03-France-notion.pdf>. Acesso em: 08 jan. 2018. p. 15. "O contrato-quadro é um contrato que não determina todos os pontos essenciais da operação econômica definitiva.".
Trecho original: "Le contrat-cadre est un contrat qui ne détermine pas les termes essentiels de l'échange économique définitif.".

603 POLLAUD-DULIAN; Frédéric; RONZANO, Alain; REYGROBELLET, Arnaud. Op. cit. p. 45. "É no âmbito dos contratos de aplicação que deve se alcançar o acordo a respeito dos elementos essenciais do contrato.".
Trecho original: "Au stade des contrats d'application, l'accord porte donc uniquement sur les éléments essentiels du contrat.".

604 ZAKI, Magdi. Op. cit. p. 1074-1075.

ser bastante abrangente, descendo às minúcias das transações comerciais das partes.

Todavia, apesar de poder ser detalhada e extensa, a moldura de disciplina contratual oferecida pelo contrato-quadro não pode ser completa, chegando ao ponto de regular todos os elementos necessários à concretização econômica da relação contratual[605]. Ao menos algum desses elementos essenciais deve ser fixado apenas por ocasião dos contratos de aplicação[606].

A incompletude é da essência do próprio contrato-quadro, e, por via de consequência, a indeterminação, no conteúdo deles, de parte dos elementos essenciais da relação contratual é, em si considerada, um de seus elementos essenciais (categoriais inderrogáveis)[607].

Se um contrato analisado concretamente define todos os elementos essenciais da relação contratual por ele inaugurada, este poderá ser reconduzido a diversas categorias e tipos contratuais legais ou sociais, mas certamente não se tratará de contrato-quadro, ao menos não nos termos que têm prevalecido nos sistemas romano-germânicos, adotados no presente trabalho[608].

Trata-se, vale destacar, de incompletude aferida quando analisado o contrato-quadro sob a perspectiva comparativa da relação contratual global arquitetada pelos acordantes.

Em si considerado, o contrato-quadro é um negócio jurídico completo, que não demanda novas declarações negociais das partes para que seja formado. Ocorre que, se entrevisto à luz da relação contratual por ele iniciada, será inafastável a constatação de que não é suficiente para a sua concretização econômica, dependendo, para tanto, da conclusão de outros negócios jurídicos.

605 GATSI, Jean. Op. cit. p. 158. "Esse quadro global é necessariamente insuficiente para alcançar o objetivo almejado pelos contratantes, à medida em que o primeiro contrato deve ser seguido de outros contratos.".
Trecho original: "Ce cadre global est nécessairement insuffisant por parvenir à l'objectif recherché par les contractants, dans la mesure où le premier contrat doit être suivi d'autres contrats.".

606 ZAKI, Magdi. Op. cit. p. 1072.

607 ZAKI, Magdi. Op. cit. p. 1072.

608 A respeito das diversas definições de contratos-quadro, e da compreensão prevalecente acerca da categoria na cultura jurídica comum que serve de ponto de partida para este trabalho, *Vide* tópico 1.2, *supra*.

Do mesmo modo, o contrato de aplicação, uma vez efetivamente celebrado, é um contrato completo – apenas tem parte de seu conteúdo completado por incidência das disposições do contrato-quadro.

As hipóteses de elementos essenciais que podem permanecer indeterminados nos contratos-quadro são em número proporcional à quantidade das diversas relações contratuais em que eles podem ser empregados e dos variados tipos de contratos de aplicação que podem concretizá-los sob o aspecto econômico. São, portanto, incalculáveis, pois encontram limites apenas na criatividade e engenhosidade dos agentes envolvidos no processo contratual.

Tome-se como exemplo os contratos-quadro de distribuição[609], os quais proporcionam um quadro de regras geral para a relação contratual, cuja concretização econômica é atingida mediante a celebração de contratos de aplicação qualificados como de compra e venda.

É possível se visualizar primeiramente um caso mais comum, em que o contrato-quadro determina os bens a serem distribuídos, mas não fixa imediatamente preços ou quantidades.

Outra situação juridicamente cogitável, muito embora dotada de relevância prática questionável, é aquela em que todos os elementos contratuais essenciais permanecem indeterminados em um momento inicial, sendo definidas apenas outras matérias.

Pode-se vislumbrar, ainda, o extremo oposto, também com reduzida viabilidade prática, em que são definidos todos os elementos essenciais, salvo um – fixa-se desde logo, por exemplo, o gênero e espécie do bem distribuído e a quantidade que será adquirida pelo distribuidor em cada uma de suas compras junto ao fornecedor, permanecendo indeterminado apenas o seu preço.

Ainda no escopo dos contratos de distribuição, é frequente que, além dos contratos de compra e venda mercantil, outras avenças acessórias para a concretização da operação econômica sejam também regidas pelo contrato-quadro, e, consequentemente, reputem-se contratos de aplicação, a exemplo de contratos de locação, comodato, licenciamento etc.

No atinente a estes negócios, o mais frequente é que o contrato-quadro se resuma a delimitar a sua incidência sobre eles, sem determinar nenhum de seus elementos essenciais.

[609] A respeito dos contratos-quadro de distribuição, *Vide* tópico 2.2.1, *supra*.

Comumente o contrato-quadro de distribuição irá estabelecer que o fornecedor deverá alugar os equipamentos necessários a certa atividade acessória do distribuidor – por exemplo, os serviços relacionados à manutenção dos bens distribuídos –, mas sem fixar exatamente quais serão esses equipamentos, seja em sua qualidade ou quantidade, ou o valor dos locatícios.

É dizer: todos os elementos essenciais permanecerão indeterminados no contrato-quadro, apenas sendo definidos por ocasião do contrato de aplicação de locação vindouramente concluído entre as partes.

Constata-se, por conseguinte, que o grau de extensão da indeterminação dos elementos essenciais da relação contratual nos contratos-quadro varia não apenas de acordo com o tipo dos contratos de aplicação ou mesmo o tipo de relação contratual global cuja consecução é objetivada, mas também concretamente, a depender dos desígnios das partes, que podem optar por uma indefinição maior ou menos desses elementos.

Trata-se de observação importante, pois o estudo da matéria usualmente se resume à indefinição do elemento preço nos contratos-quadro que precedem a conclusão de contratos de aplicação de compra e venda, notadamente em operações de distribuição[610].

É ignorado, assim, que os demais elementos essenciais da relação contratual também podem não ser fixados no contrato-quadro, apenas sendo escolhidos por ocasião da celebração dos contratos de aplicação, e, contrariamente, é possível que em alguns casos o preço seja precisado, e outros elementos essenciais sejam mantidos indefinidos.

Tal restrição no estudo da indeterminação dos elementos contratuais essenciais nos contratos-quadro se explica, em certa medida, pois, consoante demonstrado nos tópicos seguintes, o debate da temática se concentrou na possibilidade jurídica de o preço contratual permanecer indeterminado nas hipóteses em que os contratos de aplicação fossem qualificados como de compra e venda, principalmente nas relações de distribuição.

[610] Denunciando essa falha metodológica, Cf. GUIMARÃES, Maria Raquel de Almeida Graça Silva. Op. cit. p. 32-33. Cometendo esse equívoco, ao não tratar de outros casos de indeterminação de elementos contratuais essenciais, Cf. POLLAUD-DULIAN; Frédéric; RONZANO, Alain; REYGROBELLET, Arnaud. Op. cit. p. 45.

Em que pese seja compreensível a maior preocupação da doutrina, sobretudo francesa[611], acerca desse aspecto, porquanto mais significativo sob o viés prático, não se deve olvidar que outros elementos essenciais podem igualmente permanecer indeterminados nos contratos-quadro, e que a análise de adequação jurídica dessa prática a eles também se estende. A característica ora analisada também é de percepção clara em relações contratuais diversas daquelas que se aperfeiçoam economicamente mediante a conclusão de contratos de aplicação de compra e venda.

Fazendo menção a uma área particularmente alheia às operações comerciais de distribuição, travadas entre empresários, pode-se aludir aos contratos-quadro bancários concluídos entre instituições financeiras e consumidores finais.

As relações contratuais bancárias atraem uma disciplina legal absolutamente estranha à da distribuição comercial, na qual, aliás, não há geralmente contratação paritária, mas sim mediante recurso a condições gerais dos contratos[612], e, ainda assim, os contratos-quadro concluídos nelas revelam de modo semelhante a citada indeterminação dos elementos essenciais da relação contratual.

O contrato-quadro bancário, que é aquele pelo qual o cliente abre a conta junto à instituição[613], regulamenta de forma geral toda a relação contratual que se desenvolverá entre as partes, sem definir todos os elementos essenciais das avenças que deverão ser celebradas para concluir a contratação de cada um dos serviços oferecidos pelo banco ao seu consumidor.

Por se tratar de contrato-quadro a reger contratos de aplicação com escopos jurídicos distintos entre si, dessemelhantes são, igualmente, os

[611] Conforme apontado nos tópicos seguintes, foi sobretudo na França em que houve questionamentos acerca da validade dos contratos-quadro, seja por permanecerem indeterminados elementos essenciais da relação contratual, seja por ser outorgado a alguma das partes o poder de fixá-los unilateralmente. *Vide* tópicos 3.3 e 3.4, *infra*.

[612] A respeito das distinções entre contratos-quadro e condições gerais dos contratos, bem como acerca da possibilidade de os contratos-quadro serem celebrados por adesão a condições gerais, *Vide* tópicos 1.4.3 e 2.2.4, *supra*.

[613] ALMEIDA, Carlos Ferreira de. Op. cit. p. 146. "O contrato bancário geral é um contrato socialmente típico, com a natureza de contrato-quadro, com uma componente dominante de contrato normativo, ao qual estão associados o contrato de 'depósito' à ordem e outros contratos de celebração eventual".

elementos essenciais de cada um destes contratos os quais devem ser tomados em consideração.

Exemplifica-se. Em relação ao contrato vindouro de depósito de bens, o contrato-quadro bancário mantém indeterminado o bem que será entregue ao banco – o que é mais comum – ou os termos do dever de custódia da instituição financeira. Apesar de se vislumbrar menos útil na prática, é possível, em tese, que seja estipulado inicialmente o bem que será depositado, mantendo-se em aberto o modo como ele deverá ser guardado, como local (cofre), acondicionamento, segurança etc.

Outro caso é o do contrato de utilização de cartão de crédito, cujo limite ou número e identidade dos beneficiários não são determinados no contrato-quadro bancário, devendo ser definidos por ocasião da conclusão do contrato de aplicação específico.

Impende frisar que é possível que, desde o momento inicial, sejam fixados todos os elementos essenciais à aquisição de alguns dos serviços abrangidos pela relação bancária. Neste caso, todavia, não haverá de se cogitar de contrato-quadro em relação a esta parcela específica, que se concluiu por avença única.

Continuando no exemplo do contrato-quadro bancário, se nele já forem previstos todos os elementos essenciais do contrato de utilização de cartão de crédito, certo é que, quanto a este em específico, não há a cisão entre contrato-quadro e contrato de aplicação, mas contrato único e misto, sem prejuízo de que o contrato-quadro regre outros contratos de aplicação que não tenham tido todos os seus elementos essenciais imediatamente fixados.

Destarte, resta evidente que, maior ou menor o grau de indeterminação dos elementos essenciais da relação contratual, haja ou não a conclusão imediata de algum outro contrato com o preenchimento imediato de todos os seus elementos categoriais inderrogáveis, o contrato-quadro, para que assim seja considerado, deverá manter pendentes de fixação vindoura ao menos parte dos elementos essenciais daqueles contratos que por ele serão regrados, e que, em decorrência disso, serão considerados contratos de aplicação.

Alcançados tais esclarecimentos, avalia-se, agora, em que medida esse indissociável caractere dos contratos-quadro tem sido objeto de questionamentos e resistências.

3.3. Resistências à indeterminação de elementos essenciais da relação contratual no contrato-quadro

A mais importante nota distintiva dos contratos-quadro em comparação às demais categorias contratuais é também aquela que mais desperta objeções à sua validade.

Tais resistências se devem, sobretudo, conforme se verá, à dificuldade de compreensão de que contratos-quadro e contratos de aplicação, não obstante mantenham um vínculo próximo, são autônomos, e, por isso, não devem ter seus requisitos de validade próprios confundidos[614].

Foi no âmbito da distribuição comercial que foi travada a discussão acerca da possibilidade jurídica ou não de os elementos essenciais da relação global permanecerem indeterminados nos contratos-quadro.

O debate repousou, mais especificamente, na adequação jurídica da prática de não haver fixação imediata do preço nestes acordos. Em decorrência disso é que, consoante anteriormente explicado, a investigação acerca da indeterminação dos elementos essenciais da relação contratual nos contratos-quadro muitas vezes se resume à indefinição do preço.

Cumpre ressaltar que o estudo ora conduzido, apesar de também utilizar como pano de fundo o elemento preço dos contratos de compra e venda, por ter sido aquele em que houve o desenvolvimento da matéria discutida, estende as suas conclusões aos outros elementos categoriais inderrogáveis porventura não estipulados nos contratos-quadro.

De antemão, destaca-se, ainda, que a indeterminação dos elementos essenciais não equivale à fixação unilateral destes. Esta é outra problemática também debatida pela doutrina e jurisprudência – sobretudo francesa – mas cuja análise se dá em termos distintos. As partes, ao não determinarem no contrato-quadro todos os elementos essenciais dos contratos de aplicação, como sói ser, podem tanto acordar que o conteúdo desses

614 POLLAUD-DULIAN; Frédéric; RONZANO, Alain; REYGROBELLET, Arnaud. Op. cit. p. 89. "A especificidade tanto do contrato-quadro quanto do liame que o une aos seus contratos de aplicação não é sempre bem compreendida. Alguns pontos dão origem a hesitações ou controvérsias. Elas repousam notadamente na questão da determinação do preço no contrato-quadro sempre que os contratos de aplicação constituem vendas.".
Trecho original: "La spécificité tant du contrat-cadre que du lien qui unit ce dernier à ses contrats d'application n'est pas toujours très bien perçue. Certains points donnent lieu à hésitations ou controverses. Il en va notamment ainsi de la question de la détermination du prix dans le contrat-cadre lorsque les contrats d'application constituent des ventes.".

pontos ainda indefinidos será estipulado mediante negociação de ambas quanto podem estabelecer que ele será fixado apenas por uma delas, restando à outra anuir com seus termos. Além disso, a fixação unilateral pode se voltar tanto a elementos contratuais essenciais quanto a outros elementos dos contratos de aplicação.

Neste momento, o que será alvo de investigação será a discussão a respeito da própria indeterminação, nos contrato-quadro, dos elementos essenciais dos contratos de aplicação, deixando-se para o tópico seguinte a igualmente controversa matéria dos modos de fixação destes elementos, uma vez admitida a sua indeterminação inicial[615].

Remontam ao direito romano as primeiras construções acerca da necessidade de certeza – e do grau em que deveria ser exigida – dos elementos essenciais à qualificação do contrato.

Semelhantemente ao que ocorreu no desenvolvimento doutrinário dos contratos-quadro, a discussão a respeito da determinação dos elementos contratuais se voltou, também entre os jurisconsultos romanos, à compra e venda, denotando a centralidade desta operação na vida social e econômica, ontem e hoje.

No direito romano, o preço era alçado como elemento central e fundamental para a caracterização da compra e venda, sobretudo para lhe distinguir da permuta, espécie contratual que lhe foi precedente em termos históricos e a partir da qual a compra e venda se desenvolveu[616], notadamente após a propagação do uso da moeda em Roma, ao tempo da República[617].

Enquanto não foi disseminado o uso de um objeto cuja aceitabilidade geral pelos indivíduos centralizasse as trocas comerciais – a moeda –,

[615] *Vide* tópico 3.4, *infra*.

[616] D. 18, 1, 1, pr. Paulus *libro XXXIII ad Edictum*. "A origem do comprar e vender remonta à permuta; porque antigamente não havia moeda como hoje, nem a uma coisa se chamava mercadoria, e a outra preço, mas sim se permutava segundo a necessidade dos tempos e conforme fossem as coisas inúteis ou úteis, porque muitas vezes se sucede que, ao que a um sobra, ao outro falta. (...)".
Trecho original: "Origo emendi vendendique a permutationibus coepit; olim enim non ita erat nummus neque aliud merx, aliud pretium vocabatur, sed unusquisque secundum necessitatem temporum ac rerum utilibus inutilia permutabat, quando plerumque evenit, ut quod alteri superest alteri desit. (...)".

[617] BURNETT, Andrew. *Coinage in the roman world*. London: Seaby, 1987. p. 3.

faltava, para a caracterização da *emptio venditio*, o preço, um de seus elementos essenciais[618].

Em que pese tenha sido questão controvertida entre Sabinianos e Proculeianos, a posição prevalecente[619] foi a de que a compra e venda não pode se resumir à troca de duas coisas, devendo consistir na troca de uma coisa (*merx*) por um preço (*pretium*)[620], o qual, consoante lição de Paulo, deveria necessariamente ser exprimido em moeda[621].

O fato de o elemento preço ter sido determinante no desenvolvimento histórico da *emptio venditio* enquanto tipo contratual autônomo é demonstrativo de sua importância. Não surpreende, por conseguinte, que os romanos tenham se preocupado com seu estudo e com o regramento das questões que lhe eram circundantes, especialmente sua fixação pelos contraentes.

Em lição atribuída a Ulpiano, é esclarecido que não há de se cogitar de compra e venda na ausência de preço[622]. Contudo, em decorrência da

618 ARANGIO-RUIZ, Vincenzo. Op. cit. p. 338.

619 A posição dos Sabinianos, partilhada por Gaio (Gai. 3, 141), no entanto, também se fez sentir, sendo digna de nota constituição do Imperador Diocleciano que estabeleceu que o fato de o preço do contrato de compra e venda não haver sido fixado em pecúnia, mas em gado, não lhe impunha óbices à produção de efeitos (C. 4, 44, 9. *Imp. Diocletianus et Maximianus AA. Aurelio Lupo*). Além disso, no direito vulgar pós-clássico, em que os conceitos técnicos mais precisos se deterioraram, a permuta e a compra e venda eram tratadas indiscriminadamente. Acerca disso, Cf. KASER, Max. *Direito privado romano*. 2. ed. Trad. Samuel Rodrigues e Ferdinand Hämmerle. Lisboa: Fundação Calouste Gulbenkian, 2011. p. 241.

620 GUARINO, Antonio. *Diritto privato romano*. 12. ed. Napoli: Jovene, 2001. p. 886-887.

621 D. 18, 1, 1, 1. Paulus *libro XXXIII ad Edictum*. "Dúvida recai sobre a possibilidade de haver venda sem moedas, como no caso em que lhe dou uma toga, em troca da qual recebo uma túnica. Sabino e Cássio opinam que há compra e venda; Nerva e Próculo, que isto é permuta, e não compra. Mais acertada é a opinião de Nerva e de Próculo, porque, do mesmo modo que uma coisa é vender, e outra comprar, e um é o comprador, e outro o vendedor, uma coisa é o preço, e outra a mercadoria, ao passo que na permuta não se pode discernir quem seria o comprador, e quem seria o vendedor.".
Trecho original: "Sed an sine nummis venditio dici hodieque possit, dubiatur, veluti si ego togam dedi, ut tunicam acciperem. Sabinus et Cassius esse emptionem et venditionem putant; Nerva et Proculus permutationem, non emptionem hoc esse. Sed verior est Nervae et Proculi sententia: nam ut aliud est vendere, aliud emere, alius emptor, alius venditor, sic aliud est pretium, aliud merx: quod in permutatione discerni non potest, uter emptor, uter venditor sit.".

622 D. 18, 1, 2, 1. Ulpianus. No mesmo sentido, Cf. Gai. 3, 140.

natureza consensual do contrato em comento, o jurisconsulto sustenta, no mesmo trecho, que é relevante para sua formação tão somente o acordo quanto ao preço, sendo de todo desnecessária a entrega deste[623].

Deste ensinamento é possível se deduzir aquele que, segundo Antonio Guarino, é o mais relevante requisito do elemento preço para que se considerasse validamente formada a *emptio venditio*: a certeza[624], pressuposto expressamente destacado por Gaio, em suas Institutas[625].

A necessidade de que houvesse consenso quanto ao preço implicaria, por consequência lógica, para que não se tornasse mera exigência vazia, que este elemento fosse suficientemente determinado[626].

Preconizar que o preço deve ser certo é suficiente para elucidar que o contrato foi concluído nas hipóteses em que é de fácil constatação que houve, desde o momento inicial, acordo definitivo e integral a respeito do preço. Não aproveita, todavia, para resolver situações fronteiriças, a exemplo daquelas em que as partes consentem que tal elemento contratual será fixado posteriormente, segundo algum critério por elas estabelecido.

Para estas situações, os jurisconsultos romanos propuseram soluções que, embora refletidas para a resolução de casos concretos, permitiram o desenvolvimento de conceitos-chave até hoje significativos para a temática dos requisitos de validade dos negócios jurídicos em geral.

Ainda que o preço não fosse indicado de forma expressa, não pesava sobre o contrato qualquer tipo de invalidade se houvesse a sua fixação *per relationem*, isto é, caso os contraentes fizessem referência a elementos exteriores ao contrato que permitissem a determinação objetiva do preço[627].

623 D. 18, 1, 2, 1. Ulpianus *libro primo ad Sabinum.* "Não há venda sem preço; não é, porém, a entrega do preço, mas sim a sua convenção, que aperfeiçoa a compra concluída sem escrito.".
Trecho original: "Sine pretio nulla venditio est; non autem pretii numeratio, sed conventio perficit 'sine scriptis habitam' emptionem.".
No mesmo sentido, Cf. Gai. 3, 139.

624 GUARINO, Antonio. Op. cit. p. 886.

625 Gai. 3, 140. "O preço deve ser certo. (...)".
Trecho original: "Pretium autem certum esse debet. (...)".

626 ARANGIO-RUIZ, Vincenzo. Op. cit. p. 339.

627 TALAMANCA, Mario. *Istituzioni di diritto romano.* Milano: Giuffrè, 1990. p. 585.

Aqui se inserem, por exemplo, as hipóteses de compra e venda em que o preço era "o mesmo pelo qual o vendedor comprara o bem" ou "por aquilo que o comprador possui em caixa", citadas por Ulpiano[628].

Nestas situações – e, é possível concluir, em outras nas quais houvesse a determinação *per relationem* do preço –, não se tinha por incerto tal elemento, pois, ainda que fosse ignorado pelos contraentes no momento da celebração do contrato, este já era existente na realidade. O problema se situava, portanto, tão somente em sua quantificação, circunstância que não era capaz de macular a validade do contrato.

Igualmente, acaso convencionada condição cujo implemento viesse a alterar um preço já fixado, tinha-se que era válido o contrato[629].

Isso porque, nesse caso, era estabelecido, desde já, um preço, o qual poderia sofrer acréscimo[630] se sobreviesse certo evento futuro e incerto: a venda do bem a terceiro por valor superior ao pactuado.

Controvérsia que persistiu por longo período entre os romanos[631] foi a referente à validade da compra e venda quando os contraentes escolhessem, como critério de fixação do preço, o arbitramento por um terceiro[632].

[628] D. 18, 1, 7, 1. Ulpianus *libro vincensimo octavo ad Sabinum*. "A compra que se opera "pelo importe que tu compraste o bem" ou "pela quantia que tenho em caixa" é válida: não é incerto o preço da venda, porque muito embora se ignore o valor pelo qual se tenha comprado, este não é incerto, na realidade.".
Trecho original: "Huismodi emptio 'quanti tu eum emisti', 'quantum pretii in arca habeo', valet: nec enim incertum est pretium 'tam evidenti venditione'; magis enim ignoratur, quanti emptus sit, quam in rei veritate incertum est."

[629] D. 18, 1, 7, 2. Ulpianus *libro vincensimo octavo ad Sabinum*. "Se houver compra do seguinte modo: "compro o fundo por cem, e por quanto mais eu o vender", é válida e perfeita a venda, pois tem-se certo o preço de cem, ainda que este possa ser aumentado, se o comprador vender o fundo por valor superior.".
Trecho original: "Si quis ita emerit: 'est mihi fundus emptus centum et quanto pluris cum vendidero', valet venditio et statim impletur: habet enim certum pretium centum, augebitur autem pretium, si pluris emptor fundum vendiderit.".

[630] Ao que nos parece, a conclusão de Ulpiano permaneceria a mesma, caso se tratasse de redução do preço.

[631] C. 4, 38, 15, pr. *Imp. Iustinianus A. Iuliano pp.*

[632] Gai. 3, 140. "O preço deve ser certo. Assim, se combinarmos ser a coisa vendida pelo preço taxado por Tício, tal contrato, segundo Labeão, é nulo; e sua opinião é aprovada por Cássio. Ofílio pensava haver compra e venda, sendo sua opinião seguida por Próculo.".
Trecho original: "Pretium autem certum esse debet; alioquin si ita inter eos convenerit, ut quantitius rem aestima verit, tanti si empta, Labeo negavit, ullam vim hoc negotium habere;

Identifica-se entendimento de Labeão e Cássio de que, por ser necessária a determinação do preço para a formação da compra e venda, não seria dado aos contraentes designarem um terceiro para fixar este elemento. Em sentido contrário, Ofílio e Próculo sustentaram a posição de que também nessa hipótese seria válido o contrato.

Prevaleceu, já no Período Pós-Clássico, a opinião daqueles que argumentaram pela validade do contrato de compra e venda nos casos em que a fixação de seu preço era atribuída a terceiro.

Em constituição do Imperador Justiniano, determinou-se que, nas hipóteses mencionadas, haveria venda condicional, sujeita ao efetivo arbitramento do preço pelo terceiro designado[633].

quam sententiam Cassius probat; at Offilius et eam emptionem putat et venditionem, cujus opinionem Proculus secutus est.".

[633] C. 4, 38, 15. *Imp. Iustinianus A. Iuliano pp.* "Grande dúvida surgiu, entre nossos antigos juristas, quanto à venda de uma propriedade em que se tenha convencionado que o preço pago seria aquele pelo qual Tito avaliasse a propriedade.
1. Resolvendo esta dúvida, ordenamos que, se a venda foi celebrada com valor a ser fixado por outra pessoa, tal venda é válida, adote forma escrita ou não-escrita, sob a condição de que a pessoa nomeada determine o preço, devendo este ser pago na quantia por ele fixada, desde que, caso celebrado por escrito, tenha observado nossas disposições legais para a sua conclusão e execução.
2. Contudo, se a pessoa designada não desejar ou não puder fixar o preço, então a venda será nula, pois não há preço, e não deverá haver nenhuma discussão futura acerca da intenção das partes de que o terceiro determinasse o preço segundo seu próprio juízo ou apenas de que o determinasse em atenção ao arbítrio do homem leal e honesto, pois entendemos que a última hipótese é improvável; retiramos, portanto, tal consideração da análise deste contrato.
3. Ordenamos que tais disposições se apliquem às locações de natureza semelhante.".
Trecho original: "Super rebus venumdandis, si quis ita rem comparavit, ut res vendita esset, quanti Titus aestimaverit, magna dubitatio exorta est multis antiquae prudentiae cultoribus.
1. Quam decidentes censemus, cum huiusmodi conventio super venditione procedat 'quanti ille aestimaverit', sub hac dondicione stare venditionem, ut, si quidem ipse qui nominatus est pretium definierit, omnimodo secundum eius aestimationem et pretia persolvi et venditionem ad effectum pervenire, sive in scriptis sive sine scriptis contractus celebretur, scilicet si huiusmodi pactum, cum in scriptis fuerit redactum, secundum nostrae legis definitionem per omnia completum et absolutum sit.
2. Sin autem ille vel noluerit vel non potuerit pretium definire, tunc pro nihilo esse venditionem quase nullo pretio statuto: nulla coniectura, immo magis divinatione in posterum servanda, utrum in personam certam na in viri boni arbitrium respicientes contrahentes ad haec pacta venerunt, quia hoc penitus impossibile esse credentes per huiusmodi sanctionem expellimus.
3. Quod et in huiusmodi lactione locum habere censemus.".

Retomando a discussão já mencionada por Gaio, o Imperador Justiniano reconhece que, ao longo do tempo, foi tormentosa entre os jurisconsultos romanos a temática atinente à validade da compra e venda cuja fixação do preço era deixada ao arbítrio de terceiro. Justifica, aliás, a elaboração da constituição por conta da necessidade de dirimir a dúvida.

Adotada a opinião de Ofílio e Próculo, foi estabelecido que, nos casos em que a determinação do preço incumbisse a terceiro, seria válido o contrato de compra e venda, não importando sob qual forma fora celebrado, contanto que os demais requisitos legais pertinentes à sua conclusão e execução também houvessem sido obedecidos.

Em casos tais, contudo, a venda estaria sujeita a condição, qual seja, o efetivo arbitramento do preço. Se o terceiro não desejasse ou não pudesse, por qualquer motivo, fixar este elemento da compra e venda, esta se reputaria nula.

Ressalta-se que, apesar de ser feita alusão à nulidade do contrato nas hipóteses em que não ocorre o arbitramento do preço – terminologia que foi replicada por algumas legislações contemporâneas[634] e por estudiosos do direito romano[635] –, mais apropriado com a ciência jurídica moderna seria situar tal circunstância no plano da eficácia do contrato de compra e venda[636].

A noção de que a fixação ou não do preço influi na eficácia da *emptio venditio* se encontra subjacente, inclusive, na própria constituição analisada, a qual menciona que, havendo a determinação do preço pelo terceiro, este

[634] Art. 1.349 do Código Civil Italiano de 1942. A determinação conferida ao mero arbítrio do terceiro não pode ser contestada a menos que tenha sido provada a má-fé deste. Se não há determinação pelo terceiro, e as partes não chegam a um acordo para a sua substituição, o contrato é nulo.

[635] GLÜCK, Christian Friedrich von. *Commentario alle pandette.* Trad. Umberto Grego. Milano: Leonardo Vallardi, 1981, t. XIX. p. 125-126.

[636] PONTES DE MIRANDA, Francisco Cavalcanti. *Tratado de direito privado.* 3. ed. Rio de Janeiro: Borsói, 1972, t. XXXIX. p. 41-42. "Se o critério de determinação não pode ser atendido, como se tinha de ser por dois arbitradores, com cláusula de insubsistituibilidade dos arbitradores, e eles não podem funcionar, ou não querem, resolve-se o contrato. O fato é, precisamente, de resolução por impossibilidade da determinação, não imputável aos contraentes. (A propósito, observemos que a expressão 'nullo', que aparece no art. 1.349, 2ª alínea, do Código Civil italiano, é de impropriedade gritante: o negócio jurídico, aí, não é nulo, mas apenas ineficaz!)".

passa a ser exigível, devendo ser pago pelo terceiro, ou seja, que a fixação é fator de eficácia do contrato.

A possibilidade de arbitramento do preço por terceiro é coerente com a posição que já prevalecera nos outros casos apontados, em que tal elemento não era determinado desde logo, mas os contraentes já haviam previsto critérios para fixá-lo.

Por meio desses entendimentos, constata-se que, no direito romano, a orientação consolidada ao longo do tempo foi aquela segundo a qual o requisito da certeza do preço não impunha a sua determinação desde o momento da conclusão do contrato, mas tão somente que fosse determinável.

Isto é, da análise dos fragmentos citados, é possível reconhecer a compreensão alcançada pelos romanos de que, para ser considerado juridicamente certo, o preço deveria ser, pelo menos, determinável mediante critérios suficientemente objetivos[637], mas não necessariamente deveria ser determinado, quando da celebração do contrato de compra e venda. Esta conclusão alcançou a modernidade, e não limitada à compra e venda, abrangendo os negócios jurídicos em geral.

Por haverem desenvolvido um sistema jurídico essencialmente casuístico[638], os romanos apenas se preocuparam com a compreensão dos

[637] VIAFORA, Filippo. *I contratti speciali*. Napoli: Vincenzo Cavaliere, 1899. p. 264. "O preço deve ser certo. Não seria racional, no entanto, conceber esta exigência de certeza no sentido de que o preço deve, em qualquer caso, ser determinado a partir do início do contrato em uma soma fixa de dinheiro. Às vezes, é incerto no momento, mas pode ser determinado no futuro com um meio pré-estabelecido pelas partes. Isso deve ser o suficiente para ser dito que, em torno do preço, há certeza.".
Trecho original: "Il prezzo deve essere certo. Non sarebbe razionale però concepire questo requisito della certezza nel senso, che il prezzo deve essere in ogni caso determinato fin dall'inizio del contratto in una somma fissa di danaro. Talvolta esso è incerto attualmente, ma si potrà determinare in avvenire con un mezzo prestabilito dalle parti. Ciò deve bastare perchè possa dirsi, che intorno al prazzo vi è la certezza.".
No mesmo sentido, Cf. GIRARD, Paul Frédéric. Op. cit. p. 539.

[638] Ao se afirmar a natureza casuística do direito romano, não se pretende sugerir a sua inoperabilidade ou negar a sua relevância jurídica. Cf. ZIMMERMANN, Reinhard. Direito romano e cultura europeia. Trad. Otavio Luiz Rodrigues Júnior e Marcela Paes de Andrade Lopes de Oliveira. In: *Revista de Direito Civil Contemporâneo*, v. 7, abr./jun., 2016, p. 243-278. p. 251-252. "Apesar de tudo isso, o direito romano não era uma impenetrável floresta de detalhes. Os juristas romanos desenvolveram uma ampla gama de conceitos, regras e instituições jurídicas

elementos constitutivos e dos requisitos de validade de cada um dos atos típicos por eles reconhecidos, sendo-lhes estranha a noção abstrata de negócio jurídico ou de contrato em geral[639].

No entanto, uma tendência que já se manifestava nos trabalhos dos glosadores, ainda na Idade Média, e que se aprofundou consideravelmente a partir de meados do século XIX, por conta da influência da pandectística alemã, foi a generalização de conceitos propostos de forma fragmentada pelos jurisconsultos romanos, a fim de conceder maior sistematização e coerência aos ordenamentos jurídicos[640].

Por via de consequência, revela-se natural que, em diversas ordens jurídicas, seja possível identificar preceitos aplicáveis a uma categoria inteira de atos jurídicos, enquanto as suas inspirações romanísticas foram vislumbradas como soluções propostas para determinados atos típicos.

Esse é o caso do regramento do grau de certeza do preço (*certum pretium*), originalmente requisito de validade vislumbrado especificamente para o contrato de compra e venda, e hoje generalizado para os demais negócios jurídicos[641], na forma da exigência de que o objeto do negócio seja determinado ou determinável[642].

Nesse sentido, estabelecem como requisito de validade do negócio jurídico ou do contrato – a depender do grau de abstração considerado em

que constantemente buscavam coordenar e correlacionar intelectualmente entre si. Dessa forma, acabaram por criar uma espécie de sistema "aberto" que combinava coerência com certa flexibilidade. No processo, os juristas romanos eram guiados por uma série de valores, ou princípios fundamentais, tais como liberdade, bona fides, humanitas e a proteção dos direitos adquiridos, principalmente o direito de propriedade.".

639 JUNQUEIRA DE AZEVEDO, Antonio. *Negócio jurídico*: existência validade e eficácia. 4. ed. São Paulo: Saraiva, 2002. p. 37. "A doutrina tradicional romanística estava absolutamente certa, portanto, quando, com base nas fontes romanas, distinguia, em cada tipo de negócio, os elementos essenciais e os naturais. Afinal, não se havia, ainda, chegado à categoria mais abstrata (negócio jurídico); o que havia eram tipos de negócio.".

640 ZIMMERMANN, Reinhard. The civil law in European codes. In: MACQUEEN, Hector; VAQUER, Antoni; ESPIAU, Santiago Espiau. *Regional private laws and codification in Europe.* Cambridge: Cambridge University, 2003. p. 47-51.

641 ZIMMERMANN, Reinhard. Op. cit. p. 50-51.

642 ESPINOLA, Eduardo. Op. cit. p. 45. "É também indispensável que se apresente certo, isto é, determinado ou determinável, de acôrdo com os elementos constantes do contrato.".

cada ordenamento – que o objeto seja determinado ou determinável, as legislações brasileira[643], portuguesa[644], italiana[645] e francesa[646]. Esta última, vale ressaltar, disciplina a matéria deste modo há mais de duzentos anos, havendo sido apenas pontualmente modificada por ocasião da reforma do direito obrigacional francês, em 2016.

No âmbito dos contratos internacionais, esta também é a orientação prevalecente na Convenção das Nações Unidas sobre Contratos de Compra e Venda Internacional de Mercadorias[647], cujo artigo 14[648] dispõe

[643] Art. 104, II, do CC/02. A validade do negócio jurídico requer: (...)
II - objeto lícito, possível, determinado ou determinável; (...)

[644] Art. 280º do Código Civil Português de 1966. Requisitos do objecto negocial. 1. É nulo o negócio jurídico cujo objecto seja física ou legalmente impossível, contrário à lei ou indeterminável. (...)

[645] Art. 1.346 do Código Civil Italiano de 1942. O objeto do contrato deve ser possível, lícito, determinado ou determinável (1418).
Trecho original: "L'oggetto del contratto deve essere possibile, lecito, determinato o determinabile (1418).".

[646] Art. 1.128 do Código Civil Francês. São necessários à validade de um contrato: (...)
3º Um conteúdo lícito e certo.
Trecho original: "Sont nécessaires à la validité d'un contrat: (...)
3° Un contenu licite et certain."
Art. 1.163 do Código Civil Francês. A obrigação tem por objeto uma prestação presente ou futura.
Esta prestação deve ser possível e determinada ou determinável. (...)
Trecho original: "L'obligation a pour objet une prestation présente ou future.
Celle-ci doit être possible et déterminée ou déterminable.".

[647] A respeito do âmbito de aplicabilidade e da interpretação das disposições da convenção, a qual vigora no Brasil desde 2014, Cf. SCHWENZER, Ingeborg; PEREIRA, Cesar Guimarães; TRIPODI, Leandro (Coord.). *A CISG e o Brasil*: Convenção das Nações Unidas sobre Contratos de Compra e Venda Internacional de Mercadorias. São Paulo: Marcial Pons, 2015.

[648] Artigo 14. (1) Para que possa constituir uma proposta, a oferta de contrato feita a pessoa ou pessoas determinadas deve ser suficientemente precisa e indicar a intenção do proponente de obrigar-se em caso de aceitação. A oferta é considerada suficientemente precisa quando designa as mercadorias e, expressa ou implicitamente, fixa a quantidade e o preço, ou prevê meio para determiná-los. (...) Trad. Eduardo Grebler e Gisely Radael.
Trecho original: "Article 14. (1) A proposal for concluding a contract addressed to one or more specific persons constitutes an offer if it is sufficiently definite and indicates the intention of the offeror to be bound in case of acceptance. A proposal is sufficiently definite if it indicates the goods and expressly or implicitly fixes or makes provision for determining the quantity and the price.".

ser suficiente para a validade do contrato a possibilidade de seu objeto ser determinado no futuro[649].

Essa diretriz, desenvolvida por séculos e compartilhada, em linhas gerais[650], pelos ordenamentos advindos de cultura jurídica romano-germânica, é responsável por numerosos questionamentos suscitados à validade do contrato-quadro.

Afinal, é de se indagar: como poderia ser certo o objeto de um contrato que, por definição, deve deixar indeterminado ao menos parte dos elementos essenciais da relação contratual global por ele inaugurada?

Na França, já em 1929, as primeiras decisões judiciais a respeito de contratos de concessão comercial de venda de automóveis também foram aquelas que pioneiramente reconheceram a distinção entre os contratos que inauguravam a relação comercial, definindo as suas regras gerais, e os que posteriormente a concretizavam sob o aspecto econômico, por meio dos quais o concedente vendia veículos ao concessionário[651].

Ainda sem utilizar nomenclatura a qual apenas seria desenvolvida décadas mais tarde, os julgadores franceses afastaram a hipótese de ali se estar diante de um contrato único de compra e venda. Entenderam que o acordo pelo qual se planejaria o programa contratual a ser desenvolvido

649 STEINER, Renata Carlos; RUZYK, Carlos Eduardo Pianovski. Ensaio sobre a formação do contrato na CISG. In: SCHWENZER, Ingeborg; PEREIRA, Cesar Guimarães; TRIPODI, Leandro (Coord.). *A CISG e o Brasil*: Convenção das Nações Unidas sobre Contratos de Compra e Venda Internacional de Mercadorias. São Paulo: Marcial Pons, 2015. p. 181. "É relevante sublinhar que a CISG não exige que tais elementos estejam já definidos na oferta, bastando-lhe que sejam expressa ou implicitamente determinados, podendo a operação ser realizada em momento futuro, por ambas as partes, ou apenas por uma delas. A indeterminação dos elementos no momento da oferta não afeta a existência de seu caráter vinculante.".

650 Em que pese todos os ordenamentos citados tenham consagrado o requisito de validade da certeza do objeto contratual, ou seja, que ele deve ser determinado ou determinável, eles divergem entre si em relação a questões específicas. Por exemplo, em algumas legislações, como é o caso da portuguesa, alemã e italiana, caso o terceiro não possa ou se recuse a determinar o objeto do contrato, é possível, ao menos em alguns casos, que haja a intervenção do Judiciário para arbitrá-lo e preservar a avença, ao passo que em outras ordens jurídicas, como a francesa e a brasileira, tal atuação é repudiada.

651 Cour d'appel de Paris, 04 janv. 1929. In: *Revue Gazette du Palais*, 1929, 1er sem., Jurisprudence, p. 710-712.

pelas partes constituiria um contrato autônomo, ao passo que as aquisições de automóveis que lhe seguiam seriam, elas mesmas, avenças apartadas entre si.

Tem-se notícia que, em 1966, foi concluído o primeiro julgamento que analisou especificamente se o objeto dos contratos-quadro seria ou não indeterminado em razão da ausência de fixação imediata de todos os elementos essenciais dos contratos de aplicação[652].

Neste processo foi debatida a validade de contratos-quadro de distribuição de combustíveis, os quais obrigavam a celebração de contratos de aplicação de compra e venda, mediante, por exemplo, cláusulas de aquisição mínima, mas não fixavam seu preço, até mesmo porque este era, até então, tabelado na França. A controvérsia jurídica se cingia à continuidade ou não da exigibilidade[653] dos contratos de distribuição, isto é, se o distribuidor estaria desobrigado a adquirir os combustíveis, ou se apenas deveria ser estabelecido novo preço, por meio de negociações ou por recurso a critérios diversos[654], para que houvesse a continuidade da relação comercial.

Aduziam os distribuidores de combustíveis que, se o contrato-quadro inaugurava uma relação constante de compras e vendas entre as partes, natural seria que os requisitos de validade da compra e venda, dentre eles a certeza do preço, a ele se aplicassem, ou, ainda, que o seu objeto apenas se considerasse determinado se também já fosse determinado o objeto dos contratos de aplicação.

No primeiro argumento, a invalidade (*rectius*: ineficácia superveniente) decorreria da inobservância do artigo 1.591[655], aplicável especificamente aos contratos de compra e venda, ao passo que, no segundo fundamento

[652] Cour d'appel de Paris, 26 janv. 1966. In: *Revue Gazette du Palais*, 1966, 1er sem., Jurisprudence, p. 210-216.

[653] Apesar de os julgadores franceses se reportarem à validade dos contratos-quadro, ao que nos parece a discussão se situa no plano da eficácia, mais especificamente se teria havido ou não uma impossibilidade superveniente do objeto dos contratos, a qual, acaso eventualmente constatada, resultaria em sua resolução.

[654] Tratando detidamente da matéria da colmatação de lacunas contratuais, Cf. NITSCHKE, Guilherme Carneiro Monteiro. Op. cit.

[655] Art. 1.591 do Código Civil Francês (redação anterior). O preço da venda deve ser determinado e acordado pelas partes.
Trecho original: "Le prix de la vente doit être déterminé et désigné par les parties.".

apresentado, seria oriunda da ofensa ao artigo 1.129[656], incidente sobre os demais negócios jurídicos. Ambos os dispositivos citados são do *Code civil* em sua redação vigente à época.

Esta discussão é particularmente interessante para os propósitos deste trabalho, tendo em vista que, na época do julgado em questão, o tratamento legislativo da matéria na França era muito semelhante ao atualmente vigente no Brasil[657], além de o caso debatido assumir relevância em ambos os ordenamentos jurídicos.

De fato, até hoje, pululam nos tribunais brasileiros discussões concernentes à validade de contratos-quadro de distribuição de combustíveis[658], sendo, por vezes[659], citado como argumento central para sua invalidação a suposta indeterminação do objeto contratual[660].

Tem prevalecido, no Brasil, o entendimento de que não há nulidade nessa hipótese, mas não sob o fundamento que, ao que nos parece, é o adequado – distinção do objeto do contrato-quadro e dos contratos de aplicação –, e sim sob a alegativa de que o preço contratual é determinável desde o início da relação contratual, pois já é previsto seu critério de fixação – recurso às tabelas de preço do fornecedor, normalmente

Na experiência francesa, por outro lado, a matéria tardou a encontrar definição.

656 Art. 1.129 do Código Civil Francês (redação anterior). As obrigações devem ter por objeto uma coisa ao menos determinada quanto à sua espécie. (...)
Trecho original: "L'obligation doit avoir pour objet une chose déterminée au moins quant à son espèce. (...)".

657 São pertinentes a esta matéria, no Brasil, principalmente os artigos 104, II, e 482, do CC/02:
Art. 104 do CC/02. A validade do negócio jurídico requer: (...)
II - objeto lícito, possível, determinado ou determinável; (...)
Art. 482 do CC/02. A compra e venda, quando pura, considerar-se-á obrigatória e perfeita, desde que as partes acordarem no objeto e no preço.

658 Embora essa nomenclatura não seja utilizada pelos julgadores, os contratos por eles interpretados se afiguram legítimos contratos-quadro, segundo os critérios estabelecidos neste trabalho.

659 Outras tantas vezes, o fundamento é a fixação unilateral do preço dos contratos de aplicação de compra e venda, problemática oportunamente discutida. *Vide* tópico 3.4, *infra*.

660 Cf., por todos: TJ-PR - AC 14099702 PR, Relator: Desembargador Lauri Caetano da Silva, Data de Julgamento: 21/09/2016, 17ª Câmara Cível, Data de Publicação: DJ 13/10/2016. Neste julgado, como em geral acontece, foi reafirmada a validade do contrato-quadro de distribuição de combustíveis.

Na decisão analisada, os julgadores se posicionaram pela validade e eficácia dos contratos-quadro de distribuição de combustíveis, ressaltando que o contrato-quadro, apesar de anunciar que futuramente seriam concluídos contratos de compra e venda, não consistiria, ele próprio, em um desses contratos. Deste modo, não incorreria nos óbices alegados pelos distribuidores de combustíveis.

Entretanto, é possível se afirmar apenas que a discussão se *iniciou*, mas não que se *concluiu*, no ano de 1966.

Os questionamentos à validade dos contratos-quadro, notadamente os de distribuição, continuariam nos anos seguintes. Os tribunais franceses foram chamados, por contínuas vezes, a se manifestar sobre a questão, decidindo ora pela validade dos contratos, ora por sua invalidade, esta última às vezes calcada na ofensa à disciplina específica dos contratos de compra e venda, e às vezes fundada no regramento dos negócios em geral.

Em 1978, a Corte de Cassação foi chamada a dirimir a controvérsia acerca da matéria, em três acórdãos datados de 11 de outubro daquele ano[661].

Nestes casos, o que se discutia era a validade de contratos de fornecimento de cerveja, e os argumentos apresentados eram os mesmos de antes. Sustentavam os compradores que o contrato-quadro seria nulo, pois nele não estava determinado o preço da cerveja adquirida, o que ofenderia o requisito legal da certeza do preço, ou, ao menos, resultaria na ausência de determinação do objeto do contrato-quadro.

Em primeiro lugar, a Corte de Cassação afastou a alegada violação ao artigo 1.591 do *Code civil*, apontando que o contrato-quadro não se confundiria com um contrato de compra e venda, e por isso os requisitos legais próprios deste tipo contratual a ele não se aplicariam. Não se poderia, portanto, falar de ausência de preço certo em uma avença que, a rigor, não era de compra e venda. Foi reafirmada, portanto, naquela oportunidade, a cisão entre contrato-quadro e contratos de aplicação.

Em seguida, passou a ser debatido o argumento de que o objeto do contrato-quadro não seria determinado ou determinável, o que iria de encontro ao preconizado pelo artigo 1.129 do Código Napoleão.

[661] Cour de Cassation (Chambre commerciale), 04 oct. 1978. Disponível em: < https://www.legifrance.gouv.fr/affichJuriJudi.do?oldAction=rechJuriJudi&idTexte=JURITEXT000007001749>. Acesso em: 05 mar. 2019.

Neste ponto, a Corte de Cassação decidiu pela nulidade dos contratos-quadro analisados, os quais não traziam qualquer critério de determinação do preço dos contratos de aplicação que seriam futuramente celebrados. O entendimento prevalecente foi de que, constituindo o objeto daqueles contratos-quadro a conclusão vindoura de contratos de compra e venda, ter-se-ia que, mesmo que eles próprios não se reconduzissem a este tipo contratual, deveriam, para que seu objeto se reputasse determinado, ao menos trazer critérios de fixação do preço dos contratos de aplicação. Apontaram os julgadores que, caso não fossem estabelecidos semelhantes critérios, não haveria o mínimo de certeza acerca da futura celebração dos acordos e, por conseguinte, o objeto do contrato-quadro não seria suficientemente certo, do qual se concluiria a sua nulidade.

Comentando esse precedente, Jacques Ghestin e Marc Billiau lecionam que, a partir de 1978, a Corte de Cassação passou a julgar constantemente que os contratos-quadro, mesmo não podendo ser qualificados como contratos de compra e venda, e, por isso, não estando submetidos ao artigo 1.591 do *Code Civil*, sofreriam a incidência do artigo 1.129 da mesma codificação. Destarte, para que fossem válidos, o preço dos produtos que seriam negociados mediante a celebração dos contratos de aplicação deveria ser determinado ou ao menos determinável[662]. Tais critérios de determinação do preço deveriam, ainda, ser suficientemente objetivos[663].

Em julgados seguintes da Corte de Apelação de Paris[664] e da própria Corte de Cassação[665], reiterou-se tal entendimento, também acolhido por parte da doutrina especializada[666]. Além disso, passou a ser casuisticamente definido quais critérios de determinação do preço seriam suficientemente objetivos. Especificou-se, por exemplo, que seriam nulos os contratos que fizessem referência ao "preço de mercado" ou ao "preço usualmente praticado pelo vendedor", pois tais critérios careceriam de objetividade.

662 GHESTIN, Jacques; BILLIAU, Marc. *Le prix dans le contrats de longue durée.* Paris: LGDJ, 1990. p. 33.

663 GHESTIN, Jacques; BILLIAU, Marc. Op. cit. p. 33.

664 Cour d'appel de Paris, 14 juin 1984.

665 Cour de Cassation (Chambre commerciale), 14 juin 1988. Disponível em: < https://www.legifrance.gouv.fr/affichJuriJudi.do?idTexte=JURITEXT000007021020>. Acesso em: 05 mar. 2019.

666 SCHMIDT, Joanna. *Négociation et conclusion de contrats.* Paris: Dalloz, 1982. p. 41.

Por outro lado, seriam válidos os contratos que fizessem uso de cláusulas de determinação por terceiro e de indexação por bolsa.

Em que pese toda essa discussão tenha se estabelecido na seara dos contratos-quadro de distribuição, é possível ampliar as suas conclusões para o estudo global da matéria.

Acaso prevalecente este posicionamento, necessário seria concluir que os contratos-quadro, embora não tivessem de fixar de imediato todos os elementos essenciais dos contratos de aplicação que a eles se seguiriam, deveriam ao menos trazer critérios objetivos de determinação de tais elementos. Caso contrário, seriam nulos ante a ausência de determinação de seu objeto.

Os questionamentos a respeito da matéria continuaram a surgir, entretanto, e não tardou para que a posição prevalecente da Corte de Cassação sofresse nova modificação.

Ao longo do ano de 1991, a Corte de Cassação chegou a novo entendimento majoritário[667], no sentido de que o contrato-quadro ensejaria para as partes essencialmente obrigações de fazer, estando elas vinculadas a seguir certas regras atinentes à conclusão e ao conteúdo dos contratos de aplicação. O seu objeto não seria, deste modo, mesmo nos casos em que antecedesse contratos de compra e venda, uma obrigação de dar ou de pagar, e por isso o acordo quanto ao preço das transações futuras não seria um de seus elementos essenciais.

[667] Cour de Cassation (Chambre commerciale), 22 janv. 1991. Disponível em: <https://www.legifrance.gouv.fr/affichJuriJudi.do?idTexte=JURITEXT000007025004>. Acesso em: 05 mar. 2019. "Considerando que, determinando-se assim, (...) esse contrato comporta essencialmente obrigações de fazer, e considerando que ele não se identifica com os contratos de venda sucessivos necessários à sua concretização, comportando estes essencialmente obrigações de dar, em relação aos quais não se alega que a convenção impedisse que o preço fosse livremente debatido e aceito pelas partes, tem-se que a Corte de Apelação não conferiu base legal à sua decisão; (...)".
Trecho original: "(...) c'est-à-dire essentiellement des obligations de faire et alors que ce contrat ne s'identifiait pas avec les contrats de vente successifs nécessaires à sa mise en oeuvre comportant essentiellement des obligations de donner pour lesquelles il n'est pas allégué que la convention s'opposait à ce que les prix de vente fussent librement débattus et acceptés par les parties, la cour d'appel n'a pas donné de base légale à sa décision; (...)".
Reiterando esse posicionamento, Cf. Cour de Cassation (Chambre commerciale), 2 juill. 1991. Disponível em: <https://www.doctrine.fr/d/CASS/1991/JURITEXT000007133077>. Acesso em: 05 mar. 2019.

Em sendo o contrato-quadro distinto dos contratos de aplicação, também seriam diversos os objetos de ambos, não sendo razoável se exigir que o objeto destes últimos já tivesse de ser certo (determinado ou determinável) ao tempo de conclusão do primeiro contrato.

É dizer: o momento adequado para se verificar se o objeto dos contratos de aplicação é ou não ao menos determinável seria após a conclusão destes, e não no momento de celebração do contrato-quadro, cujo exame de validade deveria ser realizado em atenção ao seu próprio objeto, e não dos acordos que lhe sucedem.

Similar, aliás, já era o precedente formado perante as cortes belgas[668], cuja disciplina normativa da matéria era praticamente idêntica à francesa[669].

Importante chamar a atenção para a circunstância de que a Corte de Cassação da França, mesmo havendo admitido que o contrato-quadro não dependeria, para ser válido, da determinação prévia dos elementos essenciais dos negócios jurídicos futuros, houve por bem coibir quaisquer cláusulas contratuais que conferissem a uma das partes o poder de fixar unilateralmente o preço dos contatos de aplicação. Conforme se expõe no tópico seguinte, esta vedação apenas foi superada posteriormente, em nova viragem jurisprudencial.

No que atine à desnecessidade de o contrato-quadro trazer, desde o momento de sua celebração, critérios de determinação dos elementos essenciais dos contratos de aplicação, entende-se que se trata da compreensão mais adequada, e a qual prevalece, até hoje, na França.

De fato, o objeto do contrato-quadro não se confunde com o dos contratos de aplicação[670]. Enquanto o primeiro consiste na disposição de regras que disciplinam o processo de formação e o conteúdo de negócios jurídicos futuros[671], o segundo compreende tudo o que for necessário à

668 Cour d'appel de Bruxelles, 7 sept. 1982. In: *Journal des tribunaux*, 1983, p. 66 e ss.

669 POLLAUD-DULIAN; Frédéric; RONZANO, Alain; REYGROBELLET, Arnaud. Op. cit. p. 99.

670 GHESTIN, Jacques. La notion de contrat-cadre et les enjeux théoriques et pratiques qui s'y attachent. In: CANIVET, Guy et al. (Org.). *Le contrat-cadre de distribution*: enjeux et perspectives. Disponível em: <http://www.creda.cci-paris-idf.fr/colloques/pdf/1996-contrat--cadre-distribution/03-France-notion.pdf>. Acesso em: 08 jan. 2018. p. 16.

671 ZAKI, Magdi. Op. cit. p. 1065. "O contrato-quadro é aquele que tem por objeto não a entrega de uma coisa ou a prestação de um serviço, mas a prescrição do conteúdo, das modalidades de conclusão e da forma de futuros atos jurídicos.".

concretização da relação contratual planejada[672], variando a depender do caso concreto – na hipótese investigada em concreto, a compra e venda de bens a serem distribuídos.

Em razão disso, devem ser determinados ou determináveis no contrato-quadro quais avenças serão consideradas "de aplicação", e qual regramento que disciplinará a formação delas e integrará seus conteúdos, acaso efetivamente concluídas. São estes os elementos essenciais do contrato-quadro, e são eles que devem ser considerados para fins de verificação de sua validade ou invalidade.

É de todo impertinente para a validade dos contratos-quadro que o objeto dos contratos de aplicação – para seguir no mesmo exemplo, o preço da compra e venda – já seja determinável desde o momento de sua celebração, pois eles não constituem, em hipótese alguma, contratos de compra e venda[673]. Ora, se se trata de elemento essencial do contrato de aplicação, então a sua fixação deve ocorrer quando da celebração desta avença, e não anteriormente.

Para que sejam válidos, pois, os contratos-quadro dependem apenas que a delimitação de seu âmbito de incidência e o seu conteúdo normativo sejam ao menos determináveis. Isto é, basta que sejam determinados

Trecho original: "Le contrat-cadre designe l'accord qui a pour objet non la livraison d'une chose ou la prestation d'un service mais la prescription du contenu, des modalités et de la forme des futurs actes juridiques.".

672 GATSI, Jean. Op. cit. p. 3. "A originalidade [dos contratos-quadro] vem do fato de que eles deixam a outros contratos a tarefa de realizar enfim o objetivo dos contratantes. Esses contratos futuros são chamados de contratos de aplicação, na medida em que eles concretizam a relação comercial estabelecida pelo acordo inicial.".
Trecho original: "Son originalité vient de ce qu'il laisse à d'autres contrats le soin de réaliser enfin l'objectif des contractants. Ces contrats futurs sont appelés contrats d'application dans la mesure où ils témoignent du courant d'affaires établi par l'accord de volontés initial.".

673 ZAKI, Magdi. Op. cit. p. 1084. "(...) o contrato-quadro, mesmo se precede uma venda, não é ele mesmo uma venda e não precisa conter, portanto, nenhuma definição acerca da obrigação de entregar a coisa ou pagar o preço: consequentemente, a regra que exige seja o preço determinado ou determinável que é legitimamente necessária à validade na venda, sob pena de nulidade, não há de se aplicar ao contrato-quadro.".
Trecho original: "(...) le contrat-cadre, même s'il précède une vente, n'est pas lui-même une vente et peut donc ne comporter aucune obligation de livrer la chose ou de payer le prix: par conséquent, la règle, exigeant la déterminabilité du prix qui est légitimement nécessaire à la validité de la vente n'a pas, sous peine de nullité, à s'appliquer au contrat-cadre.".

mecanismos capazes de fixar certo regramento para contratos futuros e quais serão os contratos submetidos a ele – se todos os que forem concluídos entre as partes, se todos aqueles de certo tipo contratual, se todos aqueles que forem designados pelas partes etc.

Esses apontamentos, vale frisar, são em idêntica medida extensíveis ao direito brasileiro.

Não apenas existem grandes semelhanças entre a disciplina legislativa que orientou a formação dos precedentes citados e aquela hoje vigente no Brasil, como não há no ordenamento pátrio, a exemplo do que ocorre na ordem jurídica francesa, qualquer fundamento legal para que se considere que o objeto do contrato-quadro e dos contratos de aplicação é o mesmo.

Além disso, estabelecido que os contratos em comento não se confundem entre si, não sendo reconduzidos ao mesmo tipo, não há por que exigir, inexplicavelmente, que os elementos essenciais dos contratos de aplicação já sejam determinados ou determináveis desde o momento de conclusão do contrato-quadro – antes, portanto, de sua efetiva celebração.

Não se pode pretender, no direito brasileiro vigente, que a verificação dos requisitos de validade de um negócio jurídico ocorra antes de sua efetiva celebração, até mesmo por exigência lógica: como apurar se o seu suporte fático é perfeito ou se sobre ele recai uma deficiência invalidante, ou lhe falta um elemento complementar[674], se este ainda não foi formado?

Entendimento contrário ofenderia o preconizado pelo artigo 104 do CC/02, que é claro ao enumerar os requisitos de validade do negócio jurídico, os quais devem ser examinados ao momento de seu aperfeiçoamento, e não quando da conclusão de avença que lhe é relacionada, mas consigo guarda autonomia.

Do mesmo modo, não se pode aplicar aos contratos-quadro a disciplina própria – e os requisitos de validade – de tipos contratuais que lhe são estranhos. É inadequado demandar a certeza do preço dos contratos de aplicação de compra e venda como se requisito de validade

[674] MELLO, Marcos Bernardes de. *Teoria do fato jurídico*: plano da validade. 14. ed. São Paulo: Saraiva, 2015. p. 41. "Diz-se válido o ato jurídico cujo suporte fáctico é perfeito, isto é, os seus elementos nucleares não têm qualquer deficiência invalidante, não há falta de qualquer elemento complementar. *Validade*, no que concerne a ato jurídico, é sinônima de perfeição, pois significa a sua plena consonância com o ordenamento jurídico.".

do contrato-quadro se tratasse, porque este não se reconduz a tal tipo contratual, consoante já elucidado.

Ora, se é cediço que os contratos-quadro não se confundem com os contratos de aplicação, não se pode estender o regime típico de um ao outro, sob pena de ofender a própria conformação dos tipos negociais. Ou seja, da constatação que o contrato de aplicação, por estar inserido em determinado tipo jurídico, sujeita-se a certos requisitos de validade, não pode advir a conclusão de que o contrato-quadro estaria submetido aos mesmos requisitos, pois isto significaria fazer incidir sobre esta avença um regime jurídico típico que não lhe é próprio.

Um contrato-quadro que regula e precede contratos de aplicação de compra e venda mercantil não é, em si considerado, um contrato de compra e venda, e não atrai o seu regime típico, não estando sujeito, portanto, aos seus requisitos de validade. Esta conclusão se espraia para os demais tipos negociais.

Dilucidado, portanto, que, tal qual a posição predominante na França, também no direito brasileiro inexistem óbices para que o contrato-quadro não defina os elementos essenciais dos contratos de aplicação, sendo mesmo desnecessária a estipulação de quaisquer critérios de determinação no acordo inaugural da relação contratual das partes, passa-se ao estudo de temática aproximada: é possível que a uma das partes seja outorgado o poder de fixar unilateralmente um ou mais elementos dos contratos de aplicação?

3.4. Fixação unilateral dos elementos contratuais

A redução dos custos de transação, dentre os quais os custos de negociação, é uma das funções desempenhadas pelos contratos-quadro nas relações contratuais em que são empregados[675]. Está relacionada, geralmente, à desnecessidade de que os contratantes tenham de manifestar seu consentimento novamente em cada uma das avenças que concluem ao longo do tempo quanto aos pontos regulados pelo contrato-quadro[676], a fim de que assim o fluxo de negócios seja mais célere[677].

675 *Vide* tópico 2.1.2, *supra*.

676 SAYAG, Alain. Op. cit. p. 5-6.

677 ZANETTI, Cristiano de Sousa. Op. cit. p. 21.

Relacionada a essa função, é comum, nos contratos-quadro, a previsão de que um ou mais elementos dos contratos de aplicação não será determinado mediante acordo de ambos os contratantes, mas por apenas um deles, independentemente de anuência[678].

Trata-se de prática de técnica contratual orientada à resolução de uma aspiração econômica: conferir à arquitetura incompleta das relações jurídicas inauguradas pelos contratos-quadro[679], característica que permite a adaptação rápida e menos custosa delas ao longo do tempo[680], maior segurança e celeridade, em virtude da menor quantidade de pontos dos contratos de aplicação a serem definidos mediante negociação das partes - o que, a um só tempo, torna mais previsível e rápida a sua celebração.

Diferentemente da indeterminação dos elementos essenciais dos contratos de aplicação, abordada no tópico anterior, a outorga a uma das partes do poder de fixar unilateralmente aspectos destes contratos não é um elemento categorial dos contratos-quadro. É, no entanto, praxe em diversas relações contratuais em que a adoção dos contratos-quadro é frequente - sobretudo naquelas que ocasionam a integração econômica dos acordantes[681].

É importante esclarecer que o poder formativo[682] em comento se estende a qualquer elemento dos contratos de aplicação ainda não estabelecido por força do regramento contido no contrato-quadro. Por exemplo, são frequentes, na prática comercial, cláusulas em contratos-quadro que determinam a fixação unilateral do preço dos contratos de aplicação de compra e venda (elemento essencial) e da espécie de garantia do contrato de aplicação de locação (elemento acidental).

678 GHESTIN, Jacques. Op. cit. p. 22. "É forçoso admitir que o contrato-quadro confere expressa ou implicitamente a uma das partes o poder de determinar o preço de modo unilateral.".
Trecho original: "Force est alors d'admettre que le contrat-cadre confère expressément ou implicitement à l'une des parties le pouvoir de déterminer le prix de façon unitérale.".

679 TUCCI, Rogério Lauria Marçal. Op. cit. p. 105

680 ARAÚJO, Fernando. Op. cit. p. 43-44.

681 GATSI, Jean. Op. cit. p. 75.

682 Caracterizando como poder formativo a prerrogativa de uma das partes de fixar unilateralmente certo elemento contratual, Cf. PENTEADO, Luciano de Camargo. Op. cit. p. 315.

Acaso admitida – pois, conforme se verá, são numerosos os que sustentam a sua inadequação jurídica – a cláusula de fixação unilateral assim opera: no contrato-quadro, a uma das partes é conferido o poder de estabelecer certos pontos dos contratos de aplicação, bastando, para a formação destes, que haja consenso em relação aos elementos necessários restantes, e que a parte a quem foi outorgada a prerrogativa em comento a exerça, definindo o aspecto a seu encargo.

Exemplificando, suponha-se um contrato-quadro de empreendimento conjunto que determine as diretrizes gerais para o desenvolvimento de certa tecnologia, em que se estabeleça que um dos contratantes, independentemente de anuência da outra parte, irá indicar, nos contratos de aplicação próprios a cada uma das etapas do projeto, a equipe de profissionais responsáveis, ao passo que serão fixadas mediante o consenso de ambos as demais questões em aberto, como a remuneração desses profissionais, o cronograma das atividades, a participação financeira de cada uma das empresas etc. Chegando os negociantes a um acordo em relação a estes últimos pontos, bastará à parte a quem se conferiu o poder de fixação unilateral informar qual será a equipe responsável pelo projeto, para que então se repute formado o contrato de aplicação.

Semelhantemente, é possível vislumbrar um cenário ainda mais simples: o dos contratos-quadro de distribuição. É frequente que os únicos elementos dos contratos de aplicação de compra e venda que permaneçam indeterminados sejam o preço e a quantidade dos produtos, e que se outorgue ao fornecedor o poder de fixar unilateralmente o preço. Consentindo as partes quanto à quantidade de produtos adquiridos, o fornecedor precisará apenas comunicar ao distribuidor o preço da venda, e esta se reputará concluída.

É de bom alvitre elucidar que o poder de fixação unilateral de elementos contratuais ora analisado se reveste de caráter jurídico, e não meramente fático-econômico.

Isso significa que a discussão a seguir não é sobre a mera circunstância de uma das partes, em decorrência de fatores de ordem econômica, estratégica ou diversa, ser capaz de fazer prevalecer, nos contratos de aplicação, o conteúdo que lhe é mais vantajoso – hipótese que não demanda maiores cuidados, por se inserir no processo normal de formação contratual e ser inegavelmente albergada pela ordem jurídica[683].

Em realidade, o que é alvo de questionamentos é a concessão, a um dos contratantes, do poder formativo de definição de um ou mais elementos dos contratos de aplicação celebrados, sujeitando a contraparte à sua indicação, na medida em que, admitida essa prática, a parcela do conteúdo negocial sujeita à fixação unilateral se reputa concluída tão logo ocorra a escolha pela parte que titulariza esse poder, ressalvado o controle judicial no caso de seu exercício abusivo[684].

Ou seja, não se investiga o cenário em que um fornecedor, ante a sua preponderância econômica, faz com que a sua política de preços e exigências contratuais sejam acolhidas por aqueles inseridos em sua rede de distribuição, sem que haja uma margem real de negociação ou possibilidade efetiva de interferirem no conteúdo do contrato, mas sim a hipótese em que o contrato de base concluído entre fornecedor e distribuidor conceda àquele, por exemplo, o poder de, recebido um pedido deste, determinar segundo seu arbítrio o preço dos produtos, concluindo imediatamente o contrato de compra e venda, independentemente de qualquer anuência específica.

683 RODRIGUES JUNIOR, Otávio Luiz. Compra e venda. Troca. Contrato estimatório: artigos 481 a 537. In: AZEVEDO, Álvaro Villaça (Coord.). *Código civil comentado*. São Paulo: Atlas, 2008, v. VI, t. I. p. 111-112. "Não se pode confundir o ato de entregar-se ao arbítrio exclusivo com a circunstância de o comprador aceitar o preço apresentado pelo vendedor, situação que ocorre com frequência. Sua aquiescência indicou reflexão íntima e concordância tácita com o preço, sem que julgasse necessário barganhá-lo. (...) A sociedade pós-industrial diminuiu o âmbito dialógico na formação do preço. Nem por isso, repita-se, haverá de se interpretar essa realidade como uma altiva infração ao art. 489. A recusa em comprar, a busca por outros fornecedores e a atitude esclarecida do adquirente, no plano individual, refletem a não-conformidade com o preço formulado pelo alienante, que, ao ver a diminuição de sua clientela, é obrigado a reduzir o *quantum* atribuído a seus produtos.".

684 GATSI, Jean. Op. cit. p. 163. "Concretamente, essa solução leva em consideração que, no contrato-quadro de distribuição, o preço não precisa ser determinado ou determinável segundo a exigência de que haja um livre debate acerca do preço. É necessário tão somente que não tenha havido um abuso da parte contratante que determina o preço de modo unilateral.". Trecho original: "Concrètement, cette solution aboutit à considérer que dans le contrat-cadre de distribution, le prix peut ne pas être déterminé ou déterminable sans pour autant qu'il y ait exigence d'un libre débat sur le prix. Il faudrait simplement qu'il n'y ait pas abus de la part du contractant déterminante le prix de façon unilatérale.".

Digna de indagação é a questão concernente ao porquê de um contratante concordar, no momento de celebração do contrato-quadro, em conceder ao outro a prerrogativa exclusiva de definir, sem lhe consultar ou depender de sua concordância, certos aspectos dos contratos de aplicação celebrados – cláusula que lhe coloca, ao menos aparentemente, em posição de desvantagem na relação comercial iniciada.

Isso pode decorrer da confiança que este contratante deposita em seu parceiro comercial, da compreensão por parte dele que a outra parte é a mais apta a fixar certo(s) elemento(s) contratual(is), ou, o que é mais comum, de sua dependência econômica em relação à parte que titulariza o poder de fixação unilateral dos elementos contratuais – sem prejuízo, claro, de também se beneficiar com a segurança e celeridade adicionais proporcionadas por esta disposição.

Não tardou para que essa técnica contratual suscitasse insurgências provenientes dos sujeitos contratuais que, havendo outorgado às suas contrapartes, no momento da celebração do contrato-quadro, o poder de fixar unilateralmente elementos dos contratos de aplicação, passaram a se sentir lesados posteriormente, fosse por entenderem que a determinação dos elementos havia ocorrido iniquamente, fosse por compreenderem que essa prática seria, em geral, vedada pela ordem jurídica a que estavam submetidos.

Similarmente ao que ocorre na temática da indeterminação inicial dos elementos essenciais dos contratos de aplicação, o debate a respeito do poder de fixação unilateral é especialmente profícuo entre os juristas franceses[685], e tem versado quase que de modo exclusivo sobre o preço dos contratos de aplicação de compra e venda concluídos em decorrência do contrato-quadro de distribuição[686].

Também analogamente ao que ocorre na matéria abordada no tópico anterior, a fixação unilateral do preço no âmbito dos contratos-quadro de distribuição, em que pese guarde certas particularidades, também fornece conclusões que se estendem às demais relações contratuais em que são adotados os contratos-quadro.

[685] GHESTIN, Jacques. Op. cit. p. 22-24.
[686] GUIMARÃES, Maria Raquel de Almeida Graça Silva. Op. cit. p. 32-33.

Antes de se analisar como esta problemática deve ser compreendida à luz da ordem jurídica brasileira, é relevante chamar atenção para como foi disciplinada no direito romano, e para como alguns dos demais ordenamentos de tradição romano-germânica a regulamentam atualmente.

O entendimento prevalecente entre os jurisconsultos romanos era o de que não poderia haver a fixação unilateral do preço na compra e venda, fosse pelo vendedor, fosse pelo comprador, sendo célebres os trechos em que Gaio[687] e Ulpiano[688] se posicionam nesse sentido. Tal orientação encontrava explicação na defesa de uma parte em relação à outra, a qual, titularizando o poder de estimar este elemento, estaria em posição de franca superioridade[689].

[687] D. 18, 1, 35, 1. Gaius *libro decimo ad edictum provinciale.* "É sabido que não se aperfeiçoa o negócio, quando o vendedor diz a quem deseja comprar: 'por quanto quiseres, por quanto julgares justo, por quanto estimares, terás comprado'.".
Trecho original: "Illud constat imperfectum esse negotium, cum emere volenti sic venditor dicit: "quanti velis, quanti aequum putaveris, quanti aestimaveris, habebis emptum".

[688] D. 18, 1, 7, pr. Ulpianus *libro vincensimo octavo ad Sabinum.* "A venda de um escravo, 'desde que este preste contas avaliadas a critério de seu senhor', é condicional, e as vendas condicionais se aperfeiçoam quando cumpridas as suas condições. A condição desta venda é julgada pelo senhor segundo seu próprio arbítrio, ou segundo o arbítrio do homem leal e honesto? Caso entendamos que é o arbítrio exclusivo do senhor, a venda é nula, de forma semelhante à de alguém que vende 'se quiseres', isto é, contratasse com alguém do seguinte modo, 'se quiseres, eu lhe darei', pois não se pode deixar a determinação ao arbítrio daquele que se obriga. Pareceu mais adequado aos antigos que se considerasse vinculado ao arbítrio do homem leal e honesto, e não ao arbítrio puro do senhor; assim, se poderia ter recebido as contas, mas não as recebeu, ou então as recebeu, mas supõe que não, cumpriu-se a condição da compra, e o vendedor pode ser demandado por uma ação de compra.".
Trecho original: "Haec venditio servi 'si rationes domini computasset arbitrio' condicionalis est: condicionales autem venditiones tunc perficiuntur, cum impleta fuerit condicio. Sed utrum haec est venditionis condicio, si ipse dominus putasset suo arbitrio, an vero si arbitrio viri boni? Nam si arbitrium domini accipiamus, venditio nulla est, quemadmodum si quis ita vendiderit si voluerit, vel stiplutanti sic spondeat 'si voluero, decem dabo'; neque enim debet in arbitrium rei conferri, na sit obstrictus. Placuit itaque veteribus magis in viri boni arbitrium id collatum videri quam in domini. Si igitur rationes potuit accipere nec accepit, vel accepit, fingit autem se non accepisse, impleta condicio emptionis est et ex empto venditor conveniri potest.".

[689] TALAMANCA, Mario. Op. cit. p. 585.

Em primeira análise, a opção adotada pelos ordenamentos jurídicos alemão[690] e português[691] é diametralmente oposta à orientação romana. Nestas legislações, há permissão legal explícita para que o conteúdo de qualquer obrigação seja determinado unilateralmente por uma das partes[692], desde que não haja vedação legal expressa – inexistente, nas duas legislações, no que se refere ao contrato de compra e venda, para se manter no ponto debatido.

De forma a proteger o contratante que não está encarregado da fixação unilateral, é estabelecido em ambas que, em caso de dúvidas ou no silêncio das partes, o critério adotado pela parte que está incumbida deste encargo será a equidade.

Isto é, utilizando como exemplo o contrato de compra e venda, em não havendo acordo expresso dos contraentes que possibilite a estimação do preço segundo outros parâmetros – por exemplo, o livre arbítrio da parte –, deverá a determinação ocorrer segundo um padrão objetivo, norteado pela razoabilidade e lealdade do homem médio, visando a uma quantificação justa.

690 § 315 do Código Civil Alemão (BGB). (1) Se a execução da obrigação for determinada por uma das partes contratantes, em caso de dúvida, deve assumir-se que a determinação deve ser realizada segundo critérios de razoabilidade.
(2) A determinação será realizada mediante declaração destinada à outra parte.
(3) Se a determinação dever ser realizada segundo critérios de razoabilidade, ela apenas será vinculante à outra parte se for equitativa. Se ela não for equitativa, a determinação deverá ser realizada mediante decisão judicial; o mesmo se aplica se a determinação for atrasada.
Trecho original: "(1) Soll die Leistung durch einen der Vertragschließenden bestimmt werden, so ist im Zweifel anzunehmen, dass die Bestimmung nach billigem Ermessen zu treffen ist.
(2) Die Bestimmung erfolgt durch Erklärung gegenüber dem anderen Teil.
(3) Soll die Bestimmung nach billigem Ermessen erfolgen, so ist die getroffene Bestimmung für den anderen Teil nur verbindlich, wenn sie der Billigkeit entspricht. Entspricht sie nicht der Billigkeit, so wird die Bestimmung durch Urteil getroffen; das Gleiche gilt, wenn die Bestimmung verzögert wird.".

691 Art. 400º do Código Civil Português de 1966. 1. A determinação da prestação pode ser confiada a uma ou outra das partes ou a terceiro; em qualquer dos casos deve ser feita segundo juízos de equidade, se outros critérios não tiverem sido estipulados. (...)

692 Por exemplo, em seus comentários ao artigo 400º do Código Civil Português, Pires de Lima e Antunes Varela assim lecionam: "Admite-se que a determinação possa ser confiada, pelos próprios interessados, a uma ou outra das partes (honorários do médico, do advogado, do arquitecto, etc.), ou a terceiro.". Cf. PIRES DE LIMA, Fernando Andrade; ANTUNES VARELA, João de Matos. *Código civil anotado.* Coimbra: Coimbra Editora, 1987, v. 1. p. 350.

Nada impede, contudo, que as partes, em assim desejando, disponham no contrato de compra e venda que a determinação do preço ocorrerá mediante o exclusivo arbítrio de uma delas, hipótese na qual só pode ser afastada a estimação do preço acaso comprovada a má-fé de quem a realizou[693].

Atribui-se esse aparente distanciamento das fontes romanas por parte do direito alemão – e, por sua influência, também por parte do direito português[694] – à consciente inclinação dos pandectistas, notadamente de Windscheid[695], a uma abordagem mais liberal do direito contratual, que possibilitasse maior margem de atuação dos contratantes[696]. Trata-se de

[693] ZIMMERMANN, Reinhard. Op. cit. p. 51.

[694] A influência alemã na disciplina portuguesa, mais do que evidenciada pela semelhança no regramento legislativo de ambas e pela cronologia (a legislação portuguesa é posterior à alemã), é constatada pela análise do direito pré-codificado lusitano, cuja orientação era antagônica àquela atualmente prevalecente, consoante se demonstrará, ainda neste tópico, ao se expor a evolução da disciplina da matéria no Brasil.

[695] Windscheid interpretava a expressão *imperfectum*, contida em D. 18, 1, 35, 1. Gaius *libro decimo ad edictum provinciale*, como significando "pendente de eficácia", e não "inválido". Por isso, compreendia que a previsão contratual de que a determinação de certo elemento ocorreria unilateralmente não invalidaria o contrato, mas sim suspenderia a sua eficácia até a efetiva fixação. Seu entendimento foi seguido por outros autores, e prevaleceu no § 315 do BGB. A respeito disso, Cf. ZIMMERMANN, Reinhard. *The law of obligations*: roman foundations of the civilian tradition. Oxford: Oxford University, 1996. p. 255, nota de rodapé 130.

[696] ZIMMERMANN, Reinhard. The civil law in European codes. In: MACQUEEN, Hector; VAQUER, Antoni; ESPIAU, Santiago Espiau. *Regional private laws and codification in Europe*. Cambridge: Cambridge University, 2003. p. 51. "De acordo com o ponto de vista moderno, só é necessário verificar se as partes desejavam se vincular. Essa é, aliás, a abordagem adotada pelo BGB. Assim, no particular, a determinação do preço pode ser deixada para um dos contratantes, seja para que ele decida 'equitativamente' ou segundo sua livre discricionariedade. Isso obviamente representa um desvio do direito romano. Baseia-se em doutrina pandectista que foi capaz de, nas famosas palavras de Jhering, ir além do direito por meio do direito romano.".
Trecho original: "Thus, according to the modern point of view, it only has to be ascertained wheter the parties had intended to be bound. This is, indeed, the approah adopted by the BGB. Thus, in particular, determination of the price may be left to one of the contracting parties, wheter he has to decide 'in an equitable manner' or even in his free discretion. This obviously represents a deviation from Roman law. It is based on pandectist doctrine which had managed to venture, in Jhering's famous words, beyond Roman law by means of Roman law.".

opção legislativa elogiada por favorecer a autonomia privada e a conservação dos contratos[697].

Expressando essa visão, Windscheid afirma que, relativamente ao modo de determinação da coisa e do preço, as partes possuem ampla liberdade, desde que estes elementos sejam ao menos determináveis[698].

Basta, portanto, nessas ordens jurídicas, para que seja válido o contrato de compra e venda, haver o consentimento acerca do modo que os seus elementos – no caso em análise, o preço – serão fixados, embora o critério adotado para tanto seja o arbítrio exclusivo de uma das partes.

Duas observações são importantes para compreender inteiramente a opção do direito tedesco acerca da possibilidade de fixação unilateral dos elementos contratuais, acolhida posteriormente pela ordem jurídica lusitana.

O primeiro ponto digno de nota é que tal autorização, embora esteja já há muito tempo inserida no direito privado alemão, não é imune a críticas e questionamentos.

Pelo contrário: os conteúdos contratuais unilateralmente determinados dão origem, frequentemente, a problemáticas jurídicas que reclamam a intervenção dos tribunais alemães, os quais desenvolveram ao longo do tempo uma série de critérios para evitar o abuso no exercício deste poder formativo, cujo ponto de partida são as cláusulas gerais do direito civil, a exemplo dos bons costumes, da ordem pública e da boa-fé[699].

[697] D'ERRICO, Antonella. *La determinazione del prezo nella contrattazione d'impresa.* Tese (Doutorado em Direito Privado), Faculdade de Direito da Università degli Studi di Salerno, Salerno, 2013. p. 78.

[698] WINDSCHEID, Bernard. *Diritto dele pandette.* Trad. Carlo Fadda e Paolo Emilio Bensa. Torino: UTET, 1904, v. 2. p. 82-83.

[699] SCHWAB, Dieter. Op. cit. p. 25. "A jurisprudência reconheceu que a problemática dos conteúdos contratuais unilateralmente determinados é um problema jurídico. Ensaia, portanto, tentativas, no sentido de corrigir contratos a favor das partes contratantes prejudicadas. Pontos de partida para uma tal ação são, principalmente, as cláusulas gerais do direito civil, a saber: a ineficácia dos negócios que infringem os bons costumes e a ordem pública (BGB, § 138); a exigência da boa-fé (*TREU UND GLAUBEN)* nos contratos de direito privado (BGB, §§ 157, 242) e o princípio da (*BILLIGKEIT*), isto é, o mandamento da equidade, que deve ser observado e obedecido quando uma das partes contratantes tem o direito de *determinar as prestações unilateralmente* (§ 315, I, III, do BGB).".

Como se demonstra a seguir mais detidamente, a distinção ora analisada repousa sobretudo em uma opção legislativa de um controle *ex ante* ou *ex post* da fixação unilateral de elementos contratuais.

A segunda observação é a de que, conquanto a disciplina prevalecente na Alemanha e em Portugal não pareça guardar, à primeira vista, qualquer semelhança com os entendimentos preponderantes no direito romano, a sua investigação mais detida permite atingir conclusão diversa.

Isso porque, mesmo no direito romano, o repúdio à fixação unilateral de elementos negociais não era absoluto, mas apenas quando a definição estivesse totalmente afeita à subjetividade da parte – ao seu puro e exclusivo arbítrio. Vedação semelhante inexistia quando se preceituava que o acordante deveria suprir essa lacuna em atenção a um critério ou padrão objetivo. Notável, nesse ponto, é o trecho das fontes romanas no qual Ulpiano[700] relata ser possível a definição do preço da compra e venda por uma das partes, desde que vinculada ao arbítrio do homem leal e honesto – *arbitrium boni viri*[701].

É de se questionar, todavia, se a indicação do elemento contratual faltante pela parte, quando adstrita a certos critérios ou padrões de conduta, poder-se-ia considerar verdadeiramente unilateral, tendo em vista que, nestes casos, a subjetividade da escolha do contratante é "objetivada".

A resposta mais adequada é afirmativa: trata-se de hipótese de fixação unilateral, pois, embora restringida sua margem de escolha discricionária,

[700] D. 18, 1, 7, pr. Ulpianus *libro vincensimo octavo ad Sabinum*. *Vide* nota de rodapé 688, *supra*, em que há a transcrição do trecho citado.

[701] GUARINO, Antonio. Op. cit. p. 886. "(...) b) o preço poderia ser remetido à decisão de um terceiro ou de um só dos contratantes, desde que não correspondesse ao mero arbítrio deste, de uma decisão totalmente discricionária, mas se tratasse do *arbitrium boni viri*, isto é, de uma valoração exercitada com critérios de 'cavalheirismo' (do '*bonus pater familias*'), ou seja, com critérios facilmente controláveis de real aderência ao valor justo.".
Trecho original: "(...) b) il prezzo poteva essere rimesso alla decisione di un terzo o di uno solo dei contraenti, purché non si trattasse di *arbitrium merum*, di una decisione del tutto discrezionale, ma si trattasse di '*arbitrium boni viri* », cioè di una valutazione esercitata con 'criterî da galantuomo' (da '*bonus pater familias*'), cioè con criterî facilmente controllabili di reale aderenza alla giusta stima.".
Em análise da solução romana, Rudolf Stammler a reputa elogiável, por incentivar a cooperação entre os contratantes e privilegiar a conservação do contrato. Cf. STAMMLER, Rudolf. *The theory of justice*. New Jersey: The Lawbook Exchange, 2000. p. 459-460.

um dos contratantes ainda é o responsável por determinar o elemento contratual originalmente lacunoso.

Foi esse, precisamente, o ponto de partida das legislações alemã e portuguesa. Isso se revela ao se constatar que ambos os ordenamentos citados recorrem a padrões controláveis e mais próximos da objetividade – a razoabilidade, no caso do direito alemão, e a equidade, no caso do português – quando se estabelece que a definição de elemento contratual ficará a cargo de uma das partes, sem menção expressa aos critérios de exercício desse poder formativo.

Tais disciplinas legais são, sem dúvidas, mais abrangentes que aquela que vigera em Roma, pois autorizaram também a fixação de elementos contratuais segundo o arbítrio exclusivo de algum dos contratantes[702], controlado apenas pela boa-fé objetiva[703]. É inequívoco, contudo, que elas se guiaram nas fundações teóricas romanas sobre a matéria[704]. Trata-se, na expressão característica da pandectística, cunhada por Jhering, de soluções que partiram do direito romano para ir além dele[705].

Também é relevante, para melhor compreensão da questão da fixação unilateral dos elementos contratuais, o estudo do ordenamento jurídico francês, por evidenciar, ao longo do tempo, a transição – impulsionada pelas necessidades sociais e comerciais – na compreensão e na disciplina desta matéria.

Até a reforma de seu direito obrigacional, ocorrida em 2016, inexistia na ordem jurídica francesa um dispositivo de lei que vedasse ou autorizasse

[702] PIRES DE LIMA, Fernando Andrade; ANTUNES VARELA, João de Matos. Op. cit. p. 350. "Os critérios de equidade só são aplicáveis, se outros não tiverem sido estipulados. Admite-se, assim, que se estabeleçam quaisquer outros, a que fiquem sujeitos as partes, terceiros ou o próprio tribunal.".

[703] MAK, Chantal. *Fundamental rights in european contract law*: a comparison of the impact of fundamental rights on contractual relationships in Germany, the Netherlands, Italy and England. Alphen aan den Rijn: Kluwer Law International, 2008. p. 35.

[704] ZIMMERMANN, Reinhard. Op. cit. p. 51. *Vide* nota de rodapé 696, *supra*, em que há a transcrição do trecho citado.

[705] JHERING, Rudolf von. *L'esprit du droit romain dans les diverses phases de son développement.* 3. ed. Trad. O. de Meulenaere. Paris: Marescq, 1886, t. I. p. 14. "Pelo direito romano, mas além dele: esse é, para mim, o lema que resume toda a importância desse direito para o mundo moderno.".
Trecho original: "*Par* le droit romain, mais *outre* et *au delà*: telle est, pour moi, la devise qui résume toute l'importance de ce droit pur le monde moderne.".

expressamente a definição do preço ou de outros elementos contratuais segundo o arbítrio exclusivo de algum dos contratantes.

Não permaneceram sem respostas, todavia, as indagações acerca dessa temática, as quais foram analisadas mediante recurso aos arts. 1.129[706] e 1.591[707] do Código Napoleão, cujas redações originais determinavam, respectivamente, que as obrigações em geral fossem dotadas de objeto determinável e que o preço da compra e venda fosse determinado e convencionado pelas partes.

A interpretação dominante por longo período entre os julgadores franceses foi alinhada com o direito romano, no sentido de ser vedada a fixação unilateral de elementos contratuais.

Detendo-se especificamente sobre o elemento preço dos contratos de compra e venda, os tribunais gálicos justificavam que a proscrição da estimação do preço por apenas uma das partes repousava no requisito legal de certeza (*certum pretium*) deste elemento. Argumentavam que o critério de determinação adotado em tais hipóteses – o arbítrio de um dos contraentes – não seria suficientemente "sério, preciso e objetivo" para que houvesse o reconhecimento da validade do contrato de compra e venda[708].

Não permaneceu estanque, entretanto, o posicionamento dos pretores franceses, havendo sido modificado em contendas cujo objeto era a interpretação de contratos-quadro de distribuição, nos quais restava preceituada ser da incumbência exclusiva de uma das partes – o fornecedor – a indicação do preço dos contratos de aplicação.

[706] Art. 1.129 do Código Civil Francês (redação anterior). As obrigações devem ter por objeto uma coisa ao menos determinada quanto à sua espécie. (...)
Trecho original: "L'obligation doit avoir pour objet une chose déterminée au moins quant à son espèce. (...)".

[707] Art. 1.591 do Código Civil Francês (redação anterior). O preço da venda deve ser determinado e acordado pelas partes.
Trecho original: "Le prix de la vente doit être déterminé et désigné par les parties.".

[708] Cour de Cassation (Chambre commerciale), 27 avril 1971. Disponível em: < https://www.legifrance.gouv.fr/affichJuriJudi.do?idTexte=JURITEXT000006984494>. Acesso em: 28 mar. 2019; Cour de Cassation (Chambre commerciale), 11 oct. 1978. Disponível em: < https://www.legifrance.gouv.fr/affichJuriJudi.do?idTexte=JURITEXT000007000377>. Acesso em: 28 mar. 2019.

Conforme explicado anteriormente, quando se abordou a problemática da indeterminação dos elementos essenciais da relação contratual nos contratos-quadro[709], no início da década de 1990, a Corte de Cassação Francesa pacificou a posição de que a ausência de indicação, nos contratos-quadro, de critérios de determinação dos elementos essenciais dos contratos de aplicação, não os eivaria de nulidade[710]. Reiterou-se, no entanto, o entendimento de que a fixação de tais elementos não poderia ser unilateral, devendo ocorrer mediante consenso de ambas as partes.

Essa compreensão apenas foi modificada alguns anos depois, em 1995, quando a Assembleia Plenária da Corte de Cassação Francesa, reconsiderando a sua jurisprudência até então consolidada, assentou, em quatro julgados referentes a esta temática[711], que a outorga do poder de fixar unilateralmente o preço de contratos futuros de compra e venda a uma das partes do contrato-quadro não interferiria na validade deste contrato, ressalvada a possibilidade de extinção do contrato e de indenização, se a fixação ocorresse de modo abusivo[712].

O tribunal ponderou que, especificamente no caso dos contratos--quadro, por se tratar de acordos que precediam e regulavam a celebração de outros contratos, seria possível a outorga do poder de fixação unilateral de elementos – no caso debatido, o preço – das avenças futuras.

[709] *Vide* tópico 3.3, *supra*.

[710] Cour de Cassation (Chambre commerciale), 22 janv. 1991. Disponível em: <https://www.legifrance.gouv.fr/affichJuriJudi.do?idTexte=JURITEXT000007025004>. Acesso em: 05 mar. 2019.

[711] A íntegra dos quatros julgados e dos fatos discutidos foi conferida na seguinte fonte: CAPITANT, Henri; TERRÉ, François; LEQUETTE, Yves. *Les grands arrêts de la jurisprudence civile*: obligations, contrats spéciaux, sûretés. 12. ed. Paris: Dalloz, t. 2. p. 74 e ss.

[712] Neste sentido, Cf. o segundo julgado: Cour de Cassation (Assemblée plénière), 1er déc. 1995. Disponível em: <https://juricaf.org/arret/FRANCE-COURDECASSATION-19951201-9115999>. Acesso em: 05 mar. 2019. "Considerado que, em um contrato que prevê a conclusão de contratos futuros, a indeterminação do preço destes contratos na convenção inicial não afeta, salvo disposições legais particulares, a sua validade, a fixação do preço por uma das partes apenas resultará na resilição ou indenização em caso de abuso.". Trecho original: "Lorsqu'une convention prévoit la conclusion de contrats ultérieurs, l'indétermination du prix de ces contrats dans la convention initiale n'affecte pas, sauf dispositions légales particulières, la validité de celle-ci, l'abus dans la fixation du prix ne donnant lieu qu'à résiliation ou indemnisation.".

A viragem jurisprudencial não se deveu tanto a uma modificação de interpretação do ordenamento jurídico francês, senão à crescente importância econômica dos contratos-quadro, inclusive daqueles em que se dispunha que uma das partes poderia definir, segundo seu arbítrio exclusivo, algum elemento contratual, e à insegurança jurídica que a sua posterior invalidação representava.

Neste azo, Jacques Guestin aponta que a decisão da Corte de Cassação Francesa foi muito mais orientada à utilidade econômica da medida, ao esclarecer a viabilidade jurídica de uma valiosa prática comercial – a celebração de contratos-quadro que outorgassem o poder de fixação unilateral do preço a um dos contratantes –, que propriamente uma decisão técnica tomada à luz do ordenamento jurídico francês em vigor à época[713]. Ao que parece, neste caso o Direito foi subjugado pela Economia e as suas exigências.

Mais recentemente, em 2016, por ocasião da reforma do direito obrigacional francês, o entendimento pretoriano em comento foi consolidado na legislação, estabelecendo-se expressamente a validade jurídica da cláusula inserida nos contratos-quadro que outorga a uma das partes o poder de fixar unilateralmente o preço nos contratos de aplicação, ressalvado apenas a possibilidade de controle de seu exercício abusivo[714].

A questão, ao que parece, ainda não se encerrou com as alterações legislativas. Isso porque ainda há vozes doutrinárias a defender a nulidade

[713] GHESTIN, Jacques. La notion de contrat-cadre et les enjeux théoriques et pratiques qui s'y attachent. In: CANIVET, Guy; FLAHAULT, Hubert; VATIER, Bernard; CHARRETON, Pierre (Org.). *Le contrat-cadre de distribution: enjeux et perspectives.* Disponível em: <http://www.creda.cci-paris-idf.fr/colloques/pdf/1996-contrat-cadre-distribution/03-France-notion.pdf>. Acesso em: 07 nov. 2017. p. 10-11. No mesmo sentido, Cf. CAPITANT, Henri; TERRÉ, François; LEQUETTE, Yves. Op. cit. 89-90.

[714] Art. 1.164 do Código Civil Francês (redação vigente). Nos contratos-quadro, pode ser convencionado que o preço será fixado unilateralmente por uma das partes, ficando ao cargo desta a motivação do montante em caso de contestação.
Em caso de abuso na fixação do preço, é possível se apresentar em juízo demanda destinada à obtenção de perdas e danos e, sendo o caso, a resolução do contrato.
Trecho original: "Dans les contrats cadre, il peut être convenu que le prix sera fixé unilatéralement par l'une des parties, à charge pour elle d'en motiver le montant en cas de contestation.
En cas d'abus dans la fixation du prix, le juge peut être saisi d'une demande tendant à obtenir des dommages et intérêts et le cas échéant la résolution du contrat.".

do contrato-quadro por indeterminação do preço, quando ausente uma cláusula que permita a fixação unilateral por uma das partes[715]. Trata-se, como se viu, de posição absolutamente infundada, a qual ignora a própria autonomia existente entre contratos-quadro e contratos de aplicação. Antecipa-se, todavia, o surgimento de controvérsias acerca desta questão no futuro.

Delimitado qual é, no direito comparado, o marco legal e pretoriano da determinação unilateral de elementos contratuais, há de se investigar como é regida a matéria no direito brasileiro.

Embora, conforme já explicado, não seja correto afirmar que o direito português vigente rompeu completamente com as compreensões consagradas pelos jurisconsultos romanos no que atine à fixação unilateral de elementos contratuais, é notável que a disciplina dessa matéria, no Brasil, tem historicamente permanecido muito mais próxima aos preceitos justinianeus.

É de se notar que o direito pré-codificado comum tanto a Portugal quanto ao Brasil – as ordenações do Reino – era claro, na esteira do direito romano, ao invalidar os contratos de compra e venda nos quais a definição do preço ocorresse segundo o puro arbítrio de qualquer uma das partes[716], compreensão a qual, se ampliada para o direito contratual em geral, autoriza a conclusão de que a determinação unilateral de elementos não era juridicamente albergada.

[715] SASSOLAS, Delphine. Le prix. In: BROS, Sarah (Coord.). *Les innovations de la réforme du droit des contrats.* Paris: Varenne, 2018. p. 82. "As partes podem, portanto, convencionar que uma delas fixará o preço unilateralmente. Que fazer não houver nenhuma cláusula que preveja essa opção? O uso do termo 'convencionar' implica que deve haver acordo, ainda que tácito, das partes. Na ausência de tal acordo, o juiz deverá, portanto, declarar nulo o contrato por indeterminação de preço.".
Trecho original: "Les parties peuvent donc convenir que l'une d'entre elles fixera unilatéralement le prix. Que faire si aucune clause ne prévoit cette faculté? L'utilisation du terme '*convenir*' implique qu'il y ait un accord, même tacite, des parties. En l'absence d'un tel accord, le juge devra ainsi prononcer la nullité du contrat pour indétermination du prix.".

[716] Livro IV, Título I, Parágrafo 1, das Ordenações Filipinas. 1. E para a venda ser valiosa, será o preço certo, em que se o comprador e vendedor acordarem.
E portanto, se o vendedor dissesse ao comprador: "Vendo-vos esta cousa por quanto vós quizerdes, ou por quanto eu quizer", esta venda não valerá.

São diversas as razões para que, embora partindo de um antecedente normativo aproximado[717], as ordens jurídicas brasileira e portuguesa tenham positivado soluções diferentes em vários tópicos, dentre os quais está a questão abordada.

Dentre as explicações para esse distanciamento, cita-se: 1) a independência do Brasil pouco antes da aprovação, em Portugal, de reformas legislativas que modificaram o direito lusitano e o adequaram aos preceitos liberais que passavam a predominar em outros ordenamentos[718]; 2) o próprio distanciamento físico e intelectual do Brasil em relação à Europa, na qual o individualismo jurídico do Código Napoleão era a mais forte influência, inclusive para os portugueses[719]; e 3) a menor influência do movimento de valorização do direito português nacional em face do direito romano, representado pela Lei da Boa-Razão[720], fato

[717] Diz-se aproximado, e não idêntico, pois a intepretação e a aplicação das Ordenações no Brasil e em Portugal nunca foi a mesma, havendo sofrido, mesmo antes da independência brasileira, e principalmente após ela, uma forte influência de elementos estranhos à experiência jurídica portuguesa, a exemplo dos costumes sociais e jurídicos indígenas, africanos e dos colonos. Nesse sentido, Cf. SANTOS JUSTO, António. A influência do direito português na formação do direito brasileiro. In: *Revista Jurídica da FA7*, v. 5, n. 1, abr., 2008, p. 197-242. p. 199. "Foram sobretudo estas Ordenações que os Portugueses introduziram no Brasil, embora não devamos esquecer os direitos locais com que necessariamente conviveram.".

[718] MOREIRA ALVES, José Carlos. Panorama do direito civil brasileiro: das origens aos dias atuais. In: *Revista da Faculdade de Direito da Universidade de São Paulo*, v. 88, 1993, p. 185-238. p. 191. "Foi em virtude de a mencionada lei de 20 de outubro de 1823 haver estabelecido que permanecia vigente a legislação portuguesa promulgada até 25 de abril de 1821, que não se aplicaram ao Brasil as reformas que o liberalismo, a partir do começo da década de vinte passou a introduzir em Portugal, movido, principalmente, pelos novos preceitos das legislações estrangeiras que começavam a multiplicar-se e que eram diversos da tradição romana do direito lusitano.".

[719] GOMES, Orlando. *Raízes históricas e sociológicas do código civil brasileiro.* São Paulo: Martins Fontes, 2006. p. 10-11. "(...) Portugal estava mais próximo da influência exercida no movimento de renovação legislativa, no século XIX, pelo Código Napoleão. Sobre a Europa sopravam os ventos do individualismo jurídico. (...) Até então a história jurídica dos dois povos fora comum. Daí por diante, bifurca-se. O Brasil permanece fiel à tradição, enquanto Portugal se deixa influir pelas ideias francesas, a ponto de consagrar inovações chocantes no seu Código de 1867.".

[720] MOREIRA ALVES, José Carlos. Op. cit. p. 189. "A reação em favor do direito lusitano se iniciou com o Marquês de Pombal, e encontrou sua consagração legislativa na Lei de 18 de agosto de 1769, que ficou conhecida como a *Lei da Boa-Razão*.".

demonstrado na rejeição dos Estatutos da Universidade de Coimbra como parâmetros da educação jurídica brasileira, estabelecida logo após a independência[721].

Outra explicação para a separação de caminhos é a publicação, em 1858, da Consolidação das Leis Civis, obra de Teixeira de Freitas que, ao organizar o direito civil vigente no Brasil, conferindo-lhe sistematicidade e operabilidade, evitou que influências do direito estrangeiro substituíssem as tradições jurídicas portuguesas[722], fortemente influenciadas, por sua vez, pelo direito romano[723].

A essa fidelidade às fontes portuguesas – e ao direito romano, por via de consequência – se deve a posição daqueles que identificam, na ordem jurídica brasileira, uma mais fiel expressão da velha tradição jurídica lusitana que o próprio Código Civil Português[724].

No que diz respeito à fixação unilateral de elementos contratuais, a disciplina das Ordenações do Reino – equivalente à orientação dos jurisconsultos romanos a respeito da temática – foi também privilegiada no Esboço de Código Civil de Teixeira de Freitas[725], no

[721] CHAVES, Antônio. Formação histórica do direito civil brasileiro. In: *Revista da Faculdade de Direito da Universidade de São Paulo*, v. 95, 2000, p. 57-105. p. 78. "É nesse período que se tem um outro acontecimento transcendente para a evolução do Direito no Brasil: o estabelecimento do ensino jurídico, pela lei de 11.08.1827, criando dois cursos, nas academias de São Paulo e de Olinda, que se iniciaram no dia 28 do mesmo mês. Não foram, porém, adotados os estatutos da Universidade de Coimbra.".

[722] MOREIRA ALVES, José Carlos. Op. cit. p. 194. "(...) a preservação, em nosso direito, das antigas tradições jurídicas portuguesas, hauridas, precipuamente, nas fontes romanas, muito deve à *Consolidação das Leis Civis*, que foi o obstáculo maior à utilização de elementos estranhos para o preenchimento de lacunas muitas vezes inexistentes, e, portanto, à introdução de princípios alienígenas contrários à nossa formação jurídica (...)".

[723] SANTOS JUSTO, António. Op. cit. p. 198. "E foi assim que, um século depois de o direito romano ter renascido em Bolonha, aquela *iuris scientia* penetrou em Portugal para transformar o velho direito empírico, rude e grosseiro, num direito novo, capaz de satisfazer as exigências duma sociedade agitada pelo progresso.".

[724] CRUZ, Guilherme Braga da. A formação histórica do moderno direito privado português e brasileiro. In: *Revista da Faculdade de Direito da Universidade de São Paulo*, v. 47, 1952, p. 32-77. p. 69. "(...) o Código Civil Brasileiro constitui, em pleno século XX, uma expressão muito mais fiel de tradição jurídica portuguesa, do que o próprio Código Civil Português, promulgado quase 50 anos antes!".

[725] Art. 2.000 do Esboço de Código Civil de Teixeira de Freitas. Não haverá preço da venda (arts. 789, nº 5, e 790, nº 2): (...)

CC/16[726] e, finalmente, no CC/02[727]. Todas dispõem o mesmo: não é admitida, no contrato de compra e venda, a fixação do preço segundo o arbítrio exclusivo de qualquer uma das partes.

Conferindo tratamento normativo similar à matéria, cita-se o direito espanhol[728] e, por direta influência de Teixeira de Freitas[729], a codificação civil argentina oitocentista[730], elaborada por Vélez Sarsfield, esta última recentemente revogada por novo diploma legislativo que não mais veda expressamente a concessão a um dos contratantes do poder de definir, segundo seu arbítrio, elementos contratuais[731].

2.º Quando a sua determinação fôr deixada ao arbítrio do comprador ou do vendedor.
In: TEIXEIRA DE FREITAS, Augusto. *Esbôço de Código Civil*. Brasília: Ministério da Justiça e Negócios Interiores, 1952, v. 3. p. 674-675.

726 Art. 1.125 do CC/16. Nulo é o contracto de compra e venda, quando se deixa ao arbítrio exclusivo de uma das partes a taxação do preço.

727 Art. 489 do CC/02. Nulo é o contrato de compra e venda, quando se deixa ao arbítrio exclusivo de uma das partes a fixação do preço.

728 Art. 1.449 do Código Civil Espanhol. A determinação do preço nunca poderá ser deixada ao arbítrio de um dos contratantes.
Trecho original: "El señalamiento del precio no podrá nunca dejarse al arbitrio de uno de los contratantes.".

729 FERREIRA, Waldermar. Teixeira de Freitas e o código civil argentino. In: *Revista da Faculdade de Direito da Universidade de São Paulo*, v. 25, 1929, p. 181-186. p. 183. "Exerceu a obra de Teixeira de Freitas immensa preponderância nos trabalhos de Vélez Sarsfield, quando tomou a si a incumbência de elaborar o projecto do código civil argentino, pela sua originalidade e pela sua precisão scientifica.".

730 Art. 1.355 do Código Civil Argentino de 1869. Se o preço for indeterminado, ou se a coisa se vender por aquele que seja seu justo preço, ou por aquele que outrem ofereceu por ela, ou se o preço se deixar ao arbítrio de um dos contratantes, o contrato será nulo.
Trecho original: "Si el precio fuere indeterminado, o si la cosa se vendiere por lo que fuese su justo precio, o por lo que otro ofreciera por ella, o si el precio se dejare al arbitrio de uno de los contratantes, el contrato será nulo.".

731 Ao contrário, o Código Civil e Comercial Argentino de 2014 dispõe que, sendo previsto um procedimento para determinação do preço – o que não exclui que o procedimento envolva o arbítrio de uma das partes –, este se reputará válido. Veja-se:
Art. 1.133 do Código Civil e Comercial Argentino de 2014. Determinação do preço. O preço é determinado quando as partes o fixam em uma soma que o comprador deverá pagar, quando se deixa a sua indicação ao arbítrio de um terceiro designado ou quando ele o seja com referência a outra coisa certa. Em qualquer outro caso, entende-se haver preço válido se as partes dispuseram acerca do procedimento para determiná-lo.

Embora a regra mencionada esteja inserida no regime típico do contrato de compra e venda, a interpretação admitida é de que ela consagra apenas particularização de um preceito de ordem geral do direito privado brasileiro: é antijurídica a outorga, a uma das partes, do poder de determinar, segundo apenas seu próprio arbítrio, elementos negociais[732].

Há se fazer reparos, entretanto, a equívoco conceitual que alguns autores cometem quando, ao generalizarem a vedação à fixação de elementos contratuais segundo o exclusivo arbítrio de uma das partes, igualam-na, indistintamente, à proibição das condições potestativas puras[733].

Essa compreensão, importada diretamente do direito romano[734], guarda impropriedade técnica, pois enquanto as condições se revelam fatores de eficácia – extrínsecos ao negócio jurídico, portanto, não participando dele[735] –, a determinação de elemento contratual se volta para dentro do negócio jurídico, fixando-lhe, mediante exercício de poder formativo, um

Trecho original: "Determinación del precio. El precio es determinado cuando las partes lo fijan en una suma que el comprador debe pagar, cuando se deja su indicación al arbitrio de un tercero designado o cuando lo sea con referencia a otra cosa cierta. En cualquier otro caso, se entiende que hay precio válido si las partes previeron el procedimiento para determinarlo.".

[732] PONTES DE MIRANDA, Francisco Cavalcanti. *Tratado de direito privado.* 3. ed. Rio de Janeiro: Borsói, 1972, t. XXXVIII. p. 60. "Quanto à determinação por um dos figurantes, o art. 1.125 do Código Civil faz nulo o negócio jurídico, se lhe foi deixado arbítrio pleno. Também essa regra jurídica é geral, a despeito de só se referir, na lei escrita, à compra-e-venda.". No mesmo sentido, Cf. NITSCHKE, Guilherme Carneiro Monteiro. Op. cit. p. 361-362; RODRIGUES JUNIOR, Otávio Luiz. Op. cit. p. 109-110.

[733] Incorrendo nessa falha, Cf. ALVES, João Luiz. *Código civil da República dos Estados Unidos do Brasil.* 3. ed. Rio de Janeiro: Borsói, 1958. p. 224; ZAKI, Magdi. Op. cit. p. 1091-1092; RODRIGUES JUNIOR, Otávio Luiz. Op. cit. p. 110; NITSCHKE, Guilherme Carneiro Monteiro. Op. cit. p. 361-362.

[734] Em fragmento de Ulpiano, a vedação à fixação do preço segundo o arbítrio exclusivo de uma das partes é justificada na proscrição das condições potestativas puras. Cf. D. 18, 1, 7, pr. Ulpianus *libro vincensimo octavo ad Sabinum. Vide* nota de rodapé 688, *supra,* em que há a transcrição do trecho citado.

[735] JUNQUEIRA DE AZEVEDO, Antonio. Op. cit. p. 55. "De fato, muitos negócios, para a produção de seus efeitos, necessitam dos fatores de eficácia, entenda a palavra *fatores* como algo extrínseco ao negócio, algo que dele não participa, que não o integra, mas contribui para a obtenção do resultado visado.".

elemento que lhe compõe o conteúdo e, consequentemente, sua própria existência[736].

É impróprio confundir poder formativo, que é a capacidade juridicamente estabelecida do sujeito de, mediante ato de enunciação, criar certos efeitos jurídicos em relação a outro sujeito[737], com condição, esta considerada, nos termos legais, o fator que subordina a eficácia do negócio a evento futuro e incerto[738], pois, embora a potestatividade esteja proscrita do âmbito desta, ela não apenas é admitida, como está inserida no próprio conceito, daquela[739]. Não se pode, até mesmo por impossibilidade lógica, cogitar de poder formativo sem admitir a autorização de potestatividade de seu titular.

[736] JUNQUEIRA DE AZEVEDO, Antonio. Contrato-quadro. In: ______. *Novos estudos e pareceres de direito privado.* São Paulo: Saraiva, 2009. p. 173. "27. O caso mais exemplar de negócio jurídico *per relationem* é justamente o contrato de compra e venda em que o preço ou a coisa é determinável. (...) 28. Como já escrevemos em outra oportunidade, embora o tratamento jurídico do negócio jurídico *per relationem* aproxime-se do tratamento do negócio jurídico sujeito à condição suspensiva, tecnicamente as duas figuras não se confundem. Nos negócios jurídicos sob condição suspensiva, a eficácia do negócio subordina-se à ocorrência de evento futuro e incerto (art. 118 do Código Civil de 1916; art. 125 do Código Civil de 2002). Portanto, o conteúdo do negócio jurídico já se encontra integralmente determinado; é apenas a eficácia do negócio jurídico, e não o seu conteúdo, que está sujeito à condição. Em outras palavras, a condição (isto é, o fato, o evento futuro e incerto) é extrínseca em relação ao conteúdo do negócio jurídico. Já no negócio jurídico *per relationem,* é o próprio conteúdo do negócio que depende de determinação futura; aquilo que deverá ser futuramente determinado é justamente uma parte, um elemento do conteúdo do negócio jurídico.". Também apontando a impropriedade técnica de equiparar as matérias da determinação unilateral de elementos contratuais e das condições potestativas puras, Cf. PONTES DE MIRANDA, Francisco Cavalcanti. *Tratado de direito privado.* 3. ed. Rio de Janeiro: Borsói, 1972, t. XXXIX. p. 32-33.

[737] DEL NERO, João Alberto Schützer. Considerações sobre a eficácia do registro, efetuado em registro público material e territorialmente competente, de negócios jurídicos de obrigação e de certos negócios jurídicos de disposição (cessão de crédito; constituição de penhor comum, especial, de crédito e de título de crédito; constituição de propriedade fiduciária de coisa móvel, infungível ou fungível; constituição de titularidade fiduciária de direito e de título de crédito). In: *Revista de Direito Mercantil,* v. 53 (nova série), n. 166/167, ago. 2013/jul. 2014, p. 219-271. p. 225.

[738] Art. 121 do CC/02. Considera-se condição a cláusula que, derivando exclusivamente da vontade das partes, subordina o efeito do negócio jurídico a evento futuro e incerto.

[739] ZANETTI, Cristiano de Sousa. *Querer e poder no direito dos contratos: as chamadas condições potestativas.* No prelo. p. 8-12.

Destarte, a impossibilidade de conferir a um dos acordantes a prerrogativa de definir livremente algum dos elementos contratuais não decorre da proscrição das condições potestativas puras, mas sim, conforme a seguir exposto, está relacionada a um fundamento comum.

Assentado que, no direito brasileiro, não é admitida a definição de elementos contratuais segundo o exclusivo arbítrio de alguma das partes, há de se perquirir qual a motivação desta opção legislativa.

Sobretudo em comentários ao Código Beviláqua, era usual a posição de que a norma proibitiva se destinaria a evitar que uma das partes prejudicasse a outra, ao fixar o elemento contratual em patamares desarrazoados – por exemplo, indicando preço irrisório ou exorbitante[740].

Com o advento do CC/02, entretanto, tal explicação perdeu credibilidade, ante a opção do novo diploma de se afastar da concepção tomista de preço justo e à previsão de outros institutos cujo objetivo é a preservação do sinalagma contratual genético – a exemplo da lesão e do estado de perigo – e funcional – como a onerosidade excessiva[741].

Em nada é mais apropriado que a solução vetusta, todavia, o entendimento de Otávio Luiz Rodrigues Junior de que a vedação legislativa guardaria relação com a necessidade de consentimento das partes em relação ao objeto negocial – no caso específico da regra insculpida no artigo 489, a exigência de acordo sobre o preço, elemento essencial da compra e venda[742].

Primeiramente, a compreensão do autor referente aos planos da existência e da validade na codificação civil brasileira merece emenda. Não

[740] ESPINOLA, Eduardo. Op. cit. p. 47, nota de rodapé 75. "Fácil é de compreender que tal arbítrio poderia levar a dar-se à coisa vendida um valor ridículo ou, por outro lado, a constituir pelo preço excessivo arbitrado pelo vendedor, um abuso, em prejuízo de um comprador inexperiente ou subordinado ao vendedor.". No mesmo sentido, Cf. CARVALHO SANTOS, João Manuel de. *Código civil brasileiro interpretado.* 13. ed. Rio de Janeiro: Freitas Bastos, 1991, v. 16. p. 35; BEVILÁQUA, Clóvis. *Código civil dos Estados Unidos do Brasil.* 3. ed. Rio de Janeiro: Francisco Alves, v. 4. p. 301.

[741] RODRIGUES JUNIOR, Otávio Luiz. Op. cit. p. 110.

[742] RODRIGUES JUNIOR, Otávio Luiz. Op. cit. p. 110-111. "Em verdade, o art. 489 relaciona-se intimamente ao consentimento. A nulidade por ele cominada faz sentido quando se recorda que o consentimento é *essentialia negotii* da compra e venda. Sem consentimento, de modo rigoroso, ter-se-ia a inexistência do negócio. Ante a opção do Código Civil de 2002 por não cuidar do plano da existência em termos positivos, recorre-se ao plano da validade e diz-se que o negócio é nulo.".

poderia o legislador, ainda que desejasse, transferir uma questão do plano da existência para o plano da validade, optando por invalidar o que não existe, pois só pode ser objeto de controle de adequação jurídica – isto é, de validade – o suporte fático concreto, que já ingressou no mundo jurídico – ou seja, já existe juridicamente[743].

Caso realmente a outorga a um dos contratantes do poder de fixar unilateralmente o preço contratual implicasse na ausência de consentimento das partes acerca deste elemento, essencial à qualificação da compra e venda, então, independentemente de o artigo 489 fazer menção à nulidade, haver-se-ia de se resolver a questão no plano da existência[744]. A conclusão correta seria pela ausência de celebração de contrato de compra e venda naquela hipótese, perquirindo-se, em seguida, se teria havido a conclusão de negócio jurídico diverso – esse sim eventualmente invalidado por incidência da regra jurídica comentada.

Todavia, não é esse também o caso, consistindo no segundo aspecto em que a posição deve ser criticada. Quando os celebrantes estipulam que a indicação do preço contratual ficará a cargo de um deles, já existe acordo quanto a este elemento, ainda que não talvez atenda a algum requisito legal, de modo que, ao menos no que se refere a ele, não há qualquer óbice à recondução do contrato ao tipo compra e venda – processo que se opera no plano da existência[745]. É dizer: não há empecilho para que determinado contrato exista como compra e venda, ainda que o seu preço tenha sido fixado unilateralmente por uma das partes. O obstáculo, se

743 PONTES DE MIRANDA, Francisco Cavalcanti. *Tratado de direito privado*. 3. ed. Rio de Janeiro: Borsói, 1970, t. IV. p. 15. "O que se não pode dar é valer e ser eficaz, ou valer, ou ser eficaz, sem ser, porque não há validade, ou eficácia do que não é.".

744 A qualificação nada mais é que a identificação do fato perante o direito, ou seja, o ato de verificar se houve preenchimento de suporte fático abstrato – e qual foi – e, consequentemente, determinar o regime jurídico aplicável à espécie. Cf. PENTEADO, Luciano de Camargo. Op. cit. p. 20, nota de rodapé 25. "A qualificação designa a identificação do fato perante o direito. Embora tenha por matéria prima o dado de fato, é matéria de direito, por envolver o ato de identificar o *nomen iuris* da espécie e, com ele, acenar para o regime correlato.".

745 JUNQUEIRA DE AZEVEDO, Antonio. *Negócio jurídico*: existência validade e eficácia. 4. ed. São Paulo: Saraiva, 2002. p. 40. "(...) se, num negócio de certo tipo, faltar um elemento categorial inderrogável (ou se, mesmo sem faltar, se puder dar esse elemento como inexistente, para evitar que o negócio seja considerado nulo), aquele ato não existirá como negócio daquele tipo, mas há a possibilidade de convertê-lo em negócio de outro tipo (conversão substancial).".

houver, situar-se-á no plano da validade, em decorrência de proibição legal taxativa da conduta no âmbito negocial[746].

Se a opção legislativa pela impossibilidade de eleição do arbítrio exclusivo de algum dos contraentes como critério de fixação de elementos contratuais não se explica nem pela tentativa de evitar convenções injustas, nem pela ausência de acordo das partes quanto a estes pontos, então qual seria sua motivação?

Ao que parece, a exemplo do que ocorre com as condições potestativas puras – as quais, repise-se, não se confundem com a determinação unilateral de elementos contratuais –, a resposta está relacionada ao grau de certeza conferido por esse critério.

Assim como em condições cujo implemento depende do exclusivo arbítrio de uma das partes, a estipulação de que a indicação do elemento contratual lacunoso será realizada estritamente segundo a apreciação subjetiva de uma das partes, sem que lhe sejam impostas quaisquer balizas para desempenhar a tarefa, resulta na falta de objetividade do processo de fixação, a qual é repudiada pela ordem jurídica brasileira com a nulidade do contrato em que for constatada.

Evidência de que o que tal norma jurídica objetiva é resguardar um mínimo de seriedade na definição de elementos contratuais inicialmente indeterminados é a conclusão alcançada a *contrario sensu*, de que, em havendo a previsão de parâmetros objetivos que controlem a fixação de elementos contratuais por uma das partes, não haverá a incidência do artigo 489 do CC/02, inocorrendo nulidade, portanto.

Isso porque, na interpretação da norma analisada, deve-se distinguir duas hipóteses que, apesar de aproximadas, apresentam suficientes dessemelhanças para autorizar conclusões jurídicas diversas acerca de cada uma delas.

A primeira se constata nos casos em que o critério adotado para determinar o elemento contratual lacunoso é o exclusivo arbítrio de uma das partes, sem que sejam estabelecidos limites ou diretrizes para essa atividade.

[746] NITSCHKE, Guilherme Carneiro Monteiro. Op. cit. p. 246-247. "De outro turno, a falta de elementos categoriais naturais inderrogáveis não produz lacuna, e sim afetação sob o ponto de vista da validade do negócio. Noutras palavras, a disposição de conteúdo das partes que confronta diretamente a lei gera nulidade, consequência que deriva tanto do art. 166, inc. VII, do Código Civil, quanto de disposições específicas que, de antemão, digam ser nula disposição em sentido diverso.".

A segunda é verificada nas hipóteses em que é empregado critério no qual há intervenção da vontade de uma das partes na fixação do elemento contratual, adstringindo-a, entretanto, a parâmetros objetivos de controle, sem que este contratante titularize poder de livre definição.

Embora em ambas as situações haja, a rigor, fixação unilateral de elementos contratuais, tendo em vista que uma das partes é a responsável por completar a lacuna que existe de início no negócio jurídico, apenas na primeira delas se incorre na vedação contida na ordem jurídica brasileira, com o resultado da nulidade do contrato.

Não se pode deixar de ter em vistas que o artigo 489 do CC/02, ao delimitar a hipótese da regra de nulificação do contrato de compra e venda, faz menção ao arbítrio exclusivo de uma das partes. Ao fazê-lo, segue, aliás, seus antecedentes normativos históricos, que regulam a questão do mesmo modo[747].

A opção não é sem razão, e o "arbítrio exclusivo" não é identificado em toda e qualquer situação em que haja escolha unilateral[748]. Assim se reputa verificado tão somente quando o contrato autoriza que um dos acordantes defina parte dos elementos contratuais como lhe aprouver, livre de qualquer parâmetro prévio e objetivo de controle para esta atividade[749].

Contrariamente, quando se outorga a um dos acordantes o poder formativo de determinar conteúdo contratual lacunoso de início, conquanto sem deixá-lo totalmente livre para fazê-lo, mediante a disposição de limites para o seu arbítrio, é válido o contrato[750].

[747] *Vide* notas de rodapé 687, 716, 725 e 726, *supra*.

[748] NITSCHKE, Guilherme Carneiro Monteiro. Op. cit. p. 361-362. "Em verdade, a regra geral estabelecida no art. 489 do Código Civil diz ser nulo o contrato de compra e venda 'quando se deixa ao arbítrio exclusivo de uma das partes a fixação preço', dispositivo que plasma regra jurídica geral reconduzível ao art. 122 *in fine*, a despeito de só se referir à compra e venda. Referida restrição, contudo, deve ser lida *cum granus salis*, por ter enquanto núcleo a expressão "arbítrio exclusivo", só havendo por considerar-se como nulo o negócio jurídico, assim, que conferir a um dos figurantes fazer 'o que entendesse, com arbítrio exclusivo', como ensina Pontes de Miranda.".

[749] PONTES DE MIRANDA, Francisco Cavalcanti. *Tratado de direito privado*. 3. ed. Rio de Janeiro: Borsói, 1972, t. XXXVIII. p. 61. "Se foi dito que um dos figurantes faria o que entendesse, com arbítrio exclusivo, o negócio jurídico é nulo, e a lei o diz (arts. 1.125 e 145, V).".

[750] PONTES DE MIRANDA, Francisco Cavalcanti. Op. cit. p. 61. "Assim, sempre que se deixa a um dos figurantes determinar a prestação, sem se ir ao extremo a que se refere o

A questão se resolve de modo semelhante à das condições potestativas[751], especificamente no atinente à distinção entre potestatividade simples e potestatividade pura[752]. Do mesmo modo que apenas são proscritas as condições cujo implemento esteja atrelado exclusivamente à vontade de uma das partes (condições potestativas puras), não ensejando invalidade aquelas em que outros elementos concorram à ocorrência do evento futuro e incerto (condições potestativas simples), só é vedada a determinação unilateral de elementos contratuais quando se permite que ela ocorra mediante livre e irrestrito arbítrio da parte, não havendo semelhante proibição quando a escolha está adstrita a parâmetros prévios e objetivos de controle[753].

Faz-se menção a limites a um só tempo prévios e objetivos ao arbítrio do contratante encarregado da fixação do elemento contratual porque, caso contrário, acaba-se por incorrer na proibição legal.

Primeiramente, diz-se que devem ser prévias as balizas de atuação da parte, pois diferentemente do que ocorre, por exemplo, no direito alemão[754], no direito brasileiro, a vedação à fixação unilateral impõe controle de adequação jurídica *ex ante*, e não *ex post*.

Enquanto no ordenamento jurídico alemão – e no português, sob sua influência – é permitido que se conceda a uma das partes o poder de fixar um ou mais elementos contratuais segundo o seu exclusivo arbítrio,

art. 1.125 do Código Civil, o que se há de entender é que tem de ser equidosa a determinação da contraprestação.".

[751] Consoante já esclarecido, embora aproximadas por seu regramento, a determinação de elementos contratuais e a condição não se confundem sob o aspecto técnico-dogmático. *Vide* notas de rodapé 733 e 736, *supra*.

[752] NITSCHKE, Guilherme Carneiro Monteiro. Op. cit. p. 362.

[753] ALVIM, Agostinho. *Da compra e venda e da troca*. Rio de Janeiro: Forense, 1961. p. 46. "Se o arbítrio de uma das partes não é *exclusivo*, isto é, se ela tiver de fixar o preço atendendo a estes ou aqueles elementos, ou circunstâncias, não será nula a venda.".

[754] PONTES DE MIRANDA, Francisco Cavalcanti. Op. cit. p. 62. "A liberdade, o arbítrio, que tem o figurante, ou, subsidiariamente, o juiz, é *dentro* de pequeno espaço (dentre poucas soluções possíveis). Não há falar-se, aí, de arbítrio puro, ou de arbítrio exclusivo, porque, se não há outra saída para a interpretação do negócio jurídico, incide a regra jurídica geral sôbre invalidade, a que se refere, no caso de compra-e-venda, o art. 1.125 do código Civil. De modo que o problema no direito brasileiro, em relação ao direito alemão, é diferente. (...) No sistema jurídico brasileiro, o arbítrio deixado ao figurante ou é limitado, ou não o é: ou vale o negócio jurídico, ou não vale. Tal o dilema.".

havendo apenas o controle posterior do ato de determinação, mediante recurso à boa-fé objetiva[755], a legislação brasileira proíbe de plano a adoção deste critério, independentemente de como seja efetivado na prática.

Isso significa que pouco importa que, em um contrato no qual seja previsto que uma das partes poderá fixar certos elementos contratuais segundo seu puro arbítrio, a definição deles tenha ocorrido, concretamente, de acordo com a boa-fé objetiva, ou ainda que o agente o faça de modo mais benéfico à sua contraparte em comparação com outros critérios – por exemplo, estabelecendo o preço em valor inferior ao usualmente praticado em suas vendas. Não se admite que o critério de fixação de um elemento contratual seja o exclusivo arbítrio de qualquer uma das partes, independentemente de considerações de ordem diversa.

Em sentido contrário, Luciano Camargo Penteado sustenta que o controle da fixação unilateral de elementos contratuais deve ser efetuado de modo semelhante ao direito alemão e português, apenas coibindo, nos termos do artigo 187 do CC/02[756], o eventual exercício do poder formativo após ele ser desempenhado[757].

Não se concorda com esta posição, pois está dissociada da disciplina legal da matéria no Brasil, em que a fixação segundo o puro arbítrio não é admitida, diferentemente dos ordenamentos que inspiraram a posição do autor.

Poder-se-ia questionar, todavia, que, conforme anteriormente mencionado[758], a potestatividade não apenas é admitida, como é intrínseca à noção de poder formativo, não havendo vedação, via de regra, ao exercício desta posição jurídica elementar segundo puro arbítrio de seu titular[759].

[755] SCHWAB, Dieter. Op. cit. p. 25. *Vide* nota de rodapé 699, *supra*, em que há a transcrição do trecho citado. No mesmo sentido, Cf. MAK, Chantal. Op. cit. p. 35.

[756] Art. 187 do CC/02. Também comete ato ilícito o titular de um direito que, ao exercê-lo, excede manifestamente os limites impostos pelo seu fim econômico ou social, pela boa-fé ou pelos bons costumes.

[757] PENTEADO, Luciano de Camargo. Op. cit. p. 315-318.

[758] *Vide* nota de rodapé 739, *supra*.

[759] ZANETTI, Cristiano de Sousa. *Querer e poder no direito dos contratos: as chamadas condições potestativas*. No prelo. p. 10. "A existência de um direito formativo afasta a incidência da proibição ao "*puro arbítrio*" constante do art. 122 do Código Civil. Conforme ensina a doutrina francesa, o direito privado não veda a potestatividade de maneira geral, mas apenas se estiver atrelada a uma condição.".

Disso surgiria o questionamento: por que o poder formativo de fixação unilateral dos elementos contratuais, em específico, não seria plenamente compatível com a potestatividade pura?

A resposta, ao que parece, está no artigo 489 do CC/02 e em seus antecedentes históricos, os quais demonstram a evolução da disciplina da matéria na ordem jurídica brasileira no sentido de repugnar a determinação de elementos contratuais segundo o exclusivo arbítrio de alguma das partes.

Tal vedação, no entanto, verifica-se especificamente nessa hipótese, e não se pode ser estendida aos poderes formativos em geral, os quais, reitera-se, usualmente podem ser exercidos segundo o exclusivo arbítrio de seus titulares, limitando-se apenas pelas balizadas da boa-fé objetiva, notadamente da vedação ao exercício abusivo de posições jurídicas[760].

Sendo assim, o limite ao arbítrio da parte que fixará os elementos contratuais deve ser prévio à determinação – contemporâneo à conclusão do contrato –, não bastando que se verifique, após a colmatação da lacuna, que o contratante se balizou por fatores objetivos, ou que não atuou de modo abusivo.

E na hipótese de não ser claro se houve ou não restrição ao arbítrio da parte ao determinar unilateralmente os elementos contratuais? Por exemplo, se for preconizado apenas que "certo elemento será definido por determinado contratante", sem que se possa concluir pelo comportamento das partes ou pelo restante do conteúdo da avença o que os acordantes desejavam, dever-se-á interpretar que o critério adotado foi o arbítrio puro do sujeito, ou a sua vontade limitada por algum parâmetro objetivo?

Com vistas à preservação do contrato, nos casos em que não é possível aferir com clareza o que as partes pretenderam – se atribuir a fixação ao puro arbítrio de um dos contratantes ou ao arbítrio dele mitigado por certo padrão de conduta objetivo – deve-se optar pela interpretação

[760] ZANETTI, Cristiano de Sousa. Op. cit. p. 11. "O fato de o direito formativo não estar sujeito à vedação prevista na parte final do art. 122 do Código Civil não significa, todavia, que seu exercício esteja imune a qualquer forma de controle. No direito francês, já se reconheceu que tal direito se encontra sujeito aos limites decorrentes do abuso do direito e da boa-fé. No direito brasileiro, o limite é dado pelo art. 187 do Código Civil, cujo texto determina que o exercício de qualquer direito não pode exceder, de maneira manifesta, os limites que lhe são impostos pela respectiva função econômico e social, pela boa-fé e pelos bons costumes.".

que resguarda a validade do contrato, a saber, a de que os contratantes objetivavam estabelecer um critério objetivo que limitasse a definição do elemento contratual faltante[761].

E qual seria esse critério subsidiário, alcançado pela via interpretativa quando não fosse clara a opção das partes?

A orientação tanto dos Princípios Unidroit quanto do *Draft Common Frame of Reference* no que se refere à complementação de pontos importantes em aberto é recorrer às práticas costumeiras de mercado, ou, em não as havendo, à razoabilidade[762].

No mesmo sentido é a disposição do artigo 55 da Convenção das Nações Unidas sobre Contratos de Compra e Venda Internacional de Mercadorias[763]. O dispositivo mencionado[764] estabelece que é válido o contrato cujo preço não tenha sido expressa ou implicitamente fixado,

[761] MARINO, Francisco Paulo de Crescenzo. Op. cit. p. 339. "Se, ao cabo da fase interpretativa meramente recognitiva, não for possível, por exemplo, estabelecer o sentido efetivamente atribuído pelas partes com relação a elemento de conteúdo tido como essencial (por haver ambiguidade, obscuridade ou lacuna), tal como o preço no contrato de compra e venda, a guarda da coisa depositada no contrato de depósito ou o uso da coisa emprestada no contrato de comodato, tal negócio jurídico seria, a princípio, inexistente. Haverá, contudo, em tese, possibilidade de suprir essa deficiência do conteúdo expresso por meio da fase interpretativa complementar. Caso os meios interpretativos juridicamente relevantes permitam, e as regras próprias da fase complementar não imponham solução diversa, revelar-se-á, no conteúdo expresso ou implícito do negócio jurídico, o elemento *prima facie* faltante, conservando-se, assim, o negócio jurídico.".

[762] ZANETTI, Cristiano. *A conservação dos contratos nulos por defeito de forma*. São Paulo: Quartier Latin, 2013. p. 144-145.

[763] A respeito do âmbito de aplicabilidade e da interpretação das disposições da convenção, a qual vigora no Brasil desde 2014, *Vide* nota de rodapé 647, *supra*.

[764] Artigo 55. Se o contrato tiver sido validamente concluído sem que, expressa ou implicitamente, tenha sido nele fixado o preço, ou o modo de determiná-lo, entender-se-á, salvo disposição em contrário, que as partes tenham implicitamente se referido ao preço geralmente cobrado por tais mercadorias no momento da conclusão do contrato, vendidas em circunstâncias semelhantes no mesmo ramo de comércio. Trad. Eduardo Grebler e Gisely Radael.

Trecho original: "Article 55. Where a contract has been validly concluded but does not expressly or implicitly fix or make provision for determining the price, the parties are considered, in the absence of any indication to the contrary, to have impliedly made reference to the price generally charged at the time of the conclusion of the contract for such goods sold under comparable circumstances in the trade concerned.".

colmatando-se essa lacuna – salvo disposição contrária das partes – com o preço usualmente cobrado pelas mercadorias vendidas, em semelhantes circunstâncias e no mesmo mercado relevante[765].

O artigo 488 do CC/02[766] permite compreensão aproximada das diretrizes acima apontadas[767]. Nele é previsto que, em não sendo fixado o preço da compra e venda, ou mesmo critérios para a sua determinação, deve-se entender que as partes se sujeitaram ao preço habitualmente praticado pelo vendedor, salvo se houver tabelamento oficial. Se houver diversidade de preço, então prevalecerá o médio.

Embora se trate de dispositivo incidente especificamente sobre o contrato de compra e venda, tem-se que ele constitui valioso instrumento interpretativo para essa questão, ao estabelecer critérios que o legislador entendeu serem adequados para tutelar equanimemente a posição de ambas as partes[768].

765 Existem controvérsias acerca da compatibilidade dessa regra com aquela insculpida no artigo 14 da mesma convenção. Acerca da temática, a qual não é aprofundada neste trabalho por fugir de seu escopo, Cf. FRANZONI, Diego. Contrato sem preço (art. 55). In: SCHWENZER, Ingeborg; PEREIRA, Cesar Guimarães; TRIPODI, Leandro (Coord.). *A CISG e o Brasil*: Convenção das Nações Unidas sobre Contratos de Compra e Venda Internacional de Mercadorias. São Paulo: Marcial Pons, 2015. p. 251 e ss.

766 Art. 488 do CC/02. Convencionada a venda sem fixação de preço ou de critérios para a sua determinação, se não houver tabelamento oficial, entende-se que as partes se sujeitaram ao preço corrente nas vendas habituais do vendedor.

Parágrafo único. Na falta de acordo, por ter havido diversidade de preço, prevalecerá o termo médio.

767 FRANZONI, Diego. Op. Cit. p. 250. "Assim, é possível concluir que a disciplina introduzida pela C onvenção de Viena sobre o tema do contrato sem preço não representa grande inovação em relação ao direito interno brasileiro.".

768 ZANETTI, Cristiano de Sousa; ROBERT, Bruno. Compra e venda com preço aberto: estudo histórico e comparação com a experiência europeia, com o direito anglo-americano, com a Convenção das Nações Unidas sobre a compra e venda internacional de mercadorias e com os recentes projetos de unificação do direito dos contratos, para servir de subsídio à leitura do artigo 488 do Código Civil brasileiro. In: HIRONAKA, Giselda Maria Fernandes Novaes (Coord.). *A outra face do poder judiciário*: decisões inovadoras e mudanças de paradigmas. Belo Horizonte: Del Rey, 2007, v. 2. p. 106. "O critério adotado pelo direito brasileiro tutela de maneira adequada as posições das partes. O vendedor receberá o que costuma cobrar e o comprador não sofrerá qualquer tratamento discriminatório por ter deixado de especificar o preço desde o início.".

Na Itália, onde também é previsto critério legal de colmatação de lacuna no preço da compra e venda[769], entende-se que, quando é certo que as partes desejaram se vincular contratualmente, mas não houve a determinação imediata do preço, nem está claro qual o critério de fixação, deve o contrato ser integrado mediante incidência da norma em questão[770].

Entende-se que, semelhantemente, é possível haver interpretação analógica do artigo 488 do CC/02 para resolver a questão apresentada.

Há de se notar a aproximação entre a hipótese tratada na norma legal e a situação discutida. Em ambas é celebrado um contrato, sendo certo que as partes desejavam se vincular, mas carece de definição um dos elementos contratuais. No caso do artigo 488 do CC/02, este elemento é o preço da compra e venda, ao passo que no caso dos contratos-quadro em análise, ele é o critério objetivo de fixação unilateral dos elementos dos contratos de aplicação, indispensável para a validade destes.

O dispositivo legal soluciona a problemática de não haver definição quanto ao elemento preço recorrendo ao habitualmente praticado pelo vendedor, tendo o mérito tanto de conferir objetividade à fixação quanto evitar que uma das partes obtenha ganho exagerado em relação à outra, seja pela estipulação de preço abaixo ou acima da média praticada.

Sendo assim, em sendo previsto em um contrato-quadro de distribuição que uma das partes deverá fixar o preço contratual, mas não havendo a clara exposição dos critérios para esta tarefa, dever-se-á recorrer ao preço médio praticado pelo fornecedor, o qual ocupa, nos contratos de aplicação de compra e venda mercantil, a posição de vendedor.

Ocorre que, no caso dos demais contratos-quadro, nem sempre se pode fazer alusão a um comprador e um vendedor, pois por vezes os contratos de aplicação não se reconduzirão ao tipo da compra e venda.

Mesmo nestes casos, todavia, é possível colher a *ratio* da norma em comento, e adotar como critério de fixação dos elementos contratuais aquilo que é habitualmente praticado pela parte que titulariza o poder

[769] Art. 1.474 do Código Civil Italiano de 1942. Se o objeto do contrato são coisas que o vendedor geralmente vende e as partes não determinaram o preço, nem concordaram em como determiná-lo, nem é estabelecido por ato da autoridade pública, presume-se que as partes queriam se referir ao preço normalmente praticado pelo vendedor.

[770] D'ERRICO, Antonella. Op. cit. p. 60-61.

formativo de determinação, o que seria correspondente, neste cenário, ao preço médio da compra e venda preconizado pelo artigo 488 do CC/02.

A título de exemplificação, imagine-se o caso de um contrato-quadro de franquia no qual se confira ao franqueador o poder formativo de, em contrato de aplicação vindouro, estipular quais seriam as especificações do imóvel que deveria ser alugado pelo franqueado. Não havendo menção aos critérios de exercício desse poder, deve-se compreender que a escolha do franqueador deverá seguir os parâmetros médios por ele adotados em suas demais relações contratuais.

Por conseguinte, em não sendo claros os parâmetros para a fixação unilateral de elemento contratual, esta deverá privilegiar os padrões médios adotados pela parte que tituIariza o poder formativo.

Não sendo possível recorrer às práticas habituais das partes – por exemplo porque uma ou ambas não desenvolve aquela atividade rotineiramente –, tem-se a impossibilidade de cumprimento dessa disposição contratual específica, podendo as partes estipular outro critério de fixação, ou, em não sendo o caso, seguir com a negociação livre desse elemento do contrato de aplicação[771].

Superada essa questão, tem-se que, além de ser prévio à definição do elemento contratual, o parâmetro que restringe o âmbito de escolha da parte que titulariza o poder de fixação do elemento contratual deve ser objetivo.

Assim como no direito romano, em que a determinação só poderia ser unilateral se vinculada ao arbítrio do homem leal e honesto – *arbitrium boni viri*[772] –, a ordem jurídica brasileira apenas admite que a margem de discricionariedade da parte seja adstrita a critérios objetivos de conduta[773]. Caso contrário, recair-se-ia em situação semelhante à que enseja a invalidade

[771] A respeito da obrigação de negociar de boa-fé os contratos de aplicação, *Vide* Capítulo IV, *infra*.

[772] D. 18, 1, 7, pr. Ulpianus *libro vincensimo octavo ad Sabinum*. *Vide* nota de rodapé 688, *supra*, em que há a transcrição do trecho citado. Comentando a possibilidade de determinação unilateral, desde que vinculada ao *arbitrium boni viri*, Cf. GUARINO, Antonio. Op. cit. p. 886.

[773] PONTES DE MIRANDA, Francisco Cavalcanti. Op. cit. p. 61. "Quem determina há de ater-se ao que é de uso, ao que é adequado á espécie e ao caso, ao que sugerem as circunstâncias e fatôres, como tempo e trabalho empregados, interêsse comum ou especial e possibilidades pessoais do outro figurante.". Também mencionando que apenas se evita a proibição do art. 489 do CC/02 mediante a adoção de guias objetivos ao exercício da potestatividade da parte, Cf. NITSCHKE, Guilherme Carneiro Monteiro. Op. cit. p. 364-365.

prescrita pelo artigo 489 do CC/02, ante a ausência de previsibilidade para definição do conteúdo lacunoso.

Não se reputam limites suficientes à fixação unilateral, consequentemente, critérios como "o que entenderes justo" ou "o que melhor contribuir para a continuidade do contrato", por carecerem de objetividade.

Consideram-se objetivos parâmetros remetendo a padrões sociais de conduta, como no caso de se estipular que a parte deverá fixar o elemento contratual equitativamente ou como o faria o homem médio. Igualmente o são as referências aos usos comerciais, às práticas correntes de mercado ou de uma das partes, ou, ainda, critérios mais apurados, que estabeleçam a necessidade de se levar em consideração outros fatores objetivos, a exemplo do ressarcimento dos custos envolvidos no processo industrial associado a uma margem de lucro preestabelecida etc.

Deste modo, não basta que, no momento da conclusão do acordo, sejam previstos critérios de determinação de elementos lacunosos. Tais parâmetros devem ser objetivos, sob pena de nulificação do contrato.

Apenas no caso concreto podem ser verificados se os limites contratualmente dispostos ao arbítrio da parte na fixação do elemento negocial são suficientes[774], isto é, se são prévios e objetivos, análise que se situa no plano da validade, e pode resultar na invalidação da avença. Em se constatando não ter sido adotado o arbítrio puro e exclusivo, passa-se a avaliar se a fixação realmente ocorreu no espaço de atuação estabelecido, juízo inserido no plano da eficácia, que pode resultar na ineficácia da escolha da parte[775], seguida da adoção de outro critério de definição pelos contratantes, ou, em não sendo viável, da resolução por impossibilidade do objeto[776].

A proibição do direito privado brasileiro, insculpida no artigo 489 do CC/02, relativo ao contrato de compra e venda, mas extensível a toda a

[774] NITSCHKE, Guilherme Carneiro Monteiro. Op. cit. p. 363-364.

[775] PONTES DE MIRANDA, Francisco Cavalcanti. Op. cit. p. 61. "Se o figurante, a que se atribui a determinação, se afasta da equidade, ou do que seria de esperar-se, por parte de pessoa sensata, não é *eficaz* a determinação.".

[776] NITSCHKE, Guilherme Carneiro Monteiro. Op. cit. p. 364. "Do contrário, haverá ineficácia no suprimento e a consequência haverá de ser ou a escolha, pelas partes, de um terceiro que preencha o conteúdo contratual, ou a remissão, em caso de desacordo – situação mais comum, tendo em vista haver divergência já no suprimento empreendido pelo figurante, o que se reflete em contenda acerca do modo subsequente de suprimento –, ao julgamento de um juiz ou árbitro.".

matéria dos negócios jurídicos, não é, portanto, de que um negociante exerça alguma discricionariedade no processo de fixação dos elementos negociais, mas sim de que essa discricionariedade seja absoluta, eliminando qualquer grau de certeza e previsibilidade em sua determinação, ou ainda mitigando a certeza quanto à intenção das partes de se vincularem contratualmente.

Resta perquirir quais são as consequências da inobservância desta regra jurídica, ou seja, o que ocorre quando, em contrariedade às prescrições legais, estabelece-se que a fixação de um certo elemento contratual ocorrerá segundo o puro arbítrio de uma das partes.

As respostas a este questionamento variam a depender de qual é a natureza do elemento lacunoso.

Se dentre os pontos a serem livremente definidos por um dos celebrantes estiver algum dos elementos essenciais do contrato analisado, então invariavelmente se acarretará a sua nulidade, a exemplo do que prevê o artigo 489 do CC/02, que trata especificamente da definição arbitrária do preço, elemento essencial do contrato de compra e venda.

Por outro lado, se a cláusula que outorga o poder de fixação unilateral recair sobre um elemento natural – no sentido de conferir a uma das partes a possibilidade de alterar ou excluir um efeito decorrente do regime típico do contrato – ou sobre um elemento particular, apenas este preceito do negócio jurídico será invalidado, subsistindo o restante da declaração negocial, desde que separável em relação ao restante do contrato sem prejudicar o seu escorreito cumprimento e equilíbrio[777]. Incumbe à parte que alega a separabilidade demonstrá-la, evidenciando a ausência de contaminação do restante do acordo pela nulidade[778].

[777] PONTES DE MIRANDA, Francisco Cavalcanti. *Tratado de direito privado.* 3. ed. Rio de Janeiro: Borsói, t. IV. p. 51. "A nulidade pode ser concernente só a parte do ato jurídico, se é separável, ou em relação a algum dos figurantes, ou a algum dos objetos ou partes do objeto, ou à forma de certa parte. Não se pode pensar em nulidade parcial, sem se pensar em negócio jurídico complexo. Tôdas as causas de nulidade são possíveis causas de nulidade parcial. Se a parte nula é essencial a todo o negócio jurídico, nulo é todo êle. (...) Então, se separáveis, cada uma se rege por seus princípios próprios. Se há três partes e uma delas nem é nula, nem anulável, a separabilidade permite que a terceira fique a coberto pela regra *utile per inutile non vitiatur.*".

[778] PONTES DE MIRANDA, Francisco Cavalcanti. Op. cit. p. 51. "O ônus da prova incumbe a quem afirma não estar prejudicado o resto (...)".

Realizada a investigação de ordem geral acerca da temática da fixação unilateral de elementos negociais no direito privado brasileiro, basta subsumir os questionamentos pendentes no âmbito dos contratos-quadro às conclusões apontadas para alcançar as respostas específicas.

Em primeiro lugar: é admitida, na ordem jurídica brasileira, a cláusula de contratos-quadro pela qual se outorga a um dos acordantes o poder de determinar sozinho certos elementos dos contratos de aplicação, sem que seja prestada nova anuência por sua contraparte?

Depende. Se tal poder formativo estiver limitado por critérios prévios e objetivos, consoante acima exposto, então não haverá invalidade. Contrariamente, se não houver semelhante balizamento, e for previsto no contrato-quadro que a fixação pode ocorrer segundo o exclusivo arbítrio da parte, então será nula essa cláusula do contrato-quadro, preservadas as suas demais disposições, conforme a seguir demonstrado.

Ilustrando essa questão, tem-se diversos julgados decididos pelos tribunais brasileiros[779].

No julgado citado do Tribunal de Justiça de Minas Gerais, foi apreciada a alegação do distribuidor de que a relação contratual inaugurada pelo contrato-quadro de distribuição seria eivada de nulidade, em primeiro lugar, por conta da fixação unilateral do preço por parte do fornecedor, e, além disso, pela abusividade desta fixação, em face da estipulação de preços distintos para o mesmo produto, a depender do distribuidor. Decidiu-se que não há de se falar de fixação unilateral, pois a tabela de preços obedeceu a realidade de mercado, e a estipulação não é abusiva, caso a diferença do preço ofertado para os distribuidores seja justificada.

Embora correto do ponto de vista da solução jurídica apresentada, o julgado merece correções de ordem dogmática.

Nesse caso, houve sim fixação unilateral, pois era o fornecedor quem poderia indicar o preço dos combustíveis adquiridos pelo distribuidor, independentemente da anuência deste.

O que não foi verificado foi uma determinação segundo o arbítrio puro do fornecedor, tendo em vista que a margem de discricionariedade

[779] Cf. TJSP – Apelação Cível 1.052.591-0 – Rel. Des. Antônio Marson – J. 26/04/2006; TJSP – Apelação Cível 1.052.591-0 – Rel. Des. Cesar Lacerda – J. 20/09/2011 – Publ. 23/09/2011; TJMG – Apelação Cível 1.0024.01.082281-5/001 - Rel. Des. Guilherme Luciano Baeta Nunes – Publ. 15/03/07.

deste, ao alterar a sua tabela de preços, estava fortemente limitada por um critério prévio e objetivo: os usos comerciais e os valores praticados no mercado.

Além disso, desde que o critério objetivo seja atendido – neste caso, a observância da realidade de mercado na definição dos preços –, não representa óbice, necessariamente, a circunstância de a fixação unilateral ocorrer em termos distintos em relações contratuais diversas, desde que em cada uma delas os parâmetros adotados tenham sido atendidos, justificando assim a dessemelhança de conteúdo contratual.

Em segundo lugar: se, como muitas vezes ocorre, o contrato-quadro se limitar a dispor que certos elementos contratuais serão determinados por uma das partes, sem especificar se tal escolha ocorrerá de acordo com uma margem de discricionariedade ilimitada ou se será adstrita por alguma baliza, bem como qual seria esta, haverá invalidade?

Depende. Caso não seja possível estabelecer o sentido atribuído pelos contratantes à cláusula que previu a determinação unilateral de elemento contratual, dever-se-á privilegiar a interpretação que preservará a validade do contrato, ou seja, de que as partes previram que o poder de fixação, embora titularizado por apenas uma das partes, seria balizado por parâmetro prévio e objetivo. Isso depende, entretanto, de as circunstâncias negociais autorizarem tal interpretação. Isto é, para que assim se proceda, não podem as circunstâncias negociais levarem à conclusão de que o pretendido pelas partes era que a fixação ocorresse segundo o exclusivo arbítrio de alguma delas, hipótese em que a nulificação é medida que se impõe.

Na hipótese de ser autorizada a interpretação apta a preservar a validade do contrato, dever-se-á proceder com a fixação dos elementos dos contratos de aplicação em atenção aos padrões médios adotados pela parte que titulariza o poder formativo. Caso não seja possível, por qualquer motivo, fazer uso desse parâmetro de limitação da discricionariedade da parte, verifica-se a inviabilidade de fixação unilateral do elemento contratual, perdendo a eficácia a disposição contratual que a estabeleceu, e podendo as partes optar por estipular um novo critério de fixação ou por negociar livremente também este elemento dos contratos de aplicação.

Por outro lado, se as circunstâncias interpretativas levarem à conclusão diversa, de que as partes intentavam, na realidade, que a colmatação das lacunas dos contratos de aplicação ocorresse segundo a total discricionariedade de um dos contratantes, então se deverá concluir pela nulidade de tal disposição, com as consequências mencionadas no questionamento a seguir abordado.

Em terceiro lugar: se o contrato-quadro dispuser que certos elementos dos contratos de aplicação serão fixados segundo o puro e exclusivo arbítrio de alguma das partes, o que ocorrerá?

De antemão, conforme exposto, a cláusula do contrato-quadro será nula.

O contrato-quadro como um todo não será invalidado, pois não foi o seu conteúdo a ser determinado unilateralmente por uma das partes, de modo que não há o preenchimento do suporte fático da regra do artigo 489 do CC/02. Verifica-se, na realidade, disposição contratual em sentido contrário a proibição legal taxativa, de modo que incide sobre a espécie a hipótese do artigo 166, VII, do CC/02[780].

Em se tratando de nulidade parcial, separável do restante do conteúdo do contrato-quadro, apenas a disposição específica determinando a fixação unilateral mediante arbítrio exclusivo será invalidada, nos termos do artigo 184 do CC/02[781]. A separabilidade deve ser demonstrada pela parte que a alega, presumindo-se, em princípio, que a nulidade afeta todo o conteúdo do contrato-quadro.

Os contratos de aplicação já celebrados, por outro lado, devem ser reconduzidos à norma abstraída do artigo 489 do CC/02 – vedação à determinação unilateral de elementos contratuais segundo o exclusivo arbítrio de algum dos contratantes. Eles serão inválidos caso o elemento fixado lhes fosse essencial, ou, em não sendo o caso, terão apenas a parcela atingida pela determinação arbitrária nulificada, com o consequente regresso das partes ao estado anterior no que atine à parcela do acordo atingida.

Caso a parcela dos contratos de aplicação atingida pela invalidade, embora não se afigure um de seus elementos essenciais, tenha importância suficiente para dificultar demasiadamente, inviabilizar ou ainda

[780] Art. 166 do CC/02. É nulo o negócio jurídico quando: (...)
VII - a lei taxativamente o declarar nulo, ou proibir-lhe a prática, sem cominar sanção.

[781] Art. 184 do CC/02. Respeitada a intenção das partes, a invalidade parcial de um negócio jurídico não o prejudicará na parte válida, se esta for separável; a invalidade da obrigação principal implica a das obrigações acessórias, mas a destas não induz a da obrigação principal.

desequilibrar a arquitetura contratual planejada pelas partes, então haverá a resolução dos contratos de aplicação por impossibilidade do objeto, com exceção da hipótese de os contratantes concordarem em preencher a lacuna contratual de outro modo, seja acordando diretamente sobre ela, seja estabelecendo um mecanismo de definição juridicamente adequado.

Destarte, percebe-se que a habitual disposição de contratos-quadro de que uma das partes titularizará o poder de fixar certos elementos dos contratos de aplicação independentemente de anuência do outro contratante, embora não seja totalmente repudiada pela ordem jurídica brasileira, encontra nela parâmetros muito mais rígidos que os verificados, por exemplo, no direito alemão e português, em que é admitida de modo geral, e francês, em que é aceita especificamente nos contratos-quadro. Deve-se ter em mente essa diversidade de compreensões à luz do direito comparado e do direito brasileiro pois ela decorre da própria diferença no regramento legislativo da matéria em cada um deles.

Em que pese se possa entender que a solução brasileira de promover o controle antecedente de contratos nos quais o preenchimento de lacunas ocorra mediante ato de uma das partes, atribuindo a pecha de invalidade àqueles no qual a fixação ocorra segundo o exclusivo arbítrio do contratante, não é a melhor, sendo mesmo antiquada e pouco adaptada às necessidades modernas, sobretudo do cada vez mais dinâmico comércio internacional[782], tem-se ainda que é ela a advinda da disciplina legal vigente.

Por fim, destaca-se, de *lege ferenda*, que essa matéria é mais bem regida nos ordenamentos que positivaram a resposta inversa à prevalecente no Brasil, e permitem a determinação unilateral de elementos contratuais mesmo segundo o puro e exclusivo arbítrio do contratante. Nos diplomas legislativos que assim procederam – e que a codificação brasileira faria bem em se inspirar[783] –, permite-se, em princípio, que o critério de fixa-

[782] D'ERRICO, Antonella. Op. cit. p. 78. "O § 315 do BGB prevê a possibilidade que um contratante determine unilateralmente o preço (...) Tal abertura da autonomia contratual é, para o mercado internacional, um reforço aos interesses de conservação das relações comerciais.". Trecho original: "Il § 315 BGB prevede la possibilità che una delle parti contrattuali possa determinare il prezzo (...) L'apertura dell'autonomia contrattuale al mercato internazionale rafforza l'interesse alla conservazione del rapporto".

[783] Em artigo datado de 1938, Clóvis Beviláqua já apontava que o direito civil brasileiro deveria caminhar cada vez mais para a flexibilidade de seus dispositivos, sem que com isso abandonasse

ção seja a discricionariedade da parte, ressalvado o controle posterior do exercício abusivo desse poder, de modo que, particularmente acerca dos contratos-quadro, só há invalidade quando a fixação de elementos dos contratos de aplicação ocorre afastada da boa-fé objetiva.

Conclui-se, assim, o terceiro capítulo do trabalho, no qual se asseverou que, para que um contrato seja reconduzido à categoria dos contratos--quadro, ele não pode determinar imediatamente todos os elementos essenciais da relação contratual, não havendo quanto a isso qualquer óbice na ordem jurídica pátria. Depreendeu-se também que, sob a égide da legislação brasileira atualmente vigente, não é válida a outorga a uma das partes do poder de fixar os elementos contratuais segundo seu exclusivo arbítrio, ressalvada a possibilidade de limitação deste poder formativo a critérios objetivos e prévios, hipótese na qual é compatível com a ordem jurídica pátria.

No capítulo seguinte, o quarto e derradeiro desta obra, são investigadas as obrigações das partes dos contratos-quadro de negociar de boa-fé e de celebrar os contratos de aplicação. Conduz-se análise destinada a aferir se alguma destas obrigações é incompatível com a categoria estudada, ou se, por outro lado, alguma delas é essencial à sua caracterização. Finalmente, examina-se a possibilidade de execução específica destas obrigações e de que modo se dá a tutela indenizatória em caso de seu descumprimento.

a busca pela equidade das soluções nos casos concretos. Cf. BEVILÁQUA, Clóvis. Evolução da teoria dos contractos em nossos dias. In: *Revista da Faculdade de Direito da Universidade de São Paulo*, v. 34, 1938, p. 57-66. p. 65. "No meu sentir, a evolução do direito obrigacional deve ser encaminhada no sentido da flexibilidade dos dispositivos e da equidade das soluções.". A sugestão de alteração legislativa apresentada, ao que parece, coaduna-se com os princípios reformadores defendidos, há quase um século, pelo elaborador do Código Civil de 1916. No mesmo sentido, em compreensão alcançada à luz do direito alemão, Cf. SCHWAB, Dieter. Op. cit. p. 36.

CAPÍTULO IV
AS OBRIGAÇÕES DE NEGOCIAR E DE CELEBRAR CONTRATOS DE APLICAÇÃO

Seguindo no estudo do âmbito operativo dos contratos-quadro, traz-se a lume problemática relacionada com um de seus principais marcos distintivos, qual seja, a inauguração de uma relação contratual que apenas se concretiza economicamente mediante a conclusão de novos acordos, os contratos de aplicação.

Mais especificamente, é objeto de análise se, em razão da celebração de um contrato-quadro, as partes se obrigam necessariamente a firmar os contratos de aplicação ou apenas a negociá-los.

Trata-se de temática controvertida, a respeito da qual a doutrina alcança conclusões diametralmente opostas, ora favorecendo a compreensão de que os celebrantes do contrato-quadro não se obrigam a quase nada no atinente à futura celebração dos contratos de aplicação, ora entendendo estarem eles necessariamente adstritos a concluir estes acordos, porquanto necessários à continuidade da relação contratual.

A fim de conduzir essa investigação, perquire-se inicialmente os limites da obrigação de cooperação das partes do contrato-quadro, averiguando em que medida ela propaga seus efeitos para além deste acordo e alcança igualmente a relação contratual global e, por via de consequência, os contratos de aplicação e o seu processo de negociação e celebração.

Em seguida, examina-se criticamente a opção de certa doutrina, sobretudo francesa, de solucionar a divergência em comento a partir da classificação das obrigações entre de meios e de resultado. Aponta-se, neste azo, ser imprópria tal opção, não devendo se guiar a discussão a partir dela.

Empós, são expostas as principais posições acerca da temática, enumerando-se os autores que compreendem que dos contratos-quadro decorreria uma obrigação de celebrar os contratos de aplicação e aqueles que se posicionam no sentido de que adviria tão somente uma obrigação de negociar de boa-fé tais avenças.

Concluída essa apresentação, passa-se à análise da questão, explorando qual seria a natureza da obrigação relativa à continuidade da relação contratual contraída pelas partes do contrato-quadro, bem como se esta se revelaria elemento categorial inderrogável ou derrogável da categoria.

Por fim, e com vistas a conferir aplicabilidade prática às distinções apreendidas durante o estudo, é perscrutada qual seriam os efeitos do descumprimento de cada uma das obrigações mencionadas. Notadamente, avalia-se a possibilidade ou não da execução específica delas, bem como de que modo ocorreria a quantificação da tutela indenizatória delas advinda, se em atenção ao interesse positivo ou ao interesse negativo.

4.1. Obrigação de cooperação na relação contratual inaugurada pelo contrato-quadro e a sua conexão com os contratos de aplicação

Como regra, as relações contratuais – como todas as relações jurídicas de natureza obrigacional, aliás – compreendem uma série de deveres de prestação[784] e deveres instrumentais[785], inseridos, conjuntamente, em

[784] Aqueles consistentes no objeto principal ou primário da obrigação, que pode consistir em um dar, restituir, fazer ou não fazer. São eles que diferenciam uma relação obrigacional das demais. Cf. COUTO E SILVA, Clóvis Veríssimo do. Op. cit. p. 84 e ss.; LARENZ, Karl. Op. cit. p. 18 e ss; MARTINS-COSTA, Judith. *A boa-fé no direito privado*: sistema e tópica no processo obrigacional. São Paulo: Revista dos Tribunais, 1999. p. 437-438.

[785] Também chamados deveres secundários, laterais, anexos ou de conduta. São derivados da cláusula geral de boa-fé objetiva, e albergam todas as ações comissivas ou omissivas que, não se tratando da prestação principal que é objeto da obrigação, viabilizam, facilitam e/ou concorrem para que seja alcançado o escopo econômico-social do processo obrigacional em suas diversas fases. A nomenclatura utilizada foi proposta por Judith Martins-Costa. Cf. MARTINS-COSTA, Judith. Os campos normativos da boa-fé objetiva: as três perspectivas

um sistema de processos[786] que caminha para o adimplemento satisfatório[787], verificado não apenas pelo cumprimento formal da obrigação principal[788], mas pela ultimação dos desígnios econômico-sociais do contrato[789].

Assentada essa premissa, sustentar que, nos contratos-quadro, as partes são titulares também do dever de cooperação[790] – um dos deveres instrumentais acima citados[791] –, e que este perduraria em todas as fases do processo obrigacional, com a finalidade de concluí-lo exitosamente, seria não apenas despiciendo, mas mesmo redundante.

Não é esse, contudo, o objeto do estudo a seguir conduzido.

Retoma-se, neste ponto, discussão tangenciada no Capítulo I, no qual, ao se delimitar a definição conceitual de contrato-quadro, mencionou-se que ele inaugura uma relação contratual global, criando a obrigação dos acordantes de cooperarem para a sua concretização, que apenas ocorre quando há a celebração dos contratos de aplicação[792], e no Capítulo II, no

do direito privado brasileiro. In: JUNQUEIRA DE AZEVEDO, Antonio; TORRES, Heleno Taveira; CARBONE Paolo (Coord.). *Princípios do novo código civil brasileiro e outros temas*: homenagem a Tullio Ascarelli. São Paulo: Quartier Latin, 2008. p. 391. Adotando terminologias diversas, Cf. COUTO E SILVA, Clóvis Veríssimo do. Op. cit. p. 91 e ss.; LARENZ, Karl. Op. cit. p. 21 e ss.

[786] A compreensão da relação obrigacional como sistema de processos foi apresentada pioneiramente por Karl Larenz, havendo sido introduzida no Brasil, com importantes contribuições de ordem sistematizadora e criativa, por Clóvis Veríssimo do Couto e Silva. Cf. LARENZ, Karl. Op. cit. p. 38 e ss; COUTO E SILVA, Clóvis Veríssimo do. Op. cit. p. 62 e ss.

[787] EHRHARDT JÚNIOR, Marcos. Relação obrigacional como processo na construção do paradigma dos deveres gerais de conduta e suas consequências. In: *Revista da Faculdade de Direito da UFPR*, n. 56, 2012, p. 141-155. p. 145-146. "Dentro dessa perspectiva, os figurantes da relação jurídica obrigacional devem buscar o adimplemento satisfatório, que decorre de múltiplas faculdades e situações que se desenvolvem de modo dinâmico ao longo de todo o *iter* da relação jurídica obrigacional, que passa a ser vista como um conjunto complexo de fases direcionadas a um fim que não se satisfaz apenas com o cumprimento do dever de prestar.".

[788] COUTO E SILVA, Clóvis Veríssimo do. Op. cit. p. 91 e ss.

[789] MARTINS-COSTA, Judith. Op. cit. p. 391.

[790] EROLES, Pedro. *Boa-fé objetiva nos contratos*: especificação normativa, cogência e dispositividade. São Paulo: Quartier Latin, 2018. p. 97. "Cooperar é agir com lealdade e não obstruir ou impedir.".

[791] COUTO E SILVA, Clóvis Veríssimo do. Op. cit. p. 96.

[792] *Vide* tópicos 1.2 e 1.3, *supra*.

qual se tratou da função dos contratos-quadro de ampliar a cooperação entre os acordantes[793].

O que se pretende aqui não é, portanto, estudar o dever instrumental verificado na generalidade das relações obrigacionais, mas sim analisar, especificamente, em que medida os contratos-quadro dão origem a uma obrigação de cooperação – cuja natureza é negocial, portanto – entre as partes, destinada a propiciar o alcance do objetivo econômico não apenas daquele acordo, porém de uma relação contratual global, bem como de que modo isso se reflete em uma obrigação dos acordantes de negociar ou de concluir contratos de aplicação.

De antemão, há de se questionar uma vez mais[794]: qual o escopo do contrato-quadro? Isto é, qual é a "linha de chegada" que sinaliza que houve a satisfação dos interesses tutelados pelo instrumento jurídico da operação econômica[795]?

É possível se compreender – e há quem assim o faça[796] – que o sistema de processos obrigacionais inaugurado pelo contrato-quadro caminharia apenas para o cumprimento dos deveres de prestação estritamente decorrentes de seu conteúdo próprio, consubstanciados, no mais das vezes,

[793] *Vide* tópico 2.1.3, *supra.*

[794] Consoante já esclarecido, retoma-se, neste ponto, discussão já travada, embora incipientemente, nos Capítulos I e II, pelo que se pede escusas ao leitor pela breve repetição, meramente introdutória, de certos debates, divergências e posicionamentos.

[795] Não se confunda, é claro, a satisfação desses interesses, que, embora apurados em atenção à finalidade econômico-social do contrato, permanecem jurídicos, com o eventual sucesso comercial da operação instrumentalizada pelo negócio jurídico contratual, aspecto que escapa à ciência jurídica.

[796] ZAKI, Magdi. Op. cit. p. 1076. "O contrato-quadro contém em si ao menos uma obrigação de negociar? Nós não pensamos que seja o caso. A obrigação de negociar é, a rigor, uma obrigação precontratual e não uma obrigação contratual propriamente dita. Ela nasce de documentos precontratuais (cartas de intenção, por exemplo) ou de uma atividade que precede o contrato (discussões já avançadas) como expressão de boa-fé elementar nas relações sociais, cuja violação pode ser sancionada pela responsabilidade civil.".
Trecho original: "Le contrat-cadre engendre-t-il au moins une obligation de négocier? Nous ne le pensons pas. L'obligation de négocier est, à la rigueur, une obligation précontractuelle et non une obligation contractuelle proprement dite. Elle naît des documents précontractuels (lettres d'inten tion, par exemple) ou d'une activité qui précède le contrat (des discussions déjà entamées) comme expression de la bonne foi élémentaire dans les rapports sociaux dont la violation peut être sanctionnée par la responsabilité délictuelle.".

apenas na observância das diretrizes direcionadas à formação e à disciplina do conteúdo dos contratos de aplicação.

Sob essa perspectiva, o contrato-quadro se consideraria cumprido desde que as partes obedecessem aos parâmetros por ele definidos acerca da forma de celebração e do conteúdo dos contratos de aplicação – em nada importando, consequentemente, se estes foram ou não concluídos, ou se as partes contribuíram ou não para que o eventual insucesso em sua formação se sucedesse.

A título de exemplo, não se reputaria relevante para aferir o adimplemento do contrato-quadro uma possível atuação dos contratantes de modo a inviabilizar a celebração dos acordos futuros, recusando-se a iniciar tratativas sobre os seus aspectos em aberto ou mesmo firmando parcerias com concorrentes de sua contraparte. Se muito, na hipótese de já haverem sido iniciadas as negociações para celebração dos contratos de aplicação, poderia haver a responsabilização das partes não em decorrência do contrato-quadro, mas sim por conta da responsabilidade pré-contratual aplicável à generalidade dos casos[797].

Esse entendimento isolacionista do contrato-quadro, pelo qual seu conteúdo e função são considerados em apartado dos contratos de aplicação que, no programa planejado, devem lhe seguir, não é o mais adequado, pois perde de vista a operação econômica global vislumbrada pelas partes.

Ora, não obstante constituam negócios jurídicos autônomos, formados mediante declarações negociais diversas[798], o contrato-quadro e os

[797] ZAKI, Magdi. Op. cit. p. 1077. "Se as partes dão início às negociações, elas devem as conduzir lealmente. Nós podemos, nessa situação, falar de uma obrigação de lealdade nascida não do contrato-quadro em si mesmo considerado, mas sim das tratativas que precedem a conclusão de cada contrato particular.".
Trecho original: "Cependant, si les parties entament des négociations, elles doivent les mener loyalement. Nous pouvons, dans ce cas, parler d'une obligation de loyauté née non du contrat-cadre lui-même mais dans les pourparlers qui précédent chaque contrat particulier.".

[798] JUNQUEIRA DE AZEVEDO, Antonio. Contrato-quadro. In: ______. *Novos estudos e pareceres de direito privado*. São Paulo: Saraiva, 2009. p. 170. "20. Ora, os contratos de compra e venda das mencionadas safras qualificam-se como contratos de execução; sendo assim, sua conclusão dependia de uma nova declaração de vontade das partes, porque os contratos de execução não se confundem com o contrato-quadro. Trata-se do princípio do duplo consentimento, como elemento caracterizador da dicotomia 'contrato-quadro/contrato de execução'. Os últimos são verdadeiros contratos, cujo nascimento subordina-se a uma nova declaração de vontade das partes.".

contratos de aplicação subsequentes estão intimamente relacionados e se inserem em uma coligação contratual[799]. São, portanto, autônomos sob o aspecto estrutural, mas ligados em uma perspectiva funcional[800].

Essa relação se manifesta notadamente no fato de que, em não havendo a celebração dos contratos de aplicação, o propósito econômico da relação contratual global, inaugurada pelo contrato-quadro, não é atingido[801], frustrando assim também o intuito final deste acordo[802].

É por isso que não se pode tentar compreender tal fenômeno jurídico mediante sua análise isolada. Deve-se, por outro lado, percebê-lo sob

[799] MARINO, Francisco Crescenzo de. Op. cit. p. 108. "Um tipo de contrato inserido em uma coligação, cujo objeto é disciplinar uma 'corrente de negócios', é o contrato-quadro (*contrat-cadre*), cuja ligação com os contratos subsequentes (*contrats d'application*) é bastante estudada pela doutrina francesa.".

[800] MARINO, Francisco Crescenzo de. Op. cit. p. 127.

[801] GATSI, Jean. Op. cit. p. 158. "A obrigação de um duplo consentimento no contrato-quadro com obrigação de contratar se explica também pela dissociação que deve ser feita entre contrato-quadro e contratos de aplicação. De um lado, nós temos um contrato que fixa um quadro geral para o conjunto das relações futuras. Esse quadro global é necessariamente insuficiente para alcançar o objetivo buscado pelos contratantes, na medida em que o primeiro contrato deve ser seguido de outros contratos.".
Trecho original: "L'obligation d'un double consentement dans le contrat-cadre avec obligation de contracter s'explique aussi par la dissociation qu'il convient de faire entre le contrat-cadre et les contrats d'application. D'un côté, nous avons un contrat qui fixe un cadre général pour l'ensemble des relations futures. Ce cadre global est nécessairement insuffisant pour parvenir à l'objectif recherché par les contractants, dans la mesure où le premier contrat doit être suivi d'autres contrats.".

[802] GHESTIN, Jacques. Op. cit. p. 18. "Nós acabamos de observar que as obrigações jurídicas resultantes do contrato-quadro não podem satisfazer a si próprias, segundo a vontade comum das partes. Mesmo se, por exemplo, uma garantia é conferida no contrato-quadro e se os termos essenciais deste contrato são perfeitamente determinados, sua execução (econômica) será indivisivelmente ligada à de outros contratos, cujos elementos essenciais não serão determinados, de tal sorte que o ente contratual indivisível não poderá realizar, sozinho, a operação econômica global desejada pelas partes.".
Trecho original: "Nous venons de voir que les obligations juridiques résultant du contrat-cadre ne peuvent se suffire à elles-mêmes, selon la commune volonté des parties. Même si, par exemple, un bail est consenti à l'intérieur du contrat-cadre et si les termes essentiels de cette convention sont parfaitement déterminés, son exécution cependant sera indivisiblement liée à celles d'autres obligations, dont les termes essentiels ne seront pas déterminés, de telle sorte que cet ensemble contractuel indivisible ne peut réaliser, à lui seul, l'échange économique globalement voulu par les parties.".

a perspectiva da relação negocial contínua – *courant d'affaires* – por ele iniciada[803].

O escopo do contrato-quadro não se limita à normatização, sem quaisquer compromissos ou expectativas, de contratos futuros que as partes eventualmente venham a celebrar. Pelo contrário. Trata-se do marco de fundação de uma cadeia de negócios contínua, instrumentalizada juridicamente não apenas por ele próprio, senão em igual medida pelos contratos de aplicação, e cuja consecução dos objetivos econômicos depende da conclusão destes acordos posteriores. Essa, aliás, é a característica que distingue o contrato-quadro de outros negócios jurídicos normativos[804].

Também os deveres instrumentais advindos dos contratos-quadro, consequentemente, orientam as partes a cooperarem não apenas para que os deveres de prestação nele contidos sejam atendidos, mas para que a finalidade econômica de toda a corrente de negócios planejada seja alcançada. E nisso se inclui, inevitavelmente, a celebração dos contratos de aplicação, sem os quais a concretização econômica da multicitada relação contratual global é irrealizável.

Deslindada essa questão, persiste uma outra: qual a justificativa para que se faça menção e se analise em apartado a obrigação de cooperação dos contratos-quadro, se, consoante já esclarecido, a criação de deveres instrumentais – nos quais está inserido o dever de cooperação[805] – destinados a assegurar que não haja apenas o adimplemento formal, mas sim a prestação satisfativa orientada à finalidade econômico-social do contrato[806], não é uma particularidade desta categoria, estando eles previstos em todas as relações obrigacionais?

[803] POLLAUD-DULIAN; Frédéric; RONZANO, Alain; REYGROBELLET, Arnaud. Op. cit. p. 117.

[804] Para uma exposição mais detida a respeito da categoria dos negócios jurídicos normativos, de alguns de seus exemplos, e da distinção do contrato-quadro em relação a eles, *Vide* tópico 1.2, *supra*.

[805] COUTO E SILVA, Clóvis Veríssimo do. Op. cit. p. 96. "Todos os deveres anexos podem ser considerados deveres de cooperação.".

[806] MARTINS-COSTA, Judith. Op. cit. p. 391. "Para além de cânone hermenêutico, vinha a boa-fé posta como elemento essencial à caracterização do adimplemento, entendido não apenas como o cumprimento do contrato segundo a sua letra, mas como a *prestação satisfativa*, considerada a finalidade econômico-social do contrato e as concretas circunstâncias do processo obrigacional. Nesse sentido, apontava à boa-fé como fonte dos "deveres anexos",

Esta opção se explica na circunstância de que, no contrato-quadro, a obrigação de cooperação não precipita a sua eficácia apenas relativamente a ele. Diversamente, ela se direciona ao processo de formação de contratos diversos e autônomos, orientando a atuação das partes para que criem meios – e, sob outra perspectiva, não ocasionem óbices – à sua conclusão.

Não se está a falar apenas, portanto, do dever legal de cooperação, decorrente do princípio da boa-fé objetiva e verificado na generalidade dos contratos, mas sim de uma obrigação de cooperação que a ele se soma a título de reforço, própria dos contratos-quadro e deles originada, sendo dotada, pois, de natureza contratual, a qual não se volta apenas ao cumprimento efetivo deste acordo, mas notadamente para viabilizar a conclusão futura dos contratos de aplicação.

Reside aqui, por conseguinte, a diferença: se, de um lado, em certos contratos o dever de cooperação das partes orienta apenas o cumprimento satisfatório da avença específica, nos contratos-quadro se constata uma obrigação dos contratantes colaborarem para que se possibilite a celebração de avenças futuras.

O reconhecimento da exigência de ampliação do dever de colaboração das partes não é exclusividade dos contratos-quadro. Também é identificado, por exemplo, guardadas certas particularidades, em outros contratos que, assim como os estudados neste trabalho, instrumentalizam relações econômicas de longa duração que vão se desenvolvendo paulatinamente ao passar do tempo[807]. Igualmente, é constatado em outras hipóteses de coligação contratual na qual a consecução do objetivo econômico

que tenho preferido denominar de "deveres instrumentais" para deixar bem marcada a sua instrumentalidade em vista do escopo econômico-social que o contrato, como veste jurídica de uma operação econômica, deve viabilizar.".

[807] JUNQUEIRA DE AZEVEDO, Antonio. Considerações sobre a boa-fé objetiva em acordo de acionistas com cláusula de preferência: excertos teóricos de dois pareceres. In: ______. *Novos estudos e pareceres de direito privado.* São Paulo: Saraiva, 2009. p. 127. "Inversamente, nos contratos de longa duração e em que há necessidade natural de contato permanente entre as partes ('contratos relacionais'), a dinâmica da relação contratual exige, pela relativa indeterminação de seu objeto, que vai se concretizando passo a passo, uma aplicação intensa da boa-fé como norma de colaboração – e, portanto, em suas funções tanto interpretativa, com reforço do pactuado e criação de deveres de comportamento, quanto supletiva.".

perseguido pelos acordantes impõe uma mais acentuada cooperação entre eles[808].

Da obrigação de cooperação que se verifica nos contratos reconduzidos à categoria socialmente típica dos contratos-quadro resultam inúmeras outras a orientar a atuação das partes. É possível, porém, para fins de melhor sistematização e investigação da temática, dividi-las em dois grupos[809].

O primeiro diz respeito às obrigações consubstanciadas em condutas positivas – notadamente prestações de fazer –, pelas quais a cooperação almejada entre os contratantes se revela por intermédio de atos comissivos orientados ao desenvolvimento da relação contratual global planejada. O comportamento juridicamente preconizado é, por conseguinte, positivo. A exata extensão de tais obrigações, em particular a qual padrão de conduta destinado à celebração dos contratos de aplicação as partes do contrato-quadro se obrigam por força dele, e quais as consequências de seu inadimplemento, constituem matérias que suscitam debates, e sobre as quais ainda pende esclarecimento. Ocupam-se de discuti-las os tópicos seguintes.

O segundo grupo de obrigações, diferentemente, se reveste de caráter negativo, estando consubstanciadas em prestações de não fazer. Nesta hipótese, a cooperação esperada das partes é manifestada quando estas se abstêm de praticar atos que inviabilizem ou dificultem o alcance dos propósitos da relação contratual global, nisto incluído, por corolário, a ausência de comportamento que prejudique a conclusão dos contratos de aplicação. O comportamento juridicamente preconizado é, por conseguinte, negativo.

[808] GALVANO, Renato. Op. cit. p. 29-30. "Ou seja, os deveres laterais de conduta, especialmente, sob o viés da cooperação, devem ser aplicados de modo muito intenso aos contratos coligados, o que se estenderia e, ainda, ampliar-se-ia às redes contratuais, as quais, segundo parte da doutrina, seriam espécie de coligação contratual.".

[809] Também reconhecendo no dever de cooperação uma perspectiva positiva, pela qual ambas as partes devem colaborar para que ocorra o adimplemento satisfatório, e uma perspectiva negativa, pela qual elas não devem dificultá-lo, Cf. MARTINS-COSTA, Judith. *A boa-fé no direito privado*: sistema e tópica no processo obrigacional. São Paulo: Revista dos Tribunais, 1999. p. 439. "os deveres de colaboração e cooperação, como o de colaborar para o correto adimplemento da prestação principal, ao qual se liga, pela negativa, o de não dificultar o pagamento, por parte do devedor".

Ressalta-se, desde logo, que, na prática, não se pode cindir o processo de aplicação das obrigações de cooperação positivas e negativas, pois, frequentemente, um se afigura complementar ao outro.

Por exemplo, o estabelecimento de tratativas, em tese destinadas à celebração dos contratos de aplicação, de nada adianta se, paralelamente, são praticados atos os quais inviabilizam o prosseguimento da relação contratual, e vice-versa.

A divisão proposta apenas se justifica, deste modo, para fins de conferir uma mais clara exposição à matéria.

Por comportarem divergências menos relevantes no que atine à sua caracterização e extensão – até por isso, são menos detidamente estudadas –, e servirem bem ao propósito de delimitar, em linhas gerais, qual o âmbito de incidência da obrigação de cooperação oriunda dos contratos-quadro, passa-se, de logo, ao estudo daquelas que se refletem em prestações negativas.

Acerca destas prescrições de conduta, Jean Gatsi explica que, mesmo sem que haja qualquer disposição expressa nos contratos-quadro, reputa-se sempre implicitamente inserido em seu conteúdo a obrigação de "não fazer nada que possa comprometer a conclusão dos contratos de aplicação"[810].

Estabelecido que o contrato-quadro não apenas regula acordos futuros, mas efetivamente inaugura uma relação contratual que apenas se concretiza economicamente caso eles sejam celebrados, não é difícil vislumbrar o inadimplemento da parte que, por exemplo, logo após a celebração do contrato-quadro, notifica de imediato seu cocontratante para comunicá-lo a respeito de sua total falta de interesse de ouvir propostas tendentes à conclusão dos contratos de aplicação.

Agindo deste modo, o contratante, embora não esteja descumprindo as diretrizes relativas ao processo de formação e ao conteúdo dos contratos de aplicação, incorre em violação da obrigação de cooperação.

Não é preciso, entretanto, chegar ao caso extremo apresentado no exemplo acima. É possível se cogitar outros cenários nos quais a

[810] GATSI, Jean. Op. cit. p. 132-133. No mesmo sentido, Cf. GUIMARÃES, Maria Raquel de Almeida Graça Silva. Op. cit. p. 143. Também sustentando a obrigação negativa tratada, mas no âmbito dos contratos normativos em geral, Cf. CARIOTA-FERRARA, Luigi. Riflessioni sul contratto normativo. In: *Studi in memoria di Roberto Michels*. Padova: CEDAM, 1937. p. 62.

colaboração das partes para o desenvolvimento da relação contratual global demanda condutas negativas, isto é, que se abstenham de praticar certos atos.

Imagine-se um contrato-quadro de empreendimento conjunto no qual duas empresas atuantes no mesmo setor intentam normatizar uma parceria por elas planejada com vistas a desenvolver e comercializar um novo produto. Ao fazê-lo, as partes dispõem regras a respeito de como deverá ocorrer a negociação e a celebração de contratos futuros (pesquisa e desenvolvimento, aquisição de materiais, licenciamento de tecnologias, cessão de direitos etc.), bem como preestabelecem parte do conteúdo destes negócios jurídicos.

No cenário exemplificativo proposto, se um dos contratantes, em que pese não tenha interrompido as negociações e até mesmo a celebração de alguns dos contratos de aplicação, inserir no mercado um produto próprio que seja substitutivo ou concorrente daquele em elaboração no empreendimento conjunto, haverá a ofensa à obrigação de cooperação, ante a prática de ato que impede – ou ao menos dificulta em larga medida – o alcance dos propósitos da relação contratual analisada como um todo.

Não devem ser confundidas, contudo, as situações em que há realmente a prática de atos aptos a frustrar os desígnios do contrato-quadro, com aquelas nas quais, embora assim pareçam em análise açodada, não constituem qualquer irregularidade, por não haver nelas violação das legítimas expectativas possivelmente criadas nas partes, assim consideradas as expectativas decorrentes de atos tendentes a levar a concluir com seriedade os propósitos do agente, processo ocorrido mediante a análise dos elementos concretos do caso, sempre com vistas à boa-fé e os usos comerciais[811].

Considere-se a situação hipotética na qual, celebrado o contrato-quadro, um dos acordantes conclui, juntamente a um dos concorrentes de sua contraparte, contratos de natureza semelhante à dos contratos de aplicação planejados. Em que pese os fatos narrados possam indicar, se avaliados descontextualizadamente, descumprimento da obrigação de cooperação, é possível que, a depender do caso concreto, não tenha havido qualquer irregularidade.

[811] MARTINS-COSTA, Judith. *A boa-fé no direito privado*: critérios para a sua aplicação. 1. ed. São Paulo: Marcial Pons, 2015. p. 403 e ss.

A título de ilustração, não se deve cogitar de ofensa à obrigação analisada em certos contratos-quadro de fornecimento, pois é comum que inexista neles, explícita ou implicitamente, qualquer exclusividade ou preferência entre adquirente e fornecedor, nem importa em prejuízo definitivo para a conclusão dos contratos de aplicação a contratação ocasional com um terceiro, tendo em vista a renovação periódica da necessidade de adquirir o produto fornecido.

Não há impeditivo, portanto, na situação particular apresentada, a que uma das partes do contrato-quadro mantenha livremente relações comerciais com os concorrentes de seu cocontratante, caso isto lhe seja mais vantajoso, pois isso não representa um óbice à continuidade da relação contratual inaugurada pelo contrato-quadro.

Destarte, a fim de se avaliar se, quando deveriam se abster de atuar, os contratantes procederam de modo incompatível com a obrigação de cooperação, é preciso que sejam analisadas concretamente as suas condutas, em atenção tanto à corrente de negócios que se pretendia instaurar por intermédio do contrato-quadro quanto às peculiaridades econômicas, sociais e jurídicas da relação contratual específica.

Tecidas as considerações a respeito da origem, fundamento e contornos da obrigação de cooperação titularizada pelas partes de contratos-quadro, e abordados os aspectos de sua faceta omissiva ou negativa, inicia-se o estudo da perspectiva comissiva ou positiva desta, a qual é objeto de intensas controvérsias doutrinárias.

4.2. Impropriedade da utilização da classificação das obrigações entre de meios e de resultado como critério para aferir se dos contratos-quadro decorre uma obrigação de negociar de boa-fé ou de concluir contratos de aplicação

É frequente que os estudiosos – sobretudo franceses[812], mas também de outras nacionalidades, sob a influência destes[813] – recorram à classificação das obrigações entre de meios e de resultado para explicar, no âmbito dos

[812] GATSI, Jean. Op. cit. p. 122; ZAKI, Magdi. Op. cit. p. 1077; LEROY, Michel. Le contrat-cadre. In: *L'entreprise et le droit*, ano 1978, n. 3, p. 253-264. p. 254 e ss.

[813] Renato Speciale, por exemplo, introduz a discussão nos mesmos termos dos juristas franceses, fazendo menção a estes. Cf. SPECIALE, Renato. Op. cit. p. 243-244.

contratos-quadro, qual a extensão da obrigação das partes de cooperarem positivamente para a celebração dos contratos de aplicação.

Dentre os negócios jurídicos, são usualmente diferenciados aqueles em que as obrigações contraídas podem se reputar adimplidas não obstante o fim negocial concreto não tenha sido alcançado, e, contrariamente, aqueles em que, em princípio, o não atingimento do objetivo econômico-social almejado atrai a presunção de que não teria havido o correto desempenho da prestação obrigacional de alguma das partes[814].

Ao se proceder a tal distinção, é usual a remissão à classificação elaborada por René Demogue[815]. Este autor, em raciocínio analógico com a distinção do direito penal entre crimes formais e materiais[816], propôs a divisão das obrigações negociais entre de meios e de resultado[817]. Tal compartimentalização teórica foi acolhida pelo restante da doutrina

[814] COUTO E SILVA, Clóvis Veríssimo do. Op. cit. p. 64. "De alguns negócios jurídicos brotam obrigações cujo adimplemento se pode considerar realizado, ainda que não se obtenha o fim do contrato e mesmo que não se tenha verificado o obstáculo da *vis major*. Os autores franceses, os primeiros que observaram esse fenômeno, denominaram e dividiram as obrigações em "de meios e de resultados". Essa distinção tem sido objeto de críticas. De qualquer forma, serve bem para caracterizar a existência de certos deveres em cujo processo a obtenção do fim, embora certamente desejada, não constitui, por si só, critério para verificar se houve, ou não, adimplemento.".

[815] Fábio Konder Comparato, entretanto, identifica a "paternidade" da classificação na doutrina alemã do fim do Século XIX. Cf. COMPARATO, Fábio Konder. Obrigações de meios, de resultado e de garantia. In: ______. *Ensaios e pareceres de direito empresarial*. Rio de Janeiro: Forense, 1978. p. 524-525.

[816] DEMOGUE, René. *Traité des obligations en général*. Paris: Arthur Rousseau, 1925, v. I, t. V. p. 538, nota de rodapé 4. "Essa divisão é feita com analogia à divisão do direito penal entre delitos formais e delitos materiais. Os últimos se caracterizam pelo resultado, os primeiros pelo emprego de meios que são ordinariamente de natureza a produzir esse resultado.".
Trecho original: "Cette division n'est pas sans analogie avec la division du droit criminel en délits formels et délits matériels. Les derniers se caractérisant par le résultat, les premiers par l'emploi de moyens qui sont ordinairement de nature à produire ce résultat.".

[817] DEMOGUE, René. Op. cit. p. 538 e ss. "A obrigação que se pesa sobre um devedor não assume sempre a mesma natureza. Ela pode ser uma obrigação de resultado ou de meios. (...)".
Trecho original: "L'obligation qui peut peser sur un débiteur n'est pas toujours de même nature. Ce peut-être une obligation de résultat ou une obligation de moyens. (...)".
O mesmo autor aprofunda-se nos efeitos das obrigações de resultado e das obrigações de meios em tomo seguinte de seu Tratado. Cf. DEMOGUE, René. *Traité des obligations en général*. Paris: Arthur Rousseau, 1931, v. II, t. VI. p. 644 e ss.

francesa[818] e da França foi importada para o Brasil, onde também ganhou adeptos[819], hoje representantes da maioria dos estudiosos.

Desde a sua concepção até a contemporaneidade, a classificação das obrigações entre de meios e de resultado tem por intuito prático a distribuição do ônus de provar o elemento culpa, para fins de responsabilização, no caso de não haver o cumprimento satisfatório da prestação[820].

Nas obrigações de meios, em que o sujeito apenas se comprometeria a despender esforços compatíveis com o atingimento de seu escopo, sem se vincular a efetivamente alcançá-lo, o encargo de demonstrar que o inadimplemento seria imputável à culpa em sentido lato do devedor da obrigação se atribuiria àquele que a alega[821].

Por outro lado, nas obrigações de resultado, em que o agente estaria adstrito a alcançar a finalidade almejada, inverter-se-ia o ônus da prova, ante a presunção relativa[822] de culpa do devedor da obrigação pelo incum-

[818] Dentre os autores franceses que adotam a classificação entre obrigações de resultado e obrigações de meios, Cf. MAZEAUD, Henri; MAZEAUD, Léon; TUNC, André. *Traité théorique et pratique de la responsabilité civile délictuelle et contractuelle.* 6. ed. Paris: Monchrestien, 1965, t. I. p. 113 e ss.; VINEY, Geneviève. Les obligations: la responsabilité, effets. In: GHESTIN, Jacques (Coord.). *Traité de droit civil.* Paris: LGDJ, 1977, t. V. p. 629 e ss.; WEILL, Alex; TERRÉ, François. *Droit civil*: les obligations. 4. ed. Paris: Dalloz, 1986. p. 399 e ss.; LE CALONNEC, Joseph. Le progres technique et la distinction des obligations de resultat et des obligations de moyens. In: *Revue Juridique de l'Ouest*, ano 1986, n. 2, p. 186-196.

[819] Dentre os autores brasileiros que adotam a classificação entre obrigações de resultado e obrigações de meios, Cf. MARTINS-COSTA, Judith. Do inadimplemento das obrigações. In: TEIXEIRA, Sálvio de Figueiredo (Coord.). *Comentários ao novo código civil.* Rio de Janeiro: Forense, 2003, v. V, t. II. p. 129 e ss.; ALVIM, Agostinho. *Da inexecução das obrigações e suas consequências.* 4. ed. São Paulo: Saraiva, 1972. p. 286; GOMES, Orlando. *Contratos.* 26. ed. Rio de Janeiro: Forense, 2009. p. 431; PEREIRA, Caio Mário da Silva. *Instituições de direito civil.* 25. ed. Rio de Janeiro: Forense, 2013, v. 2. p. 47.

[820] René Demogue, ao propor a classificação, não se limita a explicar a sua utilidade por constituir critério de distribuição do ônus da prova, mas efetivamente exemplifica casos em que, a depender da obrigação assumida se tratar de meios ou de resultado, a um ou outro sujeito competirá a prova de que houve ou não incumprimento obrigacional. Cf. DEMOGUE, René. *Traité des obligations en général.* Paris: Arthur Rousseau, 1925, v. I, t. V. p. 538-539.

[821] CAHALI, Yussef Said. *Responsabilidade civil.* São Paulo: Saraiva, 1988. p. 320. "Nas obrigações de meio, o que se exige do devedor é pura e simplesmente o emprego de determinado sem ter em vista o resultado.".

[822] TEPEDINO, Gustavo. A responsabilidade médica na experiência brasileira contemporânea. In: ______. *Temas de direito civil.* Rio de Janeiro: Renovar, t. II. p. 89. Em sentido contrário,

primento, sendo ele o encarregado, consequentemente, de evidenciar que o insucesso ocorrera apesar de seus melhores esforços para que houvesse a prestação a contento[823].

O que tais autores discutem é em qual dos grupos a obrigação de cooperar para o prosseguimento da relação contratual global está inserida: se no das obrigações de meio, hipótese na qual as partes apenas se comprometeriam a agir de modo compatível e tendente à conclusão dos contratos de aplicação, independentemente de isto efetivamente vir a ocorrer; ou se no das obrigações de resultado, cenário no qual os contratantes se vinculariam ao próprio sucesso de suas tratativas, com a consequente celebração dos contratos planejados.

Antes de elencar os diversos posicionamentos acerca das obrigações de cooperação ativa contraídas em decorrência da celebração dos contratos-quadro, portanto, é imperioso investigar a própria utilidade, em geral, da classificação das obrigações entre de meios e de resultado, bem como de sua adoção, em particular, como subsídio argumentativo do debate em comento.

Para se compreender as objeções apresentadas a tal divisão, é valioso investigar os argumentos apresentados por seus opositores, sobretudo oriundos de nações nas quais a comunidade jurídica não acolhe essa classificação.

Embora vastamente adotada no Brasil e na França, a distinção entre obrigações de meios e de resultado não encontra guarida, por exemplo, em Portugal, em que a doutrina majoritária se posiciona no sentido de não haver qualquer base para semelhante divisão.

A rejeição dos juristas lusitanos à classificação comentada está fundada na percepção de que, a bem da verdade, todas as obrigações são, a um só tempo, tanto de resultado, pois o seu objeto – a prestação – não se exaure no mero esforço do devedor, senão se destina à satisfação do interesse econômico-social do credor, quanto de meios, pois o devedor está adstrito a agir de modo apto a alcançar essa utilidade buscada pelo credor[824].

afastado da melhor técnica jurídica neste particular, Agostinho Alvim identifica presunção absoluta nos casos de obrigações de resultado, aproximando-as da responsabilidade objetiva e da teoria do risco. Cf. ALVIM, Agostinho. Op. cit. p. 286.

823 CAHALI, Yussef Said. Op. cit. "Nas obrigações de resultado, ao contrário, obriga-se o devedor a chegar a determinado fim sem o qual não terá cumprido sua obrigação.".

824 Argumentando nesse sentido, Cf. MENEZES LEITÃO, Luís Manuel Teles de. *Direito das obrigações*. 2. ed. Coimbra: Almedina, 2002, v. 2. p. 131; PRATA, Ana Maria Correia Rodrigues.

A doutrina portuguesa acerta ao apontar que é inconcebível a ficção de que alguém seja credor tão somente dos esforços de alguém, sem esperar que o resultado econômico-social da obrigação seja atingido, ou ainda que alguém se comprometa a alcançar um resultado sem levar em consideração, em tal promessa, os meios necessários para tanto. Sob essa perspectiva, todas as obrigações pressupõem a utilização de certos meios para que seja alcançado um determinado resultado desejado[825].

Não parece adequado, portanto, traçar que o critério de segmentação das obrigações negociais entre de meios e de resultado seja o conteúdo expresso ou implícito da declaração negocial[826], como se, em alguns casos, o credor afirmasse ao devedor: "não desejo que você me entregue o resultado final de uma prestação bem-sucedida, mas apenas que se esforce muito para isso"[827].

Todavia, apesar de se acolher o argumento de que essa classificação é por vezes explicada de modo impreciso, não se entende que ela seja imprestável. Na realidade, longe de demonstrar a inutilidade da divisão das obrigações entre de meios e de resultado, a doutrina portuguesa colabora ao revelar o seu real parâmetro, a saber: qual a probabilidade, em cada prestação, de, considerados os meios escolhidos ou disponíveis, alcançar-se o resultado econômico-social almejado pelo credor.

Em que pese o objeto de todas as obrigações pressuponha uma prestação direcionada a um resultado desejado que, para ser alcançado, sujeita-se à escolha de meios idôneos, é inegável que, a depender destes

Cláusulas de exclusão e limitação de responsabilidade contratual. Coimbra: Almedina, 2005. p. 569.

825 No direito brasileiro, também nesse sentido, Cf. RENTERÍA, Pablo. *Obrigações de meios e de resultado*: análise crítica. Rio de Janeiro: Forense, 2011. p. 62. "Como visto, a distinção entre obrigações de meios e de resultado não representa uma variação na configuração da relação obrigacional. Essa significa sempre a promessa do devedor em desempenhar determinada atividade (a prestação, objeto da obrigação) como meio para produzir o resultado útil (multas vezes, a entrega ou a transferência de certa coisa) que satisfaz o interesse do credor (a função da obrigação).".

826 Para uma crítica à vontade explícita ou implícita das partes como critério de classificação das obrigações entre de meios e de resultado, Cf. RENTERÍA, Pablo. Op. cit. p. 66 e ss.

827 Expondo a matéria nos moldes ora criticados, Cf. PEREIRA, Caio Mário da Silva. Op. cit. p. 48. "Como bem distingue a doutrina, na obrigação de resultado a essência da prestação é o bem jurídico almejado, ao passo que na obrigação de meio o devedor se obriga a envidar esforços para atingir certo objetivo, não se comprometendo, no entanto, a obtê-lo.".

meios, pode-se ter uma maior ou menor certeza de que o resultado seja atingido.

É disto que se trata a classificação das obrigações entre aquelas de resultado e aquelas de meios – nomenclatura, portanto, pouco precisa, mas que persiste em decorrência de sua adoção inconteste durante décadas.

Formulando em termos mais apropriados a divisão analisada, Fábio Konder Comparato explica que é o critério da aleatoriedade do resultado esperado, em atenção aos meios eleitos, que serve de fundamento para a distinção das obrigações entre de meios e de resultado[828]. Nas obrigações cuja prestação não tenha um resultado com nível de previsibilidade elevado, seja pelos meios que lhe são ínsitos ou por fatores diversos, estar-se-ia diante de obrigação de meios, ao passo que nas hipóteses em que o resultado almejado fosse previsível, tratar-se-ia de uma obrigação de resultado.

O autor explica que toda prestação (objeto da obrigação) compreende dois elementos: um objetivo, correspondente ao bem ou resultado prático buscado em benefício do credor (objeto da prestação), e um subjetivo, consistente no comportamento esperado do devedor para se alcançar tal resultado.

Tal comportamento – elemento subjetivo da prestação – poderá ser suficiente ou não para que a consecução da utilidade econômico-social – elemento objetivo da prestação – seja provável, e disto dependerá a classificação das obrigações entre de meios e de resultado, bem como, consequentemente, seus efeitos práticos atinentes ao ônus de provar a culpa pelo inadimplemento[829].

828 COMPARATO, Fábio Konder. Op. cit. p. 535. "Por conseguinte, é no critério da aleatoriedade do resultado esperado que se situa, em última análise, o fundamento da nova classificação das obrigações.". Propondo critério semelhante a este, Cf. RENTERÍA, Pablo. Op. cit. p. 69 e ss.

829 COMPARATO, Fábio Konder. Op. cit. p. 534-535. "Toda prestação compreende normalmente dois elementos: um elemento objetivo, que corresponde ao bem ou resultado (que não é forçosamente material) a ser produzido em benefício do credor, e um elemento subjetivo, consistente no comportamento do devedor em vista deste resultado. Algumas vezes, porém, esse resultado final não pode entrar no vínculo, pelo fato de depender normalmente, segundo o critério do *id quod plerumque accidit*, de fatores estranhos à vontade do devedor. A prestação então compreenderá tão-só um comportamento diligente e honesto do devedor em vista da obtenção desse resultado.".

Essa consequência prática da classificação em matéria probatória se explica, aliás, pelo critério apresentado.

É natural, e advém da aplicação das próprias máximas de experiência do intérprete da norma jurídica, que, no caso de não ser alcançado o resultado esperado, e em se tratando de obrigação cuja prestação guarde alta probabilidade de ser satisfeita, atribua-se ao responsável por ela o encargo de demonstrar não ter sido decorrente de sua culpa o não cumprimento, tendo em vista que, via de regra, nesta hipótese a falta de adimplemento lhe será imputável.

Diversamente, se a obrigação compreender prestação na qual não se possa prever com grande nível de certeza se o objetivo econômico será galgado, o mais razoável será incumbir àquele que alega o inadimplemento culposo, e não ao obrigado, evidenciar que o incumprimento se deveu à falta de zelo deste, compreensão decorrente, igualmente, da observação do que ordinariamente ocorre.

As chamadas obrigações de resultado são, portanto, aquelas nas quais, por conta dos meios utilizados, é possível se prever com segurança a consecução do resultado, isto é, são estas obrigações cujo meio eleito é suficientemente desenvolvido a ponto de ser possível afirmar, com grande certeza, que, agindo diligentemente o devedor, alcançar-se-á o resultado pretendido.

É o caso, por exemplo, da obrigação contraída por um engenheiro autor do projeto de uma casa: as técnicas utilizadas para este fim chegaram a tamanho patamar de avanço que é possível se determinar com quase absoluta certeza o resultado a que se chegará, sendo a obrigação deste, portanto, de resultado, e devendo ele comprovar que não concorreu culposamente para um eventual inadimplemento.

Já nas obrigações de meios, não é possível se garantir seja alcançado o resultado almejado, embora aja o devedor da forma mais diligente possível, pois os meios utilizados não permitem essa previsibilidade, seja porque ainda não alcançaram um nível de avanço científico a possibilitar a determinação segura de um resultado, seja porque demandem necessariamente a intervenção autônoma de um terceiro para a consecução do objetivo.

Cita-se, para fins de ilustração, a obrigação assumida por um advogado que faz o acompanhamento processual de seu cliente: ainda que o profissional se utilize de toda a diligência esperada, fazendo uso também das mais avançadas teses e conhecimentos, é impossível se determinar com certeza o resultado da ação, até mesmo por depender da atuação de uma série de outros envolvidos, a exemplo da parte adversa e do Poder Judiciário. Neste caso se está diante, portanto, de obrigação de meios, incumbindo àquele que alega demonstrar que o resultado não foi alcançado em decorrência da culpa em sentido lato do causídico.

Esclarecido que a classificação das obrigações entre de meios e de resultado, embora comumente exposta de modo pouco preciso, revela utilidade conceitual e prática, há ainda de se perquirir se, como sugere a doutrina francesa[830], ela é importante para esclarecer qual obrigação é contraída pelas partes do contrato-quadro, se apenas de negociar de boa-fé a conclusão dos contratos de aplicação, ou se de efetivamente celebrá-los.

A resposta, ao que parece, é negativa: tal classificação não se revela útil nesta discussão em particular.

Essa divisão teórica, embora valiosa para identificar algumas das consequências de se reconhecer se o contrato-quadro faz surgir para as partes uma obrigação de negociar de boa-fé ou uma obrigação de concluir contratos de aplicação, não é a mais adequada para servir de parâmetro de definição neste debate. Isto é, não é suficiente para que se determine qual o conteúdo mínimo da obrigação de cooperação positiva que é típica dos contratos-quadro.

O motivo para se entender pouco útil a adoção da divisão entre obrigações de meios e de resultado para examinar se dos contratos-quadro defluiria meramente a obrigação de negociar de boa-fé os contratos de aplicação (segundo os autores citados, uma obrigação de meios) ou de celebrá-los (sob a mesma linha de raciocínio, uma obrigação de resultado) é o de que, ao fazê-lo, desloca-se a análise de seu ponto essencial. Ao invés de se perquirir qual das obrigações decorre naturalmente dos contratos-quadro, passa-se para uma investigação posterior, dependente de sua prévia resolução, a saber, se esta obrigação se classifica como de meios ou de resultado.

Esse equívoco, identificado particularmente na doutrina francesa[831], encontra explicação na já criticada compreensão imprecisa da classificação das obrigações entre de meios e de resultado.

830 GATSI, Jean. Op. cit. p. 122; ZAKI, Magdi. Op. cit. p. 1077; LEROY, Michel. Op. cit. p. 254 e ss.

831 *Vide* nota de rodapé 830, *supra*.

Os autores mencionados interpretam que o critério de distinção das categorias seria um hipotético acordo ou promessa das partes – ainda que tácito – no tocante à consecução do objeto da prestação[832].

Nesta mesma toada, por vezes quando se põem a analisar a temática dos contratos-quadro, entendem que, para aferir o conteúdo mínimo da obrigação de cooperação advinda do contrato-quadro, bastaria investigar se, na espécie, as partes haviam pretendido se obrigar apenas a atuar diligentemente para tentar concluir os acordos futuros, ou teriam prometido efetivamente celebrá-los[833].

Isso porque a negociação seria o meio para se alcançar o resultado pretendido: a celebração dos contratos de aplicação. Sendo assim, a obrigação de negociar de boa-fé refletiria uma obrigação de meios e a obrigação de efetivamente celebrar os acordos futuros constituiria uma obrigação de resultado[834].

Para se definir se o contrato-quadro comportaria uma obrigação de cooperação consubstanciada no encargo de negociar de boa-fé ou no de celebrar os contratos de aplicação, dever-se-ia investigar, segundo os autores mencionados, se daquela avença decorreria uma obrigação de meios ou de resultado.

Entretanto, apesar de se concordar com as conclusões dos autores no que se refere à caracterização da obrigação de negociar de boa-fé e da

[832] MAZEAUD, Henri et al. *Leçons de droit civil*. 6. ed. Paris: Montchrestien, 1976, v. 1, t. 2. "No âmbito contratual, é necessário procurar a vontade das partes. O devedor se obrigou a alcançar o resultado em vista do qual as partes contrataram? Então sua obrigação é alcançar este fim determinado. O devedor apenas se obrigou a tentar, mediante conduta prudente e diligente, alcançar o resultado em vista do qual as partes contrataram? Então sua obrigação é apenas uma obrigação geral de prudência e diligência.".

[833] GATSI, Jean. Op. cit. p. 10. "A divisão do contrato-quadro segundo a natureza da obrigação assumida pelos contratantes se resolve pela vontade expressada por elas (...)".
Trecho original: "La division du contrat-cadre selon la nature de l'obligation souscrite par les contractants présente la volonté exprimée (...)".

[834] LEROY, Michel. Op. cit. p. 263. "O contrato-quadro, em sentido estrito, faz nascer apenas uma obrigação de meios genérica de colaboração entre as partes, pois nele as partes se comprometem apenas a seguir certas regras segundo as quais a sua cooperação deverá se desenvolver, sem determinar precisamente ou definitivamente as obrigações respectivas.".
Trecho original: "Le contrat-cadre *stricto sensu* ne fait naître dans le chef des parties qu'une obligation sui generis de collaboration, puisque il pose les normes selon lesquelles cette collaboration doit se dérouler, sans déterminer précisément et définitivement les obligations respectives.".

obrigação de contratar – de fato, aquela se trata de obrigação de meios e esta de obrigação de resultado –, não se reputa esse o critério adequado para definir qual delas decorreria do contrato-quadro.

Ora, do entendimento de que o parâmetro de diferenciação da classificação em comento é a probabilidade de o objeto da prestação ser obtido, advém a necessária conclusão de que o seu juízo de reconhecimento está inserido em momento distinto do exame de qual obrigação deriva naturalmente dos contratos-quadro.

É dizer: para classificar a obrigação é necessário, primeiramente, identificá-la.

De fato, primeiro se tem de indicar se a obrigação de cooperação proveniente dos contratos-quadro importa na obrigação de negociar de boa-fé os contratos de aplicação ou se compreende, na realidade, a obrigação de efetivamente celebrá-los, para, só então, esclarecer quão certa é sua consecução e, assim, assentar se se está diante de obrigação de meios ou de resultado, com todas as consequências práticas de tal classificação.

Não apenas. A perscrutação do que prometeram os contratantes é de pouca serventia para os casos nos quais as partes não especificam ou trazem indicativos de como deverá ocorrer a cooperação entre elas – os quais se constituem, aliás, naqueles a despertar a maior necessidade de delimitação dos contornos da obrigação de cooperação.

Nesse sentido, definir o conteúdo da obrigação de cooperação significa exatamente precisar quais prestações serão esperadas das partes na ausência de um regramento contratual a respeito disso, isto é, quais são os contornos deste elemento categorial dos contratos-quadro.

O debate em comento não deve, por conseguinte, girar em torno, de uma difícil – ou mesmo impossível – investigação abstrata de uma suposta vontade compartilhada pelas partes no momento de formação dos contratos-quadro.

Diversamente, para que se proceda de modo tecnicamente apropriado com a discussão, deve-se ter em mente outro dado: a legítima expectativa – aquela oriunda de comportamento com seriedade do agente, capaz de gerar confiança em sua contraparte[835] – criada nos acordantes em geral quando celebram os contratos-quadro e, assim, inauguram uma cadeia de negócios.

[835] MARTINS-COSTA, Judith. *A boa-fé no direito privado*: critérios para a sua aplicação. 2. ed. São Paulo: Saraiva, 2018. p. 442-444.

É necessário se aferir qual o nível de confiança justificavelmente criado nos contratantes a respeito da conclusão de avenças futuras quando se inaugura, por intermédio do contrato-quadro, uma relação comercial presumivelmente duradoura, independentemente de haver disposição contratual específica quanto a isso, sendo tal interesse oriundo apenas da obrigação de cooperação entre as partes por conta do projeto comum assumido por elas.

Realizada a advertência atinente à perspectiva que não se entende adequada a respeito do debate sobre o conteúdo da obrigação de cooperação decorrente dos contratos-quadro, e, ao contrário, o prisma pelo qual será avaliada neste trabalho, segue-se com a exposição dos vários entendimentos sobre o ponto discutido, para que, então, possa-se tecer considerações concernentes a eles e realizar a sua crítica e síntese na busca de soluções para a matéria.

4.3. Posições a respeito da obrigação decorrente dos contratos-quadro no tocante à celebração dos contratos de aplicação

É insuficiente apontar que o contrato-quadro faz surgir para as partes uma obrigação de cooperação, e que nela está contida a obrigação dos contratantes de colaborarem ativamente para a continuidade da cadeia de negócios instaurada mediante celebração dos contratos de aplicação. É a extensão dessa obrigação que é controvertida e merece mais detida consideração.

Mais especificamente, é discutido se o que é próprio da categoria dos contratos-quadro é que decorra para as partes uma obrigação de: 1) negociar de boa-fé os contratos de aplicação, apenas iniciando e dando sequência às tratativas, mas não necessariamente as concluindo mediante a celebração destes contratos[836]; ou 2) efetivamente concluir os contratos de aplicação, vinculando-se ambos os contratantes a ultimarem as negociações com a conclusão desses acordos[837].

[836] Nesse sentido, por exemplo, Cf. GATSI, Jean. Op. cit. p. 10; POLLAUD-DULIAN; Frédéric; RONZANO, Alain; REYGROBELLET, Arnaud. Op. cit. p. 118; GHESTIN, Jacques. Op. cit. p. 18; GUIMARÃES, Maria Raquel de Almeida Graça Silva. Op. cit. p. 369-370.

[837] Nesse sentido, por exemplo, Cf. MOUSSERON, Jean-Marc et al. Op. cit. p. 166; MONTESANTO, Dario. Op. cit. p. 61; MORBIDELLI, Giuseppe. Op. cit. p. 787; GALLI, Domenico; GUCCIONE, Claudio. Op. cit. p. 16; GÉNINET, Mirène. Op. cit. p. 371.

Conforme mencionado anteriormente, existe ainda uma possível terceira posição, sustentada com mais clareza por Magdi Zaki, no sentido de que não haveria, nos contratos-quadro, qualquer obrigação de cooperação, inexistindo vinculação das partes - mínima que fosse - a adotarem conduta tendente a concluir os contratos de aplicação[838].

Trata-se, no entanto, de compreensão pouco adequada da matéria, haja vista desconsiderar que os contratos-quadro iniciam uma relação contratual mais ampla, que apenas se concretiza economicamente mediante a conclusão dos contratos de aplicação, do que resulta a constatação de que a obrigação de cooperação neles contida se precipita em direção à celebração de tais contratos futuros.

Por conta disso - e por se revelar opinião francamente minoritária - não se enumera detidamente os partidários dessa terceira linha de raciocínio. Remete-se o leitor ao ponto do trabalho no qual são expostas as razões para se afastar prontamente tais conclusões[839].

Distintamente, expõe-se, em linhas gerais, quem são os autores que sustentam cada uma das duas outras posições acima citadas, quais os fundamentos por eles apresentados, e quais são as peculiaridades - caso existentes - identificadas em suas argumentações.

No que se refere à obrigação de negociar de boa-fé, é importante esclarecer, desde já, que esta não é admitida em todos os sistemas jurídicos. Nos ordenamentos de tradição de *common law*, especialmente no direito inglês[840], é usual se repudiar sua juridicidade, por se considerar demasiadamente vaga e por conta da dificuldade em contabilizar as indenizações que decorreriam de sua inobservância[841]. Nada obstante, nas ordens

[838] ZAKI, Magdi. Op. cit. p. 1076. *Vide* nota de rodapé 796, *supra*, em que há a transcrição do trecho citado.

[839] *Vide* tópico 4.1, *supra*.

[840] No direito americano, mais recentemente, obrigações semelhantes têm sido acolhidas pela comunidade jurídica. Cf. PRATA, Frederico Afonso Cavaleiro. *Responsabilidade pré-contratual por ruptura ilegítima das negociações*. Dissertação (Mestrado em Direito Civil), Faculdade de Direito da Universidade de Coimbra, Coimbra, 2014. p. 47-48.

[841] FARNSWORTH, Allan. *Comparative contract law*. Oxford: Oxford University, 2012. p. 10. "Os sistemas legais também diferem quanto à força obrigatória de acordos em que as partes expressamente se obrigam a negociar de boa-fé. Tais acordos são claramente obrigatórios em sistemas de civil law. Entretanto, os Tribunais Ingleses têm sido inflexíveis em recusar a conferir obrigatoriedade a tais acordos, sob dois fundamentos: primeiramente, o escopo de tais obrigações seria indefinido demais para vincular as partes; e, segundo, não haveria

jurídicas de tradição romano-germânica, das quais se ocupa esta obra, a obrigação de negociar de boa-fé é amplamente acolhida[842].

Dentre aqueles a defender que, na ausência de disposição específica das partes acerca da temática, deve prevalecer no contrato-quadro apenas uma obrigação dos negociantes de conduzirem de boa-fé as tratativas para eventual conclusão de contratos de aplicação, cita-se, primeiramente, Jean Gatsi, por sintetizar a opinião de diversos outros estudiosos.

O autor salienta que em alguns contratos-quadro se identifica uma obrigação de concluir os contratos de aplicação, ao passo que em outros casos isto não seria observado[843]. Ele esclarece que a circunstância de não se verificar, no conteúdo do contrato-quadro, uma obrigação de contratar, não impede a recondução do acordo a esta categoria, devendo-se admitir, nesta hipótese, uma obrigação implícita de iniciar e de dar seguimento de boa-fé às negociações destinadas à celebração dos acordos futuros[844].

como calcular a indenização por violação de tal obrigação, tendo em vista que não há como determinar o conteúdo do contrato que poderia ter sido alcançado.
Trecho original: "Legal systems also differ as to the enforceability of an explicit agreement by the parties to negotiate in good faith. Such agreements are clearly enforceable in civil-law systems. However, English courts have been adamant in refusing to enforce such agreements on two grounds: first, that the scope of such an obligation is too indefinite to be enforceable; and, second, that there is no way to calculate expectation damages for breach of such an obligation because there is no way to determine the terms of the contract that might have been reached.".
No mesmo sentido, Cf. VICENTE, Dário Moura. A autonomia privada e os seus diferentes significados à luz do direito comparado. In: *Revista de Direito Civil Contemporâneo*, v. 8, jul./set., 2016, p. 275-302. p. 293.

842 GHESTIN, Jacques. Op. cit. p. 18-20; SPECIALE, Renato. Op. cit. p. 244; FARNSWORTH, Allan. Op. cit. p. 10; VICENTE, Dário Moura. Op. cit. p. 293.

843 GATSI, Jean. Op. cit. p. 10. "Em certos contratos-quadro, os contratantes não se submetem a nenhum compromisso de concluírem os contratos de aplicação, ao passo que em outros uma semelhante vinculação existe. No primeiro caso, o contrato-quadro se diz "sem obrigação de contratar", à medida em que, no segundo, ele é chamado "contrato-quadro com obrigação de contratar".
Trecho original: "Dans certains contrats-cadre, les contractants ne souscrivent aucun engagement de conclure des contrats d'application alors que dans d'autres un tel engagement existe. Dans le premier cas, le contrat-cadre est dit sans obligation de contracter alors que dans le second, il est appelé contrat-cadre avec obligation de contracter.".

844 GATSI, Jean. Op. cit. p. 132-133. "De fato, mesmo se, em princípio, o contrato-quadro não comporta uma obrigação expressa dos contratantes de concluírem os contratos de aplicação

Não há divergência notável nas posições de alguns outros autores franceses, a exemplo de Frédéric Pollaud-Dulian, Alain Ronzano e Arnaud Reygrobellet[845], em obra conjunta, Jacques Ghestin[846] e Michel

futuros, tal acordo de vontade cria uma obrigação implícita aos contratantes. (...) Mesmo que falte ao contrato-quadro sem obrigação de contratar um elemento de existência da obrigação contratual, a saber a vinculação expressa de contratar (concluir os contratos de aplicação), os contratantes se comprometem implicitamente a dar seguimento, e não criarem óbices, ao processo de conclusão dos contratos de aplicação.".
Trecho original: "En effet, même si a priori un tel contrat-cadre ne comporte pas d'obligation expresse des contractants de conclure des contrats d'application à venir, cet accord de volontés crée une obligation implicite à la charge des contractants. (...) Aussi, même s'il manque au contrat-cadre sans obligation de contracter un élément de l'existence de l'obligation contractuelle, à savoir l'engagement exprès de contracter (conclure des contrats d'application), les contractants s'engagent implicitement à ne rien faire qui puisse compromettre la conclusion des contrats d'application.".

[845] POLLAUD-DULIAN; Frédéric; RONZANO, Alain; REYGROBELLET, Arnaud. Op. cit. p. 117-118. "Se for admitido que o objetivo do contrato-quadro é a criação de uma cadeia de negócios que se traduz pela obrigação de concluir um tipo particular de contratos de aplicação, então a não conclusão de tais contratos pode constituir a inexecução de uma obrigação essencial, abrindo margem ao direito de resolução previsto no artigo 1184 do Código Civil. (...) É necessário se ter em mente, entretanto, que nem todos os contratos-quadro contêm tais obrigações de contratar. Via de regra, se nenhuma estipulação obrigar positivamente uma das partes ou os dois contratantes a concluir tais acordos, a não celebração dos contratos de aplicação não se reveste necessariamente de um caráter faltoso.".
Trecho original: "Si l'on admet que l'objectif du contrat-cadre est la création d'un courant d'affaires, se traduisant par l'obligation de conclure un type particulier de contrats d'application, alors la non-passation desdits contrats peut constituer la non-exécution d'une obligation essentielle, et elle ouvre droit à la résolution de l'article 1184 du Code Civil. (...) Il faut cependant garder présent à l'esprit que tous les contrats-cadres ne contiennent pas de telles clauses de rendement. A défaut, et si aucune autre stipulation ne vient obliger positivement l'une des parties ou les deux partenaires à conclure de tels accords, la non-passation des contrats d'application ne rêvet pas un caractère fautif.".

[846] GHESTIN, Jacques. Op. cit. p. 18. "O contrato-quadro implica necessariamente em obrigações relativas à conclusão dos contratos de aplicação, indispensáveis à realização da operação econômica global desejada pelas partes. Quais são essas obrigações? É possível distingui-las, em princípio, em duas categorias, e, mais precisamente, em dois graus de intensidade. O contrato-quadro pode implicar tão somente na obrigação de negociar os contratos de aplicação, ou, mais frequentemente, a obrigação de concluir tais contratos.".
Trecho original: "Il en résulte que le contrat-cadre implique nécessairement des obligations relatives à la conclusion de contrats d'application, indispensables à la réalisation de l'échange économique globalement voulu par les parties. Quelles sont alors ces obligations ? Il est permis

Leroy[847], os quais, semelhantemente, ressaltam que nos contratos-quadro pode tanto haver uma obrigação de negociar de boa-fé quanto uma obrigação de celebrar os contratos de aplicação, não sendo nenhuma das duas incompatível com a categoria, e prevalecendo para as partes o dever de conduzir tratativas de boa-fé em caso de elas permanecerem silentes em relação a isso. Assim se posicionam também os tribunais franceses[848].

Também nesse sentido, Maria Raquel Guimarães, em análise realizada à luz da doutrina e jurisprudência alemãs, afirma que, mesmo nos casos de contratos bancários, em que a prevalência econômica de uma parte – o banco – sobre a outra – o consumidor – resulta em um poder quase que exclusivo daquela em definir se haverá ou não a celebração dos contratos individuais futuros, sendo evidente a inexistência de uma obrigação de contratar, é possível haver a qualificação como contrato-quadro[849]. Em tais casos, identificar-se-ia pelo menos uma obrigação jurídica, e não meramente social, contraída inclusive pela instituição bancária, de encetar tratativas com vistas à celebração dos acordos singulares.

a priori d'en distinguer deux catégories, et, plus précisément deux degrés. Le contrat-cadre peut impliquer soit seulement l'obligation de négocier des contrats d'application, soit, plus généralement, l'obligation de conclure de tels contrats.".

[847] LEROY, Michel. Op. cit. p. 254. "O contrato-quadro tipicamente faz nascer apenas obrigações recíprocas de colaborar para o estudo do programa contratual e ao desenvolvimento das negociações para sua realização conforme convencionado.".
Trecho original: "Le contrat-cadre ne fait naître que des obligations réciproques de collaborer à l'étude de projet et à la réalisation, selon les modalités prévues au contrat.".

[848] Nesse sentido, Cf. Cour de Cassation (Chambre commerciale), 2 fév. 1971. Disponível em: < https://www.legifrance.gouv.fr/affichJuriJudi.do?oldAction=rechJuriJudi&idTexte=JURITEXT000006984777&fastReqId=145986567&fastPos=504>. Acesso em: 05 mar. 2019. "Em atenção, de um lado, que a Corte de Apelação constatou que o ato de 23 de abril de 1963 não obriga a parte a comprar em um tempo determinada uma quantidade de cerveja fixada antecipadamente, mas tão somente de se fornecer exclusivamente daquela cervejaria, sem recorrer à concorrência; (...) que a parte não assumiu outros vínculos (...) rejeita-se o recurso contra o julgado de 7 de março de 1969 da Corte de Apelação de Nancy.".
Trecho original: "Mais attendu, d'une part, que la Cour d'Appel constate que l'acte du 23 avril 1963 n'oblige nullement les Epoux Y... a acheter dans un temps determine une quantite de biere fixee a l'avance, mais seulement a se fournir exclusivement aupres de bouchon, sans recourir a la concurrence ; (...) que les Epoux Y... n'ont pas pris d'autre engagement; (...) rejjete le pourvoi forme contre l'arret rendu le 7 mars 1969, par la Cour d'Appel de Nancy".

[849] GUIMARÃES, Maria Raquel de Almeida Graça Silva. Op. cit. p. 369-370.

Deste modo, a obrigação de negociar de boa-fé a conclusão dos contratos de aplicação seria o conteúdo mínimo dos contratos-quadro, motivo pelo qual a doutrinadora portuguesa mencionada tece críticas à posição dos tribunais alemães, adiante esmiuçada, de que as avenças bancárias não se reconduziriam à categoria dos contratos-quadro, porquanto ausente, via de regra, a obrigação de contratar[850].

Impende esclarecer desde logo, que, nas relações bancárias, assim como nos demais casos em que a relação contratual inaugurada pelos contratos-quadro é dotada de natureza consumerista – hipótese menos comum, mas existente, a exemplo dos contratos de assinatura de clubes de vantagens em que consumidor e fornecedor estabelecem previamente as diretrizes para aquisição de uma série de produtos ou serviços, cuja efetiva contratação depende da conclusão de novo acordo entre ambos –, a obrigação das partes de negociar de boa-fé sustentada pelos autores enumerados, caso admitida, teria contornos ligeiramente diversos do verificado nas situações em que é paritário o vínculo inaugurado pelos contratantes.

No contexto dessas relações contratuais, é usual que a margem de influência do consumidor sobre o conteúdo dos contratos celebrados seja reduzida ou mesmo inexistente. Por isso, a obrigação de negociar de boa-fé teria de recair quase que exclusivamente sobre o fornecedor. Este, apesar de não estar adstrito a concluir os contratos de aplicação, ou mesmo de justificar a sua recusa em fazê-lo, sujeitar-se-ia, tão logo celebrado o contrato-quadro inaugural da relação presumivelmente duradoura, a receber os pedidos do consumidor, não podendo rejeitá-los antecipadamente; a efetivamente apreciá-los, analisando segundo os critérios que lhe forem mais adequados se a proposta é vantajosa; e a respondê--los, ainda que para manifestar o seu desinteresse em celebrar a avença.

Embora não se alonguem na discussão da temática, nem tomem posição expressa nela, é possível citar como adeptos, em linhas gerais, da

[850] GUIMARÃES, Maria Raquel de Almeida Graça Silva. Op. cit. p. 371. "Pode afirmar-se, em suma, que a rejeição de uma obrigação geral de contratar que se imponha à instituição bancária em nada obsta à exigência de uma relação bancária com natureza complexa que tenha por base um contrato de abertura de conta que tendencialmente projecta o seu regime para futuro, conformando e dando um enquadramento negocial aos contatos muitas vezes quase mecânicos em que se traduzem as múltiplas relações contratuais banco/cliente.".

compreensão sobre a qual se discorre, Antonio Junqueira de Azevedo[851] e Carlos Ferreira de Almeida[852]. Embora não afirmem que o conteúdo mínimo do contrato-quadro é a obrigação de negociar de boa-fé os termos faltantes para celebrar os contratos de aplicação, eles ressaltam que podem também ser reconduzidas àquela categoria as avenças em que não há obrigação das partes de celebrar acordos futuros.

A aproximação entre o entendimento destes últimos autores e daqueles que afirmam que a obrigação de negociar de boa-fé os termos dos contratos de aplicação seria própria dos contratos-quadro, apesar de não haver posicionamento expresso daqueles nesse sentido, deve-se ao fato de que ambos ao menos admitem a possibilidade de uma avença não prever a obrigação de celebrar contratos de aplicação seja reconduzida à categoria dos contratos-quadro.

Isso porque, em sentido oposto ao defendido pelos estudiosos acima enumerados, tem-se aqueles que sustentam a tipicidade, nos contratos-quadro, da obrigação de celebrar os contratos de aplicação – ou seja, esta consistiria em um de seus elementos categoriais inderrogáveis. Tal obrigação apenas variaria, caso a caso, quanto aos mecanismos sancionatórios previstos contratualmente para lhe conferir efetividade.

Se o primeiro grupo de doutrinadores, em que pese entendendo que decorreria naturalmente dos contratos-quadro pelo menos uma obrigação das partes de negociarem de boa-fé para tentar celebrar os contratos de aplicação, também reconheciam a possibilidade de os contratantes irem além e se obrigarem a concluírem estes acordos, o mesmo não se pode afirmar dos adeptos da segunda linha de raciocínio. Estes apenas

851 JUNQUEIRA DE AZEVEDO, Antonio. Contrato-quadro. In: ______. *Novos estudos e pareceres de direito privado*. São Paulo: Saraiva, 2009. p. 168. "Os contratos-quadros podem trazer (e frequentemente trazem), em seu conteúdo, a o brigação de as partes concluírem os contratos de execução. Essa obrigação não desnatura os contratos-quadros, que permanecem dissociados dos contratos de execução a serem futuramente concluídos.".

852 ALMEIDA, Carlos Ferreira de. Op. cit. p. 59-60, nota de rodapé 89. "Contrato-quadro é o contrato preliminar pelo qual se estipula o modo de formação (*pactum de modo contrahendi*) ou uma parte substancial do conteúdo de uma pluralidade de contratos futuros, que sejam (contrato normativo) ou devam ser (*pactum de contrahendo*) celebrados entre as partes ou entre alguma delas e terceiros.". Consoante já salientado anteriormente, é criticável a tentativa do autor de igualar contrato-quadro e contrato preliminar, por se tratarem de figuras jurídicas diversas. Acerca disso, *Vide* tópico 1.4.2, em geral, e nota de rodapé 261, em específico, *supra*.

qualificam de contratos-quadro as avenças das quais decorra para as partes a obrigação de concluir contratos de aplicação.

Nesse sentido, Jean-Marc Mousseron e outros autores, em obra conjunta destinada à análise específica dos contratos de distribuição, afirmam que a denominação de contrato-quadro apenas seria adequada para os contratos que não apenas iniciassem uma relação contratual mediante regramento de acordos futuros, mas efetivamente obrigassem a conclusão destes[853].

Sem destoar da conclusão de que a obrigação de celebrar contratos de aplicação seria da essência dos contratos-quadro, alguns estudiosos italianos, a exemplo de Domenico Galli e Claudio Guccione[854], Giuseppe Morbidelli[855] e Dario Montesanto[856], chegam a sustentar que esse seria o critério de distinção em relação aos demais contratos normativos.

De um lado, nos contratos-quadro haveria obrigação das partes de celebrarem os contratos futuros por eles regidos, ao passo que, nos contratos normativos em geral, semelhante dever não estaria presente, e os contratantes apenas se comprometeriam a seguir as diretrizes anteriormente previstas na hipótese de concluírem os acordos vindouros.

853 MOUSSERON, Jean-Marc et al. Op. cit. p. 166. "Nós reservaremos a denominação de contrato-quadro às convenções que contêm uma dupla obrigação de contratar e de contratar segundo as regras anteriormente previstas.".
Trecho original: "Nous réserverons la dénomination de contrat-cadre de fourniture aux conventions engendrant une double obligation de contracter et de contracter selon les modalités prévues.".

854 GALLI, Domenico; GUCCIONE, Claudio. Op. cit. p. 16. "Os contratos normativos em geral dispõem a disciplina normativa de negócios jurídicos eventuais e futuros, dos quais fixam, previamente, o conteúdo, sem que assim determinem o início de relações que estabeleçam imediatamente direitos e obrigações para os contraentes. Diversamente, no contrato-quadro, parece não estar presente esse caráter opcional e eventual a respeito da formação dos contratos subsequentes.".
Trecho original: "Il contratto normativo contiene la disciplina normativa dei negozi giuridici eventuali e futuri, di cui fissa, in via preventiva, i termini, senza con ciò determinare l'insorgenza di rapporti da cui scaturiscono immediatamente diritti ed obblighi per i contraenti. Al contrario, nell'accordo quadro sembrerebbe difettare il carattere facoltativo ed eventuale della successiva stipula del contratto.".

855 MORBIDELLI, Giuseppe. Op. cit. p. 787.

856 MONTESANTO, Dario. Op. cit. p. 61.

Essa conclusão é similar à prevalecente nos tribunais alemães desde que, em julgado datado de 2002, o BGH fez reprimenda expressa à corrente doutrinária que identificava o acordo inaugural das relações bancárias como sendo contrato-quadro, asseverando que, nestes casos, não haveria obrigação de contratar, e por isso seria inviável reconduzi-los à categoria dos contratos-quadro[857].

Indo além nesta perspectiva, Mirène Géninet assevera que os supostos contratos-quadro em que não se constata, seja em seu conteúdo expresso ou implícito, qualquer vinculação das partes a concluírem acordos futuros, não poderiam nem mesmo ser reputados, sob uma perspectiva técnica, contratos, pois deles não resultaria nenhuma obrigação. Tratar-se-iam de meros documentos adotados na fase de tratativas pré-contratuais, a exemplo das cartas de intenção[858].

Expostas as diferentes percepções no tocante a qual obrigação seria característica dos contratos-quadro – se a de apenas iniciar e conduzir tratativas tendentes a concluir contratos de aplicação, ou se a de efetivamente ultimar tais negociações e celebrar os acordos planejados – passa-se à sua análise crítica, a fim de se propor uma solução para a controvérsia.

4.4. Natureza da obrigação assumida no contrato-quadro

Uma proposta de desenlace da controvérsia a respeito de quão extensa é a obrigação das partes de um contrato-quadro de atuarem cooperativamente a fim de que sejam formados os acordos que concretizam

857 Entscheidung des Bundesgerichtshofes vom 24. September 2002 (XI. Senat, ZR 345/01 – OLG München, LG Münbchen I in RWS Verlag, November 2002). Explicando a controvérsia decidida, bem como as posições doutrinárias em sentido favorável e contrário a este julgado, Cf. GUIMARÃES, Maria Raquel de Almeida Graça Silva. Op. cit. p. 353 e ss. "Já neste século, no ano de 2002, o BGH veio avivar novamente a discussão em torno do enquadramento jurídico da relação bancária, criticando de forma expressa a doutrina do contrato bancário geral e a sua caracterização como um contrato-quadro.".

858 GÉNINET, Mirène. Op. cit. p. 371. "Os chamados contratos-quadro sem obrigação de contratar não devem ser qualificados como contratos, pois não preveem qualquer obrigação para as partes. Eles constituem simples acordos de negociação que estão situados no âmbito das tratativas prévias à efetiva contratação.".

Trecho original: "Les contrats-cadre sans obligation de contracter ne devraient pas être qualifiés de contrats, puisqu'ils n'engendrent aucune obligation à la charges des parties. Il s'agit de simples accords de négociation que restent au stade des pourparlers.".

economicamente a sua relação contratual depende que o debate esteja corretamente situado.

É importante, notadamente, definir se esta discussão diz respeito a elementos categoriais inderrogáveis dos contratos-quadro – isto é, se o que se perquire é qual deve ser o conteúdo da avença no tocante à celebração dos contratos de aplicação para que ela seja reconduzida à categoria socialmente típica dos contratos-quadro – ou aos seus elementos categoriais derrogáveis – é dizer, se o que se analisa é ao que se obrigam os contratantes no que pertine à conclusão dos contratos de aplicação, na hipótese de não haver regramento específico desta matéria no contrato-quadro.

De antemão, impende frisar que estes elementos não apenas se manifestam presentes nos negócios jurídicos legalmente típicos, mas igualmente em graus de abstração mais elevados, como nas categorias contratuais[859], mesmo que de origem sócio-jurisprudencial, embora nestes casos o processo de recondução se opere de modo mais gradativo e menos binário[860]. Não apenas, também nos tipos e categorias negociais sociais se verifica um regime jurídico que integra o negócio jurídico quando ausente a manifestação do negociante[861], o qual é abstraído dos usos comerciais[862].

Nada obstante já se tenha anteriormente firmado a compreensão de que o ponto fulcral desta discussão seja aferir qual obrigação decorre para as partes do contrato-quadro na ausência de manifestação expressa

[859] JUNQUEIRA DE AZEVEDO, Antonio. *Negócio jurídico*: existência validade e eficácia. 4. ed. São Paulo: Saraiva, 2002. p. 36. "Se subirmos na escala de abstração, verificaremos que as categorias mais altas têm também seus elementos categoriais essenciais. (...) Também as categorias mais altas podem ter elementos categoriais naturais. (...)".

[860] VASCONCELOS, Pedro Pais de. Op. cit. p. 186-187. "O juízo de correspondência do contrato a um tipo social extralegal não precisa de ser resolvido em termos binários, de sim ou não, de tipicidade ou atipicidade; é suficiente e é mais adequado o juízo gradativo de maior ou menor tipicidade para servir de base à integração da disciplina contratual por interpretação complementadora.".

[861] VASCONCELOS, Pedro Pais de. Op. cit. p. 215. "Para que possa ser tido como socialmente típico, o contrato tem de ter, na prática ou nos usos, um modelo de disciplina que seja também pelo menos tendencialmente completo. Este modelo regulativo, que é o tipo social propriamente dito, constitui a principal fonte e critério da integração da parte não estipulada dos contratos que lhe correspondam.".

[862] VASCONCELOS, Pedro Pais de. Op. cit. p. 213. "O critério de decisão há-de encontrar-se na comparação com o tipo social do contrato, quer dizer, com os usos. Se nos usos e tradições houver um regime análogo de limitação, deve entender-se que o regime faz parte do tipo.".

delas[863], relacionando-se, pois, aos seus elementos naturais ou categoriais derrogáveis, não se pode olvidar que, frequentemente, os autores acima mencionados, os quais se propõem a debater esta matéria, parecem tratar de questões distintas, de modo que a problemática merece ser abordada com cautela.

Por exemplo, Jean Gatsi afirma que os contratos-quadro não necessariamente dão origem a uma obrigação das partes de concluírem contratos de aplicação[864] – seriam os chamados "contratos-quadro sem obrigação de contratar" –, mas mesmo nestes casos decorreria do acordo de base a obrigação dos contratantes de iniciarem e darem seguimento de boa-fé às tratativas destinadas à conclusão de novos contratos[865]. Nada obstaria, ademais, que os contratantes se obrigassem a efetivamente celebrar os contratos de aplicação[866].

É de se perceber que o autor conduz a sua análise no âmbito dos elementos naturais ou categoriais derrogáveis dos contratos-quadro, adotando posição em sentido semelhante à prevalecente neste trabalho. Ou seja, discute qual seria o modelo regulativo decorrente da recondução do acordo à categoria dos contratos-quadro.

Não é objeto de discussão, sob essa ótica, se uma das obrigações mencionadas é essencial à qualificação do acordo como contrato-quadro, até mesmo porque, em seu entender, tanto uma avença que preveja a obrigação das partes de negociarem de boa-fé quanto uma que disponha a obrigação delas de concluírem os contratos de aplicação pode ser reputada contrato-quadro, desde que preenchidos os demais índices categoriais por ele apontados em sua obra.

A preocupação é de, já superada a etapa de qualificação de recondução da espécie à categoria dos contratos-quadro, identificar qual obrigação relativa à continuidade da relação contratual mediante conclusão de contratos de aplicação defluiria na hipótese de não haver regramento das partes quanto a isso.

Para fins de demonstrar a dessemelhança de abordagens no estudo da temática, aponta-se, a título de ilustração, a opinião de Dario Montesanto.

863 *Vide* tópico 4.2, *supra*.

864 GATSI, Jean. Op. cit. p. 10.

865 GATSI, Jean. Op. cit. p. 132-133.

866 GATSI, Jean. Op. cit. p. 54 e ss.

Ele assevera que, para que seja qualificado como contrato-quadro, um acordo deve necessariamente estabelecer a obrigação dos contratantes de concluírem os contratos de aplicação planejados[867].

O estudo é nesse caso orientado para que seja determinada qual obrigação referente à celebração dos contratos de aplicação deve ser contraída pelas partes em uma dada avença a fim de que esta possa ser qualificada como contrato-quadro. Está situado, por via de consequência, na esfera dos elementos essenciais ou categoriais inderrogáveis do contrato-quadro – nos índices típicos necessários à recondução da espécie à categoria.

O que se objetiva não é, diversamente da perspectiva anteriormente citada, aferir qual a regulação jurídica dos contratos-quadro. Não se busca apontar qual obrigação decorre para as partes de um contrato inserido em tal categoria na hipótese de não haver disposição expressa quanto ao grau de vinculação delas para fins de celebração dos contratos de aplicação. Insere-se em momento prévio: o de precisar se o acordo poderia ou não ser reputado contrato-quadro.

Evidenciado que não há identidade de objeto na discussão em comento, persiste o questionamento: como solucionar uma controvérsia aparente, na qual não se tem debatido, na realidade, a mesma matéria?

O mais adequado, ao que parece, é analisar a questão separadamente, primeiro sob uma perspectiva, e, depois, sob a outra, a fim de chegar a conclusões a respeito de ambas.

Isto é, há de se definir, de um lado, se a obrigação de negociar de boa-fé os contratos de aplicação ou a obrigação de concluir tais acordos é essencial à qualificação dos contratos-quadro enquanto categoria socialmente típica, e, de outro, se, fixada a premissa de que certo acordo se trata de um contrato-quadro, decorre para os contratantes alguma dessas obrigações na ausência de regramento em sentido diverso.

A primeira das problemáticas – se a obrigação de negociar de boa-fé ou a obrigação de concluir contratos de aplicação constituiriam elementos essenciais da categoria dos contratos-quadro – se resolve pela análise de em que termos a categoria se tipificou socialmente e qual a sua delimitação. Esta é uma questão já enfrentada anteriormente no trabalho[868], mas a que se retoma brevemente, por ser relevante também neste ponto.

[867] MONTESANTO, Dario. Op. cit. p. 61.

[868] *Vide* Capítulo I, *supra*.

Em se tratando de categoria socialmente típica, a recondução de um contrato concreto à categoria dos contratos-quadro não pode se valer de um juízo binário de preenchimento ou não de certos pressupostos legais, como se faz possível, por exemplo, nas hipóteses em que a tipificação guarda origem legal[869].

Faz-se necessário, por outro lado, investigar qual modelo contratual se tornou usual na prática forense ao ponto de obter uma regulação social própria[870], aferindo em que medida uma avença se aproxima ou não deste parâmetro a depender de qual obrigação estabelece para os contratantes no que atine à celebração de acordos futuros.

Valioso, ainda, perquirir o que torna certos acordos suficientemente semelhantes para que a recondução deles à categoria dos contratos-quadro assuma relevância e utilidade não meramente teórica, mas também prática, no âmbito de sua interpretação e no que pertine à definição de seu regime jurídico.

Antes de tudo, impende recordar que, segundo a definição adotada neste trabalho[871], são elementos relevantes para a caracterização dos contratos-quadro: 1) o seu caráter normativo; 2) o fato de inaugurarem relações contratuais em que as partes não desejam determinar todos os elementos essenciais; 3) a regulação, por parte deles, do modo de celebração, do conteúdo e da forma de contratos futuros; e 4) a obrigação imediatamente assumida por suas partes de cooperarem para a continuidade da cadeia negocial mediante conclusão dos contratos de aplicação.

É de se notar que apenas no quarto e último aspecto mencionado – e tão somente no atinente à sua intensidade, e não à sua presença – se constata dessemelhança entre os contratos de base em que se estabelece a obrigação das partes de celebrarem contratos de aplicação e aqueles em que se dispõe que os contratantes apenas estão adstritos a negociar de boa-fé tais acordos futuros.

Essa constatação já sugere que a previsão de uma das duas obrigações citadas, ambas as quais compelem os contratantes a colaborarem para que a relação contratual prossiga por intermédio da celebração de contratos de aplicação, variando apenas quanto à intensidade de tal cooperação,

[869] VASCONCELOS, Pedro Pais de. Op. cit. p. 185-187.

[870] VASCONCELOS, Pedro Pais de. Op. cit. p. 186.

[871] *Vide* tópico 1.2, *supra*.

não impede, por si só, a recondução da avença em que foram dispostas à categoria dos contratos-quadro, concepção apenas confirmada pela apreciação dos demais critérios apresentados.

Em relação aos termos nos quais a categoria dos contratos-quadro se disseminou no âmbito comercial e foi apreendida pela técnica jurídica, verifica-se que a maior parte das obras monográficas sobre a temática, ao traçarem o modelo contratual predominante, não especificam restritivamente o modo segundo o qual devem os contratantes cooperar para que sejam celebrados contratos de aplicação[872]. Pelo contrário, reconhece-se que ambas as hipóteses - contrato-quadro com obrigação de contratar e contrato-quadro com obrigação de negociar de boa-fé - constituem subclasses de um mesmo gênero, sendo dotadas de peculiaridades, as quais são insuficientes, no entanto, para afastá-los da categoria comum dos contratos-quadro[873].

Ao que parece, a posição equivocada daqueles que verificam em tais obrigações elementos essenciais dos contratos-quadro se deve ao estudo pontual de alguns tipos inseridos na categoria[874], e não à sua pesquisa global e sistemática, como nas obras monográficas acima citadas. Verificando

[872] Nesse sentido, Cf. GATSI, Jean. Op. cit. p. 132-133; POLLAUD-DULIAN; Frédéric; RONZANO, Alain; REYGROBELLET, Arnaud. Op. cit. p. 117-118; GHESTIN, Jacques. Op. cit. p. 18-19.

[873] GATSI, Jean. Op. cit. p. 11. "Nós pensamos que todos os contratos-quadro podem ser agrupados em uma categoria única. De fato, a consideração da vontade exprimida pelos contratantes de se obrigarem ou não a concluir os contratos de aplicação representa o contrato-quadro apenas em aparência. Ademais, deve-se ter em conta sobretudo a originalidade do contrato concluído para regulamentar as relações de mais ou menos longa duração. A vontade de criar um molde único e flexível para reger contratos é que se destaca nos contratantes.".
Trecho original: "Nous pensons que tous les contrats-cadre peuvent être regroupés dans une catégorie unique. En effet, la prise en considération de la volonté exprimée par les contractants de conclure ou non des contrats d'application ne présente le contrat-cadre qu'en apparence. Au-delà, il convient de tenir surtout compte de l'originalité du contrat conclu pour réglementer des relations à plus ou moins long terme. La volonté de créer un moule unique et souple pour régir de véritables contrats apparaît primer chez les contractants.".

[874] É o caso, por exemplo, da análise específica de 1) contratos-quadro de distribuição; 2) contratos-quadro de negociação de valores mobiliários; e 3) contratos-quadro no setor público. Nesse sentido, Cf., respectivamente, 1) MOUSSERON, Jean-Marc et al. Op. cit. p. 166; 2) MONTESANTO, Dario. Op. cit. p. 61; e 3) GALLI, Domenico; GUCCIONE, Claudio. Op. cit. p. 16 e MORBIDELLI, Giuseppe. Op. cit. p. 787.

nos tipos contratuais específicos por eles estudados a predominância de uma das obrigações relativas à cooperação das partes para continuidade da relação contratual, particularmente da obrigação de celebrar contratos de aplicação, os autores erroneamente generalizam a sua conclusão para toda a categoria dos contratos-quadro.

De fato, em certas relações contratuais, sendo notável o exemplo da distribuição, esta já se tratando, em si, da seara em que o contrato-quadro tem sido mais vastamente adotado e encontrou maior desenvolvimento teórico[875], o que por vezes enseja a sua indevida equiparação à integralidade da categoria[876], é muito frequente que seja prevista para as partes uma obrigação de contratar[877], seja diretamente, seja indiretamente, por decorrência de outras obrigações que dependem, para a sua satisfação, da celebração de contratos de aplicação, a exemplo da imposição de uma quota mínima de produtos adquiridos[878].

Muito embora explique esse entendimento, esta observação não o torna mais correto. A um, porque o exame exclusivo de um tipo contratual específico, e não de toda a categoria dos contratos-quadro, impede a correta apreensão de todos os elementos que lhe são característicos, e, a dois, porque, embora menos comum, também nos tipos contratuais analisados se verifica a adoção eventual de contratos-quadro sem obrigação de contratar, em que as partes apenas se obrigam a negociar de boa-fé com o intuito de celebrarem os contratos de aplicação[879].

Não apenas isso: também ao avaliar se as distinções entre contratos-quadro com obrigação de contratar e com obrigação de negociar de boa-fé justificam o seu tratamento separado, com uma das espécies sendo excluída da categoria, depreende-se resposta negativa, pois tais figuras mais se aproximam do que se distinguem.

[875] Citando farta bibliografia que alça o contrato-quadro de distribuição à condição de contrato-quadro por excelência, *vide* notas de rodapé 435 e 436, *supra*.

[876] GUIMARÃES, Maria Raquel de Almeida Graça Silva. Op. cit. p. 32-33.

[877] GATSI, Jean. Op. cit. p. 31. "O setor de distribuição fornece a maior parte dos contratos-quadro com obrigação de contratar.".
Trecho original: "Le secteur de la distribution fournit la plupart des contrats-cadre avec obligation de contracter".

[878] POLLAUD-DULIAN; Frédéric; RONZANO, Alain; REYGROBELLET, Arnaud. p. 73-74.

[879] Tratando, por exemplo, das hipóteses de contratos-quadro de distribuição sem obrigação de contratar, Cf. GATSI, Jean. Op. cit. p. 31-36.

Consoante já afirmado, a diferença entre essas subclasses da categoria dos contratos-quadro se limita ao grau de intensidade, porém não à existência, de um de seus elementos de caracterização, a obrigação das partes de cooperarem para ultimar acordos futuros.

Em ambas as hipóteses, constata-se caráter normativo, porque o interesse predominantemente regulado pelos contratantes é o exercício vindouro de suas autonomias privadas.

Em acréscimo, independentemente de haver obrigação de contratar ou de negociar de boa-fé, por meio de tais contratos se inaugura uma relação contratual presumivelmente duradoura, na qual não são definidos imediatamente todos os elementos essenciais, providência tomada apenas quando da celebração dos contratos de aplicação.

Não há neles qualquer distinção no que atine aos seus conteúdos fundamentais, regulando-se indistintamente o modo de celebração, o conteúdo e a forma dos contratos planejados.

Finalmente, não se afere nem mesmo dessemelhança quanto à presença de uma obrigação imediata das partes de colaborarem para que a relação contratual tenha seguimento, o que ocorre mediante a celebração dos contratos de aplicação. A distinção, é importante repisar outra vez, reside apenas no grau de intensidade desta obrigação, o que não altera o modelo regulativo dos contratos-quadro em vários de seus aspectos mais relevantes, tais como a possibilidade de derrogação específica de seu conteúdo normativo[880], as consequências de inobservância das formas prescritas para os contratos de aplicação[881], as diretrizes quanto aos limites do poder de determinação unilateral dos elementos contratuais[882], dentre outras.

Torna-se especialmente evidente a menor relevância dessa diferença quando cotejada com outras possíveis em alguns dos elementos caracterizadores do contrato-quadro, as quais ensejam a descaracterização completa da categoria.

Suponha-se, por exemplo, que um contrato-quadro específico seja modificado e passe a definir todos os elementos essenciais da relação contratual, ou mesmo perca a sua delimitação de incidência, dirigindo-se

[880] *Vide* tópicos 1.2 e 1.3, *supra*.

[881] *Vide* tópico 1.3, *supra*.

[882] *Vide* Capítulo III, *supra*.

unilateralmente à coletividade. Subitamente, pela alteração pontual dos elementos de caracterização mencionados, estar-se-á diante não mais de contrato-quadro, mas, respectivamente, de um contrato de trato sucessivo e de condições gerais dos contratos, figuras que, como já se teve oportunidade de demonstrar[883], são absolutamente diversas do contrato-quadro, sendo dotadas de tratamento jurídico que também lhe é estranho.

Disso se verifica que não traz qualquer ganho operativo ou dogmático o entendimento de que a obrigação de celebrar contratos de aplicação ou a obrigação de negociá-los de boa-fé constituiriam um dos elementos categoriais inderrogáveis dos contratos-quadro.

Observa-se, em verdade, o oposto: é de grande valia reunir ambas as classes sob uma mesma categoria, assim permitindo o seu estudo conjunto, delimitando de modo adequado os contratos-quadro[884], e estendendo às duas as conclusões acerca do modelo regulativo desta figura.

Cumpre esclarecer que a proximidade relatada não afasta, em absoluto, a importância do estudo ora conduzido. Afinal, como se verá adiante, a relevância concreta de distinguir os contratos-quadro entre aqueles em que há uma obrigação de celebrar os contratos de aplicação e aqueles que apenas subsiste a obrigação de negociar tais acordos de boa-fé reside em um aspecto pontual, mas significativo: os contornos da tutela indenizatória em caso de inadimplemento.

Há de se concluir, pois, que, considerada exclusivamente, a circunstância de um contrato prever uma ou outra das obrigações citadas não impede a sua qualificação como contrato-quadro, porque dela não ressai o afastamento de nenhum dos elementos de caracterização da categoria, senão se denota a diversa intensidade de um deles – a obrigação da cooperação das partes –, e porque essa diferença não é suficiente para justificar a alteração da maior parte do modelo regulativo identificado nos contratos-quadro.

Incorreta, por via de consequência, a compreensão do BGH no que nega a qualificação de contratos-quadro aos acordos inaugurais de relações

[883] *Vide* tópico 1.4, *supra*.

[884] GATSI, Jean. Op. cit. p. 11. "A vantagem de agrupar todos os contratos-quadro em uma mesma categoria parece evidente: a de permitir que se tenha uma verdadeira definição do contrato-quadro da qual infelizmente se ressente atualmente.".
Trecho original: "L'avantage de regrouper tous les contrats-cadre dans une même catégorie paraît évident: celui de permettre d'avoir une véritable définition du contrat-cadre qui fait malheureusement défaut aujourd'hui.".

bancárias sob o fundamento de que, por não conterem uma obrigação das partes de efetivamente celebrarem novos contratos, eles não poderiam ser reconduzidos a tal categoria.

Mesmo os contratos que dão início às relações contratuais bancárias podem, caso se aproximem dos demais índices típicos dos contratos-quadro, o que normalmente é o caso, ser reconduzidos a esta categoria, pois a isto basta que haja uma obrigação das partes de cooperarem no sentido de dar seguimento à cadeia de negócios por eles iniciada – o que se verifica no caso dos contratos-quadro bancários –, não sendo essencial se estabelecer que os contratantes devem efetivamente concluir os acordos futuros planejados[885].

Superada essa questão, passa-se a enfrentar a segunda problemática. Perquire-se, agora, se a obrigação de negociar de boa-fé os contratos de aplicação ou a obrigação de celebrar tais acordos podem ser consideradas elementos categoriais derrogáveis dos contratos-quadro, decorrendo de seu modelo regulativo na hipótese de as partes não regrarem especificamente a matéria.

A resposta perpassa pela definição de qual seria o conteúdo mínimo da obrigação de cooperação inserida nos contratos-quadro.

Como dito, essencial à qualificação do contrato-quadro é que se verifique haver uma obrigação das partes de cooperarem para que a cadeia de negócios por elas inaugurada tenha continuidade mediante a pactuação de contratos de aplicação[886]. É certo, ainda, que isso não necessariamente refletirá especificamente em uma obrigação de contratar ou em uma obrigação de negociar de boa-fé. Possível, contudo, determinar quais as mais básicas obrigações que devem estar concretamente presentes para que se repute caracterizada a cooperação no âmbito do contrato-quadro. É dizer: pode-se abstrair um conteúdo ou eficácia mínimos da obrigação de cooperação, o qual, conforme se verá, corresponde ao elemento categorial derrogável dos contratos-quadro no que atine à obrigação das partes quanto à celebração dos contratos de aplicação.

[885] GUIMARÃES, Maria Raquel de Almeida Graça Silva. Op. cit. p. 371.

[886] GUIMARÃES, Maria Raquel de Almeida Graça Silva. Op. cit. p. 153: "A celebração de um contrato-quadro denota uma intenção clara de prosseguir com o plano traçado ainda que, juridicamente, as partes não se obriguem a tal.".

Adiantando a posição a respeito dessa temática, tem-se que o mínimo conteúdo da obrigação de cooperação do contrato-quadro, em sua perspectiva comissiva[887], é a negociação de boa-fé dos contratos de aplicação, e esta constitui, por via de consequência, elemento que deflui naturalmente daquela categoria na ausência de manifestação diversa dos acordantes. Este entendimento se desdobra em duas proposições distintas, as quais devem ser ambas fundamentadas.

De um lado, afirma-se que o mínimo conteúdo da obrigação de cooperação seria a obrigação de negociar de boa-fé, e, de outro, assevera-se que isso equivaleria a elemento categorial derrogável dos contratos-quadro.

Reconhece-se que a negociação de boa-fé dos contratos de aplicação espelha o conteúdo mínimo da obrigação de cooperação dos contratos-quadro pois ela representa o nível mais elementar – o menor grau de intensidade – em que podem colaborar as suas partes com vistas a dar continuidade à relação contratual iniciada[888].

As negociações preliminares e punctuações se inserem no início da fase pré-contratual[889], podendo ser consideradas os primeiros momentos em que as pretensas partes de um contrato atuam em conjunto para aperfeiçoá-lo, com a exceção, claro, da celebração de acordos prévios destinados a regê-las ou a elas relacionados[890], como é o caso do próprio contrato-quadro.

Ora, se os contratantes não estão adstritos nem mesmo a negociarem de boa-fé, ou seja, a manterem abertas as possibilidades de tratativas,

[887] Por outro lado, acerca da perspectiva omissiva ou negativa de tal obrigação de cooperação, *Vide* tópico 4.1, *supra*.

[888] GHESTIN, Jacques. Op. cit. p. 18. *Vide* nota de rodapé 846, *supra*, em que há a transcrição do trecho citado.

[889] JUNQUEIRA DE AZEVEDO, Antonio. Responsabilidade pré-contratual no código de defesa do consumidor: estudo comparativo com a responsabilidade pré-contratual no direito comum. In: ______. *Estudos e pareceres de direito privado*. São Paulo: Saraiva, 2004. p. 175. "A fase pré-contratual pode ser decomposta, singelamente, em duas fases menores: a das negociações e a da oferta.".

[890] JUNQUEIRA DE AZEVEDO, Antonio. Op. cit. p. 175. "(...) conforme o comportamento das partes, podem também surgir outras fases menores, por causa de possíveis *contratos prévios*, quer para organizar as negociações – por exemplo, estipulando quem arcará com as despesas de preparo da documentação –, quer para fixar pontos progressivamente acertados do contrato futuro.".

ainda que, eventualmente conduzidas, estas restem infrutíferas, não há como se cogitar de cooperação para a conclusão de novas avenças.

A negociação é, na cadeia de negócios encetada pelo contrato-quadro, o ponto mais trivial a viabilizar a conclusão dos contratos de aplicação. Pode ser desconsiderada sem prejuízos em hipóteses nas quais, ilustrativamente, mesmo sem que haja tratativas ou discussão das partes acerca dos elementos contratuais indeterminados dos contratos de aplicação, ocorra o envio e aceitação de uma oferta. Isso é usual sobretudo em relações contratuais nas quais são poucos e/ou simples os elementos dos contratos de aplicação a serem fixados, como é o caso de certas cadeias negociais iniciadas por contratos-quadro de fornecimento, em que a moldura formada é extremamente ampla, restando às partes estabelecerem em cada contrato de aplicação apenas a quantidade e o preço dos produtos.

Deve-se compreender negociação, neste caso, de modo restritivo.

Negociar de boa-fé, sob um aspecto positivo ou comissivo[891], significa apenas manter autenticamente as tratativas ao ponto de tornar-se possível, em tese, a celebração de novos acordos, portando-se com seriedade ao manifestar seus interesses comerciais – abstendo-se, por exemplo, de fazer exigências irreais, destinadas apenas a inviabilizar a continuidade das discussões – e respondendo as comunicações da contraparte enquanto for factível e realizável a continuidade da relação contratual[892]. Não significa manter as negociações indeterminadamente, ou mesmo por certo período, salvo disposição contratual nesse sentido, nem mesmo enviar uma oferta, e, em caso de uma oferta ser remetida pela outra parte, ainda que séria, não resulta igualmente na obrigação de aceitá-la[893].

[891] As obrigações de não fazer consubstanciadas, por exemplo, em não interromper subitamente as negociações e de não realizar atos que inviabilizem a celebração dos contratos de aplicação foram tratados anteriormente. *Vide* tópico 4.1, *supra*.

[892] É ponto pacífico que a ruptura das negociações é não apenas possível, como recomendável, tão logo se tornem inúteis para ao menos uma das partes. Cf. JUNQUEIRA DE AZEVEDO, Antonio. Op. cit. p. 179.

[893] ZANETTI, Cristiano de Sousa. *Responsabilidade pela ruptura das negociações*. São Paulo: Juarez de Oliveira, 2005. p. 10. "Desse modo, para que sejam caracterizadas as tratativas, não há necessidade de que haja atos diretamente relacionados com a conclusão do contrato, cujos termos essenciais nem sequer precisam estar determinados, bastando que as partes discutam o projeto de um futuro e eventual negócio jurídico. Aqui, principalmente, valoram-se os interesses dos candidatos a contratante, para que se possa projetar objetivamente um futuro contrato.".

A obrigação de negociar de boa-fé está diametralmente oposta, sob a perspectiva da intensidade, à obrigação de celebrar os contratos de aplicação, que equivale ao grau máximo da obrigação de cooperação dos contratos-quadro, por vincular as partes ao próprio objetivo concluírem os acordos que concretizam economicamente a relação contratual. Isso se verifica com clareza ao se constatar que a obrigação de contratar abrange a obrigação de negociar de boa-fé, tendo em vista que esta é pressuposto inafastável para que aquela seja cumprida. É dizer: para se celebrar os contratos de aplicação, há necessariamente de se negociar de boa-fé os seus elementos inicialmente indefinidos.

Entre esses dois extremos, vale destacar, existem diversos graus de intensidade da obrigação de cooperação.

Embora menos frequente, as partes podem fixar, por exemplo, que uma delas deve enviar uma oferta séria à outra, assim considerada aquela que não foge aos padrões de mercado, da relação contratual travada entre elas e das negociações precedentes, e a qual deverá ser objeto de apreciação e resposta do cocontratante. Nesse caso, percebe-se que a colaboração vai além da mera negociação, mas não chega ao ponto de compelir os celebrantes a concluírem os contratos de aplicação.

Esclarecido que o conteúdo mínimo da obrigação de cooperação decorrente dos contratos-quadro seria a obrigação de negociar de boa-fé os contratos de aplicação, ainda resta indagar: por que, na ausência de manifestação expressa das partes, haveria este de prevalecer? Poder-se-ia apontar, aliás, que seria mais intuitivo, e mais consectário com os propósitos do contrato-quadro, que defluísse a eficácia máxima de tal obrigação, integrando-se o contrato de modo a compelir as partes a celebrarem os contratos de aplicação.

Este argumento não deve prevalecer, entretanto, pelo próprio objeto da obrigação em questão: a celebração de outros contratos, assim cingindo a liberdade de contratar das partes.

Ao se explicar o porquê de, no caso dos contratos-quadro – mas também no de outros contratos coligados – constatar-se obrigação de cooperação de origem negocial que se soma ao dever legal de cooperação decorrente do princípio da boa-fé objetiva, fez-se menção ao fato de que, diferentemente dos contratos em geral, neles os contratantes estarem adstritos a colaborarem para a conclusão de acordos autônomos[894].

[894] *Vide* tópico 4.1, *supra*.

A liberdade de contratar conferida aos particulares também abrange, por corolário, a sua ampla autonomia de não celebrar ou mesmo negociar contratos se assim não desejarem[895], a menos que por exigência legal – caso, por exemplo, dos contratos obrigatórios ou impostos[896] – ou por força de seu próprio autorregramento de interesses[897], hipótese na qual se inserem os contratos-quadro com obrigação de contratar.

Dessa ampla autonomia dos sujeitos de direito de via de regra, apenas se vincularem negocialmente quando desejam, decorre a compreensão de que a obrigação de contratar é excepcional, não podendo ser integrada ao contrato-quadro senão em decorrência da vontade das partes.

Adotando-se a mesma linha de raciocínio, tem-se que a obrigação de cooperação decorrente dos contratos-quadro, por implicar em limitação à liberdade de contratar das partes, deve, em não sendo regrada por elas, passar a integrar o acordo de base em sua manifestação mínima, a obrigação de negociar de boa-fé os contratos de aplicação.

Ou seja, ainda que o contrato-quadro, por inaugurar uma relação contratual complexa que depende, para ser concretizada economicamente, da conclusão de novas avenças, sempre origine para suas partes uma obrigação de cooperarem com vistas à celebração dos contratos de aplicação, não se pode pressupor, sem que haja disposição contratual nesse sentido,

[895] LARENZ, Karl. Op. cit. p. 66. "O princípio da liberdade de contratar corresponde a um dos fundamentos não escritos da ordem jurídica. No próprio conceito de contrato, como acordo livremente estipulado entre pessoas equiparadas juridicamente, reside que ninguém pode ser obrigado a concluir contratos, nem mesmo concluir um contrato com uma pessoa determinada.".

Trecho original: "Corresponde el principio de la libertad de conclusión a los fundamentos no escritos de nuestro orden jurídico. En el concepto mismo del contrato, como concierto libremente estipulado entre personas equiparadas jurídicamente, reside el que nadie pueda ser constreñido ni a concluir contratos ni siquiera a concluir un contrato con persona determinada.".

[896] ASSIS, Araken de. Arts. 421 a 480. In: ALVIM, Arruda; ALVIM, Thereza (Coord.). *Comentários ao código civil brasileiro*: do direito das obrigações. Rio de Janeiro: Forense, 2007, v. V. p. 78.

[897] PONTES DE MIRANDA, Francisco Cavalcanti. *Tratado de direito privado*. 3. ed. Rio de Janeiro: Borsói, 1972, t. XXXVIII. p. 39. "As leis cogitam da liberdade de conclusão, no sentido de ninguém poder ser constrangido a concluir contrato, ou outro negócio jurídico bilateral, mesmo se só se refere a negócio jurídico com determinada pessoa, salvo se própria pessoa se vinculou a isso (e.g., prometeu concluir contrato = pré-contratou).".

que isso significa mais do que uma obrigação das partes de negociarem de boa-fé.

Impende frisar que a obrigação de negociar de boa-fé os contratos de aplicação consiste elemento categorial *derrogável* dos contratos-quadro porque, embora se trate do conteúdo mínimo de um elemento que lhe é inderrogável – a obrigação de cooperação –, não indispensavelmente está presente em todo contrato-quadro, ante a possibilidade dos celebrantes de avigorá-la[898].

Isto é, a obrigação de negociar de boa-fé pode ser derrogada pelos acordantes de um contrato-quadro, desde que para prever uma obrigação relacionada à cooperação para conclusão dos contratos de aplicação de grau mais intenso – por exemplo, sujeitando os contratantes a enviar ofertas ou mesmo celebrar tais avenças futuras[899].

Destarte, retomando e respondendo os questionamentos anteriormente postos, verifica-se que nem a obrigação de contratar nem a obrigação de negociar de boa-fé são, em si consideradas especificamente, essenciais à caracterização do contrato-quadro. A obrigação mais ampla das partes de cooperarem para dar continuidade à relação contratual mediante conclusão de contratos de aplicação constitui, por outro lado, um de seus elementos categoriais inderrogáveis, cujo conteúdo mínimo, a obrigação de negociar tais acordos de boa-fé, revela-se, ela própria, elemento categorial derrogável da categoria dos contratos-quadro, por poder ser substituída concretamente pelos contratantes, desde que para ser robustecida.

Colocando em outros termos, é possível asseverar que elemento essencial dos contratos-quadro, inderrogável na categoria sob pena de recondução a figura jurídica diversa, seria o estabelecimento de, *pelo menos*, uma obrigação de negociar de boa-fé os contratos de aplicação, a qual pode ser substituída apenas para ser intensificada, por meio da estipulação de uma obrigação de concluir contratos de aplicação, seja expressamente, seja implicitamente, como resultado de uma ou mais obrigações contratuais cujo cumprimento depende da celebração dos contratos de aplicação, ou ainda mediante outra obrigação que consubstancie a obrigação de cooperação em um nível intermediário.

[898] GATSI, Jean. Op. cit. p. 11.
[899] GHESTIN, Jacques. Op. cit. p. 18.

Superada a problemática de qual obrigação relacionada à colaboração tendente à conclusão dos contratos de aplicação seria essencial à caracterização dos contratos-quadro e qual decorreria deste em não havendo manifestação dos contratantes, inicia-se a perquirição de quais consequências advêm do descumprimento das obrigações de celebrar e de negociar de boa-fé os contratos de aplicação.

4.5. Descumprimento das obrigações de negociar de boa-fé e de celebrar os contratos de aplicação e suas consequências

A principal relevância prática de se compreender bem os contornos da obrigação de cooperação decorrente dos contratos-quadro e das outras obrigações que a ele estão relacionadas é poder depreender qual a tutela jurídica aplicável na hipótese de haver a sua violação.

Feitas essas considerações, é de se questionar, ainda, se seria possível a execução específica das obrigações relacionadas à colaboração das partes para celebração de contratos de aplicação, atuando o julgador de modo a compelir os celebrantes de algum modo a, por exemplo, negociarem de boa-fé ou a concluir os acordos que haviam se comprometido a finalizar.

Importante perquirir, ainda, quais os parâmetros da tutela indenizatória oriunda do descumprimento destas obrigações, esclarecendo se esta deve se guiar pelo interesse contratual negativo ou positivo.

Enfrenta-se em seguida tais temáticas, com vistas a traçar o panorama regulativo aplicável aos contratos-quadro no cenário de incumprimento das obrigações de negociar de boa-fé e de celebrar os contratos de aplicação.

4.5.1. (Im)possibilidade de execução específica das obrigações de negociar de boa-fé e de celebrar os contratos de aplicação

A execução específica consiste na tutela de natureza executiva pela qual se realiza o cumprimento forçado da obrigação descumprida, obtendo-se o que foi pactuado e não as perdas e danos que lhe seriam correspondentes[900].

[900] CARVALHOSA, Modesto. Eficácia e execução específica do acordo de acionistas. In: *Revista da EMERJ*, v. 7, n. 26, 2004, p. 125-132. p. 126.

A doutrina processual especializada aponta que, embora tenha sido historicamente negligenciada pelos regramentos processuais brasileiros[901], a execução específica tem sido hoje privilegiada na ordem jurídica pátria em comparação à indenização pecuniária, elevando-se a uma posição de centralidade[902].

Esta preferência não se revela, todavia, em todas as opções legislativas de direito substancial pertinentes à matéria[903], não sendo acompanhada de modo uníssono, ademais, pelos Tribunais, os quais são por vezes resistentes em impor a tutela específica nos casos em que o direito material lhe impõe óbices, sobretudo nos casos de obrigações de fazer e não fazer[904].

Ademais, mesmo entre aqueles que defendem a prevalência da execução forçada das obrigações em sua forma específica, é frequentemente apontado que ela não é possível em todas as situações[905], revelando-se providência de cabimento especialmente controvertido quando a obrigação descumprida está relacionada à formação de outros negócios jurídicos[906].

901 MARINONI, Luiz Guilherme. *Ações inibitória e de ressarcimento na forma específica no "anteproyecto de código modelo de procesos colectivos para iberoamérica" (art. 70)*. Disponível em: < http://www.abdpc.org.br/abdpc/artigos/Luiz%20G.%20Marinoni(5)%20-%20formatado.pdf>. Acesso em: 24 jun. 2019. p. 10.

902 CANTOARIO, Diego Martinez Fervenza. Tutela específica das obrigações de fazer e não fazer no Novo CPC: primeiras observações. In: MACÊDO, Lucas Buril de; PEIXOTO, Ravi; FREIRE, Alexandre (Org.). *Novo CPC, doutrina selecionada*: execução. Salvador: Juspodivm, 2015, v. 5. p. 113. "Paulatinamente o entendimento de que a preferência deveria ser sempre pela tutela específica das obrigações de fazer e não fazer ganhou terreno na doutrina e jurisprudência brasileira.".

903 Art. 247 do CC/02. Incorre na obrigação de indenizar perdas e danos o devedor que recusar a prestação a ele só imposta, ou só por ele exeqüível.

904 ZANETTI, Cristiano de Sousa. Cumplimiento forzado de las obligaciones contractuales de carácter no pecuniario: la experiencia brasileña. In: VIDAL, Alvaro; MOMBERG, Rodrigo (Org.). *Cumplimiento específico y ejecución forzada del contrato*: de lo sustantivo a lo procesal. Valparaíso: Ediciones Universitarias de Valparaíso, 2018. p. 440-441.

905 POPP, Carlyle. *Execução de obrigação de fazer*: a tutela substitutiva da vontade nas obrigações negociais de fazer juridicamente infungíveis. Curitiba: Juruá, 1995. p. 118. "Não restam dúvidas de que a execução específica não pode ser instrumento de desobediência aos ditames constitucionais protetivos da personalidade.".

906 ZANETTI, Cristiano de Sousa. ZANETTI, Cristiano de Sousa. *Responsabilidade pela ruptura das negociações*. São Paulo: Juarez de Oliveira, 2005. p. 149-151.

Sobreleva-se, neste ponto, a orientação de que o "o juiz não pode negociar pelas partes"[907].

Sendo assim, por estarem as obrigações de negociar de boa-fé e de celebrar os contratos de aplicação localizadas exatamente no processo criativo negocial, há de se aferir se é viável, em havendo ofensa a elas por uma das partes, proceder-se à sua execução específica.

Uma vez mais, é interessante, para melhor exposição da temática, dividir o seu estudo entre a obrigação de negociar de boa-fé os contratos de aplicação, conteúdo mínimo da obrigação de cooperação presente em todos os contratos-quadro, e a obrigação de concluir os contratos de aplicação, que revela um grau de intensidade mais acentuado da referida obrigação de cooperação.

No caso da obrigação de negociar de boa-fé, a solução do questionamento é simples: não cabe, em hipótese alguma, a sua execução específica.

De pronto, exclui-se a possibilidade de execução específica direta, isto é, pela sub-rogação do julgador na posição da parte contratual que se recusou a negociar[908], tendo em vista que foge absolutamente ao escopo da função jurisdicional a figuração em tratativas contratuais - o juiz, repita-se, interpreta, mas não pode atuar como se parte fosse no processo de formação do contrato[909].

Não é diferente a conclusão no que se refere à execução específica indireta[910], que é aquela pela qual se tenta atuar na vontade do obrigado,

[907] FORGIONI, Paula. Op. cit. p. 51. "o juiz não pode negociar pela parte e a parte não pode ser obrigada a contratar, salvo em raras hipóteses em que há previsão em lei.".

[908] CANTOARIO, Diego Martinez Fervenza. Op. cit. p. 124.

[909] LARENZ, Karl. Op. cit. p. 99. "Não obstante, o juiz não pode compelir as partes a concluírem qualquer contrato de sociedade, de compra e venda, etc., a não ser que se trate da conclusão de contrato com conteúdo determinado. Como poderá o juiz estabelecer o conteúdo se as partes não tiverem definido no contrato preliminar pontos essenciais do contrato principal que deveria ser concluído depois?".
Trecho original: "Sin embargo, el juez no puede constreñir a la conclusión de cualquier contrato de sociedad, de compraventa, etc., sino a la conclusión de un contrato de tal clase con un contenido determinado. ¿Como podrá el juez establecer tal contenido siendo así que las partes han dejado fuera del precontrato puntos esenciales del contrato principal que ha de ser concluído después?".

[910] Não é pacífica a terminologia, pois existe posição, inobstante minoritária, no sentido de afirmar a impossibilidade de se reputar forçada a execução na qual, ainda que levado a isso por meios coercitivos, a obrigação é satisfeita pela vontade do devedor. Nesse sentido,

fazendo com que cumpra voluntariamente a obrigação mediante meios coercitivos, identificada na expressão de Rudolf Jhering como função penal da atividade jurisdicional[911], e consubstanciada, por exemplo, em multas por descumprimento, inclusão em cadastros de restrição de crédito, dentre outras medidas[912].

É pouco factível que, no cenário em que uma das partes foi obrigada a negociar com a outra por meio da aplicação de medidas coercitivas judiciais, houvesse qualquer benefício com o seguimento das tratativas, quem dirá ocorrer a continuidade da relação contratual com a celebração dos contratos de aplicação. Nessa hipótese, já é clara a ausência de disposição do contratante de estabelecer tratativas efetivamente destinadas à continuidade da relação contratual, de modo que a continuidade forçada das negociações seria providência sem utilidade.

Em sentido semelhante ao apontado, tem prevalecido a compreensão, tanto em relação às obrigações de negociar de boa-fé em geral[913] quanto especificamente àquelas que estão inseridas nos contratos-quadro[914], de que não é viável a execução específica nessas hipóteses.

Cf. GUERRA, Marcelo Lima. *Execução forcada*: controle de admissibilidade. 2. ed. Rio de Janeiro: Revista dos Tribunais, 1998. p. 47.

911 JHERING, Rudolf. *3 estudios jurídicos*: del interés en los contratos, la posesión, la lucha por el derecho. Trad. Adolfo González Posada. Buenos Aires: Atalaya, 1947. p. 19. "Por função penal, não se faz menção à imposição ao demandante de uma penalidade privada, que era a finalidade das ações criminais romanas, mas sim a ameaça de uma penalidade como meio de pressão para o caso de violação da ordem judicial, de acordo com a terminologia romana, a imposição de uma *multa*, compreendida em oposição à *poena*.".
Trecho original: "Por *función penal* no entiendo la *imposición* al demandante de una pena privada, que era el fin de las acciones penales romanas, sino la *amenaza* de una pena como medio de presión para el caso de incumplimiento de la orden judicial, según el lenguaje romano, la imposición de una *multa*, por oposición a la *poena*.".

912 ZAVASCKI, Teori Albino. *Processo de execução*: parte geral. 3. ed. São Paulo: Revista dos Tribunais, 2004. p. 95.

913 SPECIALE, Renato. Op. cit. p. 244. "(...) as obrigações de seguir as tratativas (obrigação de resultado) e aquela de conduzi-las de boa-fé (obrigação de meios), cuja violação não abrange o remédio da execução forçada, mas apenas ao ressarcimento dos danos (...)".
Trecho original: "(...) l'obbligo di intraprendere le trattative (obbligazione di risultato) e quella di condurle in buona fede (obbligazione di mezzi), le cui violazioni non prevedono il rimedio dell'esecuzione forzata, bensì il risarcimento dei danni (...)".

914 GHESTIN, Jacques. Op. cit. p. 20. "O acordo de princípios faz nascer uma obrigação contratual de negociar, a qual deve naturalmente deve se executar de boa-fé, e cuja sanção por descumprimento apenas pode ser a condenação à indenização de danos.".

Deste modo, é manifesto que a obrigação de negociar de boa-fé os contratos de aplicação não comporta execução, abrindo-se à parte do contrato-quadro lesada pelo seu descumprimento apenas a via indenizatória[915].

A resposta à problemática analisada, no caso das obrigações de celebrar os contratos de aplicação, é mais intrincada.

A execução específica da obrigação de contratar não é, em si considerada, completamente inviável, encontrando guarida na ordem jurídica brasileira em certas situações, sendo a mais notória a do contrato preliminar.

Salta aos olhos, entretanto, a circunstância de que o contrato preliminar não pode ser equiparado ao contrato-quadro[916], sendo de especial pertinência, nesta discussão em particular, o ponto de distinção atinente aos elementos que são determinados em cada um deles. O contrato preliminar deve, por exigência legal[917], fixar todos os requisitos (*rectius*: elementos) essenciais do contrato definitivo, ao passo que o contrato-quadro, ao contrário, não os determina completamente[918].

Essa diferença, por si só, já seria suficiente para desautorizar a aplicação irrefletida do modelo regulativo dos contratos preliminares aos contratos-quadro, mas a ela se soma uma outra: a constatação de que, mesmo nos contratos preliminares, nem sempre é possível a execução específica[919].

Conforme brevemente citado anteriormente[920], os contratos preliminares podem se dividir em relação ao seu grau de preliminaridade, aferido em atenção a quão extensa é a sua reserva de complementação.

Trecho original: "L'accord de principe fait donc naître une obligation contractuelle de négocier, qui doit naturellement s'exécuter de bonne foi, et dont la sanction ne peut être qu'une condamnation à des dommages-intérêts.".

915 *Vide* tópico 4.5.2, *infra*.

916 *Vide* tópico 1.4.2, *supra*.

917 Art. 462 do CC/02. O contrato preliminar, exceto quanto à forma, deve conter todos os requisitos essenciais ao contrato a ser celebrado.

918 ZANETTI, Cristiano de Sousa. Op. cit. p. 21.

919 CARVALHOSA, Modesto. *Comentários à lei de sociedades anônimas*. 4. ed. São Paulo: Saraiva, 2011, v. 4, t. II. p. 218. "(...) não se admite, com efeito, que o Poder Judiciário possa se substituir às partes para preencher determinados pontos por elas não disciplinados no contrato preliminar.".

920 *Vide* nota de rodapé 295, *supra*.

Os contratos de preliminaridade mínima são aqueles em que o conteúdo do contrato definitivo já está praticamente preestabelecido em sua totalidade, restando apenas a repetição de seus termos no contrato definitivo, ou, se muito, a definição de questões muito secundárias, ao passo em que, naqueles cujo grau de preliminaridade é máximo, verifica-se diversos pontos relevantes em aberto, inobstante não atinentes a elementos categoriais inderrogáveis do contrato definitivo, os quais demandam novos acordos pelas partes, situando-se, ainda, entre ambas as espécies, os contratos de preliminaridade média[921].

A execução específica apenas é possível nos contratos preliminares cuja reserva de complementação seja mínima ou, se muito, média, e desde que não haja impedimento quanto a isso na própria avença[922].

De fato, tome-se como exemplo o caso de um contrato preliminar – o qual, por exigência legal, já abrange todos os elementos categoriais inderrogáveis do contrato definitivo – em que só esteja pendente de negociação e determinação pelas partes o banco junto ao qual uma delas deverá contratar fiança destinada a servir de garantia ao contrato – notória hipótese de preliminaridade mínima. O julgador tem a possibilidade de, mediante auxílio de perícia técnica – o que no cenário ilustrativo parece desnecessário – ou segundo as suas máximas de experiência[923], determinar objetivamente os bancos em que mais provavelmente ocorreria a

[921] TOMASETTI JUNIOR, Alcides. *Execução do contrato preliminar*. Tese (Doutorado em Direito Civil), Faculdade de Direito do Largo de São Francisco, Universidade de São Paulo, 1982. p. 22-27.

[922] TOMASETTI JUNIOR, Alcides. Op. cit. p. 257. "Ocorre, portanto, estabelecer o sentido e o alcance desse juízo de determinação, em consonância com os graus de preliminaridade estudados no capítulo primeiro (retro, § 4). Nos graus mínimo e médio, nos quais é extensificada a programação do conteúdo do contrato definitivo no preliminar, o órgão jurisdicional, se não houver impedimento derivado do próprio título, não tem atividade mais característica a desempenhar.".

[923] TOMASETTI JUNIOR, Alcides. Op. cit. p. 262. "O magistrado que se encontra na difícil situação de proferir o juízo de determinação da exequibilidade do negócio-base, mediante a complementação dos acordos residuais postos sob reserva, nos casos de preliminaridade mínima, uma vez que ultrapasse o momento de valoração positiva da conveniência da conclusão do contrato, pode servir-se de todos os meios, legais e extralegais, desde que eticamente legítimos, para apurar (e não para adivinhar) o conteúdo provável dos negócios jurídicos em aberto. É claro que muita coisa poderá ser resolvida pelas provas produzidas, especialmente periciais. (...) Demais, este campo da complementação judicial dos acordos residuais

contratação da fiança e ordenar que o devedor, em prazo razoável, escolha um deles[924], ou ainda, em persistindo a recusa deste, suprir a sua vontade[925].

Esse cenário é, muito claramente, distinto daquele a que estão submetidos os contratos-quadro, ainda que com obrigação de contratar. Nestes acordos, por definição, subsistem elementos essenciais da relação contratual ainda não fixados, de modo que o julgador teria, a fim de viabilizar a execução específica, ou se substituir às partes e definir, ele próprio, os pontos incompletos, ou estabelecer meios coercitivos para que os próprios acordantes concluíssem as negociações. Incorrer-se-ia, então, nos mesmos percalços já citados quando da exposição da impossibilidade de se conferir tutela específica à obrigação de negociar de boa-fé.

Ora, se mesmo nos contratos preliminares, nos quais já há definição dos elementos essenciais do contrato futuro e em que há expressa autorização legal para a execução específica, tal medida não se afigura possível quando o grau de preliminaridade é muito elevado, quem dirá nos contratos-quadro, em que, para que a obrigação de celebrar os contratos de aplicação comportasse execução específica, ter-se-ia que suprir os elementos que servem de caracterização à própria relação contratual planejada pelas partes[926].

Destarte, verifica-se que, analisado de modo geral, o contrato-quadro, mesmo que nele prevista a obrigação das partes de concluírem os contratos de aplicação, não comporta execução específica, ante a ausência de determinação de elementos essenciais da relação contratual. Tal posição

é altamente propício à aplicação das máximas de experiência a que se refere ao art. 335 do Código de Processo Civil.".

[924] Art. 463 do CC/02. Concluído o contrato preliminar, com observância do disposto no artigo antecedente, e desde que dele não conste cláusula de arrependimento, qualquer das partes terá o direito de exigir a celebração do definitivo, assinando prazo à outra para que o efetive. (...)

[925] Art. 464 do CC/02. Esgotado o prazo, poderá o juiz, a pedido do interessado, suprir a vontade da parte inadimplente, conferindo caráter definitivo ao contrato preliminar, salvo se a isto se opuser a natureza da obrigação.

[926] POPP, Carlyle. Op. cit. p. 199. "(...) efetivamente para que o contrato principal possa ser substituído pela decisão proferida pelo Poder Judiciário, é necessário que as partes já tenham convencionado a respeito de todos os elementos essenciais do contrato principal, bem como sobre os secundários que não puderem ser supridos pela norma legal (caráter cogente ou supletivo) ou por critérios de integração e/ou interpretação integrativa.".

é compartilhada pela maior parte daqueles que se debruçam sobre a temática[927].

Mas por que então se afirmou que a resolução da questão referente à possibilidade de execução específica seria mais complexa nos contratos--quadro com obrigação de contratar, se, aparentemente, é evidente que, a exemplo da obrigação de negociar de boa-fé, ela não pode ser objeto de execução forçada?

A ressalva se deve ao entendimento de que, em alguns casos particulares de contratos-quadro, é possível a execução específica da obrigação de celebrar os contratos de aplicação.

São as hipóteses em que, de um lado, são muito reduzidos os elementos pendentes de determinação no contrato-quadro, e, de outro, são preestabelecidos critérios objetivos de definição de tais elementos no cenário em que não haja acordo entre as partes quanto a eles.

É importante não confundir os contratos-quadro, nestas hipóteses, com os contratos preliminares, pois subsiste a indeterminação de elementos essenciais da relação contratual, a qual deverá ser suprida por intermédio da atuação das partes na conclusão dos contratos de aplicação.

Tome-se como exemplo um contrato-quadro de distribuição com obrigação de contratar para ambas as partes o qual preveja a maioria dos elementos da relação contratual inaugurada, definindo as obrigações e as prerrogativas dos contratantes, os prazos contratuais, os modos de comunicação, as sanções em caso de descumprimento, os meios de resolução de controvérsias, dentre outras matérias, deixando pendentes de fixação tão somente o preço e a quantidade dos produtos distribuídos. Imagine-se, ainda, que seja estipulado no contrato-quadro que o preço será aquele constante de tabela divulgada pelo fornecedor para toda a sua rede de distribuição[928] e que as partes não apenas têm a obrigação de celebrar os contratos de aplicação de compra e venda mercantil, porém, mais especificamente, o distribuidor deverá adquirir, e, correspectivamente, o fornecedor deverá vender, certa quantidade mínima de produtos por mês.

[927] GATSI, Jean. Op. cit. p. 267, 274; GHESTIN, Jacques. Op. cit. p. 21-22; ZANETTI, Cristiano de Sousa. Op. cit. p. 21, 149-150; SPECIALE, Renato. Op. cit. p. 247; VICENTE, Dário Moura. Op. cit. p. 350-351.

[928] Acerca da validade da fixação unilateral do elemento contratual ocorrida nestes moldes, *Vide* tópico 3.4, *supra*.

De início, não se pode afastar a recondução do acordo inicial acima apresentado à categoria dos contratos-quadro, pois, embora estabeleça a maior parte dos elementos contratuais da cadeia de negócios planejada, não define todos aqueles que são essenciais à relação contratual.

Nesse cenário, a definição do preço, elemento categorial inderrogável dos contratos de aplicação de compra e venda, ocorre mediante recurso a um critério objetivo e externo ao contrato, qual seja, a tabela mantida pelo fornecedor, de modo que, apesar de uma das partes se recusar a contratar, será determinado o preço por intermédio do parâmetro por elas estabelecido.

Por outro lado, no que atine à quantidade, atributo da coisa, esta considerada outro dos elementos essenciais dos contratos de compra e venda a serem celebrados, também há um critério preestabelecido de fixação: o mínimo a ser adquirido pelo distribuidor e vendido pelo fornecedor.

Ainda que se qualifique tais cláusulas de quota mínima[929] como cláusulas penais – posição outrora prevalecente a qual, mais recentemente, tem sido refutada[930] –, não se pode ignorar que, se a parte a quem favorecia o pagamento de multa equivalente ao benefício econômico decorrente da efetiva contratação prefere, ao invés de recebê-la, concluir o contrato de aplicação, deve esta medida ser tomada, porquanto possível, ante a existência de critérios objetivos estabelecidos pelos próprios contratantes para colmatar os aspectos lacunosos.

Nesses casos, apenas o acordante que não descumpriu a obrigação de contratar pode requerer a sua execução específica, caso a prefira em detrimento à cobrança da contraprestação mínima acordada[931].

[929] As chamadas cláusulas de *take or pay* (aquisição mínima) e *delivery or pay* (fornecimento mínimo). *Vide* nota de rodapé 228, *supra*.

[930] Por fugir aos propósitos desta obra, não se adentrará nas minúcias desta discussão. Menciona-se, contudo, a título exemplificativo, no sentido de que tais cláusulas constituem contraprestação pela disponibilização de fornecimento mínimo e garantia de remuneração mínima: VIEIRA, Vitor Silveira. Op. cit. p. 110 e ss. Analisando as diversas qualificações das cláusulas de quota mínima, embora concluindo que estas possam ser, a depender do caso, qualificadas como cláusulas penais, Cf. MARQUEZ, Rafael Batista. Op. cit. p. 14, 27 e ss.

[931] MARQUEZ, Rafael Batista. Op. cit. p. 15. "Um aspecto relevante e que merece destaque é o fato de que o fornecedor do produto pode vender para terceiros o produto não adquirido pelo comprador, apesar de o pagamento correspondente ter sido efetuado. Dito de outro modo, o comprador perde o direito de adquirir a quantidade mínima contratada do produto e que não fora utilizada. Desse modo, o fornecedor pode vender o produto para outro interessado.".

Sendo assim, em um caso no qual o distribuidor não tenha adquirido o mínimo de produtos previsto no contrato-quadro, não pode ele, caso o fornecedor prefira cobrar a diferença de valor entre o efetivamente adquirido e a quantidade devida, postular posteriormente a execução forçada da obrigação, com a entrega dos produtos em questão.

Impende destacar que é factível se cogitar de casos nos quais a parte prefira a execução forçada da obrigação de contratar ao invés do mero pagamento da remuneração mínima acordada. São exemplos as situações em que o fornecedor não tem espaço para armazenar todos os produtos não adquiridos pelo distribuidor, preferindo concluir o contrato de aplicação do que apenas cobrar o valor das mercadorias como facultado contratualmente, ou em que o distribuidor já assumiu compromissos de vender para terceiros os produtos distribuídos, sendo-lhe mais vantajoso celebrar a avença e, assim, obter os bens mediante pagamento.

Ainda ilustrativamente, pode-se vislumbrar a hipótese de os acordantes disporem no contrato-quadro que, em caso de não chegarem a um consenso em relação aos elementos ainda não fixados, um terceiro previamente indicado seria o responsável por concluir esta tarefa.

Analisando casos semelhantes aos exemplos propostos, alguns Tribunais franceses já reconheceram que, nestas situações, seria possível a execução específica da obrigação de contratar[932].

Pode-se verificar, no entanto, que estes são casos extremamente particulares, em que não só a reserva de complementação dos contratos--quadro é mínima, restando às partes negociarem e definirem apenas pouquíssimos aspectos, mas também já existem critérios objetivos por elas estabelecidos previamente para colmatar tais lacunas.

Na generalidade dos casos, a execução específica não se demonstra viável, restando às partes tão somente a tutela indenizatória dos prejuízos sofridos, a qual, conforme a seguir explanado, varia a depender de o contrato-quadro estabelecer para os acordantes apenas uma obrigação de negociar de boa-fé ou a obrigação de celebrar os contratos de aplicação.

Passa-se à investigação das diretrizes para indenizar a parte prejudicada em caso de incumprimento, no âmbito de contrato-quadro, das obrigações de negociar de boa-fé e de celebrar os contratos de aplicação.

[932] Tais julgados são objeto de comentários de Jean Gatsi, o qual lhes ressalta a especificidade e inaplicabilidade para os contratos-quadro em geral. Cf. GATSI, Jean. Op. cit. p. 267.

4.5.2. Parâmetros de indenização em caso de descumprimento das obrigações de negociar de boa-fé e de celebrar os contratos de aplicação

Reconhecer que as obrigações de negociar de boa-fé e de contratar, ainda que não comportem execução específica, possibilitam aos contratantes prejudicados a indenização dos danos por eles sofridos, não finaliza o estudo ora conduzido, pois ainda resta a indagação: quais seriam os parâmetros de tais indenizações, e como difeririam de acordo com cada uma das obrigações mencionadas?

No âmbito da responsabilidade civil contratual, as noções de interesse negativo e positivo são invocadas como critérios de delimitação do alcance do dever de indenizar[933].

Formulada sistematicamente pela primeira vez por Rudolf Jhering, em obra a respeito da responsabilidade por atos praticados na fase de formação dos contratos[934], a divisão entre interesse negativo e interesse positivo foi objeto de numerosas críticas e objeções[935], as quais ocasionaram o seu desenvolvimento e transformação desde o período em que foi proposta[936]. Tal circunstância torna plurívoca, sob o aspecto conceitual, a bipartição

[933] MOTA PINTO, Paulo. *Interesse contratual negativo e interesse contratual positivo.* Coimbra: Coimbra Editora, 2008, v. 1. p. 1-4. "Na verdade, a distinção entre interesse contratual negativo e interesse contratual positivo, com quase século e meio, despertou, desde que foi formulada, um verdadeiro fascínio na doutrina, ainda que, muitas vezes, simplesmente pela desconfiança que suscitava, ou para acabar por ser categoricamente rejeitada. (...) Apesar de posições que negam a sua relevância, é ainda hoje uma noção com que se topa a cada esquina no direito civil. Tal distinção corre, como moeda corrente, nos manuais de direito civil e em geral na doutrina – onde se tem notado um interesse recorrente pela sua utilização em diversas hipóteses, entre nós e lá fora –, e encontra-se frequentemente na jurisprudência, a propósito da medida dos danos em certas hipóteses de responsabilidade civil: a indemnização pode referir-se ao interesse (contratual) negativo ou ao interesse (contratual) positivo.".

[934] JHERING, Ruldof. *Culpa in contrahendo ou indemnização em contratos nulos ou não chegados à perfeição.* Trad. Paulo Mota Pinto. Coimbra: Almedina, 2008.

[935] PONTES DE MIRANDA, Francisco Cavalcanti. *Tratado de direito privado.* 3. ed. Rio de Janeiro: Borsói, 1970, t. IV. p. 84.

[936] STEINER, Renata. *Reparação de danos*: interesse positivo e interesse negativo. São Paulo: Quartier Latin, 2018. p. 38-39. "É inconteste que, apesar das críticas – ou até mesmo por conta delas –, a proposição da *culpa in contrahendo* impulsionou relevantes desenvolvimentos no Direito das Obrigações. Dentre eles, destaca-se aquele referente ao alcance da responsabilidade fundada na fase formativa e do dever de indenizar respectivo, que foi acompanhado pelo igual desenvolvimento do código binário ora estudado.".

em comento, e, por isso, mais do que justificar o estudo de sua evolução histórica, torna-o medida necessária para que se compreenda os termos em que prevalece atualmente e é adotada neste trabalho.

Inicialmente, impende esclarecer que, na obra em que propôs os conceitos de interesse negativo e positivo, Jhering investigou a situação na qual, havendo nulidade contratual, uma das partes tivesse conhecimento a respeito do vício, ou devesse tê-lo, segundo padrões de diligência média[937]. Propõe, como critério de solução da problemática, a ideia de *culpa in contrahendo*, fundamento da responsabilidade do acordante que sabia ou deveria saber da causa de nulidade, e, ao não alertar sua contraparte, frustrava a sua confiança e lhe causava prejuízos[938], descoberta considerada uma das mais importantes de seu tempo[939], e que, desde então, espraiou-se para a temática da responsabilidade pré-contratual em geral[940].

Um dos aspectos mais debatidos da obra mencionada seria a natureza contratual, aquiliana ou *sui generis* da responsabilidade pré-contratual[941], discussão que não será, entretanto, enfrentada neste trabalho, por fugir ao seu escopo. Consoante adiante demonstrado, não há dúvidas de que, em havendo descumprimento de obrigação decorrente do contrato-quadro, ainda que apenas de negociar de boa-fé, está-se diante de inequívoco caso de responsabilidade contratual.

A dicotomia analisada decorre de uma tentativa do autor alemão de demonstrar de modo prático e sistemático qual seria a diferença entre os parâmetros de indenização por danos causados nos contratos válidos em geral, que se daria pelo interesse positivo, e naqueles imperfeitos, por ele investigados, em que se aplicaria o interesse negativo[942].

A fim de melhor conceber o que consistem o interesse positivo e o interesse negativo, é relevante se aferir, em primeiro lugar, qual é o sentido do vocábulo "interesse" que é adotado na obra de Jhering.

937 JHERING, Rudolf. Op. cit. p. 17.

938 JHERING, Rudolf. Op. cit. p. 17 e ss.

939 LAM LAM, Chu. Responsabilidade pré-contratual na modalidade de ruptura das negociações. In: *Revista Administração*, v. 19, n. 72, ago./dez., 2006, p. 753-769. p. 753.

940 MENEZES CORDEIRO, António. *Da boa fé no direito civil*. Coimbra: Almedina, 2015. p. 544-545.

941 CHAVES, Antônio. *Responsabilidade pré-contratual*. 2. ed. São Paulo: Lejus, 1997. p. 140. "A grande disparidade de opiniões evidencia não ser possível construir uma justificativa da obrigação de reparar danos de ordem pré-contratual sob qualquer ponto de vista unitário.".

942 JHERING, Rudolf. Op. cit. p. 12-13.

Na conjuntura em que os conceitos analisados foram elaborados, a concepção de interesse estava relacionada à interpretação que prevalecia no direito alemão daquele tempo, notadamente por influência de Friedrich Mommsen, da noção romana de *id quod interest* – em tradução livre e literal, "aquilo que lhe interessa" –, na qual o sentido desse termo passou a equivaler a "dano indenizável"[943].

A compreensão de dano indenizável, por sua vez, atrelar-se-ia à teoria da diferença, que preconizava que este consistiria no saldo apurado pela comparação entre a situação real, na qual a parte lesada sofreu um dano, e um cenário hipotético, na qual tal ofensa a seu patrimônio jurídico não se operara, de modo que a diferença conferida ao prejudicado lhe reconduziria à situação anterior de ausência de dano, e, assim, servir-lhe-ia de indenização[944].

Não obstante essa se trate de leitura que se afasta do que efetivamente prevalecia no direito romano[945] - em que inexistia uma versão aproximada da teoria da diferença, e no qual o *id quod interest* variava caso a caso, segundo a concepção de qual seria o interesse ou consequência prática devida à parte, apurada em atenção a critérios subjetivos e de equidade[946]

[943] STEINER, Renata. Op. cit. p. 43. "A partir da peculiar leitura da expressão latina realizada por Mommsen, a palavra 'interesse' passou a ser entendida como sinônimo de dano indenizável.".

[944] STEINER, Renata. Op. cit. p. 43. "No que se convencionou chamar de teoria da diferença (*Differenztheorie*), o conceito de dano indenizável proposto por Mommsen poderia ser obtido pela comparação entre uma situação real, na qual o lesado de fato se encontra após o evento lesivo, e uma situação hipotética, à qual ele deve ser reconduzido, como resultado da indenização dos danos.".

[945] ZIMMERMANN, Reinhard. *The law of obligations*: roman foundations of the civilian tradition. Oxford: Oxford University, 1996. p. 826. "Eles (os romanos) usualmente se referiam ao 'id quod interest' que deveria ser conferido à parte. A noção de 'quod interest' não denotava um método específico de quantificação; em particular, ela não envolvia uma espécie de forma romana da '*Differenztheorie*'.".
Trecho original: "They usually referred to 'id quod interest' that had to be awarded to the plaintiff. 'Quod interest' did not denote a specific method of assessment; in particular, it did not encapsulate a Roman form of '*Differenztheorie*'.".

[946] ZIMMERMANN, Reinhard. Op. cit. p. 826. "A noção de 'quod actoris interest' faz referência ao 'interesse' da parte (em um sentido moderno da palavra): ela tem de receber aquilo no qual estava interessa, aquilo que lhe dizia respeito, aquilo que era a consequência por ele buscada (...) Falando de modo geral, quod interest era um mais moderno e flexível conceito contrário à ideia de certo modo pouco sofisticada e limitante de conferir 'quanti ea res est', e

–, ela prevaleceu não apenas na obra de Jhering, mas também no direito alemão[947], guardando relevância até hoje, igualmente, em outras ordens jurídicas, embora não como sinônima exata de "dano indenizável".

A teoria da diferença é atualmente criticada pela doutrina brasileira, a qual lhe reputa inaplicável à ordem jurídica pátria[948], porque, de um lado, pressuporia apenas a reparação de danos de cunho material[949], e, de outro, porque estaria fundada em uma compreensão vulgar de prejuízo, segundo a qual este seria, mesmo para fins jurídicos, o dano sofrido por um bem determinado[950].

Entretanto, independentemente de sua inadequação como explicativa do conceito de dano indenizável, a teoria da diferença, desde que reconduzida – ou melhor, atualizada – a uma percepção normativa, e não naturalista, é valiosa para servir de critério de quantificação dos danos patrimoniais[951].

significava uma mudança de um ponto de vista objetivo e padronizado para uma abordagem mais sofisticada e equitativa, caracterizada por um critério mais individualizante e, no geral, subjetivo.".

Trecho original: "Quod actoris interest refers to the plaintiff's 'interest' (in the modern sense of the word): he has to get what he was interested in, what concerned him, what was of consequence to him (...) Generally speaking, quod interest was the more modern and flexible counterconcept to the somewhat crude and limiting idea of awarding 'quanti ea res est', and it signified a shift from an objective, standardized point of view to a more sophisticated and equitable approach, characterized by individualizing and, on the whole, subjective criteria.".

947 ZIMMERMANN, Reinhard. Op. cit. p. 824. "O ponto focal do direito indenitário alemão moderno é um uniforme e abrangente conceito de indenização, consubstanciado na famosa '*Differenztheorie*'.".

Trecho original: "The focal point of the modern German law of damages is a uniform and comprehensive concept of damages, as embodied in the famous '*Differenztheorie*'.".

948 Para um trabalho de sistematização e análise aprofundada dessas objeções, Cf. STEINER, Renata. Op. cit. p. 50-56.

949 STEINER, Renata. Op. cit. p. 50-56.

950 MARTINS-COSTA, Judith. Os danos à pessoa no direito brasileiro e a natureza da sua reparação. In: *Revista da Faculdade de Direito da UFRGS*, v. 19, mar., 2001, p. 181-207. p. 182. "(...) vale dizer, dano seria tão só o prejuízo sofrido por um bem determinado, calculado segundo a Teoria da Diferença (...)".

951 STEINER, Renata. Op. cit. p. 57. "Disso se pode, em conclusão intermediária, destacar que, no Brasil, a *teoria da diferença* é, no mínimo, adequada à definição e quantificação do *dano patrimonial* e, em um contexto mais amplo, adequada à definição da função compensatória da responsabilidade civil. Não se trata, pois, de teoria a ser sumariamente descartada.".

Sob essa perspectiva, não se deve entender a teoria da diferença como preconizando uma operação matemática de subtração para alcançar o resultado da indenização - tinha cem moedas, foram-me subtraídas indevidamente vinte delas, logo minha indenização deve corresponder às vinte moedas que me retornarão ao estado anterior[952].

Tratar-se-ia, por outro lado, de um exercício hipotético de análise comparativa da diferença entre uma situação real, em que se constata o dano, e uma situação conjectural, em que este prejuízo não se verifica. Este cenário pressuposto não é obtido pelo mero recurso a um juízo fático-material, estando orientada normativamente a sua depuração por aquilo que a ordem jurídica reputaria ser o estado adequado ao qual a parte lesada deveria ser conduzida, o que não necessariamente será alcançado pela subtração de um evento (interesse negativo), podendo também ser revelado pela adição de elementos (interesse positivo)[953].

Nesse sentido, que é hoje o prevalecente, tem-se que "interesse" deve ser interpretado como sinônimo de "situação hipotética de ausência de dano"[954], a qual pode ser aferida tanto pela adição de elementos não ocorridos efetivamente - por exemplo, o cumprimento de um dever que, na realidade, foi contrariado - quanto pela abstração de fatos ocorridos - a título de ilustração, imagina-se que nunca foi gerada a confiança indevidamente frustrada[955].

952 STEINER, Renata. Op. cit. p. 56-59.

953 MOTA PINTO, Paulo. Op. cit. p. 842. "O interesse não se identifica, pois, com o dano (embora este corresponda ao primeiro), nem com o seu ressarcimento ou a sua medida, como se entende corretamente, por força da identificação que se generalizou na sequência da 'teoria do interesse' de Friedrich Mommsen. Para nós, é, antes, a relação entre o lesado e o estado em que estaria se não fosse o evento lesivo (que determina a obrigação de indemnizar), e, também (por metonímia), apenas o *estado* ou *situação em que o lesante estaria* se não fosse o evento, caracterizados *fundamentalmente* pela circunstância *positiva* do cumprimento, pelo facto *negativo* da não conclusão do contrato ou da falta de vinculação negocial, ou pela circunstância (negativa) da falta de suscitação e depósito da confiança.".

954 MOTA PINTO, Paulo. Op. cit. p. 842.

955 SZTAJNBOK, Felipe. A indenização pelo interesse positivo como forma de tutela do interesse do credor nas hipóteses de inadimplemento culposo da obrigação: análises a partir do AgRg no REsp 1.202.506/RJ e do AgRg no AgRg no AI 1.137.044/RJ. In: *Revista Civilística*, v. 3, n. 2, jul./dez., 2014, p. 1-20. p. 4. "Com efeito, a distinção entre interesse positivo e interesse negativo concentra-se justamente na caracterização do termo hipotético de comparação, para

Sendo assim, em se aplicando à espécie o interesse negativo, a indenização deve ser calculada a partir da seguinte elucubração: como estaria a parte lesada se não tivesse havido a celebração do contrato, ou se não tivesse sido criada nela certa confiança, ou se não tivesse sido feita a ela determinada promessa?

Por outro lado, em sendo caso de recurso ao interesse positivo, a indenização deve ser quantificada em atenção a esta especulação: como estaria a parte lesada se tivesse havido o cumprimento adequado do contrato ou então dos deveres a que a parte lesante estava submetida?

Antes de se iniciar a subministração desses entendimentos à temática dos contratos-quadro, são necessários três esclarecimentos relevantes acerca do par conceitual em questão.

O primeiro é que, diferentemente do que pretendem alguns, não se pode identificar o interesse positivo e o interesse negativo aprioristicamente, de modo estanque, com certas figuras negociais específicas – deve-se, por outro lado, preferir uma análise casuística, sobretudo em atenção ao dado de qual o critério é mais adequado para reparar o dano da parte lesada concretamente[956].

Além disso, há de se frisar que, por consistirem em marcos de comparação, os interesses positivo e negativo não impedem o ressarcimento, caso a caso, de danos emergentes e lucros cessantes, influindo apenas, grosso modo, no modo de quantificação destes[957].

Ressalta-se, finalmente, que se prefere fazer menção simplesmente a "interesse negativo" e a "interesse positivo", não adjetivando a expressão

que a partir dele se possa quantificar o dano. Esse termo hipotético de comparação poderá ser obtido, como se disse, pela adição de um elemento (interesse positivo) ou pela abstração de algo que aconteceu (interesse negativo).".

956 STEINER, Renata. Op. cit. p. 141. "Ora, sendo o conceito de dano fluido e mutável, mostra-se ele contrário a definições que se pretendam definitivas e absolutas. A experiência brasileira, independente de qualquer menção ao par conceitual, demonstra o acerto da afirmação: não é possível nem sequer desejável afirmar peremptoriamente quais situações ensejam ou não a reparação de danos, pois a análise definitiva deverá ser sempre casuística.".

957 STEINER, Renata. Op. cit. p. 198. "Com efeito, a distinção entre o interesse positivo e o negativo não se presta a limitar a indenização mediante o confinamento das rubricas indenizáveis em cada hipótese. Assim, tanto a indenização devida pelo interesse positivo como pelo interesse negativo abrangerá (potencialmente) danos emergentes e lucros cessantes. Como se tem afirmado, servem elas para instrumentalizar a composição das perdas e danos.".

de "contratual"[958]. Isso se deve a entendimento colhido da obra de Renata Steiner, que elucida que semelhante opção terminológica poderia ensejar a incorreta interpretação de que o conceito se estenderia a seara diversa da negocial, isto é, que se poderia cogitar de uma dicotomia entre "interesse extracontratual negativo" e "interesse extracontratual positivo"[959]. Não é este, contudo, o caso, não havendo utilidade nos conceitos apresentados no caso da responsabilidade extracontratual pura[960].

Realizadas tais explanações, passa-se a investigar se as obrigações de negociar de boa-fé e de celebrar os contratos de aplicação estariam sujeitas, na hipótese de seu descumprimento, à quantificação por intermédio de recurso ao interesse negativo ou ao interesse positivo.

No que se refere à obrigação de negociar de boa-fé os contratos de aplicação, é valioso colher as lições advindas do estudo da responsabilidade pré-contratual por interrupção abusiva das negociações.

Trata-se de comparação pertinente, pois tanto nesses casos específicos de responsabilidade pré-contratual quanto nas situações em que há descumprimento da obrigação inserida nos contratos-quadro de negociar de boa-fé os contratos de aplicação se constata haver a frustração da confiança criada em uma das partes na continuidade das tratativas – ou, no caso da obrigação advinda dos contratos-quadro, mais amplamente, até mesmo de que estas fossem iniciadas[961].

Ressalta-se, de logo, que a semelhança mencionada, a permitir o cotejo das hipóteses de descumprimento da obrigação de negociar de boa-fé dos contratos-quadro e do dever pré-contratual de dar seguimento às tratativas, não indica equivalência plena de características entre elas.

958 Adotando a opção criticada, tem-se, por exemplo, Paulo Mota Pinto. Cf. MOTA PINTO, Paulo. Op. cit.

959 STEINER, Renata. Op. cit. p. 75-76. No mesmo sentido, Cf. SZTAJNBOK, Felipe. Op. cit. p. 4 e ss.; JUNQUEIRA DE AZEVEDO, Antonio. Op. cit. p. 175, 183; ZANETTI, Cristiano de Sousa. Op. cit. p. 152 e ss.; PONTES DE MIRANDA, Francisco Cavalcanti. Op. cit. p. 83 e ss.; LAM LAM, Chu. Op. cit. p. 757.

960 STEINER, Renata. Op. cit. p. 75. "Na medida em que o interesse positivo e o interesse negativo representam situações hipotéticas sem o dano qualificadas em relação ao contrato, é intuitivo concluir que seu âmbito de aplicação desenvolve-se na responsabilidade advinda do rompimento do contrato ou da relação jurídica pré-contratual. Afasta-se, portanto, sua utilidade na responsabilidade aquiliana ou extranegocial 'pura'.".

961 *Vide* tópico 4.4, *supra*.

A obrigação de negociar de boa-fé os contratos de aplicação não é dotada de natureza pré-contratual, haja vista ser oriunda diretamente dos contratos-quadro, e não de posturas negociais anteriores à conclusão da avença[962]. A obrigação estudada não vincula candidatos a contratantes, como ocorre na responsabilidade pré-contratual, senão sujeitos entre os quais já existe enleio contratual, iniciado quando da celebração do contrato-quadro.

Em ambos os cenários, verifica-se o dever jurídico dos sujeitos envolvidos em negociações tendentes à celebração de um contrato de dar continuidade a esta, similarmente em razão da legítima confiança[963] criada de que iriam prosseguir. O que varia é a origem de tal confiança: no caso dos contratos-quadro, a sua origem é contratual[964], seja mediante expressa pactuação das partes nesse sentido, seja na condição de conteúdo mínimo da obrigação de cooperação, e, portanto, de elemento natural desta categoria[965]; contrariamente, no caso da interrupção abusiva das tratativas, a ensejar a responsabilidade pré-contratual, tem-se que advém dos comportamentos reiterados das partes durante a fase de negociações, carecendo, por conseguinte, de esteio em um acordo já concluído.

No caso da ruptura injustificada de negociações, ou seja, da violação do dever pré-contratual de negociar, oriundo da expectativa criada por uma das partes da negociação em seu interlocutor de que haveria seguimento das discussões destinadas à conclusão do contrato, é majoritária a compreensão, dentre os autores brasileiros, de que o interesse indenizável é o negativo[966].

[962] Em sentido diverso, Cf. ZAKI, Magdi. Op. cit. p. 1076. Para a discussão dessa posição, *Vide* tópico 4.1, *supra*.

[963] MARTINS-COSTA, Judith. *A boa-fé no direito privado*: critérios para a sua aplicação. 2. ed. São Paulo: Saraiva, 2018. p. 460. "E para que tal confiança seja qualificada como legítima, deve fundar-se em dados concretos, inequívocos, avaliáveis seguindo critérios objetivos e racionais.".

[964] GHESTIN, Jacques. Op. cit. p. 20. "Em suma, 'o contrato-quadro confere à sanção pelo rompimento das tratativas negociais um fundamento contratual'".
Trecho original: "En somme, '*l'accord de principe donne à la sanction de la rupture des pourparlers un fondement contractuel*'.".
No mesmo sentido, Cf. SPECIALE, Renato. Op. cit. p. 244-247.

[965] *Vide* tópico 4.4, *supra*.

[966] ZANETTI, Cristiano de Sousa. Op. cit. p. 157. "No direito brasileiro, portando, todos os danos decorrentes da ruptura ilícita das negociações devem ser indenizados. Tais danos,

Também na doutrina estrangeira, consoante apontado por Dário Moura Vicente, prevalece o entendimento de que deve haver a quantificação da indenização em atenção ao interesse negativo, cogitando-se em que situação estaria a parte lesada caso não tivesse sido gerada nela a confiança de que prosseguiriam as negociações interrompidas subitamente[967]. São citadas pontuais exceções em que, notadamente nos direitos português e alemão, admite-se a indenização do interesse positivo, por exemplo quando se possa concluir que, não fosse a ruptura injustificada, o contrato teria sido concluído[968], hipóteses, no entanto, que parecem se diferir das demais, tendo em vista que nelas a confiança gerada nas partes transcenderia a mera expectativa na continuidade das tratativas e originaria uma verdadeira obrigação de contratar[969].

Similarmente, o descumprimento da obrigação de negociar de boa-fé os contratos de aplicação suscita tutela indenizatória pelo interesse negativo.

permite-se acrescentar, consistem no interesse negativo, cabendo à tutela ressarcitória, como ensinam os estudiosos do direito italiano, o papel de colocar o candidato a contratante na situação patrimonial que estaria caso não tivesse confiado na conclusão do contrato em decorrência do comportamento da outra parte, que, mais tarde, retrocede.". No mesmo sentido, Cf. PONTES DE MIRANDA, Francisco Cavalcanti. Op. cit. p. 161; MARTINS-COSTA, Judith. Op. cit. p. 403; STEINER, Renata. Op. cit. p. 289-296; CHAVES, Antônio. Op. cit. p. 214-220; JUNQUEIRA DE AZEVEDO, Antonio. Op. cit. p. 175.

967 VICENTE, Dário Moura. Op. cit. p. 350-351. "Os ordenamentos examinados são concordes em excluir a execução específica do contrato projectado, em homenagem ao princípio da liberdade contratual. Como corolário desta ideia surge a restrição do dano indemnizável ao interesse contratual negativo ou de confiança; nalguns Direitos, como o alemão e o português, admite-se, todavia, a indemnização em certas situações do interesse positivo ou de cumprimento.".

968 VICENTE, Dário Moura. Op. cit. p. 323. "Admite-se ainda a indenização do interesse positivo, ou de cumprimento, nos casos em que, não fora a *culpa in contrahendo*, o contrato se teria aperfeiçoado, assim como naqueles em que a conduta culposa consista na violação de um dever de conclusão do negócio, por analogia com o art. 275.º, n.º 2.".

969 MOTA PINTO, Paulo. *Interesse contratual negativo e interesse contratual positivo*. Coimbra: Coimbra Editora, 2008, v. 2. p. 1348. "Só em casos assumidamente *excepcionais*, quando se possa afirmar a existência de um verdadeiro *dever de conclusão* do contrato – ou, de outra perspectiva, um direito a essa conclusão –, a obrigação de indemnização de quem rompeu as negociações, recusando-se a prosseguí-las, ou de quem se recusou a celebrar o contrato, poderá corresponder ao interesse positivo (na conclusão do contrato).".

Não havendo a obrigação de contratar, mas tão somente de negociar de boa-fé, limita-se a tutela jurídica a resguardar o direito da parte lesada à condução adequada das tratativas, não podendo essa proteção extrapolar os contornos da obrigação contraída para, em caso de descumprimento, conceder indenização quantificada em atenção ao que seria o resultado prático do contrato discutido entre os celebrantes[970]. É inviável equiparar as negociações ao próprio contrato, sob pena de, em o fazendo, ofender-se a liberdade de contratar[971].

Há ainda outro fundamento, este de ordem prática, a justificar que, havendo descumprimento da obrigação de negociar de boa-fé, o interesse indenizável seria o negativo. É o de que nestes casos não haveria nem mesmo parâmetros para calcular eventual indenização quantificada por intermédio do interesse positivo. Ter-se-ia de fazer verdadeiro exercício de adivinhação para se verificar em qual situação estariam as partes se as tratativas houvessem sido conduzidas corretamente, tendo em vista que estas não necessariamente resultariam na celebração de um contrato.

Ou seja, no caso da obrigação de negociar de boa-fé, inexiste parâmetro seguro para se aferir o estado hipotético no qual as partes presumivelmente se encontrariam caso ambas tivessem a cumprido.

Deste modo, a indenização pelo descumprimento da obrigação de negociar de boa-fé os contratos de aplicação se dá pelo interesse negativo, sendo apurada mediante o seguinte juízo conjectural: "em que situação estaria a parte lesada, não houvesse acreditado que ocorreriam punctuações sérias a respeito dos contratos de aplicação?".

Nessa ordem de ideias, são indenizáveis todos os gastos que o acordante prejudicado teve com as tratativas[972], aqui inseridos os custos com a nego-

[970] STEINER, Renata. Op. cit. p. 293. "(...) inexistente um dever de contratar, a expectativa legítima e que vem a ser tutelada pela responsabilidade civil não poderia extrapolar os limites de proteção a essa relação jurídica. Tutelam-se, portanto, as expectativas da parte que se manteve fiel às negociações, na legítima expectativa de que elas seriam adequadamente conduzidas; não se protege, ante a incompatibilidade às circunstâncias, um direito à conclusão do contrato.".

[971] CHAVES, Antônio. Op. cit. p. 205. "A distinção é importante para não se atribuir às negociações o valor de um contrato, incorrendo no absurdo de sujeitar-se uma das partes justamente às consequências de um ajuste que não quis assinar.". A distinção mencionada pelo autor é exatamente entre a obrigação de negociar e a de contratar.

[972] ZANETTI, Cristiano de Sousa. Op. cit. p. 157.

ciação, aqueles envolvidos na preparação delas (estudos de viabilidade, por exemplo) e a desvalorização de bens ou serviços oferecidos, dentre outros.

Também são indenizáveis, ao menos em tese, todos os valores que a parte razoavelmente deixou de receber (lucros cessantes)[973], reputando-se difícil, todavia, no cenário apontado, o preenchimento de seus pressupostos, notadamente a comprovação da certeza da vantagem que seria obtida caso não se tivesse prosseguido com as negociações dos contratos de aplicação[974]. Embora difícil a sua ocorrência na prática, e, principalmente, a sua comprovação, é possível se cogitar de indenização deste tipo, por exemplo, na situação hipotética em que a parte prejudicada, por haver acreditado na seriedade das tratativas que mais tarde restaram indevidamente frustradas, tenha deixado de aceitar uma proposta negocial de terceiro que fosse suficientemente completa para permitir a aferição do prejuízo suportado por quem não a aceitou.

Chama-se a atenção para a compreensão de alguns autores no sentido de que, em certos casos excepcionais, seria possível o surgimento de obrigação de contratar resultante da confiança criada nas partes, constatada quando a postura negocial dos contratantes evidenciasse o seu interesse sério e inequívoco de celebrar o acordo, assemelhando-se, por conseguinte, a uma proposta informal de contrato[975].

Trata-se de entendimento que não é pacificamente acolhido, e sobre o qual não se aprofunda, por fugir aos propósitos desta obra, mas o qual, mesmo se admitido, não daria azo a obrigação de negociar de boa-fé na qual o interesse indenizável seria positivo. O mais correto sob essa perspectiva seria reconhecer o cumprimento da obrigação de negociar – afinal, a negociação não apenas se iniciou como seguiu de forma bem-sucedida,

973 ZANETTI, Cristiano de Sousa. Op. cit. p. 161 e ss.

974 É cediço que não se admite indenização por lucros cessantes quando o prejuízo discutido é hipotético, incerto e futuro. Cf. STJ – Recurso Especial 1.369.039/RS – Rel. Min. Ricardo Villas Bôas Cueva – J. 04/04/2017 – Publicação DJE 10/04/2017.

975 STEINER, Renata. Op. cit. p. 327. "Reafirma-se que, em regra, a confiança não é suficiente para, por si só, permitir a tutela das expectativas contratuais, o que é a pedra de toque da distinção entre a ruptura de negociações e as demais hipóteses aqui mencionadas. Uma vez existentes tais atos, e ainda que não se configurem como uma proposta no sentido técnico do termo, é possível defender a excepcional configuração de um dever de indenizar, cuja infração leva (aplicando as regras gerais) à reparação do interesse positivo.".

sendo interrompida apenas no momento derradeiro, de conclusão do contrato negociado –, e, em razão do avanço das tratativas, com a definição quase integral do regramento do contrato de aplicação, o surgimento para as partes de uma obrigação de contratar derivada da legítima confiança gerada reciprocamente entre elas de que o acordo seria concluído, expectativa a qual seria tutelada em decorrência da incidência da boa-fé objetiva na relação contratual[976].

Sendo assim, não se vislumbra qualquer hipótese de obrigação de negociar de boa-fé na qual o interesse indenizável seja o positivo.

A lógica empregada no caso da obrigação de celebrar os contratos de aplicação é inversa: a reparação de danos deve ocorrer em atenção ao interesse positivo[977].

Em se analisando o contrato-quadro com obrigação de contratar, o marco de comparação mais adequado é o dos contratos preliminares, em que a obrigação constatada é semelhante.

No caso dos contratos preliminares, prevalece o entendimento de que o interesse indenizável é o positivo, reconduzindo-se o contratante prejudicado à situação em que estaria caso houvesse sido celebrado o contrato ao qual sua contraparte estava obrigada a concluir[978].

Tal compreensão se deve à própria natureza da obrigação principal contraída em tais contratos: o de concluir um acordo futuro. Consoante

[976] STEINER, Renata. Op. cit. p. 323-327.

[977] STEINER, Renata. Op. cit. p. 311-312. "Situação diversa da estudada no tópico anterior diz respeito à excepcional configuração de um dever de contratar no curso das negociações ou, ultrapassadas estas, naquela que se convenciona chamar de fase decisória ou de conclusão do contrato. Nesses casos, a lógica inerente à reparação de danos – isto é, colocar o lesado na situação hipotética em que estaria não fosse o evento lesivo – não conduzirá à reparação do interesse negativo, e, sim, do interesse positivo.".

[978] ZANETTI, Cristiano de Sousa. *A conservação dos contratos nulos por defeito de forma*. São Paulo: Quartier Latin, 2013. p. 146. "Caso a parte prefira ser indenizada a requerer a execução específica, deverá ser ressarcida pelo interesse positivo, ou seja, não só pelo que efetivamente perdeu, mas também pelo que deixou de lucrar por força do inadimplemento alheio. A parte lesada tem direito a receber exatamente o que ganharia se o contrato definitivo tivesse sido celebrado como prometido, conforme já decidiu a Corte de Cassação, em decisões proferidas em consonância ao pensamento defendido pela doutrina italiana.". No mesmo sentido, Cf. ROPPO, Vincenzo. Op. cit. p. 668-669; MOTA PINTO, Paulo. Op. cit. p. 1326; PROENÇA, José Carlos Brandão. Op. cit. p. 146-148; STEINER, Renata. Op. cit. p. 250, 312 e nota de rodapé 719.

anteriormente apontado[979], esta é uma das circunstâncias em que a liberdade de não contratar do indivíduo é mitigada em razão do autorregramento de interesses dele[980], de modo que se privilegia a tutela do direito da parte de ver concluído o contrato e se beneficiar de seus efeitos presumíveis[981]. Procura-se, por via de consequência, alcançar o resultado prático que se obteria mediante a celebração do contrato definitivo[982].

Voltando a análise para os contratos-quadro com obrigação de concluir contratos de aplicação, tem-se que a linha de raciocínio é a mesma, pois a natureza desta obrigação em particular[983] é também idêntica: similarmente aos contratos preliminares, as partes do contrato-quadro com obrigação de contratar se obrigam a celebrar acordos futuros.

Por via de consequência, em havendo o compromisso das partes do contrato-quadro de concluírem os contratos de aplicação, deve-se conferir tutela indenizatória destinada a reconduzi-las, na máxima medida, ao cenário em que provavelmente estariam se os acordos de concretização econômica da relação contratual tivessem sido ultimados[984].

O STJ debruçou-se sobre essa questão em demanda envolvendo contrato de distribuição de veículos no qual, pouco antes do distribuidor iniciar a operação comercial, mas já depois de ele ter realizado investimentos vultosos para viabilizá-la, a fornecedora fez valer de seu poder contratual de extinguir unilateralmente a relação contratual, assim impedindo que fossem concluídos os contratos de aquisição dos produtos distribuídos, a sua posterior revenda a terceiros e assim o retorno dos investimentos da distribuidora[985].

Apesar de a ação envolver outras questões, a exemplo dos limites à denúncia imotivada em contratos de longa duração, foi debatida a temática de qual seria o interesse indenizável no caso do descumprimento

979 *Vide* nota de rodapé 897, *supra*.

980 PONTES DE MIRANDA, Francisco Cavalcanti. Op. cit. p. 39.

981 STEINER, Renata. Op. cit. p. 323-327.

982 ZANETTI, Cristiano de Sousa. Op. cit. p. 146.

983 Em nada se alteram as demais distinções entre contrato-quadro e contrato preliminar, já tratadas neste trabalho. *Vide* tópico 1.4.2, *supra*.

984 GUIMARÃES, Maria Raquel de Almeida Graça Silva. Op. cit. p. 148 e ss.; POLLAUD-DULIAN; Frédéric; RONZANO, Alain; REYGROBELLET, Arnaud. Op. cit. p. 117.

985 STJ – Recurso Especial 1.555.202/SP – Rel. Min. Luís Felipe Salomão – J. 13/12/2016 – Publicação DJE 16/03/2017.

da obrigação de contratar em contrato que patentemente se reconduz à categoria dos contratos-quadro.

Na oportunidade, o STJ entendeu que a indenização deveria ser quantificada em atenção ao interesse positivo, de modo que não deveriam ser simplesmente ressarcidos todos os investimentos realizados pelo distribuidor, mas sim pagos a ele pelo fornecedor os ganhos presumíveis que obteria caso a relação contratual tivesse prosseguido e os contratos de aplicação de compra e venda mercantil houvessem sido celebrados[986].

Nos contratos-quadro com obrigação de contratar, portanto, quantifica-se a indenização pelo interesse positivo, alcançando-se a situação hipotética de ausência de dano pelo seguinte raciocínio: "em que estado a parte lesada se encontraria caso o outro contratante houvesse cumprido a sua obrigação e tivessem sido concluídos os contratos de aplicação?".

Ressalta-se, entretanto, que apesar de geralmente a indenização em caso de descumprimento da obrigação de celebrar os contratos de aplicação dever ocorrer pelo interesse positivo, tal medida nem sempre é possível.

Tal impossibilidade se manifesta quando, não obstante os contratantes tenham se obrigado a celebrar os contratos de aplicação, ainda existam muitos pontos destes acordos sem qualquer definição, inviabilizando a própria quantificação da indenização pelo interesse positivo, e tornando necessária que esta ocorra mediante o interesse negativo[987].

986 STJ – Recurso Especial 1.555.202/SP – Rel. Min. Luís Felipe Salomão – J. 13/12/2016 – Publicação DJE 16/03/2017. "É que o dispositivo do Código Civil pretende a indenização, tão somente, do 'interesse positivo', identificado pela doutrina como o interesse no cumprimento do contrato, ou seja, o montante que necessariamente deveria ter sido despendido para a execução do contrato e que, tendo em vista o abrupto desenlace, não se recompôs.".

987 ZANETTI, Cristiano de Sousa. Op. cit. p. 147. "Se não houver dados suficientes à complementação, porém, não resta solução outra que não a condenação ao pagamento de perdas e danos, limitados, agora, pelo interesse negativo. Nessa hipótese, a parte lesada pode pretender o pagamento de tudo o que perdeu e deixou de ganhar por confiar na conclusão do contrato. Não lhe é dado, contudo, exigir o que obteria com a conclusão do contrato definitivo, visto que os termos do negócio não são passíveis de definição objetiva. Avulta, nessa hipótese, a conveniência de pactuar uma cláusula penal, destinada a fixar desde logo os danos devidos em caso de inadimplemento do combinado.".

Na generalidade dos casos, deve-se privilegiar, no entanto, a indenização pelo interesse positivo, apenas recorrendo ao interesse negativo quando aquela solução for absolutamente inviável[988].

Destarte, a tutela indenizatória pela inobservância das obrigações decorrentes da obrigação de cooperação decorrente dos contratos-quadro se resume do seguinte modo: 1) no caso da obrigação de negociar de boa-fé os contratos de aplicação, a indenização ocorre segundo o interesse negativo; 2) no caso da obrigação de celebrar os contratos de aplicação, a indenização ocorre geralmente segundo o interesse positivo, salvo os casos em que o estado de incompletude dos contratos de aplicação e a ausência de avanço de definições por parte dos contratantes impossibilitem tal procedimento, hipótese em que o interesse indenizável será o negativo.

[988] ZANETTI, Cristiano de Sousa. Op. cit. p. 146-147.

CONCLUSÕES

O direito contratual, a exemplo de outras searas da ciência jurídica, beneficia-se do emprego de processo tipológico na criação normativa pelo aumento de certeza e objetividade em suas soluções, alcançado na medida em que são estabelecidos modelos normativos a que se pode recorrer gradualmente, a depender se a estrutura analisada se aproxima mais ou menos dos índices típicos estabelecidos.

É, todavia, especialmente notável no direito dos contratos, ao menos nas ordens jurídicas que, a exemplo da brasileira, adotam um sistema de tipicidade flexível – e não rígida, como por muito tempo predominou no direito romano –, a circunstância de a incorporação dos tipos jurídicos contratuais à ordem jurídica não ocorrer apenas por intermédio do legislador, mas também dos particulares. Estes acabam por criar verdadeiros modelos normativos no curso de suas relações econômicas, os chamados tipos contratuais sociais.

Essa peculiar conformação permite vislumbrar o processo de desenvolvimento de modelos normativos contratuais em ao menos três "velocidades" distintas: uma primeira, mais célere, na qual os agentes econômicos agem de modo criativo na busca descentralizada de novos arranjos para as suas operações; uma segunda, intermediária, já inserida na realidade jurídica, na qual os operadores do direito elaboram, também em atividade criativa, estruturas contratuais inovadoras, destinadas a se ajustar às particularidades das novas operações econômicas surgidas; e uma terceira, mais lenta que as demais, em que os intérpretes-aplicadores do Direito – estudiosos e julgadores – e o legislador atuam em um processo simultâneo de descoberta e criação jurídica, adequando as novas estruturas surgidas ao sistema jurídico, e assim criando novos modelos normativos contratuais, sejam social ou legalmente típicos.

O desenvolvimento dos contratos-quadro ilustra esse processo. Consistem em contratos originados da realidade econômico-social mediante atuação criativa de agentes econômicos (primeira velocidade) e jurídicos (segunda velocidade) em resposta a novas necessidades comerciais identificadas em certos enleios negociais.

Percebe-se que o estudo dos contratos-quadro se situa na terceira velocidade do direito contratual, e diz respeito à descoberta de seu modelo regulativo socialmente típico, cuja elaboração deve ocorrer em atenção tanto aos usos reiterados do mercado quanto aos limites jurídicos identificados no sistema de direito privado brasileiro.

Os contratos-quadro, por vezes nomeados contratos normativos, contratos-tipo, contratos-base e contratos guarda-chuva – terminologias preteridas seja por gerarem confusões no estudo da temática, seja por serem menos usuais –, são os contratos normativos que inauguram uma relação contratual na qual as partes não podem ou não desejam determinar, imediatamente, todos os seus elementos essenciais, destinando-se a reger o modo de celebração, o conteúdo e a forma de contratos futuros, nomeados contratos de aplicação – nomenclatura adotada em detrimento de outras, como contratos satélites, contratos individuais e contratos de execução, também menos claras e menos usuais que aquela empregada –, e obrigando as partes, desde logo, a cooperarem entre si para que o propósito de conclusão dos contratos de aplicação seja alcançado.

Os contratos-quadro fazem parte do gênero mais abrangente dos negócios jurídicos normativos, que são aqueles cujo objeto é a disciplina – ainda que parcial e/ou incompleta – do exercício futuro da autonomia privada de suas partes, seja para modular seu conteúdo, como é o caso dos contratos-quadro, impor o seu exercício ou ainda limitá-lo. Neles, o poder dos particulares de autorregrar seus interesses – autonomia privada – volta-se para regular a si próprio.

A denominação de "normativo" não contraria o caráter negocial dos contratos-quadro ou os equipara a normas jurídicas estatais, mas apenas visa a demonstrar que estes regem em abstrato negócios jurídicos futuros, regulando-os.

Tais contratos inauguram uma relação contratual na qual há o regramento prévio dos contratos de aplicação, mais especificamente de seu modo de celebração, de seu conteúdo e de sua forma, mas em que não são fixados todos os elementos essenciais. Em havendo imediatamente tal determinação, estar-se-á possivelmente diante de contrato preliminar, se houver alguma reserva de complementação, ou de contrato de trato sucessivo, se todos os elementos já estiverem definidos, mas em hipótese alguma se terá contrato-quadro.

Embora se trate de contrato normativo, o contrato-quadro estabelece necessariamente ao menos uma obrigação imediata para as suas partes: a de cooperarem para que a cadeia de negócios inaugurada tenha seguimento mediante a conclusão dos contratos de aplicação. Caso tal obrigação não esteja presente, não se está diante de contrato-quadro, mas possivelmente de negócio jurídico normativo diverso.

O contrato-quadro se traduz em categoria contratual – mais abrangente sob o aspecto conceitual que um tipo contratual –, pois pode reentrar em diferentes tipos contratuais, isto é, pode assumir diversas funções. Não há de se falar, portanto, de um quadro global funcional único no qual suas características estariam inseridas.

Diretamente atrelados aos contratos-quadro, identifica-se os contratos de aplicação como todos aqueles contratos regidos por um contrato-quadro e cujo escopo é a concretização do objeto econômico inaugurada por este, o que ocorre mediante a fixação dos elementos essenciais inicialmente indefinidos.

O conteúdo característico do contrato-quadro se divide entre os seguintes conjuntos de elementos: delimitação do âmbito de incidência, no qual há definição de quais são os contratos regulados pelo contrato-quadro, isto é, quais são os acordos reputados contratos de aplicação; conteúdo normativo específico, no qual se estabelece as regras regentes do processo de formação dos contratos de aplicação e o conteúdo destes; e conteúdo obrigacional imediato, cláusulas imediatamente eficazes relacionadas à relação contratual em geral.

Algumas outras figuras jurídicas se aproximam do contrato-quadro em um ou mais desses aspectos, sem, no entanto, com ele se confundirem.

Neste sentido, embora sejam dotados de certos atributos semelhantes, não se deve confundir os contratos-quadro com: os contratos de trato sucessivo, os quais, embora também regrem relações presumivelmente longas, consistem em acordos únicos, nos quais há definição imediata de todos os elementos da relação contratual; os contratos preliminares, que, apesar de também serem preparatórios de contratos futuros, devem determinar todos os elementos essenciais do contrato definitivo a ser concluído, ao passo que os contratos-quadro, por definição, *não* podem fixar todos esses elementos; as condições gerais dos contratos, que, inobstante também regrem o conteúdo de acordos futuros, não são dotadas de natureza contratual, tratando-se de negócios jurídicos unilaterais; e a subcontratação, que, conquanto também dê origem a uma estrutura contratual complexa, na qual um contrato inicial se liga a contratos autônomos posteriormente celebrados, distingue-se dos contratos-quadro em razão da identidade de objeto entre o contrato de base e o subcontrato, ao passo que entre contratos-quadro e contratos de aplicação isso não ocorre, sendo muito distintos o objeto, a qualificação e até a natureza dos direitos adquiridos e das obrigações contraídas em cada um.

Em que pese não seja possível identificar todas as funções assumidas pelo contrato-quadro em relações jurídicas concretas, pois são tantas quanto a criatividade e engenhosidade humanas podem vislumbrar dentro dos limites do ordenamento jurídico, concluiu-se que são típicas do contrato-quadro as funções de conciliar os aparentemente conflituosos interesses de flexibilidade e segurança da operação econômica planejada; atuar como mecanismo de redução dos custos de transação nas relações contratuais em que é empregado; e promover, a depender das necessidades concretas, a ampliação da cooperação entre os contratantes ou ainda a sua integração econômica.

A função de conciliação dos interesses de flexibilidade e de segurança da relação contratual se explica na necessidade prática de se garantir a seriedade do vínculo das partes, mas não o tornar rígido ao ponto de dificultar adaptações ao longo do tempo. Tal função decorre, a um só tempo, do conteúdo normativo do contrato-quadro, pelo qual se confere segurança às partes mediante fixação prévia de parte do objeto dos contratos de aplicação, e da indefinição dos elementos essenciais da relação contratual, proporcionando flexibilidade aos acordantes, pois tais pontos devem ser negociados e determinados para cada contrato de aplicação, assim facilitando a sua adaptação ao longo do tempo.

A função de redução dos custos de transação se situa no papel assumido pelo contrato-quadro de minorar os custos informacionais e de negociação das partes. A diminuição dos custos relacionados à obtenção de informações é oriunda da característica do contrato-quadro de estabelecer previamente parte do conteúdo dos contratos de aplicação, assim atuando como instrumento de simplificação do negócio ao instituir "regras do jogo" orientando os pactuantes e fazem com que estes não tenham de buscar se informar acerca de quais são as condições comerciais praticadas em determinado momento por parceiros comerciais. Já a redução dos custos de negociação está relacionada à desnecessidade, tão logo é celebrado o contrato-quadro, de rediscutir os pontos já nele fixados por ocasião de cada uma das negociações pontuais destinadas à conclusão dos contratos de aplicação, contribuindo para que este processo ocorra de modo mais célere.

Concluiu-se, relativamente às funções de ampliação da cooperação e de integração econômica dos contratantes, que não constituem funções opostas ou mutuamente excludentes, mas sim de graus de intensidade diversos de uma mesma finalidade. A ampliação da cooperação é típica dos contratos-quadro, e, em sendo acrescidos mecanismos que levem a atuação colaborativa das partes ao ponto de haver interferência parcial de uma nas atividades da outra, o que ocorre sobretudo nas relações de distribuição, verifica-se a integração econômica dos contratantes.

Ainda sob a perspectiva da análise funcional dos contratos-quadro, aferiu-se que, em certas relações contratuais nas quais a categoria é mais frequentemente adotada, são assumidos caracteres e finalidades peculiares. Em todas elas está presente, no entanto, a função típica e mais característica dos contratos-quadro: a de harmonização dos desígnios de segurança e de flexibilidade no âmbito da relação contratual.

Nas relações de distribuição, o contrato-quadro obteve mais notável desenvolvimento e mais tem sido empregado, não sendo exagerado afirmar que o contrato-quadro de distribuição é o "contrato-quadro por excelência". Em tais relações prevalece a função de integração econômica das partes, a qual serve para aprofundar os vínculos existentes entre os acordantes e formar imediatamente um quadro global que alinha seus interesses em direção aos objetivos perseguidos pela rede de distribuição.

A exemplo dos contratos-quadro de distribuição, a função precípua dos contratos-quadro de franquia é a integração econômica das partes, na medida em que o franqueado se insere na rede de franquia e tem a sua atuação empresarial orientada pelo modelo comercial estabelecido pelo franqueador. Diferem-se, no entanto, as espécies, em razão sobretudo da maior diversidade dos contratos de aplicação regrados pelo contrato-quadro de franquia, bem como por se inserirem estes em um escopo global de transferência de conhecimento, o qual não é predominante na distribuição.

Os contratos de empreendimento conjunto, em razão de se subdividirem em diversos grupos com várias peculiaridades entre si, manifestam, quando da adoção de contratos-quadro, a predominância de várias de suas funções. Depreendeu-se, por exemplo, que nas associações empresariais para execução de projetos pontuais, predomina a função de redução dos custos de transação, figurando o contrato-quadro de modo particularmente notável como centro de organização, e representando alternativa contratual à constituição de sociedade empresária que atenderia às mesmas finalidades, ao passo que nos empreendimentos conjuntos de tipo cooperativo, como sugere a nomenclatura, é privilegiada a função do contrato-quadro de ampliação da cooperação das partes. Ainda há relações contratuais de empreendimento conjunto, como são as de investimento e de concentração, nas quais o contrato-quadro assume função integrativa, sendo chamado para auxiliar os acordantes, inclusive, em matérias de ordem parassocial, haja vista ser frequente nesses casos a constituição de sociedades empresárias em conjunto (*joint ventures*).

Verificou-se que são especialmente interessantes os contratos-quadro bancários, os quais, diversamente dos demais tratados, são usualmente de consumo, e não empresariais. Os contratos de abertura de conta bancária podem ser reconduzidos à categoria dos contratos-quadro, não se revelando óbice a tanto a circunstância de não consagrarem normalmente qualquer obrigação das partes de concluir contratos de aplicação. Prevalece nos contratos-quadro bancários a função de redução dos custos de transação, observada no auxílio ao processo de massificação de celebração de contratos futuros, normalmente em associação à utilização de condições gerais dos contratos.

Extensível a todos os contratos-quadro, independentemente de suas funções concretas ou das relações econômicas em que estão inseridos, é a indeterminação ao menos parcial dos elementos contratuais essenciais da relação contratual global, e, por corolário, dos contratos de aplicação, característica que se revela o mais evidente índice típico da categoria.

Apesar de poder variar em extensão, a moldura de disciplina contratual oferecida pelo contrato-quadro não pode ser completa, chegando ao ponto de regular todos os elementos necessários à concretização econômica da relação contratual. A reserva de complementação deve abranger ao menos algum dos elementos essenciais, cuja fixação deve ocorrer apenas por ocasião da celebração dos contratos de aplicação.

Essa importante nota distintiva ocasiona ao longo do tempo, e em diversos ordenamentos jurídicos, questionamentos à validade dos contratos-quadro, seja sob a alegativa de não haver suficiente determinação de seu objeto, seja sob o fundamento de que não seria possível a atribuição a uma das partes do poder de fixar os elementos essenciais inicialmente indeterminados.

Concluiu-se, quanto ao primeiro ponto – possível invalidade do contrato-quadro por indeterminação de seu objeto, ante a ausência de definição imediata de todos os elementos essenciais da relação contratual –, que as resistências se devem à dificuldade de alguns de compreender que contratos-quadro e contratos de aplicação, embora próximos, são autônomos, e não devem ter seus requisitos de validade confundidos.

Compreende-se que, em sendo o contrato-quadro distinto dos contratos de aplicação, também são diversos os objetos de ambos, não sendo razoável se exigir que o objeto destes últimos já tivesse de ser certo (determinado ou determinável) ao tempo de conclusão do primeiro contrato. O momento adequado para se verificar se o objeto dos contratos de aplicação é ou não ao menos determinável é após a conclusão destes, e não no momento de celebração do contrato-quadro, cujo exame de validade deveria ser realizado em atenção ao seu próprio objeto, e não dos acordos que lhe sucedem.

Essa interpretação, a mesma que prevaleceu na França após décadas de contestação à validade dos contratos-quadro sob o fundamento de que seria indeterminado seu objeto, ainda não predominou nos tribunais brasileiros, os quais, embora usualmente entendam não haver nulidade nos contratos-quadro pelo simples fato de não determinarem todos os elementos dos contratos de aplicação, não adotam o fundamento mais adequado para a discussão, que seria a distinção do objeto do contrato-quadro e dos contratos de aplicação, limitando-se a pontuar que os elementos essenciais indefinidos seriam determináveis desde a celebração do contrato-quadro.

Em relação ao segundo ponto de questionamento – possível invalidade do contrato-quadro decorrente da atribuição a uma das partes do poder de fixar unilateralmente elementos essenciais da relação contratual –, concluiu-se que a validade ou não do contrato depende dos limites do poder atribuído à parte.

A cláusula de contratos-quadro pela qual se outorga a um dos acordantes o poder formativo de determinar sozinho certos elementos dos contratos de aplicação, sem que seja prestada nova anuência por sua contraparte, se estiver limitada por critérios prévios e objetivos, não ensejará a invalidade do contrato. Contrariamente, se não houver semelhante balizamento, e for previsto no contrato-quadro que a fixação pode ocorrer segundo o exclusivo arbítrio da parte, então será nula a cláusula. Neste ponto, verificou-se que, uma vez mais, os tribunais brasileiros acertam na solução, mas se equivocam na fundamentação, afirmando que não há fixação unilateral quando esta é limitada por critérios objetivos, ao passo que, na realidade, apenas deveria ser admitido que a fixação unilateral não invalidaria o contrato nestes casos.

Se o contrato-quadro se limitar a dispor que certos elementos contratuais serão determinados por uma das partes, sem especificar se tal escolha ocorrerá de acordo com uma margem de discricionariedade ilimitada ou se será adstrita por alguma baliza, dever-se-á privilegiar, em não sendo possível estabelecer o sentido atribuído pelos contratantes à cláusula em questão, a interpretação que preservará a validade do contrato, ou seja, de que as partes previram que o poder de fixação, embora titularizado por apenas uma das partes, seria balizado por parâmetro prévio e objetivo. Isso depende, entretanto, de as circunstâncias negociais autorizarem tal interpretação.

Na hipótese de ser autorizada a interpretação apta a preservar a validade do contrato, dever-se-á proceder com a fixação dos elementos dos contratos de aplicação em atenção aos padrões médios adotados pela parte que titulariza o poder formativo. Caso não seja possível, por qualquer motivo, fazer uso desse parâmetro de limitação da discricionariedade da parte, as partes podem optar por estipular um novo critério de fixação ou por negociar livremente também este elemento dos contratos de aplicação.

Por outro lado, se as circunstâncias interpretativas levarem à conclusão de que as partes intentavam, na realidade, que a colmatação das lacunas dos contratos de aplicação ocorresse segundo a total discricionariedade de um dos contratantes, então se deverá concluir pela nulidade de tal disposição.

Se o contrato-quadro dispuser que certos elementos dos contratos de aplicação serão fixados segundo o puro e exclusivo arbítrio de alguma das partes, seja explicitamente ou implicitamente, será, de logo, nulificado tal regramento. Caso se trate de nulidade parcial, separável do restante do conteúdo do contrato-quadro, apenas a disposição específica que determina a fixação unilateral mediante arbítrio exclusivo será invalidada. A separabilidade deve ser demonstrada pela parte que a alega, presumindo-se, em princípio, que a nulidade afeta todo o conteúdo do contrato-quadro.

Anota-se que a matéria em comento encontra melhor regramento nas ordens jurídicas que, diferentemente do Brasil, permitem a determinação unilateral de elementos contratuais mesmo segundo o puro arbítrio dos contratantes, apenas controlando o exercício abusivo ou não deste poder. Trata-se, no entanto, de conclusão que se faz de *lege ferenda*, e não expõe a disciplina que a temática recebe atualmente no ordenamento pátrio.

Em análise acerca da obrigação de cooperação decorrente dos contratos-quadro, apontou-se que esta guardaria nota distintiva em relação às relações contratuais em geral, pois seus efeitos se fariam sentir não apenas no contrato-quadro, mas também no processo de formação de contratos diversos e autônomos, orientando a atuação das partes para que criem meios – e, sob outra perspectiva, não ocasionem óbices – à conclusão dos contratos de aplicação.

Asseverou-se que essa obrigação de cooperação se reflete em inúmeras outras, as quais orientam a atuação das partes, tanto por meio de prestações positivas, orientando a prática de atos comissivos necessários à continuidade da relação contratual global planejada, quanto mediante prestações negativas, conduzindo as partes a se absterem de praticar atos que inviabilizem ou dificultem o alcance dos propósitos da relação contratual global, e, consequentemente, a pactuação dos contratos de aplicação.

É controvertido se a obrigação de cooperação, sob aspecto positivo, consistiria apenas em uma obrigação das partes de negociar de boa-fé os termos dos contratos de aplicação ou se os contratantes estariam compelidos efetivamente a celebrar tais acordos.

Adentrando nesta discussão, concluiu-se ser inadequada a opção da doutrina francesa de abordar o debate com esteio na classificação das obrigações entre de meios e de resultado, pois deslocaria a análise de seu ponto essencial: ao invés de se perquirir qual das obrigações decorre naturalmente dos contratos-quadro, iniciar-se-ia uma investigação posterior, que depende de sua prévia resolução, a saber, se esta obrigação se classificaria como de meios ou de resultado.

Estabeleceu-se que o mais adequado seria verificar qual seria a legítima confiança criada nas partes em atenção aos índices típicos do contrato-quadro, para, assim, definir se decorreria deste uma obrigação de negociar de boa-fé ou de contratar, e se tais obrigações se revelariam elementos categoriais inderrogáveis ou derrogáveis da categoria.

Após a exposição das diferentes posições dos autores que adentram nesta discussão, verificou-se que estes frequentemente travam debates distintos entre si, alguns situando a discussão no âmbito dos elementos categoriais inderrogáveis e outros na seara dos elementos categoriais derrogáveis, de modo que a questão também deveria ser analisada separadamente.

Concluiu-se que nem a obrigação de negociar de boa-fé nem a obrigação de celebrar os contratos de aplicação se revelam elementos essenciais dos contratos-quadro. Considerada exclusivamente, a circunstância de um contrato prever uma ou outra das obrigações citadas não impede a sua qualificação como contrato-quadro, porque elas não afastam nenhum dos elementos de caracterização da categoria, mas apenas revelam graus diversos da obrigação de cooperação que é dela resultante, sendo de grande serventia dogmática reunir ambas as classes sob uma mesma categoria, assim permitindo o seu estudo conjunto, delimitando de modo adequado os contratos-quadro.

Por outro lado, no tocante à investigação de se alguma das obrigações figuraria como elemento natural dos contratos-quadro, compreendeu-se que a definição perpassaria pela determinação de qual seria o conteúdo mínimo da obrigação de cooperação contida nos contratos-quadro. Tal obrigação, por consistir em limitação – ainda que voluntária – à liberdade de contratar das partes, tem de ser interpretada restritivamente. Deste modo, em não havendo estipulação das partes acerca do grau de intensidade de sua obrigação de cooperação, há de prevalecer o conteúdo mínimo desta.

O conteúdo mínimo da obrigação de cooperação dos contratos-quadro, e, portanto, o elemento categorial derrogável destes, é a obrigação de negociar de boa-fé os contratos de aplicação, pois representa o nível mais elementar – o menor grau de intensidade – em que podem colaborar as suas partes com vistas a dar continuidade à relação contratual iniciada.

Concluiu-se, assim, que, se os contratantes não estabelecerem qual o seu grau de vinculação à celebração dos contratos de aplicação, estarão eles obrigados apenas a negociar os termos destes acordos de boa-fé, não havendo óbice, entretanto, à derrogação desta obrigação, desde que para reforçá-la.

Constatou-se que o elemento essencial dos contratos-quadro é o estabelecimento de pelo menos uma obrigação de negociar de boa-fé os contratos de aplicação, a qual pode ser substituída, desde que para ser intensificada, mediante estipulação de uma obrigação de contratar ou de outra obrigação de intensidade intermediária.

Depreendeu-se serem distintas as consequências do descumprimento das obrigações de negociar de boa-fé e de celebrar os contratos de aplicação.

No que se refere à obrigação de negociar de boa-fé, entendeu-se, em primeiro lugar, que ela jamais comportaria execução específica, de um lado porque o juiz não poderia se substituir às partes, negociando por elas, e, de outro, tendo em vista que não seria efetiva a adoção de medidas coercitivas para forçar as partes a negociarem, pois nesse caso já estaria clara a ausência de disposição do contratante de estabelecer tratativas efetivamente destinadas à continuidade da relação contratual.

Concluiu-se, ademais, quanto à tutela indenizatória em caso de incumprimento da obrigação de negociar, que a quantificação da reparação dos danos sofridos pela parte deveria ocorrer em atenção ao interesse negativo, isto é, adotando como referência a situação hipotética de ausência de dano em que não houve a celebração do contrato-quadro. Isso se justifica na impossibilidade prática de se aferir qual seria o resultado das negociações caso tivessem tido sequência, bem como na inexistência de obrigação de contratar das partes, que impede que se confira à parte lesada o resultado prático da conclusão dos contratos de aplicação.

Por outro lado, em relação à obrigação de celebrar os contratos de aplicação, averiguou-se que, de modo geral, não comportaria, igualmente, execução específica, ante a ausência de determinação de elementos essenciais da relação contratual, os quais não poderiam ser fixados pelo juiz. No entanto, em alguns casos particulares seria possível a execução específica, mais especificamente quando os elementos pendentes de determinação nos contratos de aplicação fossem muito reduzidos, e já tivessem sido preestabelecidos critérios objetivos para a fixação destes.

Por fim, concluiu-se que a indenização atribuída à parte lesada em caso de incumprimento da obrigação de celebrar os contratos de aplicação deveria ser calculada, via de regra, com esteio no interesse positivo, isto é, com vistas à situação hipotética de ausência de dano em que houve o cumprimento da obrigação, pois apenas assim se tutelaria adequadamente o direito da parte lesada de concluir os acordos. Dever-se-ia, portanto, levar as partes ao estado em que razoavelmente estariam se tivesse sido atendida a obrigação, com a conclusão dos contratos de aplicação. Excepcionalmente, todavia, nos cenários em que a indeterminação de elementos dos contratos de aplicação e a ausência de avanço considerável no processo de fixação deles tornassem inviável a indicação de qual seria a situação em caso de cumprimento da obrigação de contratar, alternativa não restaria a não ser calcular a indenização segundo o interesse negativo.

REFERÊNCIAS

ALMEIDA, Carlos Ferreira de. *Contratos*. 4. ed. Coimbra: Almedina, 2018, v. 2.

ALVES, João Luiz. *Código civil da República dos Estados Unidos do Brasil*. 3. ed. Rio de Janeiro: Borsói, 1958.

ALVIM, Agostinho. *Da compra e venda e da troca*. Rio de Janeiro: Forense, 1961.

______. *Da inexecução das obrigações e suas consequências*. 4. ed. São Paulo: Saraiva, 1972.

AMIEL-COSME, Laurence. *Les réseaux de distribution*. Paris: LGDJ, 1995.

ARANGIO-RUIZ, Vincenzo. *Istituzioni di diritto romano*. 14. ed. Napoli: Jovene, 2006.

ARAÚJO, Fernando. *Teoria económica do contrato*. Coimbra: Almedina, 2007.

ARAÚJO, Nádia de; GAMA JR., Lauro. A escolha da lei aplicável aos contratos do comércio internacional: os futuros princípios da Haia e perspectivas para o Brasil: escritório permanente da Conferência de Haia de Direito Internacional Privado. In: *Revista de Arbitragem e Mediação*, v. 9, n. 33, abr./jun., 2012, p. 11-42.

ARAÚJO, Paulo Dóron Rehder de. *Prorrogação compulsória de contratos a prazo*: pressupostos para sua ocorrência. Tese (Doutorado em Direito Civil), Faculdade de Direito do Largo de São Francisco, Universidade de São Paulo, São Paulo, 2011.

ASCENSÃO, José de Oliveira. *A tipicidade dos direitos reais*. Lisboa: Petrony, 1968.

ASSIS, Araken de. Arts. 421 a 480. In: ALVIM, Arruda; ALVIM, Thereza (Coord.). *Comentários ao código civil brasileiro*: do direito das obrigações. Rio de Janeiro: Forense, 2007, v. V.

AUSTIN, John Langshaw. Performative utterances. In: ______, *Philosophical Papers*. Oxford: Oxford University, 1970.

AVAKIAN, Patrice; ALEXANDRE-CASELLI, Claudine; HUET, Nathalie. Pratique contractuelle de la franchise: analyse du contenu d'um ensemble de contrats. In: SAYAG, Alain (Org.). *Le contrat-cadre*: 2 – la distribution. Paris: Litec, 1995.

AZÉMA, Jacques. *La durée des contrats successifs*. Paris: LGDJ, 1969.

BAGOLINI, Luigi. Direito e valores no pensamento de Miguel Reale. In: *Revista da Faculdade de Direito da Universidade de São Paulo*, v. 47, 1952, p. 207-223.

BALDASSARI, Augusto. *I contratti di distribuzione*: agenzia, mediazione, concessione di vendita, franchising. Padova: CEDAM, 1989.

BAPTISTA, Luiz Olavo; DURAND-BARTHEZ, Pascal. *Les associations d'entreprises (joint ventures) dans le commerce international.* 2. ed. Paris: LGDJ, 1991.

BARBERO, Domenico. *Il contrato tipo nel diritto italiano.* Milano: Vita e pensiero, 1935.

BARBI FILHO, Celso. Acordo de acionistas: panorama atual do instituto no direito brasileiro e propostas para a reforma de sua disciplina legal. In: *Revista de Direito Mercantil, Industrial, Econômico e Financeiro*, n. 121, 2001, p. 30-55.

BARBOSA MOREIRA, José Carlos. *Temas de direito processual*: oitava série. São Paulo: Saraiva, 2004.

BASSO, Maristela. As cartas de intenção ou contratos de negociação. *Revista dos Tribunais*, v. 88, n. 769, nov., 1999, p. 28-47.

BEDUSCHI, Carlo. *Tipicità e diritto*: contributo allo studio dela razionalità giuridica. Padova: CEDAM, 1992.

BENEDETTO, Alessandra. *Pre-contractual agréments in international comercial contracts*: legal dynamics and comercial expediency. Tese (Doutorado em Direito das Pessoas e Comparado), Faculdade de Direito da Università degli Studi di Salerno, Salerno, 2011.

BESSONE, Darcy. *Do contrato*: teoria geral. 4. ed. São Paulo: Saraiva, 1997.

BETTI, Emilio. *Teoria generale del negozio giuridico.* 2. ed. Napoli: Edizioni Scientifiche Italiane, 2002.

______. *Interpretação da lei e dos atos jurídicos*: teoria geral e dogmática. Trad. Karina Jannini. São Paulo: Martins Fontes, 2007.

______. *Teoria generale delle obbligazioni.* Milano: Giuffrè, 1954, t. III.

BEVILÁQUA, Clóvis. *Código civil dos Estados Unidos do Brasil.* 3. ed. Rio de Janeiro: Francisco Alves, v. 4.

______. Evolução da teoria dos contractos em nossos dias. In: *Revista da Faculdade de Direito da Universidade de São Paulo*, v. 34, 1938, p. 57-66.

BÉZARD, Pierre. Exposé introductif general. In: CANIVET, Guy et al. (Org.). *Le contrat-cadre de distribution*: enjeux et perspectives. Disponível em: <http://www.creda.cci-paris-idf.fr/colloques/pdf/1996-contrat-cadre-distribution/03-France--notion.pdf>. Acesso em: 08 jan. 2018.

BIANCA, Massimo. ¿Son no contractuales los contratos en masa? In: LEÓN, Leysser. *Estudios sobre el contrato en general*: por los sesenta años del codigo civil italiano. 2. ed. Lima: Ara, 2015.

BLUME, Fred. *Annotated Justinian Code.* Disponível em: <http://www.uwyo.edu/lawlib/blume-justinian/ajc-edition-2/>. Acesso em: 08 jan. 2018.

BONFANTE, Pietro. *Diritto romano.* Firenze: Cammelli, 1900.

BRITO, Maria Helena. *O contrato de concessão comercial*: descrição, qualificação e regime jurídico de um contrato socialmente típico. Coimbra: Almedina, 1990.

BULGARELLI, Waldirio. *Contratos mercantis*. 9. ed. São Paulo: Atlas, 1997.

BURNETT, Andrew. *Coinage in the roman world*. London: Seaby, 1987.

CAHALI, Yussef Said. *Responsabilidade civil*. São Paulo: Saraiva, 1988.

CANIVET, Guy et al. (Org.). *Le contrat-cadre de distribution*: enjeux et perspectives. Disponível em: <http://www.creda.cci-paris-idf.fr/colloques/pdf/1996-contrat-cadre-distribution/03-France-notion.pdf>. Acesso em: 08 jan. 2018.

CANTOARIO, Diego Martinez Fervenza. Tutela específica das obrigações de fazer e não fazer no Novo CPC: primeiras observações. In: MACÊDO, Lucas Buril de; PEIXOTO, Ravi; FREIRE, Alexandre (Org.). *Novo CPC, doutrina selecionada*: execução. Salvador: Juspodivm, 2015, v. 5.

CAPITANT, Henri; TERRÉ, François; LEQUETTE, Yves. *Les grands arrêts de la jurisprudence civile*: obligations, contrats spéciaux, sûretés. 12. ed. Paris: Dalloz, t. 2.

CARIOTA-FERRARA, Luigi. Riflessioni sul contratto normativo. In: *Studi in memoria di Roberto Michels*. Padova: CEDAM, 1937.

CARMONA, Carlos Alberto. Contratos de joint venture. In: TEPEDINO, Gustavo; FACHIN, Luiz Edson. *Doutrinas essenciais*: obrigações e contratos. São Paulo: Revista dos Tribunais, 2011, v. 6.

CARVALHO SANTOS, João Manuel de. *Código civil brasileiro interpretado*. 13. ed. Rio de Janeiro: Freitas Bastos, 1991, v. 16.

CARVALHOSA, Modesto. Eficácia e execução específica do acordo de acionistas. In: *Revista da EMERJ*, v. 7, n. 26, 2004, p. 125-132.

______. *Comentários à lei de sociedades anônimas*. 4. ed. São Paulo: Saraiva, 2011, v. 4, t. II.

CHATEAUBRIAND FILHO, Hindemburgo. *Negócio de acertamento*: uma abordagem histórico-dogmática. Belo Horizonte: Del Rey, 2005.

CHAVES, Antônio. Formação histórica do direito civil brasileiro. In: *Revista da Faculdade de Direito da Universidade de São Paulo*, v. 95, 2000, p. 57-105.

______. *Responsabilidade pré-contratual*. 2. ed. São Paulo: Lejus, 1997.

CIANFLONE, Antonio; GIOVANNINI, Giorgio. *L'appalto di opere pubbliche*. 12. ed. Milano: Giuffrè, 2012, t. I.

COASE, Ronald. The nature of the firm. In: *Economica*, v. 4, n. 16, nov., 1937, p. 386-405.

______. The new institutional economics. In: BROUSSEAU, Eric; GLACHANT, Jean-Michel. *The economics of contracts*: theory and applications. Cambridge: Cambridge University, 2004.

COMPARATO, Fábio Konder. Franquia e concessão de venda no Brasil: da consagração ao repúdio? In: *Revista de Direito Mercantil, Industrial, Econômico e Financeiro*, n. 18, 1975, p. 53-65.

______. Obrigações de meios, de resultado e de garantia. In: ______. *Ensaios e pareceres de direito empresarial.* Rio de Janeiro: Forense, 1978.

CORNU, Gérard. *Vocabulaire juridique.* 2. ed. Paris: PUF, 1990.

CORREIA, Alexandre; SCIASCIA, Gaetano. *Manual de direito romano.* 6. ed. São Paulo: Revista dos Tribunais, 1988, v. 2.

COSTA, Mário Júlio de Almeida; MENEZES CORDEIRO, António. *Cláusulas contratuais gerais*: anotação ao decreto-lei nº 446/85, de 25 de outubro. Coimbra: Almedina, 1991.

COUTO E SILVA, Clóvis Veríssimo do. *A obrigação como processo.* Rio de Janeiro: FGV, 2007.

CRUZ, Guilherme Braga da. A formação histórica do moderno direito privado português e brasileiro. In: *Revista da Faculdade de Direito da Universidade de São Paulo,* v. 47, 1952, p. 32-77.

D'ANGELO, Andrea; MONATERI, Pier Giuseppe; SOMMA, Alessandro. *Buona fede e giustiza contrattuale*: modelli cooperativi e modelli conflittuali a confronto. Torino: G. Giappichelli, 2005.

D'ERRICO, Antonella. *La determinazione del prezo nella contrattazione d'impresa.* Tese (Doutorado em Direito Privado), Faculdade de Direito da Università degli Studi di Salerno, Salerno, 2013.

DEGENKOLB, Heinrich. Zur Lehre vom Vorvertrag. In: *Archiv Für Die Civilistische Praxis,* v. 71, n. 1, p. 1-92, 1887.

DEL NERO, João Alberto Schützer. *Conversão substancial do negócio jurídico.* Rio de Janeiro: Renovar, 2001.

______. Considerações sobre a eficácia do registro, efetuado em registro público material e territorialmente competente, de negócios jurídicos de obrigação e de certos negócios jurídicos de disposição (cessão de crédito; constituição de penhor comum, especial, de crédito e de título de crédito; constituição de propriedade fiduciária de coisa móvel, infungível ou fungível; constituição de titularidade fiduciária de direito e de título de crédito). In: *Revista de Direito Mercantil,* v. 53 (nova série), n. 166/167, ago. 2013/jul. 2014, p. 219-271.

DELGADO, Abel Pereira. *Do contrato promessa.* Lisboa: Petrony, 1978.

DEMOGUE, René. *Traité des obligations em general.* Paris: Arthur Rousseau, 1923, v. I, t. II.

______. *Traité des obligations em general.* Paris: Arthur Rousseau, 1925, v. I, t. V.

______. *Traité des obligations em general.* Paris: Arthur Rousseau, 1931, v. II, t. VI.

DE NOVA, Giorgio. *Il tipo contrattuale.* Padova: CEDAM, 1974. p. 3-4.

DIEZ-PICAZO, Luis; GULLON, Antonio. *Sistema de derecho civil.* 6. ed. Madrid: Tecnos, 1992, v. 2.

______; ______. *Sistema de derecho civil.* 6. ed. Madrid: Tecnos, 1992, v. 3.

______. *Fundamentos del derecho civil patrimonial.* 5. ed. Madrid: Civitas, 1996, v. 1.

DUGUIT, Léon. Le contrat et la responsabilité. In: ______. *Les transformations générales du droit privé depuis le Code Napoléon*. Paris: Félix Alcan, 1912.

EHRHARDT JÚNIOR, Marcos. Relação obrigacional como processo na construção do paradigma dos deveres gerais de conduta e suas consequências. In: *Revista da Faculdade de Direito da UFPR*, n. 56, 2012, p. 141-155.

EROLES, Pedro. *Boa-fé objetiva nos contratos*: especificação normativa, cogência e dispositividade. São Paulo: Quartier Latin, 2018.

ESPINOLA, Eduardo. *Dos contratos nominados no direito civil brasileiro*. 2. ed. Rio de Janeiro: Conquista, 1956.

FARNSWORTH, Allan. *Comparative contract law*. Oxford: Oxford University, 2012.

FERREIRA, Waldermar. Teixeira de Freitas e o código civil argentino. In: *Revista da Faculdade de Direito da Universidade de São Paulo*, v. 25, 1929, p. 181-186.

FONTAINE, Marcel. Les contrats internationaux à long terme. In: *Études offertes à Roger Houin*: problèmes d'actualité posés par les entreprises. Paris: Dalloz-Sirey, 1985.

FORGIONI, Paula. *Contrato de distribuição*. 3. ed. São Paulo: Revista dos Tribunais, 2014.

FRADA, Manuel Carneiro da. *Teoria da confiança e responsabilidade civil*. Coimbra: Almedina, 2001.

FRANCO, Vera Helena de Mello. *Teoria geral do contrato*: confronto com o direito europeu futuro. São Paulo: Revista dos Tribunais, 2011.

FRANZONI, Diego. Contrato sem preço (art. 55). In: SCHWENZER, Ingeborg; PEREIRA, Cesar Guimarães; TRIPODI, Leandro (Coord.). *A CISG e o Brasil*: Convenção das Nações Unidas sobre Contratos de Compra e Venda Internacional de Mercadorias. São Paulo: Marcial Pons, 2015.

FRISON-ROCHE, Marie-Anne. Le contrat de distribution: création de la pratique et de la jurisprudence, mode de gestion des rapports de force dans les réseaux. In: CANIVET, Guy et al. (Org.). *Le contrat-cadre de distribution*: enjeux et perspectives. Disponível em: <http://www.creda.cci-paris-idf.fr/colloques/pdf/1996-contrat--cadre-distribution/03-France-notion.pdf>. Acesso em: 08 jan. 2018.

GALLI, Domenico; GUCCIONE, Claudio. L'istituto dell'accordo quadro nel decreto legislativo 17 marzo 1995 n. 158. In: *Rivista amministrativa della Repubblica Italiana*, 1996, n. 1.

GALVANO, Renato. *A boa-fé objetiva no âmbito dos contratos relacionais*. Dissertação (Mestrado em Direito Civil), Faculdade de Direito do Largo de São Francisco, Universidade de São Paulo, 2016.

GARCÍA-AMIGO, Manuel. *Condiciones generales de los contratos (civiles y mercantiles)*. Madrid: Revista de Derecho Privado, 1969.

GARCÍA DEL CORRAL, Ildefonso. *Cuerpo del derecho civil romano*. Barcelona: Molinas, 1892.

GATSI, Jean. *Le contrat-cadre*. Paris: LGDJ, 1996.

GÉNINET, Mirène. *Theorie Générale des avants-contrats en droit privé*. Tese (Doutorado em Direito Privado), Faculdade de Direito da Université Paris 2 Panthéon-Assas, Paris, 1985.

GENOVESE, Anteo. Contratto di adesione. In: *Enciclopedia del diritto*. Milano: Giuffrè, 1962, v. X.

GHESTIN, Jacques. La notion de contrat-cadre et les enjeux théoriques et pratiques qui s'y attachent. In: CANIVET, Guy et al. (Org.). *Le contrat-cadre de distribution*: enjeux et perspectives. Disponível em: <http://www.creda.cci-paris-idf.fr/colloques/pdf/1996-contrat-cadre-distribution/03-France-notion.pdf>. Acesso em: 08 jan. 2018.

______. *Cause de l'engagement et validité du contrat*. Paris: LGDJ, 2006.

______. L'analyse économique de la clause générale. In: GRUNDMANN, Stefan; MAZEAUD, Denis (Coord.). *General clauses and standards in european contract law*. Den Haag: Kluwer Law International, 2006.

______; BILLIAU, Marc. *Le prix dans le contrats de longue durée*. Paris: LGDJ, 1990.

GIRARD, Paul Frédéric. *Manuel élémentaire de droit romain*. 4. ed. Paris: Rousseau, 1906.

GITTI, Gregorio. *Contratti regolamentari e normativi*. Milano: CEDAM, 1994.

GIUSTI, Alberto; PALADINI, Mauro. *Il contrato preliminare*. Milano: Giuffrè, 1992.

GLÜCK, Christian Friedrich von. *Commentario alle pandette*. Trad. Umberto Grego. Milano: Leonardo Vallardi, 1981, t. XIX.

GODOY, Claudio Luiz Bueno de. *Função social do contrato*. 4. ed. São Paulo: Saraiva, 2012.

GOETZ, Charles; SCOTT, Robert. The limits of expanded choice: an analysis of the interactions between express and implied contract terms. In: *California Law Review*, v. 73, n. 2, mar., 1985, p. 261-322.

______; ______. Principles of relational contracts. In: *Virginia Law Review*, v. 67, n. 6, set., 1981, p. 1089-1150.

GOMES, Orlando. *Contrato de adesão*: condições gerais dos contratos. São Paulo: Revista dos Tribunais, 1972.

______. *Contratos*. 26. ed. Rio de Janeiro: Forense, 2009.

______. *Raízes históricas e sociológicas do código civil brasileiro*. São Paulo: Martins Fontes, 2006.

GRANIERI, Massimiliano. *Il tempo e il contratto*: itinerário storico-comparativo sui contratti di durata. Milano: Giuffrè, 2007.

GUARINO, Antonio. *Diritto privato romano*. 12. ed. Napoli: Jovene, 2001.

GUERRA, Patrícia. A realização de operações de pagamento não autorizadas e a tutela do utilizador de serviços de pagamento em face do regime jurídico dos serviços de pagamento e da moeda eletrónica. In: *Revista Electrónica de Direito*, n. 2, jun., 2016, p. 1-56.

GUERRA, Marcelo Lima. *Execução forcada*: controle de admissibilidade. 2. ed. Rio de Janeiro: Revista dos Tribunais, 1998.

GUIMARÃES, Maria Raquel de Almeida Graça Silva. *O contrato-quadro no âmbito da utilização de meios de pagamento electrónicos*. Coimbra: Coimbra Editora, 2011.

HART, Herbert Lionel Adolphus. *O conceito de direito*. 5. ed. Trad. A. Ribeiro Mendes. Lisboa: Fundação Calouste Gulbenkian, 2007.

HAURIOU, Maurice. *Principes de droit public*. 2. ed. Paris: Recueil-Sirey, 1916.

HOFFBAUER, Christiane. *Der Rahmenvertrag in der Lieferbeziehung*. Berlin: Logos, 2010.

HUECK, Alfred. Normenverträge. In: *Jherings Jahrbücher für die Dogmatik des bürgerlichen Rechts*, v. 73, 1923, p. 33-118.

HUET, Jérôme. *Le principaux contrats spéciaux*. 2. ed. Paris: LGDJ, 2001.

HULOT, Henri. *Les cinquante livres du digeste ou des pandectes de l'empereur Justinien*. Metz : Imprimeurs-Libraires ; Paris : Depôt des Lois, 1803.

JHERING, Rudolf von. *L'esprit du droit romain dans les diverses phases de son développement*. 3. ed. Trad. O. de Meulenaere. Paris: Marescq, 1886, t. I.

______. *3 estudios jurídicos*: del interés en los contratos, la posesión, la lucha por el derecho. Trad. Adolfo González Posada. Buenos Aires: Atalaya, 1947.

______. *Culpa in contrahendo ou indemnização em contratos nulos ou não chegados à perfeição*. Trad. Paulo Mota Pinto. Coimbra: Almedina, 2008.

JUNQUEIRA DE AZEVEDO, Antonio. *Negócio jurídico*: existência validade e eficácia. 4. ed. São Paulo: Saraiva, 2002.

______. *Negócio jurídico e declaração negocial*: noções gerais e formação da declaração negocial. Tese (Professor Titular em Direito Civil), Faculdade de Direito do Largo de São Francisco, Universidade de São Paulo, São Paulo, 1986.

______. Contrato-quadro. In: ______. *Novos estudos e pareceres de direito privado*. São Paulo: Saraiva, 2009.

______. Considerações sobre a boa-fé objetiva em acordo de acionistas com cláusula de preferência: excertos teóricos de dois pareceres. In: ______. *Novos estudos e pareceres de direito privado*. São Paulo: Saraiva, 2009.

______. Responsabilidade pré-contratual no código de defesa do consumidor: estudo comparativo com a responsabilidade pré-contratual no direito comum. In: ______. *Estudos e pareceres de direito privado*. São Paulo: Saraiva, 2004.

KASER, Max. *Direito privado romano*. 2. ed. Trad. Samuel Rodrigues e Ferdinand Hämmerle. Lisboa: Fundação Calouste Gulbenkian, 2011.

KONDER, Carlos Nelson. *Contratos conexos*: grupos de contratos, redes contratuais e contratos coligados. Rio de Janeiro: Renovar, 2006.

LAM, Chu. Responsabilidade pré-contratual na modalidade de ruptura das negociações. In: *Revista Administração*, v. 19, n. 72, ago./dez., 2006, p. 753-769.

LAMÈTHE, Didier. L'accord-cadre. In: *Gazette du Palais Doctrine*, 1978, n. 2.

LARENZ, Karl. *Metodologia da ciência do direito.* 3. ed. Trad. José Lamego. Lisboa: Fundação Calouste Gulbenkian, 1997.

______. *Derecho de obligaciones.* 1. ed. Trad. Jaime Santos Briz. Madrid: Editorial Revista de Derecho Privado, 1958, t. I.

LE CALONNEC, Joseph. Le progres technique et la distinction des obligations de resultat et des obligations de moyens. In: *Revue Juridique de l'Ouest,* ano 1986, n. 2, p. 186-196.

LE TOURNEAU, Philippe. Quelques aspects de l'évolution des contrats. In: *Mélanges offerts à Pierre Raynaud.* Paris: Dalloz-Sirey, 1985.

LELOUP, Jean-Marie. La franchise: vers de nouvelles pratiques contractuelles? In: CANIVET, Guy et al. (Org.). *Le contrat-cadre de distribution*: enjeux et perspectives. Disponível em: <http://www.creda.cci-paris-idf.fr/colloques/pdf/1996-contrat--cadre-distribution/03-France-notion.pdf>. Acesso em: 19 nov. 2018.

LEONARDO, Rodrigo Xavier. *Redes contratuais no mercado habitacional.* São Paulo: Revista dos Tribunais, 2003.

LEROY, Michel. Le contrat-cadre. In: *L'entreprise et le droit,* ano 1978, n. 3, p. 253-264.

LÔBO, Paulo Luiz Neto. *Condições gerais dos contratos e cláusulas abusivas.* Tese (Doutorado em Direito Civil), Faculdade de Direito do Largo de São Francisco, Universidade de São Paulo, São Paulo, 1990.

LOCRÉ, Jean Guillaume. *Esprit du code napoléon, tiré de la discussion.* Paris: Imprimérie Impériale, 1808, t. I.

LOMBARDI, Luigi. *Dalla fides alla bona fides.* Milano: Giuffrè, 1961.

LORENZETTI, Ricardo Luis. *Tratado de los contratos.* Buenos Aires: Rubinzal-Culzoni, 1999, t. I.

MACEDO JÚNIOR, Ronaldo Porto. *Relational contracts in brazilian law.* Disponível em: < http://biblioteca.clacso.edu.ar/ar/libros/lasa97/portomacedopor.pdf>. Acesso em: 31 jan. 2018.

MAK, Chantal. *Fundamental rights in european contract law*: a comparison of the impact of fundamental rights on contractual relationships in Germany, the Netherlands, Italy and England. Alphen aan den Rijn: Kluwer Law International, 2008.

MARINO, Francisco Paulo de Crescenzo. *Interpretação do negócio jurídico.* São Paulo: Saraiva, 2011.

______. *Contratos coligados no direito brasileiro.* São Paulo: Saraiva, 2009.

______. Classificação dos contratos. In: PEREIRA JÚNIOR, Antonio Jorge; JABUR, Gilberto Haddad. *Direito dos contratos.* São Paulo: Quartier Latin, 2006.

MARINO, Giuseppe. L'avvertenza sull'inadeguatezza dell'operazione di investimento e i rimedi a tutela del risparmiatore. In: *La nuova giurisprudenza ciuvile commentata,* v. 32, n. 12, 2016, p. 1626-1634.

MARINONI, Luiz Guilherme. *Ações inibitória e de ressarcimento na forma específica no "anteproyecto de código modelo de procesos colectivos para iberoamérica" (art. 70).*

Disponível em: < http://www.abdpc.org.br/abdpc/artigos/Luiz%20G.%20Marinoni(5)%20-%20formatado.pdf>. Acesso em: 24 jun. 2019.

MARQUES, Cláudia Lima. *Contratos no código de defesa do consumidor*: o novo regime das relações contratuais. 4. ed. São Paulo: Revista dos Tribunais, 2002.

MARQUES, Maria Beatriz Loureiro de Andrade. *Novas figuras contratuais*. Tese (Doutorado em Direito Civil), Faculdade de Direito do Largo de São Francisco, Universidade de São Paulo, São Paulo, 2005.

MARQUEZ, Rafael Batista. *Cláusula take or pay em contratos de longo prazo*. Dissertação (Mestrado em Direito dos Negócios), Escola de Direito de São Paulo da Fundação Getúlio Vargas.

MARTÍNEZ, Eric Palacios. La problemática de la teoría del tipo y la integración contractual. In: LEÓN, Leysser. *Estudios sobre el contrato en general*: por los sesenta años del codigo civil italiano. 2. ed. Lima: Ara, 2015.

MARTINEZ, Pedro Romano. *O subcontrato*. Coimbra: Almedina, 1989.

MARTINS, Fran. *Contratos e obrigações comerciais*. 11. ed. Rio de Janeiro: Forense, 1990.

MARTINS-COSTA, Judith. Os princípios informadores do contrato de compra e venda internacional na Convenção de Viena de 1980. *Revista de Informação Legislativa*, v. 32, n. 126, abr./jun., 1995, p. 115-128.

______. *A boa-fé no direito privado*: sistema e tópica no processo obrigacional. São Paulo: Revista dos Tribunais, 1999.

______. Os campos normativos da boa-fé objetiva: as três perspectivas do direito privado brasileiro. In: JUNQUEIRA DE AZEVEDO, Antonio; TORRES, Heleno Taveira; CARBONE Paolo (Coord.). *Princípios do novo código civil brasileiro e outros temas*: homenagem a Tullio Ascarelli. São Paulo: Quartier Latin, 2008.

______. *A boa-fé no direito privado*: critérios para a sua aplicação. 2. ed. São Paulo: Saraiva, 2018.

______. Do inadimplemento das obrigações. In: TEIXEIRA, Sálvio de Figueiredo (Coord.). *Comentários ao novo código civil*. Rio de Janeiro: Forense, 2003, v. V, t. II.

______. Os danos à pessoa no direito brasileiro e a natureza da sua reparação. In: *Revista da Faculdade de Direito da UFRGS*, v. 19, mar., 2001, p. 181-207.

MAZEAUD, Henri; MAZEAUD, Léon; TUNC, André. *Traité théorique et pratique de la responsabilité civile délictuelle et contractuelle*. 6. ed. Paris: Monchrestien, 1965, t. I.

______ et al. *Leçons de droit civil*. 6. ed. Paris: Montchrestien, 1976, v. 1, t. 2.

MELLO, Marcos Bernardes de. *Teoria do fato jurídico*: plano da existência. 21. ed. São Paulo: Saraiva, 2017.

______. *Teoria do fato jurídico*: plano da validade. 14. ed. São Paulo: Saraiva, 2015.

MENEZES CORDEIRO, António. *Tratado de direito civil*. 2. ed. Coimbra: Almedina, 2012, t. VI.

______. *Tratado de direito civil*. Coimbra: Almedina, 2016, t. VII.

______. *Manual de direito bancário*. 4. ed. Coimbra: Almedina, 2010.

_____. *Da boa fé no direito civil.* Coimbra: Almedina, 2015.

MENEZES LEITÃO, Luís Manuel Teles de. *Direito das obrigações.* 2. ed. Coimbra: Almedina, 2002, v. 2.

MERCADAL, Barthélémy; JANIN, Philippe. *Les accords de coopération interentreprises.* Paris: Lefebvre, 1974.

MESSINEO, Francesco. Contratto normativo e contratto-tipo. In: *Enciclopedia del diritto.* Milano: Giuffrè, 1962, v. X.

_____. Contratto derivato – sub-contratto. In: *Enciclopedia del diritto.* Milano: Giuffrè, 1962, v. X.

_____. *Dottrina generale del contratto*: artt. 1321-1469 cod. civ. 3. ed. Milano: Giuffrè, 1948.

MIRANDA, Custódio da Piedade Ubaldino. *Comentários ao código civil.* São Paulo: Saraiva, 2013, v. 5.

_____. *Contrato de adesão.* Tese (Livre-docência em Direito Civil), Faculdade de Direito do Largo de São Francisco, Universidade de São Paulo, 2000.

MOMMSEN, Theodor; KRÜGER, Paul. *Corpus iuris civilis.* 15. ed. Berlin: Weidmannos, 1928.

MONTEIRO, Washington de Barros. Venda de ascendente a descendente. In: *Revista da Faculdade de Direito da Universidade de São Paulo,* v. 61, n. 2, 1966, p. 39-55.

MONTESANTO, Dario. *Master agreement e ordini di borsa*: caratteri, natura giuridica e responsabilità. Tese (Doutorado em Direito da Empresa), Faculdade de Direito da Università degli Studi di Palermo, Palermo, 2010.

MORAES, Maria Celina Bodin de. A causa dos contratos. In: *Revista Civilística,* v. 2, n. 1, 2013, p. 1-24.

MORBIDELLI, Giuseppe. L'appalto comunitario nel settore dell'energia. In: *Rivista italiana di diritto pubblico comunitario,* v. 3, n. 4, 1993, p. 743-819.

MOREIRA ALVES, José Carlos. *Direito romano.* 16. ed. Rio de Janeiro: Forense, 2014.

_____. Panorama do direito civil brasileiro: das origens aos dias atuais. In: *Revista da Faculdade de Direito da Universidade de São Paulo,* v. 88, 1993, p. 185-238.

MOTA PINTO, Paulo. Contrato de swap de taxas de juro, jogo e aposta e alteração das circunstâncias que fundaram a decisão de contratar. *Revista de Direito Civil Contemporâneo,* v. 5, p. 161-257, out./dez., 2015.

_____. *Interesse contratual negativo e interesse contratual positivo.* Coimbra: Coimbra Editora, 2008, v. 1.

_____. *Interesse contratual negativo e interesse contratual positivo.* Coimbra: Coimbra Editora, 2008, v. 2.

MOTA PINTO, Carlos Alberto. *Teoria geral do direito civil.* 4. ed. Coimbra: Coimbra Editora, 2005.

MOUSSERON, Jean-Marc et al. *Droit de la distribution.* Paris: Litec, 1975.

______; SEUBE, Alain. A propos des contrats d'assistance et fourniture. In: *Recueil Dalloz Chronique*, 1973.

MOUZAS, Stefanos; FURMSTON, Michael. From contract to umbrela agreement. In: *Cambridge Law Journal*, v. 67, n. 1, mar., 2008, p. 37-50.

NAKATA, Hiroyasu. Le contrat-cadre du point de vue d'um juriste japonais. In: *Hitotsubashi Journal of Law and Politics*, n. 29, 2001, p. 1-13.

NÉRET, Jean. *Le sous-contrat*. Paris: LGDJ, 1979.

NERY JR., Nelson. Contrato de associação – inadimplemento e execução específica. In: *Soluções práticas de direito*, v. 7, set., 2014, p. 143-167.

______. *Código brasileiro de defesa do consumidor comentado pelos autores do anteprojeto*. 1. ed. Rio de Janeiro: Forense, 1991.

NITSCHKE, Guilherme Carneiro Monteiro. *Lacunas contratuais e interpretação*: história, conceito e método. São Paulo: Quartier Latin, 2019.

OPPO, Giorgio. *Contratti parasociali*. Milano: Dottor Francesco Vallardi, 1942.

PARDOLESI, Roberto. *I contratti di distribuzione*. Napoli: Jovene, 1979.

______. *La distribuzione commerciale e le regole del diritto comunitario*: concorrenza comunitária, regolamenti di esenzione, accordi verticali, importazioni parallele. Disponível em: < http://www.law-economics.net/workingpapers/L&E-LAB-COMP-06-2004.pdf>. Acesso em: 22 out. 2018.

PENTEADO, Luciano de Camargo. Causa concreta, qualificação contratual, modelo jurídico e regime normativo: notas sobre uma relação de homologia a partir de julgados brasileiros. In: *Revista de Direito Privado*, v. 20, out./dez., 2004, p. 235-265.

______. *Integração de contratos incompletos*. Tese (Livre-docência em Direito Privado), Faculdade de Direito de Ribeirão Preto, Universidade de São Paulo, 2014.

PEREGO, Enrico. *Il vincolo preliminari e il contratto*. Milano: Giuffrè, 1974.

PEREIRA, Caio Mário da Silva. Instituições de direito civil. 25. ed. Rio de Janeiro: Forense, 2013, v. 2.

PERLINGIERI, Pietro. *Perfis do direito civil*: introdução ao direito civil constitucional. 3. ed. Trad. Maria Cristina de Cicco. Rio de Janeiro: Renovar, 2007.

PINTO MONTEIRO, António. Contrato de adesão e cláusulas contratuais gerais: problemas e soluções. In: *Estudos em homenagem ao Prof. Doutor Rogério Soares*. Coimbra: Coimbra Editora, 2002.

PIRES DE LIMA, Fernando Andrade; ANTUNES VARELA, João de Matos. *Código civil anotado*. Coimbra: Coimbra Editora, 1987, v. 1.

POLLAUD-DULIAN; Frédéric; RONZANO, Alain; REYGROBELLET, Arnaud. Le contrat-cadre en france. In: SAYAG, Alain (Org.). *Le contrat-cadre*: 1 – exploration comparative: France, Allemagne, Italie, Angleterre, États-Unis. Paris: Litec, 1995.

PONTES DE MIRANDA, Francisco Cavalcanti. *Tratado de direito privado*. 3. ed. Rio de Janeiro: Borsói, 1971, t. XXV.

______. *Tratado de direito privado*. 3. ed. Rio de Janeiro: Borsói, 1972, t. XXXVIII.

______. *Tratado de direito privado*. 3. ed. Rio de Janeiro: Borsói, 1970, t. IV.

______. *Tratado de direito privado*. 3. ed. Rio de Janeiro: Borsói, 1970, t. III.

______. *Tratado de direito privado*. 2. ed. Rio de Janeiro: Borsói, 1965, t. XLVIII.

______. *Tratado de direito privado*. 3. ed. Rio de Janeiro: Borsói, 1971, t. XXIII.

______. *Tratado de direito privado*. 3. ed. Rio de Janeiro: Borsói, 1972, t. XXXIX.

______. *Tratado de direito privado*. 3. ed. Rio de Janeiro: Borsói, 1972, t. XL.

______. *Tratado de direito privado*. 3. ed. Rio de Janeiro: Borsói, 1970, t. I.

POPP, Carlyle. *Execução de obrigação de fazer*: a tutela substitutiva da vontade nas obrigações negociais de fazer juridicamente infungíveis. Curitiba: Juruá, 1995.

PRATA, Ana Maria Correia Rodrigues. *O contrato-promessa e o seu regime civil*. Coimbra: Almedina, 1995.

______. *Cláusulas de exclusão e limitação de responsabilidade contratual*. Coimbra: Almedina, 2005.

PRATA, Frederico Afonso Cavaleiro. *Responsabilidade pré-contratual por ruptura ilegítima das negociações*. Dissertação (Mestrado em Direito Civil), Faculdade de Direito da Universidade de Coimbra, Coimbra, 2014.

PRATT JR., Walter. Afterword: contracts and uncertainty. In: *Law and Contemporary Problems Review*, v. 46, n. 1, dez./mar., 1983, p. 169-180.

PROBST, Thomas. Le contrat de joint venture. In: PICHONNAZ, Pascal; WERRO, Franz. *La pratique contractuelle*: actualité et perspectives. Zürich: Schulthess, 2009.

PROENÇA, José Carlos Brandão. *Do incumprimento do contrato-promessa bilateral*: a dualidade execução específica-resolução. Coimbra: Universidade de Coimbra, 1987.

RASCIO, Rafaelle. *Il contratto preliminare*. Napoli: Jovene, 1967.

RÁO, Vicente. *O direito e a vida dos direitos*. 1. ed. São Paulo: Max Limonad, 1952, v. 1.

REALE, Miguel. Sistema normativo das concessões comerciais de veículos automotivos. In: ______. *Questões de direito privado*. São Paulo: Saraiva, 1997.

______. Características do contrato de concessão comercial. In: ______. *Questões de direito privado*. São Paulo: Saraiva, 1997.

REHBINDER, Manfred. *Allgemeine Geschäftsbedingungen und die Kontrolle ihres Inhalts*. Berlin: J. Schweitzer, 1972.

REI, Maria Raquel Aleixo Antunes. *Do contrato-quadro*. Dissertação (Mestrado em Direito Civil), Faculdade de Direito da Universidade de Lisboa, Lisboa, 1997.

RENTERÍA, Pablo. *Obrigações de meios e de resultado*: análise crítica. Rio de Janeiro: Forense, 2011.

REQUIÃO, Rubens. Contrato de franquia comercial ou de concessão de vendas. In: *Revista dos Tribunais*, n. 513, jul., 1978, p. 41-62.

REYMOND, Claude. Réflexions sur la nature juridique du contrat de joint venture. In: *Journal des Tribunaux de Lausanne*, 1975, n. 15, p. 480-491.

RIZZARDO, Arnaldo. *Contratos de crédito bancário*. 3. ed. São Paulo: Revista dos Tribunais, 1997.

RODRIGUES JUNIOR, Otávio Luiz. Autonomia da vontade, autonomia privada e autodeterminação: notas sobre a evolução de um conceito na modernidade e na pós-modernidade. In: *Revista de Informação Legislativa*, v. 41, n. 163, jul./set., 2004, p. 113-130.

______. Dogmática e crítica da jurisprudência (ou da vocação da doutrina em nosso tempo). In: *Revista dos Tribunais*, n. 891, jan., 2010, p. 65-106.

______. *Revisão judicial dos contratos*: autonomia da vontade e teoria da imprevisão. 2. ed. São Paulo: Atlas, 2006.

______. Compra e venda. Troca. Contrato estimatório: artigos 481 a 537. In: AZEVEDO, Álvaro Villaça (Coord.). *Código civil comentado*. São Paulo: Atlas, 2008, v. VI, t. I.

RODRIGUEZ, Javier Maseda. *Aspectos internacionales de la concesión mercantil*. Santiago de Compostela: Universidad de Santiago de Compostela, 2000.

RONZANO, Alain; HUET, Nathalie. La distribution organisée sur um territoire. In: SAYAG, Alain (Org.). *Le contrat-cadre*: 2 – la distribution. Paris: Litec, 1995.

ROPPO, Vincenzo. *Il contratto*. Milano: Giuffrè, 2001.

______. *O contrato*. Trad. Ana Coimbra e M. Januário C. Gomes. Coimbra: Almedina, 2009.

ROXIN, Claus. *Teoría del tipo penal*: tipos abiertos y elementos del deber jurídico. Trad. Enrique Bacigalupo. Buenos Aires: Depalma, 1979.

SACCO, Rodolfo. Autonomia contrattuale e tipi. In: *Rivista trimestrale di diritto e procedura civile*, v. 20, n. 3, 1966, p. 785-808.

SALOMÃO FILHO, Calixto. *Direito concorrencial*: as condutas. 1. ed. São Paulo: Malheiros, 2003.

SANDROCK, Otto. Subjektive und objektive Gestaltungskräfte bei der Teilnichtigkeit von Rechtsgeschäften: Ein Beitrag zur Auslegung von § 139 BGB. In: *Archiv Für Die Civilistische Praxis*, v. 159, n. 6, 1960, p. 481-546.

SANTORO-PASSARELLI, Francesco. *Dottrine generali del diritto civile*. 9. ed. Napoli: Jovene, 2012.

SANTOS JUSTO, António. A influência do direito português na formação do direito brasileiro. In: *Revista Jurídica da FA7*, v. 5, n. 1, abr., 2008, p. 197-242.

SAPONE, Natalino. *La responsabilità precontrattuale*. Milano: Giufrè, 2008.

SASSOLAS, Delphine. Le prix. In: BROS, Sarah (Coord.). *Les innovations de la réforme du droit des contrats*. Paris: Varenne, 2018.

SAVIGNY, Friedrich Carl von. *Sistema del derecho romano actual*. Trad. M. Ch. Guenoux, Jacinto Mesía e Manuel Poley. Madrid: F. Góngora, 1878, t. 1.

SAYAG, Alain (Org.). *Le contrat-cadre*: 1 – exploration comparative: France, Allemagne, Italie, Angleterre, États-Unis. Paris: Litec, 1995.

______ (Org.). *Le contrat-cadre*: 2 – la distribution. Paris: Litec, 1995.

SCHMIDT, Joanna. *Négociation et conclusion de contrats*. Paris: Dalloz, 1982.

SCHUNCK, Giuliana Bonanno. *Contratos de longo prazo e dever de cooperação*. São Paulo: Almedina, 2016.

SCHWAB, Dieter. Liberdade contratual e formação de contratos 'ex vi legis'. Trad. Peter Walter Ashton. In: *Revista da Associação dos Juízes do Rio Grande do Sul*, ano XIV, n. 39, mar., 1987, p. 16-36.

SCHWARTZ, Alan; SCOTT, Robert. Precontractual liability and preliminary agreements. In: *Harvard Law Review*, v. 120, n. 3, jan., 2007, p. 661-707.

SCHWENZER, Ingeborg; PEREIRA, Cesar Guimarães; TRIPODI, Leandro (Coord.). *A CISG e o Brasil*: Convenção das Nações Unidas sobre Contratos de Compra e Venda Internacional de Mercadorias. São Paulo: Marcial Pons, 2015.

SCIALOJA, Vittorio. Diritto pratico e diritto teorico. In: *Rivista del diritto commerciale e del diritto generale delle obbligazioni*, v. 9, n. 1, 1911, p. 63-70.

SLAIBI FILHO, Nagib. Contrato de adesão. Contrato-tipo. Contrato standard. In: *Revista de Ciência Política*, v. 31, n. 3, jul./set., 1988, p. 27-35.

SOARES, Guido Fernando Silva. *Órgãos dos estados nas relações internacionais*: formas da diplomacia e as imunidades. Rio de Janeiro: Forense, 2001.

SOUZA, Carmen Godoy Vieira de. *Acordo de quotistas*: o contrato parassocial na sociedade limitada. Dissertação (Mestrado em Direito e Justiça), Faculdade de Direito da Universidade Federal de Minas Gerais, Belo Horizonte.

SPECIALE, Renato. *Contratti preliminar e intese precontrattuali*. Milano: Giuffrè, 1990.

STAMMLER, Rudolf. *The theory of justice*. New Jersey: The Lawbook Exchange, 2000.

STEINER, Renata Carlos; RUZYK, Carlos Eduardo Pianovski. Ensaio sobre a formação do contrato na CISG. In: SCHWENZER, Ingeborg; PEREIRA, Cesar Guimarães; TRIPODI, Leandro (Coord.). *A CISG e o Brasil*: Convenção das Nações Unidas sobre Contratos de Compra e Venda Internacional de Mercadorias. São Paulo: Marcial Pons, 2015.

______. *Reparação de danos*: interesse positivo e interesse negativo. São Paulo: Quartier Latin, 2018.

STEPHAN, Paul. The futility of unification and harmonization in international commercial law. In: *University of Virginia School of Law Legal Studies*, v. 99, n. 10, jul., 1999.

STRINGER, Dana. Choice of law and choice of forum in Brazilian International Commercial Contracts: party autonomy, international jurisdiction, and emerging third way. In: *Columbia Journal of Transnational Law*, v. 44, n. 3, 2006, p. 959-977.

STUDEMUND, Wilhelm; KRÜGER, Paul. *Gai institutiones*. 3. ed. Berlin: Weidmannos, 1891.

SZTAJNBOK, Felipe. A indenização pelo interesse positivo como forma de tutela do interesse do credor nas hipóteses de inadimplemento culposo da obrigação:

análises a partir do AgRg no REsp 1.202.506/RJ e do AgRg no AgRg no AI 1.137.044/RJ. In: *Revista Civilística*, v. 3, n. 2, jul./dez., 2014, p. 1-20.

TALAMANCA, Mario. La tipicità del sistema contrattuale romano. In: *Revista da Faculdade de Direito da Universidade de São Paulo*, v. 86, p. 44-64, jan./dez., 1991.

______. *Istituzioni di diritto romano*. Milano: Giuffrè, 1990.

TEIXEIRA DE FREITAS, Augusto. *Esbôço de Código Civil*. Brasília: Ministério da Justiça e Negócios Interiores, 1952, v. 3.

TELLES, Inocêncio Galvão. *Manual dos contratos em geral*. 3. ed. Coimbra: Coimbra Editora, 1965.

TEPEDINO, Gustavo. A responsabilidade médica na experiência brasileira contemporânea. In: ______. *Temas de direito civil*. Rio de Janeiro: Renovar, t. II.

TEYSSIÉ, Bernard. *Les groupes de contrats*. Paris: LGDJ, 1975.

TOMASETTI JUNIOR, Alcides. *Execução do contrato preliminar*. Tese (Doutorado em Direito Civil), Faculdade de Direito do Largo de São Francisco, Universidade de São Paulo, 1982.

______. A parte contratual. In: ADAMEK, Marcelo Vieira von (Org.). *Temas de direito societário e empresarial contemporâneos: liber amicorum: Prof. Erasmo Valladão Azevedo e Novaes França*. São Paulo: Malheiros, 2011.

TUCCI, Rogério Lauria Marçal. *Prorrogação compulsória dos contratos*. Salvador: Juspodivm, 2017.

VASCONCELOS, Pedro Pais de. *Contratos atípicos*. 2. ed. Coimbra: Almedina, 2009.

VIAFORA, Filippo. *I contratti speciali*. Napoli: Vincenzo Cavaliere, 1899.

VICENTE, Dário Moura. A autonomia privada e os seus diferentes significados à luz do direito comparado. In: *Revista de Direito Civil Contemporâneo*, v. 8, jul./set., 2016, p. 275-302.

VIEIRA, Vitor Silveira. A cláusula de take or pay no direito privado brasileiro: qualificação, regime e aplicação. In: *Revista de direito privado*, v. 106, out./dez., 2020, p. 101-150.

VINEY, Geneviève. Les obligations: la responsabilité, effets. In: GHESTIN, Jacques (Coord.). *Traité de droit civil*. Paris: LGDJ, 1977, t. V.

VIRASSAMY, Georges. *Les contrats de dépendance*: essai sur les activités professionnelles exercées dans une dépendance économique. Paris: LGDJ, 1986.

WALD, Arnoldo. *Obrigações e contratos*. 12. ed. São Paulo: Revista dos Tribunais, 1995.

WALTERMANN, Raimund. *Rechtsetzung durch Betriebsvereinbarung zwischen Privatautonomie und Tarifautonomie*. Tübingen: Mohr, 1996.

WEILL, Alex; TERRÉ, François. *Droit civil*: les obligations. 4. ed. Paris: Dalloz, 1986.

WILLIAMSON, Oliver. Transaction-cost economies: the governance of contractual relations. In: *Journal of Law and Economics*, v. 22, n. 2, oct., 1979, p. 233-261.

______. Contract and economic organization. In: BROUSSEAU, Eric; GLACHANT, Jean-Michel. *The economics of contracts*: theory and applications. Cambridge: Cambridge University, 2004.

WINDSCHEID, Bernard. *Diritto dele pandette*. Trad. Carlo Fadda e Paolo Emilio Bensa. Torino: UTET, 1904, v. 2.

WITZ, Claude; SPIEGEL, Nico. Le droit allemand de la distribution: le contrat-cadre consacré. In: SAYAG, Alain (Org.). *Le contrat-cadre*: 2 – la distribution. Paris: Litec, 1995.

ZACHARIAE, Karl Solomo. *Cours de droit civil français*. 5. ed. Trad. Charles Aubry e Charles-Frédéric Rau. Paris: Marchal Billard, 1869, t. I.

ZAKI, Magdi. Le formalisme conventionnel: illustration de la notion de contrat-cadre. In: *Revue internationale de droit comparé*, v. 38, n. 4, out./dez., 1986, p. 1043-1096.

ZANETTI, Cristiano de Sousa. *Direito contratual contemporâneo*: a liberdade contratual e sua fragmentação. São Paulo: Método, 2008.

______. *Responsabilidade pela ruptura das negociações*. São Paulo: Juarez de Oliveira, 2005.

______. *A conservação dos contratos nulos por defeito de forma*. São Paulo: Quartier Latin, 2013.

______; ROBERT, Bruno. Compra e venda com preço aberto: estudo histórico e comparação com a experiência europeia, com o direito anglo-americano, com a Convenção das Nações Unidas sobre a compra e venda internacional de mercadorias e com os recentes projetos de unificação do direito dos contratos, para servir de subsídio à leitura do artigo 488 do Código Civil brasileiro. In: HIRONAKA, Giselda Maria Fernandes Novaes (Coord.). *A outra face do poder judiciário*: decisões inovadoras e mudanças de paradigmas. Belo Horizonte: Del Rey, 2007, v. 2.

______. *Querer e poder no direito dos contratos: as chamadas condições potestativas*. No prelo.

______. Cumplimiento forzado de las obligaciones contractuales de carácter no pecuniario: la experiencia brasileña. In: VIDAL, Alvaro; MOMBERG, Rodrigo (Org.). *Cumplimiento específico y ejecución forzada del contrato*: de lo sustantivo a lo procesal. Valparaíso: Ediciones Universitarias de Valparaíso, 2018.

ZANETTI, Ana Carolina Devito Dearo. *Contrato de distribuição*: o inadimplemento recíproco. São Paulo: Atlas, 2015.

ZAVASCKI, Teori Albino. *Processo de execução*: parte geral. 3. ed. São Paulo: Revista dos Tribunais, 2004.

ZIMMERMANN, Reinhard. *The law of obligations*: roman foundations of the civilian tradition. Oxford: Oxford University, 1996.

______. Direito romano e cultura europeia. Trad. Otávio Luiz Rodrigues Junior e Marcela Paes de Andrade Lopes de Oliveira. In: *Revista de Direito Civil Contemporâneo*, v. 7, abr./jun., 2016, p. 243-278.

______. The civil law in European codes. In: MACQUEEN, Hector; VAQUER, Antoni; ESPIAU, Santiago Espiau. *Regional private laws and codification in Europe*. Cambridge: Cambridge University, 2003.